Gut fünfundzwanzig Jahre nach dem Fall der Mauer und dem Ende der DDR erscheint Hanns-Josefs Ortheils literarisches Tagebuch aus jener Zeit in einer neuen, erweiterten Ausgabe. In hochgenauen Bildern, Skizzen und Erzählungen führt uns dieser intensive Zeitroman an der Seite eines Autors, der die rasanten Umbrüche sensibel und mit hellwachem Geist beobachtet, zurück in eine der spannendsten Perioden der deutschen Nachkriegsgeschichte.

HANNS-JOSEF ORTHEIL wurde 1951 in Köln geboren. Er ist Schriftsteller, Pianist und Professor für Kreatives Schreiben und Kulturjournalismus an der Universität Hildesheim. Er gehört zu den bedeutendsten deutschen Autoren der Gegenwart, und sein Werk wurde mit vielen Preisen ausgezeichnet, darunter dem Thomas-Mann-Preis, dem Nicolas-Born-Preis und zuletzt dem Stefan-Andres-Preis. Seine Romane wurden in über zwanzig Sprachen übersetzt.

Hanns-Josef Ortheil

Blauer Weg

btb

»Blauer Weg« erschien zum ersten Mal 1996
im Piper Verlag, München.

FSC
www.fsc.org
MIX
Papier aus verantwortungsvollen Quellen
FSC® C014496

Verlagsgruppe Random House FSC® N001967

1. Auflage
Genehmigte Taschenbuchausgabe Juli 2016
btb Verlag in der Verlagsgruppe Random House GmbH,
Neumarkter Str. 28, 81673 München

Umschlaggestaltung: semper smile, München
nach einem Umschlagentwurf von buxdesign, München unter
Verwendung eines Motivs von © plainpicture/Readymade-Images/
Sandrine Agosti-Navarri
Druck und Einband: GGP Media GmbH, Pößneck
MKl · Herstellung: sc
Printed in Germany
ISBN978-3-442-71394-3

www.btb-verlag.de
www.facebook.com/btbverlag
Besuchen Sie auch unseren LiteraturBlog www.transatlantik.de!

Für Imma
(in memory of Rome III)

Das Ich und die Geschichte

»Blauer Weg« – wiedergelesen

I

FÜNFUNDZWANZIG JAHRE nach dem Mauerfall erscheint mein literarisches Tagebuch *Blauer Weg*, das zum ersten Mal 1996 veröffentlicht wurde, in einer um diesen einleitenden Essay erweiterten Neuausgabe. Die Wiederlektüre nach so vielen Jahren hat mich erstaunt, entdeckte ich in diesen tagebuchartigen Erzählungen und Porträts aus der Zeit von 1989 bis 1995 jetzt und im Nachhinein doch viele Spuren eines größeren Erzählzusammenhangs, der meine literarischen Arbeiten untergründig durchzieht und miteinander verbindet. Einige Motive und Themen dieses Zusammenhangs möchte ich erläutern, da sie zu einem erweiterten Verständnis des Buches *Blauer Weg* aus heutiger Sicht beitragen.

2

Auf den ersten Blick ist *Blauer Weg* eine Art Panorama aus kurzen Geschichten, Stimmungsbildern und Reflexionen, wie ich sie bereits seit frühen Kinderjahren geschrieben habe. Solche Texte entstehen noch heute mehr oder minder lang täglich, ergänzt durch chronikartige Berichte über das Vergehen und den Lebensrhythmus der Tage. (Genaueres zu diesen Werkstattverfahren findet man in dem Essay *Die unendliche Arbeit am Text*, der meinen Essayband *Die weißen Inseln der Zeit* einleitet.)

In den Jahren von 1989 bis 1995 nahmen all diese Aufzeichnungen überhand, denn die geschichtlichen Ereignisse der sogenannten »Wendejahre« drängten mich immer wieder dazu, bestimmte Details zu notieren. Insgesamt ergaben die Texte dieses Zeitraums ein großes Konvolut, aus dem ich später vor allem jene Teile für den Druck auswählte, die sich im engeren Sinn mit den historischen Ereignissen beschäftigten.

3

Wollte man ein Leitmotiv des gesamten Tagebuchs fixieren, so könnte man es in der Auseinandersetzung einer einzelnen Person und eines einzelnen privaten Raums mit den Ereignissen der größeren Geschichte erkennen. Ohne es zu ahnen und zu beabsichtigen, gerate ich nämlich schon im September 1989 während eines Arbeitsaufenthaltes in Prag in den Sog dieser Ereignisse. Unweit von meinem Prager Quartier liegt die westdeutsche Botschaft, auf deren Gelände sich genau während meines Aufenthaltes viele DDR-Flüchtlinge einfinden, um die Ausreise in die alte BRD zu erzwingen. Mit einigen dieser Flüchtlinge komme ich in Kontakt, und es sind genau diese Kontakte und Berührungen, die sich immer heftiger fortsetzen und ein intensives Interesse an den Folgevorgängen der deutschen Wiedervereinigung in Gang bringen.

Am Anfang bin ich noch reiner Beobachter, der die Ereignisse zu verstehen und vor allem genau zu beschreiben versucht. Die Beobachterhaltung geht aber allmählich verloren, bis sie sich schließlich in der auch leiblichen Teilnahme an dem, was ich »die Geschichte« nenne, zeigt. Diese Teilnahme findet dann vor allem in Berlin statt. Dorthin reise ich seit dem Herbst 1989 immer häufiger, beschreibe die Veränderungen in der Stadt, lasse mich durch die jetzt leicht zu erreichenden östlichen Quartiere treiben und beziehe dort im Osten schließlich sogar für einige Zeit ein kleines Zimmer, um dem geschichtlichen Umbruch so nahe wie möglich zu sein.

4

Emotional waren diese Jahre in meinen Augen eine Zeit starker Glücksmomente und unerwarteter Emphasen, wie ich sie im Erleben und Verstehen geschichtlicher Vorgänge noch nie erlebt und auch nie für möglich gehalten hatte. Dass und wie »Geschichte« die private Existenz in bestimmten Zeiträumen stärker einnehmen und prägen kann, wusste ich durch die Biografien meiner Eltern zwar längst. Diese Prägung war jedoch in ihrem Fall seit Beginn des Dritten Reiches eine durch und durch destruktive gewesen.

In einem kleinen westerwäldischen Ort zu Beginn des zwanzigsten Jahrhunderts aufgewachsen, waren sie später mitten hinein in die Zentren deutscher Geschichte verschlagen worden und hatten das Dritte Reich und den Zweiten Weltkrieg am eigenen Leib als eine einzige Fortsetzung brutaler Zerstörung erlebt. Im Verlauf dieser Destruktion hatten sie während des Krieges und in den ersten Kriegsjahren vier Söhne verloren, so dass man rückblickend behaupten konnte: Meine Eltern waren von »der Geschichte« erfasst, und ihr Lebenswille war beinahe ganz vernichtet worden. Eine noch so geringe Hoffnung, gegenüber der destruktiven Gewalt »der Geschichte« wieder zurück in ein eigenes Leben finden zu können, war ihnen kaum geblieben.

Durch das Beispiel ihrer katastrophischen Biografien hatte ich daher vor Augen, wie Menschen aus einem auf den ersten Blick alltäglichen, privaten und stillen Raum herausgerissen und mitten in geschichtliche, öffentliche und dramatische Aktionen versetzt werden konnten. Umso mehr musste es mich daher faszinieren, dass die Veränderungen nach 1989 in meinen Augen genau gegenteilig verliefen. Sie machten auf mich zum großen Teil den Eindruck einer Beruhigung und einer Wiedergewinnung von Freiheit, Glück und längst vergangenen, weit vor dem Dritten Reich liegenden historischen Perspektiven und Räumen. Ja, es erschien mir so, als löste sich durch die Wiedervereinigung allmählich auch die Blockade, die viele Deutsche beim Rückblick in die Vergangenheit fast nur auf das Dritte Reich und den Zweiten Weltkrieg sehen ließen. Die innerdeutsche Geschichte öffnete sich wieder ins weiter und längst Vergangene, und die Annäherung an die östlichen Nachbarländer trug dazu bei, sich einen dauerhaften Frieden in Europa vorzustellen, zu dem das wiedervereinigte Deutschland würde beitragen können.

5

Die Aufzeichnungen in *Blauer Weg* folgen zunächst meinem starken, von den Lebenserfahrungen meiner Eltern ausgelösten Interesse an den Reibungen von privatem und politischem Erleben. Wie solche Reibungen und Konflikte im Einzelnen entstehen konnten, hatte ich bereits in meinem 1983 erschienenen Roman *Hecke* an den Lebensumständen und Erlebnissen meiner Mutter während der Zeit des Dritten Reiches untersucht.

Von Beruf Bibliothekarin, war sie gleich nach der Machtübernahme der Nationalsozialisten in den Fokus der geschichtlichen Umbrüche geraten. Damals, im Jahr 1933, hatten Mitglieder der nationalsozialistischen Partei ihres kleinen westerwäldischen Heimatortes sie aufgefordert, die Benutzerlisten der katholischen Bücherei vorzulegen, in der sie damals gearbeitet hatte. Sie hatte diese Auslieferung verweigert und dadurch nicht nur ihre Stelle verloren, sondern von diesem Zeitpunkt an auch zusammen mit ihrer Familie unter besonderen Schikanen der neuen Machthaber zu leiden gehabt.

Diese Schikanen hatten sich noch verstärkt, als ihr Vater, der für die Zentrums-Partei politisch aktiv war, offen gegen die Nationalsozialisten auftrat und ihr Bruder als katholischer Geistlicher Predigten hielt, in denen er vor den neuen Machthabern warnte. Im Kreis ihrer siebenköpfigen Familie war es daher selbstverständlich gewesen, nach außen hin mit höchster Vorsicht zu agieren. Jedes öffentlich geäußerte Wort musste bedacht und abgewogen werden, so dass ein normales Familienleben nicht mehr möglich war. Das alltägliche, private Erleben stand vielmehr unter Kontrolle, es wurde laufend beobachtet, eingekreist und durchleuchtet. Mit der Zeit zog meine Mutter sich immer mehr ins Private zurück, ging ihren geheim gehaltenen Lektüren nach und dachte in ihren versteckten Aufzeichnungen darüber nach, welche Sprache überhaupt noch gesprochen werden konnte, wenn man die Begriffsfelder der nationalsozialistischen Machthaber umgehen und vermeiden wollte.

Diese schwierigen Lebensumstände dramatisierten sich, als sie im Jahr 1939 kurz nach ihrer Heirat mit ihrem Mann ausgerechnet nach Berlin zog, wo mein späterer Vater eine Stelle als Vermessungsingenieur bei der Deutschen Reichsbahn angetreten hatte. Das junge Paar wohnte in einem Neubau in Lichterfelde, der sich in der Nähe einer SS-Kaserne befand. Auch hier war Geheimhaltung des eigenen Denkens und der eigenen Meinungen das oberste Gebot. Eine erneute Anstellung meiner Mutter als Bibliothekarin verhinderten die Nationalsozialisten, und schon bald bemerkten meine Eltern, dass sie unter Beobachtung standen und sich laufend genau überlegen mussten, wie sie sich den Nachstellungen der Machthaber entziehen konnten.

Während eines Bombenangriffs auf die Reichshauptstadt verloren sie dann ihr erstes Kind, das zweite, bereits dreijährige, kam beim Einmarsch der Amerikaner in den letzten Kriegswochen des Jahres 1945 durch eine Artilleriegranate deutscher Soldaten ums Leben. Die zuvor noch spärlich vorhandenen Momente privaten Rückzugs waren durch diese Ereignisse unmöglich geworden. Alles Private war vielmehr durchsetzt und zerstört von den von außen kommenden politischen Eingriffen, diese Politik vernichtete das Familienleben, und als sichtbarstes Zeichen dieser Vernichtung sprach meine Mutter in den Nachkriegsjahren immer weniger und hörte schließlich ganz auf zu sprechen, als sie wiederum zwei Söhne durch Totgeburten verloren hatte.

So war ihre Biografie eine exemplarische Geschichte der vollständigen Zerstörung privater Ressourcen. Diese Privatheit war schrittweise ausgelöscht worden, und genau von den Details dieser schrittweisen Auslöschung hatte ich in meinem Roman *Hecke* erzählt.

6

In der Nachkriegszeit hat es lange gedauert, bis meine Mutter wieder eine Vorstellung von einem neuen Leben gewonnen hatte. Diese Vorstellung war in den späten fünfziger Jahren durch eine Lektüre geprägt worden, die sie stark angezogen und lange beschäftigt hatte. Gelesen hatte sie damals die Schriften des spätantiken Philosophen Epikur, der über die Grundsätze einer lebensklugen Existenz nachgedacht hatte. Dabei hatte er seinen Schülern nahegelegt, ein Leben im Verborgenen zu führen und in einer Zelle der Zurückgezogenheit zusammen mit wenigen, gut ausgewählten Freunden und Begleitern ein autarkes, selbstbestimmtes Leben zu gestalten.

Der verborgene und geschützte »Garten Epikurs«, in dem das Leben wie in Quarantäne wieder von Neuem erstand, war eine Vorstellung, die meine Mutter sehr faszinierte. Zusammen mit meinem Vater machte sie sich bald daran, für eine solche Existenzform auch die praktischen Grundlagen zu schaffen. So kauften sich meine Eltern in ihrer westerwäldischen Heimat ein relativ großes, bewaldetes, einsam auf einer Anhöhe gelegenes Grundstück und bauten später mitten in diese Waldumgebung hinein ein kleines Haus. Dieses Haus lag geschützt und im Verborgenen, aber es erlaubte einen kilometerweiten Blick in die nähere Umgebung, so dass man gut erkennen konnte, was in dieser Umgebung vor sich ging.

Ich selbst habe in diesem »Haus Epikurs« und dem es umgebenden Garten große Teile meiner Kindheit und Jugend verbracht. Von seiner besonderen Räumlichkeit, vom Raumerlebnis auf der Höhe und den damit verbundenen Momenten des Rückzugs ist mein ganzes Leben stark geprägt worden. Später hatte diese Prägung unter anderem zur Folge, dass ich es nur schwer in Mietwohnungen aushielt und selbst unter einfachsten Bedingungen lieber irgendwo in einem freien Naturraum lebte. So suchte ich immer wieder nach stillen Räumen und Orten des Rückzugs, die dem westerwäldischen Kindheitsraum ähnelten und mir jene Geborgenheit und Ruhe gaben, die ich dort gefunden hatte.

7

Solche Räume des Rückzugs waren jedoch meist nur für eine befristete, kurze Zeit zu finden. Das aber hatte zur Folge, dass ich vor allem in den frühen siebziger Jahren, nach meiner Rückkehr aus Rom, wo ich ein pianistisches Studium hatte abschließen wollen, nach mehreren Sehnenscheidenentzündungen jedoch mit diesem Lebenstraum gescheitert war, ein sehr unstetes Leben führte. Ich war viel unterwegs und fand nirgends ein Zuhause, das dem meiner Kindheit auch nur entfernt entsprochen hätte. Nachdem meine pianistische Laufbahn gescheitert war, war ich vielmehr in unruhige »Suchbewegungen« (wie man das damals nannte) abgetaucht, die ich als eine Art von »Desertion« verstand.

»Desertion« bedeutete: Ich entzog mich allen Verpflichtungen, ich machte nirgends mit, ich mied die öffentlichen Sphären und vergrub mich in eine Privatheit, die ich mit fast niemandem teilte. Nach der Zerschlagung meiner Kindheits- und Jugendträume, die mich an ein gelingendes Leben als Pianist hatten glauben lassen, wusste ich nicht weiter. Ich duckte mich weg, ich wollte unsichtbar sein, ich dachte nicht daran, irgendwelche Verpflichtungen einzugehen. Am liebsten wäre ich einfach zurück in das westerwäldische Kindheitshaus gekrochen, um dort weiter und wieder mit meinen Eltern zu leben – das aber hätte wie das Eingeständnis einer endgültigen Niederlage ausgesehen.

Mein erster Roman (*Fermer*), der im Jahr 1979 erschien, erzählt das Leben eines jugendlichen Deserteurs, der sein Kindheitshaus nach einer langen Fluchtbewegung nur für ein paar Tage aufsucht und sich darauf wieder einer endlos erscheinenden Reise durch Westdeutschland hingibt. Erzählt wird das so, als sollte diese Reise niemals aufhören und als gäbe es nicht die geringste Idee von einer möglichen Ankunft oder gar Heimkehr. Über all dem, was in diesem Roman an flüchtigen Kontakten und Enttäuschungen geschieht, liegt eine schwere, fast bleierne Melancholie. In ihr war die große Traurigkeit aufgehoben und gleichzeitig verborgen, die mich nach dem Abschied aus Rom erfasst hatte.

Das zentrale Romanthema der Desertion fixierte ich dann auch ausdrücklich in einem kurzen poetologischen Kommentar, den ich nach Erscheinen des Romans *Fermer* in der *FAZ* (vom 30. März 1979) veröffentlichte. Überschrieben war dieser Kommentar *Deserteure in bleierner Zeit* – der Titel war nichts anderes als die Formel, die ich für mein damaliges Leben gefunden zu haben glaubte.

An den »Garten Epikurs« erinnerte ich mich erst wieder Anfang der achtziger Jahre, als ich mich längere Zeit mit philosophischen Schriften der antiken Lebenskunst beschäftigte. Damals erstand die alte Sehnsucht nach einem solchen Leben neu, die meine Mutter in den späten fünfziger Jahren aus ganz anderen Gründen erfasst hatte. Als Reaktion auf diese Wiederlektüre schrieb ich einen längeren Essay, der das Lebensmodell Epikurs umkreiste und dabei einigen späteren Philosophien nachging, die sich ebenfalls mit ihm beschäftigt hatten. (Nachlesen kann man diesen Essay mit dem Titel *Suchbewegungen der Lebensklugheit* heute am einfachsten in meinem Essayband *Köder, Beute und Schatten* aus dem Jahr 1985).

Während ich an diesem Text arbeitete, spürte ich, dass ich mit ihm auch so etwas wie einen Abschied von meiner »Desertion« formulierte. Theoretisch hatte ich diesen Abschied wohl formuliert, doch ich wusste damals nicht, wie er sich in jene Lebenspraxis umsetzen ließ, von der Epikur geschrieben hatte.

8

Blauer weg beginnt im Jahr 1989 mit einem Rückblick auf eine große Entdeckung. In den achtziger Jahren war ich nämlich nach der Heirat mit meiner Frau nach Stuttgart gezogen, wo sie dann als Verlegerin arbeitete. Ich war mir unsicher, ob ich mich in Stuttgart wohlfühlen könnte, doch meine Frau und ich waren mitten in der Stadt durch puren Zufall schließlich auf ein großes Garten- und Waldgelände gestoßen, das dem westerwäldischen Zufluchtsraum auf unglaubliche Weise ähnelte. Auch hier gab es ein kleines, bescheidenes Haus, von den Seiten her nicht einsehbar und in weiter Entfernung von Nachbarn, und auch hier gab es den umgebenden Wald, einen weiträumigen Garten und den Blick hinab ins Tal und in die weitere Umgebung.

Die erregten Zeilen gleich im ersten Text von *Blauer Weg* (»Hier, hier, hier! Hier bleibst Du, genau hier, genau jetzt, im Alter zwischen dreißig und vierzig.«) erzählen also von dem in den späten achtziger Jahren längst nicht mehr erwarteten Fund eines epikureischen Raums, in dem sich nach meiner damaligen Vorstellung leben ließ. Sie fallen so emphatisch und triumphal aus, weil in diesem neuen Stuttgarter Raum die Verbindung zu meinen westerwäldischen Kindheitsräumen wiederhergestellt werden konnte.

In gewissem Sinn war der Stuttgarter »Garten Epikurs« eine späte Variante des westerwäldischen Gartenraums, jetzt aber ins Offenere, Leichtere gewendet. Vor dem Hintergrund dieser Erfahrung war das Motto des Essaybandes *Köder, Beute und Schatten* zu verstehen, der als erstes Buch nach dem Einzug in die Stuttgarter Behausung erschien. Für Außenstehende wohl schwer zu verstehen, lautete es: »Offen steht jetzt wieder ein Saal.« Dieses Zitat war einem Gedicht Friedrich Hölderlins entnommen, der gerade die Stadt Stuttgart und seine Wege, Gärten und Höhen immer wieder als einen Ort der glücklichen Heimkehr besungen hatte. (So etwa, besonders schön, in dem von mir sehr geliebten Gedicht *Der Gang aufs Land.*)

Aus dem verborgenen Schutzraum des Stuttgarter Gartens führen dann die Wege der Jahre 1989 bis 1995 immer wieder hinaus ins Öffentliche und Weite, wobei ich diese Öffentlichkeit der Zeitereignisse wie schon angedeutet in ganz anderem Sinn als meine Eltern erlebe. Hatten sie sich nach den destruktiven Erlebnissen des Dritten Reiches in den epikureischen Raum wie in eine Fluchtburg zurückgezogen, so verließ ich diese Fluchtburg mitten in Stuttgart, um nach einem langen (»blauen«) Weg durch die Geschichte nach 1989 dann wieder auf glückliche Weise in diesen Schutzraum zurückzukehren.

In diesem Sinn sind die vielen Texte zu verstehen, die in *Blauer Weg* vom Raum des Stuttgarter Gartenhauses aus erzählt werden. Sie bezeichnen Momente der Rückkehr und Heimkehr, in denen das gerade noch »außen« Erlebte verarbeitet und durchdacht wird. *Blauer Weg* ist dadurch bestimmt von einer Pendelbewegung: Es geht immer wieder weit ins Öffentliche, Geschichtliche, scheinbar sehr Entfernte – und diese Bewegungen der Entfernung werden dann eingeholt durch die Bewegungen zurück ins Verborgene, Private, Nahe, wo sie nacherlebt und ausfantasiert werden.

9

Wenn ich hervorhebe, dass all diese Pendelbewegungen aus dem Stuttgarter Raum hinaus in den öffentlichen Raum (und wieder zurück) einen insgesamt glücklich erscheinenden (»blauen«) Weg zu ergeben scheinen, so vernachlässige ich damit bewusst eine starke Gegenbewegung der Depression und Vernichtung, die in den Jahren 1989 bis 1995 in meinem Leben gleichzeitig verlief, im Gesamttext von *Blauer Weg* jedoch fast vollständig ausgeblendet wird oder nur in Andeutungen erscheint.

Diese Gegenbewegung zum Gang des »blauen Wegs« war der »schwarze Weg« einer tiefen Trauer, die mich nach dem Tod meines Vaters im Jahr 1988 erfasst hatte. Um die Gewalt dieser Trauer zu verstehen, muss man wissen, dass mein Vater in meinem Leben eine nicht nur herausragende, sondern lebensrettende Rolle gespielt hat. Seit den frühsten Kinderjahren war ich mit ihm besonders eng verbunden, zugleich war er zu meinem wichtigsten Lehrer geworden war.

In meinem autobiografischen Roman *Die Erfindung des Lebens* (2009) habe ich davon erzählt, wie ich etwa im Alter von drei Jahren genau wie meine Mutter verstummte und lange Zeit nicht zum Sprechen zu bewegen war. Weiter habe ich auch davon erzählt, wie es meinem Vater später gelang, mir das Schreiben, Lesen und Sprechen beizubringen und mir dabei jene Freude an der Schrift und am schriftlichen Ausdruck zu vermitteln, die mich schließlich zu einem täglichen, kleinen Schreiber und Notierer machte.

Mit der Hilfe meines Vaters hatte ich erst ins Leben gefunden, ihm verdankte ich fast alles, was ich konnte, und mit ihm verstand ich mich seit den Kinderjahren so gut wie mit keinem anderen Menschen. Jahr für Jahr waren wir in den Sommermonaten zu zweit auf Reisen, und jede dieser in meinen Augen besonders schönen und abenteuerlichen Unternehmungen hatte ich zunächst in meinen Notizheften protokolliert und anhand dieser Notizen dann in einer Reiseerzählung porträtiert. (Zwei dieser kindlichen Reiseerzählungen habe ich inzwischen veröffentlicht – *Die Moselreise* (2010) und *Die Berlinreise* (2014).)

All das macht vielleicht verständlich, dass der Tod meines Vaters für mich mehr war als der Tod eines nahen Angehörigen. Dieser Tod raubte mir eine erhebliche Menge der Sicherheit und Selbständigkeit, die ich nach den gar nicht leichten Kinder- und Jugendjahren erworben hatte. Am deutlichsten zeigte sich das daran, dass ich – ganz ähnlich wie nach dem plötzlichen Ende meiner Pianistenzeit – wieder in eine tiefe Depression versank und mich auf eine lange Reise (der erneuten »Desertion«) begab.

Diese Reise führte mich nicht mehr durch halb Deutschland, sondern in die USA, nach St. Louis, New Orleans, San Franzisco, Key West und weiter in die Karibik, nach Santo Domingo. Kein Plan und keinerlei Idee lag diesen Fahrten und Trips zugrunde, sie ergaben sich völlig willkürlich und zufällig, ja, es konnte sein, dass ich einfach in irgendeinen Bus oder in irgendein Flugzeug stieg und mich zu einem Ziel fahren oder fliegen ließ, an das ich vorher nicht einmal gedacht hatte. Ich ließ mich erneut treiben, ich fand keinen Halt mehr, ich saß nächtelang allein in amerikanischen Hotels oder Bars herum und verstummte immer mehr. (Die Geschichte dieser »Desertion« habe ich dann später in meinem Roman *Abschied von den Kriegsteilnehmern* erzählt.)

10

DIE RETTUNG aus diesen stark depressiven und zerstörerischen Zeiten kam Anfang der neunziger Jahre dann völlig unerwartet: Ich erhielt ein Stipendium für einen Aufenthalt in der römischen Villa Massimo. Nach über zwanzig Jahren, in denen ich Rom nicht betreten hatte, fuhr ich also wieder für längere Zeit in jene Stadt zurück, in der ich mich außerhalb Deutschlands am wohlsten gefühlt hatte.

In *Blauer Weg* erscheinen die beiden römischen Studienaufenthalte von 1991 und 1993 noch teilweise angebunden an die Ereignisse des deutschen Umbruchs. Vor allem in den Texten aus dem Jahr 1991 ist die Wiedervereinigung (und die Reaktionen der Stipendiaten auf die historischen Ereignisse) oft ein zentrales Thema. Anders ist das im Jahr 1993, als ich die zweite Hälfte der Stipendienzeit lange Zeit allein mit meiner damals gerade geborenen Tochter verbringe. Die römischen Notizen dieses Jahres (die noch in Rom in einem separaten Büchlein mit dem Titel *Römische Sequenz* zusammengefasst wurden) handeln vom bis heute glücklichsten Zeitraum meines Lebens überhaupt. Im Gesamttext von *Blauer Weg* bilden sie daher wohl auch so etwas wie eine Insel – fern von Deutschland, fern von epikureischen Rückzugsorten, losgelöst von Geschichte und Öffentlichkeit, reines Dasein.

»Reines Dasein« – das meint: stilles, konzentriertes Unterwegs-Sein in Rom, genaues Sehen, geduldige Annäherung an die Stadt, möglichst präzise Beschreibung der Erlebnisse, unangestrengte Gelassenheit, ja selbst so etwas wie »Heiterkeit«, begleitet von einem Kind, das erst ein paar Monate alt war. Im römischen Raum dieser Erfahrungen verblasste in mir dadurch auf wohltuende Weise der Plan, auch die Ereignisse der deutschen Wiedervereinigung in einem umfangreichen Roman zu erzählen. (So wie ich die westdeutsche Nachkriegsgeschichte bis vor dem Mauerfall, gespiegelt in den Biografien eines brüderlichen Zwillingspaares, in dem Roman *Schwerenöter* (1987) erzählt hatte.)

Stattdessen ahnte ich, orientiert an den Aufzeichnungen, die 1993 in Rom in lockerer Folge entstanden, dass sich von der deutschen Wiedervereinigung auch ganz anders erzählen ließ: indem ich unentwegt weiter notierte und für einen späteren Rückblick dann jene Notizen auswählte, die dieses Thema in den Vordergrund stellten.

So entstand 1993 in der römischen Villa Massimo der Plan der späteren Textgestalt von *Blauer Weg*: als Folge tagebuchartiger Eintragungen und Erzählungen, die eine Folge von Pendelbewegungen zwischen privatem und öffentlichem Erleben markierten, als ein dauerndes Hin und Her zwischen epikureischem Dasein und Lebenserfahrungen in einer noch kaum begriffenen Ferne.

II

Der markanteste und für mich am schwierigsten wahrnehmbare Raum dieser Ferne war Berlin. Ich habe bereits davon berichtet, dass meine Eltern in den Jahren von 1939 bis 1945 dort die schlimmste Zeit ihres Lebens verbracht hatten. Nach dem Krieg waren sie nicht wieder in die ehemalige Reichshauptstadt zurückgekehrt, erst im Jahr 1964 war ich mit meinem Vater für nur einige Tage noch einmal dorthin gereist. Im Verlauf dieses Aufenthaltes hatte ich nicht nur alte Berliner Freunde meiner Eltern, sondern auch ihre frühere Wohnung und viele Details ihrer früheren Lebensumstände kennengelernt. (Wie das genau geschah, habe ich noch als Kind in der vor kurzem veröffentlichten Reiseerzählung *Die Berlinreise* beschrieben.)

In diesem Kindertext wird auch von zwei Besuchen im Berliner Osten erzählt. Der eine ergab sich während einer Stadtrundfahrt, die meinen Vater und mich für nur wenige Stunden dorthin führten, den anderen unternahmen wir auf eigene Faust, indem wir beide einen ganzen Tag über nach Ostberlin fuhren, um uns dort allein und zu Fuß genauer umzuschauen.

Vom zweiten Aufbruch nach Osten behalte ich das bedrückende Gefühl zurück, von den Hintergründen und Lebensgewohnheiten der Menschen dort nur sehr wenig zu wissen. Als Reaktion auf dieses Unwohlsein nehme ich mir vor, später (wenn ich »älter bin« und »mehr und besser verstehe«) häufiger in den Osten zu fahren, um dort genau so exakt und fortlaufend das alltägliche

Leben zu protokollieren und zu notieren, wie ich es als Kind mit dem Westen getan hatte. Im Text der *Berlinreise* ist dieses Vorhaben sogar eine Art von Versprechen: Ich sage und verspreche mir selbst, dass ich irgendwann einmal häufiger in den Osten Berlins fahren werde, um das Leben dort besser zu begreifen und ihm näher zu sein.

Später (als ich »älter war« und »mehr verstand«) ist es dann in der Tat schrittweise zu immer häufigeren Aufenthalten im Osten Berlins gekommen. Sie begannen in den späten siebziger Jahren, als ich meinen ersten Roman veröffentlicht hatte, und sie führten mich mit meinem damaligen Lektor zu Schriftstellerinnen und Schriftstellern wie etwa Monika Maron, Wolfgang Hilbig oder Gert Neumann, die in Ostberlin oder Leipzig wohnten. Zu ihnen ergaben sich mit der Zeit recht intensive Kontakte, die teilweise sogar in Briefen und vielen Telefonaten weitergeführt wurden.

Hinzu kam, dass ich in den achtziger Jahren zusammen mit meiner Frau gute Bekannte ihrer Familie in Leipzig aufsuchte, wo wir uns dann auch häufiger während wochenlanger Ferienzeiten aufhielten. Neben Leipzig besuchten wir Dresden oder fuhren in die Sächsische Schweiz und lernten so auch das alltägliche Leben in der früheren DDR besser kennen.

In *Blauer Weg* ist von all diesen Aufenthalten dann aus der Perspektive der Wiedervereinigung immer wieder die Rede. Durch sie und die intensiven Kontakte mit den Autoren des Ostens, die in diesem Buch einige singuläre Porträts erhielten, versuchte ich mir eine genauere Vorstellung von »dem Leben drüben« zu bilden. Zusammen genommen, lösten diese Texte das Versprechen ein, das ich mir selbst noch als Kind im Blick auf den Osten gegeben hatte: Menschen, die dort lebten, in ihren Eigenarten zu porträtieren, Skizzen des Alltags zu schreiben, den Hintergründen des mir fremden Lebens auf die Spur zu kommen. In den neunziger Jahren verlief die Annäherung an Berlin dann am intensivsten. Ich lebte monatelang dort, und ich quartierte mich schließlich in einer Ost-Wohnung ein, um die Stadt auch von Osten her zu erleben.

So gesehen, führt *Blauer Weg* den stark melancholischen Abgesang der *Berlinreise* auf das frühere, elterliche Berlin weiter und lässt diesen Abgesang in die Fortsetzung einer Spurensuche münden, die in einen glücklicher erlebten Raum vordringt. Wo ich als kleiner Junge auf dem Platz der Republik im Jahr 1964 als Zuhörer einer Kundgebung noch Bundeskanzler Erhard und den Regierenden Bürgermeister von Berlin, Willy Brandt, von Stacheldrahtverhauen, der Mauer und dem Wunsch der Berliner nach Freiheit und Frieden hatte sprechen hören, stand ich am 3. Oktober 1990 mit Tränen in den Augen und hörte den Klang der Freiheitsglocke.

Die merkwürdigste Illusion, die ich dabei hatte, war die, dass diese Glocke nicht nur zum Ende der deutschen Teilung und damit aus Anlass eines übergreifenden geschichtlichen Ereignisses läutete, sondern dass aus ihrem Läuten auch die Wiedergewinnung des privaten Friedens für meine eigene Geschichte (und die meiner Eltern) herauszuhören war.

Hanns-Josef Ortheil

Stuttgart, Köln, Wissen/Sieg – im Sommer 2014

1989

Stuttgart, Gartenhaus

Seit einigen Jahren wohne ich in einem Versteck, in einem kleinen Gartenhaus aus roten Ziegelsteinen, jetzt im Sommer umgeben von einer dichten Wildnis aus Grün. Dahin führt keine Straße. Wer mich besuchen will, erreicht mich nur über einen schmalen, sich auf halber Höhe über dem Stuttgarter Tal entlangwindenden Fußweg, der früher die schrägen Weinberge durchschnitt. Es ist ein verborgener, paradiesischer Weg, von dem man sagt, daß er geradewegs ins Blau führt, ins Blau der Ferne, des Meeres oder des Südens.

Zur Rechten verläuft eine mannshohe Trockenmauer, rötlich, ocker- und sandsteinfarben, die hier und da Buckel wirft und Schlupftore anbietet. Oberhalb die herrschaftlichen Gärten, mit hohen Zypressen und gut gewachsenen Obstbäumen, wo man nur manchmal einen Gärtner sieht und selten einen Anwohner. Unten im Tal liegt die Stadt, dicht verwachsen die Häuser, entlang der Ausfallstraße nach Süden, bevor es wieder steil hügelan geht, hinauf zu den Höhen, wo es auch heute noch Weinberge gibt und verlorene Waldstreifen.

Schon nach einem kleinen Stück Wegs glaubt man nicht mehr, noch auf ein Haus zu stoßen, so plötzlich hat es einen aus der Stadt in die Natur verschlagen.

Obstgärten, schmale Grundstücke, die wegen der steilen Hanglage schwer zu bewirtschaften sind. Doch dann sieht man, nach einigen hundert Metern, kurz bevor der Wald einen endgültig verschluckt, unterhalb des schmalen Wegs das kleine Ziegelsteinhaus, kaum fünfzig Meter entfernt von den wie mit dem Silberstift gezogenen Eisenbahnschienen.

Man bleibt stehen, überrascht von diesem Anblick. Damals im Mai, vor einigen Jahren, erschrak ich beinahe, als ich das dunkelrot glänzende Ziegeldach erkannte, in einem Gewoge von Obstbaumblüten, neben einer einzelnen, steil aufragenden Fichte.

Das Haus stand leer, es war zugewachsen, umwuchert von dichten Brombeerranken, wild aufgeschossenen Robinien und üppigem Ahorn, und seine Erscheinung flirrte in der Maisonne wie das Urbild eines Traums, des Traums der Verborgenheit in einem vorzeitlichen Jenseits, in dem die Menschen noch glaubten an den Garten des Glücks.

Von einem Moment auf den andern wußte ich, daß ich genau hier und sonst nirgends wohnen wollte. In meinen Phantasien sah ich das kleine, verfallene Haus mit hellen Sprossenfenstern und weißen Holzläden, ich sah das neu gedeckte Dach und die blitzenden Regenrinnen aus Kupfer, und ich dachte mir das weite Terrain drumherum als Gelände für schmale Pfade, Aussichtsterrassen und versteckte Pavillons.

Ich suchte die Grenzsteine, die Vermessungspunkte, ich lief das Terrain ab, erregt wie ein Spürhund, und ich dachte: ›Hier, hier, hier! Hier bleibst Du, genau hier, genau jetzt, im Alter zwischen dreißig und vierzig.‹

Heute, an einem Sommertag, erzähle ich K., der zu Besuch ist, diese Geschichte. Wir sitzen zusammen auf der kleinen Terrasse, die jetzt an das Haus anschließt, und während ich weiter erzähle, ziehen die Bilder der vergangenen Jahre noch einmal vorbei: wie ich mir Zugang verschafft habe zum Haus, wie ich erst wenige Meter vor dem zugewucherten Eingang den nahen Bahnkörper bemerkt habe, wie ich später, nach Ankaufverhandlungen mit dem Besitzer, begonnen habe, den steilen Hang zu roden, Jahr für Jahr, wie dann ein Pfad angelegt wurde, hinauf, und wie ich zu den verschiedenen Jahreszeiten immer wieder an der Rutsche des abfallenden Geländes stand, um den Obstbäumen Luft zu verschaffen oder die Unkrautinseln zu bändigen.

Ich beschreibe K. das Gelände: dort, die Hügel, schon jenseits des Neckars, dort der Rotenberg, wo der württembergische König Wilhelm I. mit seiner Frau Katharina in einem Sarg aus carrarischem Marmor liegt, dort, in den dichten Wäldern jenseits des Tals der Dornhaldenfriedhof und der ältere Waldfriedhof, mit den Gräbern von Theodor Heuss und Oskar Schlemmer.

Mitten in meinen Erklärungen fährt ein Zug an uns vorbei. K. reckt den Kopf, versucht, das Richtungsschild zu lesen, und sagt, mit einem flüchtigen Blick hinter dem Zug her: »Und dort liegt also Italien …«

Bodensee, September 1989

Das schiff befährt den Bodensee fast einen ganzen Tag, legt hier und da an, aber kaum einer der Fahrgäste steigt aus. Die meisten haben das Schiff auch nicht betreten, um eine Rundfahrt zu machen, sondern um – bei Kaffee und Kuchen – Dichter lesen zu sehen; so wird die Umgebung kaum beachtet, nur selten steigt man an Deck, ins Freie, um einen Blick auf den See oder die Landschaft zu werfen.

Dichter und Gäste sind eng beisammen und können, für die Dauer fast eines ganzen Tags, nicht voreinander die Flucht ergreifen. Ein Minister ist anwesend und ein Großverleger, einige Kritiker aus der Region, die Dichter gehen einander aus dem Weg oder werfen sich ein paar warmherzige Aufmunterungen zu. So treibt das Schiff dahin, und wer es wie eine große Muschel an sein Elephantenohr halten könnte, würde das ungeduldige Scharren von Kuchengabeln hören und die durch ein Mikrofon verstärkte, ins Flehentliche zurückgeschraubte Stimme eines falsch postierten Alleinunterhalters, der, während er liest, längst weiß, daß die Tiefe des Sees seine Stimme verschluckt hat.

Unter den Vortragenden ist auch Wolfgang Hildesheimer; das Gerücht, daß es einiger Überredungskunst bedurft hat, ihn auf dieses Schiff zu locken, ist glaubhaft. Wir begegnen uns das erste Mal am Vormittag, ich sitze eine kurze Weile neben ihm, doch rasch hat sich unser Gespräch in einem sich immer schneller drehenden Wortstrudel verfangen, in dem alle Meisterschaft der

Anstrengung gilt, dem Gegenüber eine immer höflichere und gewähltere Anerkennung zukommen zu lassen.

Beide haben wir über dieselbe Person (Mozart) ein Buch geschrieben, er das Standardwerk, die große Abhandlung, ich einen schmalen, auf einen einzigen Aspekt konzentrierten Essay. So kommen wir nicht umhin, schon in den ersten Sätzen auf Mozart zu stoßen, und je länger wir sprechen, desto heller erstrahlt das Werk des anderen im Licht eines von Eingeweihten beglaubigten Ruhms.

Wie zwei asiatische Weise, die sich laufend voreinander verneigen, läßt Mozart uns reden und stammeln, während wir zugleich unerschütterlich davon überzeugt scheinen, daß wir nur unberufene Wortdiener dieses Ersten der Musik sind. Nach einiger Zeit ähneln wir hohen Priestern, die sich diskret Heimlichkeiten über ihren Gott zuflüstern, schamhaft darauf bedacht, der überall lauernden Gegenwärtigkeit dieses Gottes zu entgehen.

Aber Hildesheimer ist der Oberpriester, der hoch geehrte und geweihte, während ich noch zur Jünglingsgilde gehöre. Nie jedoch ist in unseren Gunstbezeugungen von diesem Unterschied die Rede, obwohl wir uns seiner bewußt sind.

Erst als der Minister erscheint, klärt sich die Lage. Entschieden nimmt er den Großmeister beiseite, legt ihm die Hand auf die Schulter und sagt: »Ja, die Zeiten der Gruppe 47, lieber Hildesheimer, das waren noch Zeiten, die kommen nicht wieder! Was ist dagegen heutzutage schon los?«

Und ich sehe, wie Hildesheimer mich ein letztes Mal

anschaut und wie er, nachdem unsere Priesterrede so plötzlich zusammenbrach, tief erschrickt, als habe er gerade zu hören bekommen, er stamme aus einer tiefen Vorzeit, dem Reich der Urahnen, aus dem kein einziges Pfädchen in die Gegenwart führe.

Später, als Lesungen und Diskussionen uns nicht mehr irritieren, sitzen wir noch einmal eine Stunde zusammen, abseits, recht ungestört. Doch jetzt, als die Gunstbeweise längst getauscht sind, spricht nur er allein. Es ist ein langer Monolog, von großer Müdigkeit, von Verdruß, und Hildesheimer sitzt so nah, daß ich seine Erschöpfung und Bitterkeit beinahe physisch, im Kleinerwerden seiner Gestalt, wahrzunehmen glaube.

Und ich denke, ich müßte ihn buckeln und ihn hoch hinauf, an Deck, ins Freie tragen, wo jetzt der Abendwind weht. Da aber sagt er: »Jetzt ist es genug, Sie haben alles gehört, in meinem Alter höre ich mich nicht mehr gern reden.«

Prag, September 1989

Wir wohnen auf dem Hradschin, in schönen, großen Zimmern, aber wir wohnen geheim, unsere Freunde haben uns gebeten, nicht weiter aufzufallen in diesem geräumigen Mietshaus, dessen breite Steinwendeltreppe tagsüber in dunkler, feuchter Zugluft liegt. So hasten wir jedes Mal hinauf in den obersten Stock, dort fuhrt die schmale Pawlatsche (*Pawlatsche*, *Pawlatsche* denke ich jedes Mal, wenn ich sie betrete, und diese Worte sind noch fremd wie ein alter Gesang) zur Eingangstür unserer Wohnung.

Unsere Freunde sind nach London gefahren, für drei Wochen, und so haben wir jetzt diese Wohnung für uns. Vom Schlafzimmer sieht man hinaus auf eine ockergelbe Häuserflucht, und genau das will ich sehen, Arkaden, Voluten, in den Farben verblichen. Es ist eine Gasse, die in der schwachen Beleuchtung der Nacht eine täuschende Wirkung entfaltet, in der Stille hallen die Schritte, und jede Bewegung in diesem Arkadenraunen bekommt etwas Heimliches, als huschten schmale, wendige Körper von Versteck zu Versteck.

Solcher Eindrücke wegen bin ich hierher gefahren. Ich denke an eine Erzählung, die im Prag des späten achtzehnten Jahrhunderts spielt. Ich habe sie recht genau im Kopf, ihre Figuren sind mir so vertraut, daß sie längst beginnen, für sich selbst einzustehen. Was mir aber fehlt, sind Vorstellungen von ihrer Umgebung, eine genaue Kenntnis von Straßen und Häusern, Phantasien darüber, wie es um 1800 wohl ausgesehen hat.

Um diese Phantasien zu beleben, laufe ich wie ein Archäologe durch die Stadt. Ich bemühe mich, das alte Prag wiederzufinden, und da große Partien der Innenstadt sich wirklich seit dieser Zeit kaum verändert haben, hoffe ich auf die Gegenwart der Gespenster, als könnte man zurückfinden zu den Rudimenten eines fast versunkenen Traums.

Bei meiner Arbeit ist mir ein plastisches Modell der Stadt sehr behilflich, das der Maler und Lithograph Antonín Langweil aus Holz und Papierpappe schuf. Langweil hatte ein Modell von Paris so begeistert, daß er sich entschloß, etwas Ähnliches auch von Prag anzufertigen. Acht Jahre, von 1826 bis 1834, arbeitete er an seinem Projekt, so genau und fanatisch, daß er darüber seine Gesundheit einbüßte.

Bis in die kleinsten Details, die Unebenheiten des Straßenpflasters, die Farben der Portale, die Windungen der Dachröhren, porträtierte Langweil die Stadt, und zu meinem Glück tat er es rechtzeitig vor den großen Umbauten und Veränderungen seit der Mitte des neunzehnten Jahrhunderts. Die Fotografien seines farbigen, aber menschenleeren Modells, die ich zur Hand habe, sind die idealen Ergänzungen zu meiner Gespensterschau, als betrachtete ich eine stille Bühne, hinter der Scharen von Schauspielern auf ihren Auftritt warten: das satte Rot der Dächer ist durchsetzt von Tausenden grauweißer Schornsteine, die blaßgelben Häuserfassaden werden durchbrochen vom Blaugrün der Fenster, die Plätze und Straßen wirken künstlich und sauber, als seien all diese Szenerien eingelassen in eine Kugel aus Glas, die ihre Zeitversunkenheit noch verstärkt.

Wenn wir am Morgen hinab in die Stadt gehen, kommen wir an unserer Botschaft vorbei, die sich heute im alten Palais Lobkovic befindet, dessen Entrée auf Langweils Modell noch von dichten Büschen und Bäumen umgeben ist, stadtentrückt und geheimnisvoll wie ein Eichendorffsches Zauberschloß.

Jetzt wird dieses Terrain streng bewacht. Durch den Sehspalt eines tristen Bretterverschlags kontrollieren Polizisten und Geheimdienstfiguren den Eingang, doch weiter rechts führt ein schmaler Pfad an der Mauer entlang, die den rückwärtigen Garten zu beiden Seiten umschließt. An manchen Punkten erhascht man einen Blick auf das Gelände. Man sieht die großen schneeweißen Zelte mit den winzigen Schornsteinen, die Wäscheleinen mit den zum Trocknen aufgehängten Wäschestükken und kleine Gruppen der DDR-Flüchtlinge, von denen sich jetzt schon Hunderte hier aufhalten.

Die meisten gehen irgendwelchen Tätigkeiten nach, ohne daß ein einziger Laut zu hören wäre. Es ist, als beherbergte man hier ein fremdes und in seinen Riten eigenwilliges Volk von Nomaden, das sich auf einer langen Wanderschaft befindet und dabei um jeden Preis für sich bleiben will. Niemand schaut nach draußen, über die Mauer, jeder scheint mit sich beschäftigt, und doch kommt es einem so vor, als handelten alle nach einem gemeinsamen, schon immer feststehenden Plan.

Erst an der Rückseite des Parkgeländes trifft man auf einen hohen, schmiedeeisernen Zaun, wo man all diesen merkwürdig verlangsamt erscheinenden Bewegungen sehr nahe ist, so nahe, daß man unwillkürlich zusammenzuckt wie einer, der verbotenerweise eine intime Szene betrachtet. Sobald man erkannt wird, nähern sich einige, wie aufmerksame und doch irgendwie gleichgültige Wachen, die eine Grenze andeuten. Spricht man sie an, legen sie diesen Habitus sofort ab, fragen zurück und beginnen zu erzählen. Manche kommen schon bald regelrecht in Fahrt und berichten ihre Fluchtgeschichte, als hätten sie das schon oft getan; andere trumpfen mit sarkastischen und heftigen Worten gegen das Regime auf, als müßten sie einen wachrütteln. Meist gipfeln solche Reden in der mehrfachen, trotzig geäußerten Behauptung, daß man niemals in die DDR zurückkehren werde, als sei die DDR ein Liebhaber, dem man in Jugendjahren vertraut und der einen dann abgrundtief und über viele Jahre enttäuscht und betrogen habe.

Es sind Einzelgänger, mit denen man sich da unterhält. Sie sind mißtrauisch, nicht nur gegenüber dem Fremden, sondern anscheinend noch mehr gegenüber dem Nächsten, der sich ebenfalls am Zaun eingefunden hat. Manchmal werden sie von den weiter weg Stehenden zur Räson gerufen, als erhielten sie von dieser Klasse der Familienväter und Zeltinsassen, die besonders mißtrauisch ist und alle Kontakte nach draußen streng meidet, geheime Befehle. Sie wenden sich ab und kehren in die innere Zone zurück, nur selten schert einer noch einmal aus, kommt für Sekunden plötzlich zurück und bittet einen flüsternd um etwas Kaffee oder eine Flasche Rum, was zu übergeben und auszuhändigen wäre zu einer bestimmten, rasch vereinbarten Stunde.

Ich bin mit einem der höheren Angestellten des Clementinum, der großen Staatsbibliothek in der Nähe der Karlsbrücke, verabredet. Es ist der Leiter einer der vielen Abteilungen, der mir bei meinen Buchrecherchen über das Prag des späten achtzehnten Jahrhunderts behilflich sein soll. Doch als ich zur vereinbarten Stunde erscheine, erklären mir seine Mitarbeiter, daß der Herr heute leider verhindert sei, aus recht undurchsichtigen

Gründen. Ich werde hinab in den großen Katalogsaal geführt, man drückt mir einige Bestellformulare in die Hand, ich soll allein mein Glück versuchen, irgendwann wird der Herr Abteilungsleiter schon auftauchen, obwohl er viele Termine hat, unglaublich viele Termine.

Nach einiger Zeit habe ich zumindest einige Titel entdeckt, die mir weiterhelfen könnten. Ich gebe die Bestellformulare ab, und man sagt mir, ich solle am Nachmittag vorbeischauen, oben im großen Lesesaal, wo man mir die Bücher aushändigen werde.

Am Nachmittag erhalte ich meine Bestellformulare zurück. Jedes ist mit einem dunkelblauen, schweren Stempel versehen. Die Bücher, heißt es, seien nicht vorrätig, sie befänden sich in einer der zahlreichen Außenstellen der Bibliothek, beinahe schon auf dem Land. Als ich darum bitte, sie mir für einen der nächsten Tage zu besorgen, erklärt man mir, eine solche Bestellung werde sich über Wochen hinziehen, und wochenlang wolle ich doch sicherlich nicht warten.

Auch an den nächsten Tagen erreiche ich meinen Abteilungsleiter nicht. Er scheint krank zu sein, oder er ist verschollen, oder er ist untergetaucht, in einem der vielen unterirdischen Kanäle der Bibliothek, wo meine Bücher auf mich warten.

Seit ich die Menschen auf dem Botschaftsgelände gesehen habe, betrachte ich die vielen DDR-Touristen, die sich in der Stadt aufhalten, schon wie potentielle Flüchtlinge. In einem Lokal sitzen drei jüngere Burschen in einer Ecke beim Bier und machen sich, wie ich deutlich höre, Mut, es am frühen Abend zu versuchen. Angeblich ist es ganz einfach, nur ihren Wagen wollen sie noch vorher verkaufen. Auch der Wagen ist Schrott, sagen sie, alles ist Schrott, was in der DDR zu erhalten war, deswegen haben sie auch nur das Notwendigste dabei, in einer Reisetasche, ebenfalls Schrott. Im Westen wird man sich sofort eine neue kaufen, oder vielleicht erhält man dort sogar eine neue geschenkt, ganz zu schweigen von den Autos, von denen jedes gebrauchte, sei es noch so heruntergekommen, ein DDR-Modell in den Schatten stellt. Sie reden, als sei die DDR so etwas wie eine schleichende, furchtbare Krätze, oder wie eine Infektion durch Tausende kleiner Viren, von denen man sich nur durch eine Radikalkur, durch absolute Vernichtung, befreien könne.

Nach einigen Glas Bier sprechen sie einen an und beginnen von neuem mit ihren Geschichten. Am Abend, sagt einer, sind wir drüben, dann kommst du zum Zaun, uns besuchen, dann kannst du uns gratulieren, dann fängt das ganze Leben erst richtig an.

Verglichen mit diesen Abenteurern, wirken die Reisegruppen, die etwa im Innenhof des großen Bierlokals U Fleku noch einen langen Tisch belegen, als seien sie wirklich nur wegen des Urlaubs aus der DDR hierher gekommen, bereits wie gedemütigte und hinters Licht geführte Vorführreisende. Sie sitzen eng beieinander, die Bestellung wird zentral aufgegeben, und als die immergleichen Portionen von Schweinebraten, Kraut und Knödeln kommen, machen sich alle still darüber her, als gehörte selbst das Essen zum Vorführritual der gespielten Gleichgültigkeit. Selten verläßt einer den Tisch, sie bleiben zusammen, sprechen leise, die Speisekarten werden gleich weggeräumt, als habe schon das bloße Angebot etwas Verstörendes. Man nippt am dunklen Bier, ohne zuviel davon zu trinken, wahrscheinlich wurde man eindringlich gewarnt. Später stehen alle wie auf ein gemeinsames Kommando hin wieder auf, schließen sich zu einer unverwundbar erscheinenden Zelle zusammen und lassen sie vielfüßig hinauswandern, in Reih und Glied, ganz gehorsam.

Ich habe die Bertramka gesehen, die draußen, etwas außerhalb des alten Stadtzentrums, an einem sanft ansteigenden Hang liegt, der früher einmal ein Weinberg gewesen sein soll. Die Bertramka ist das Heiligtum aller Mozart-Freunde, denn einer schwach gesicherten Tradition zufolge soll Mozart in diesem Landhaus seiner Prager Freunde, der Sängerin Josefa Dušková und des Komponisten Franz Xaver Dušek, einen Großteil des »Don Giovanni« geschrieben haben. Dort, erzählt jemand, dort im Garten, habe er an seinem Meisterwerk geschrieben, an dem kleinen Steintisch, der sich bis heute erhalten habe; dort, erzählt ein anderer, habe ein kleiner Pavillon gestanden, in dem man den Arbeitsunwilligen eingeschlossen habe, damit er die Ouvertüre des Werkes endlich vollende; und dort, in seinem Arbeitszimmer, stehe noch heute das Cembalo, das er benutzt habe.

Ich habe die Bertramka gesehen, und die Bertramka ist etwas sehr Fremdes. Der große Garten neigt zum Verwildern, es gibt dort einen feuchten und kalten Steintisch, der etwas so jämmerlich Hilfloses hat, daß niemand je auf den Gedanken gekommen sein kann, auf seiner windschiefen Platte eine Oper zu schreiben; auch den Pavillon gibt es nicht, er wurde von den vielen Mozartverehrern abgetragen, jeder nahm ein kleines Stück mit, und am Ende befand sich an seiner Stelle ein gewaltiger Ameisenhaufen. Das Cembalo, doch, das Cembalo ist noch da; es steht vor einem ordentlich hohen Fenster mit weißen Sprossen und weißen Gardinen. An der Decke hängt ein Leuchter, der Tag und Nacht brennt, und zwischen den weißsprossigen Fenstern brennen vier kleine Lämpchen, Tag und Nacht. Das Cembalo steht auf einem recht großen Teppich, und vor ihm steht ein hübscher Rokokostuhl mit rotem Polster, der jedoch eigentlich zu dem kleinen Tischchen gehört, neben dem Cembalo, ebenfalls rot überzogen.

Ich habe die Bertramka gesehen. Drinnen, drinnen glaubt man, wenn man das Glück hat, niemandem zu begegnen, in einem diffusen Jenseits zu stehen. Man möchte darum bitten, die großen Läden zu schließen; man möchte die Lampen löschen, und auch die kleinen, weißen Vasen mit frischen Blumen gehören hinaus. Man möchte sich auf den Boden legen, in dieser Bertramka, nicht auf den Teppich, nicht zwischen die Möbel. Auf dem glatten Parkettboden möchte man eine Nacht lang liegen, bis alle Bilder sich verflüchtigt haben und die Phantasien so heraufziehen, als wären es wahrhaftig die eigenen.

Die neugierigen Reisenden, die über ihre Aufenthalte im Prag des späten achtzehnten Jahrhunderts berichten, erwähnen immer wieder den außerordentlichen Appetit der Bewohner. Schon früh am Morgen würden die Dienstboten in die Fleischbank geschickt, um Ochsen-, Kalb-

und Schweinefleisch zu besorgen; die Frauen der Fleischhacker säßen dort beieinander und frühstückten bis zum Mittag, indem sie sich im Verlauf dieser Morgenstunden mit gebratenen Gänsevierteln, Spanferkeln, Bratwürsten, Gebackenem, Wein, Bier und Kaffee versorgten, und zwar ununterbrochen. Durch die Gassen zögen die Milchweiber, von denen täglich viele hundert vom Land in die Stadt kämen, mit großen Krügen und mit schweren Löffeln zum Umrühren der Milch; das Geschrei der Würstelmänner sei an allen Ecken zu hören, auch die Ziegenmilchhändler, meist mit zwei Ziegen unterwegs, machten sich lautstark bemerkbar. Vier Gerichte am Tag seien üblich, nicht nur bei den höheren Kreisen, sondern auch beim Mittelstand; die Garküchen auf den Straßen, in offenen Buden oder Lauben, seien überlaufen; der Dampf des Fettes, der Speisedunst, der Geruch von Essig und Öl übten auf beinahe jeden Spaziergänger eine betäubende Wirkung aus; in allen Straßen gebe es Bäckerbuden, mit köstlichen Lebkuchen, Obst- und Konditoreiwaren; sehr in der Früh seien die Wein- und Branntweinhäuser schon voller Menschen, und in den Läden der Spezereiwarenhändler würden köstliche Liköre, Meeresfische, seltene Früchte angeboten; die meisten Brauhäuser der Altstadt befänden sich in der Langengasse, von den Bierbrauern seien Ruzizka, Langquara und Waclawka die vorzüglichsten; in den öffentlichen Gärten, Tanz- und Spielsälen von nicht überschaubarer Zahl werde viel Selzer mit noch mehr Wein vermischt getrunken …

Solchen Einflüsterungen folge ich. Ich versuche, mir die andere Stadt vorzustellen, eine Stadt, wo die jungen

Herren mit Hofmeistern und Bedienten unterwegs sind und die Mädchen mit Gouvernanten, eine Stadt mit Aschesammlerinnen, die hölzerne Bottiche auf dem Rücken tragen, mit Mausefallenhändlern, die ihr ›Follo! Follo!‹ schreien, eine Stadt mit Seifensiedern, mit Wachsziehern, mit Rauchfangkehrern, eine Stadt mit Büchsenmachern, Schleifern, Schwertfegern und Strumpfwirkern …

In den inneren Zonen meiner Stadt gruppieren die Stimmen sich zu Clustern, rhythmisiert vom Geschrei der Verkäufer; in den Randzonen hört man das Singen und Fiedeln aus den Tanz- und Ballsälen, punktiert vom dumpfen Krachen der Kegel; an den Toren aber, wo die Wachtposten aufmarschiert sind, lagert schon die Stille des weiten Landes, lauernd und groß.

Mehrmals haben wir uns nun schon am rückwärtigen Teil des Palais Lobkovic eingefunden, wo am hohen schmiedeeisenen Zaun immer wieder dieselben auskunftsbereiten Flüchtlinge auf die Passanten zu warten scheinen. Wir erhalten kleine Zettel, auf denen die Wünsche exakt verzeichnet sind. Inzwischen haben sie begonnen, sich als Medienschicksale zu sehen; sie berichten von japanischen Kamerateams, Kürzel wie BBC und CBS gehen ihnen jetzt leicht über die Lippen und wirken wie magische Siegel, die jede Wende zum Schlechteren bannen sollen.

An diesem frühen Abend jedoch wurden wir Zeugen, wie eine Frau mit ihren zwei kleinen Kindern versuchte, das hohe Gitter zu übersteigen. Die drei haben sich dem Zaun sehr langsam genähert, die Frau trug eine kleine

Tasche, die Kinder hielten ihre Stofftiere in Händen, das alles erweckte den Anschein, als seien es Bewohner aus der Nachbarschaft, die den holprigen Weg zum Laurenziberg hinaufzögen.

Plötzlich aber begann die Frau laut zu schreien, als wollte sie die Kinder aufwecken, scheuchen oder warnen vor einer immensen Gefahr. Das unvermutete Schreien gellte hinüber zu den weißen Zelten, von wo sofort Gruppen von Hilfsbereiten an den Zaun eilten. Die Kinder hatten ebenfalls zu schreien begonnen, sie schrien, während sie sich gleichzeitig die Ohren zuhielten. Steif vor Schreck, mit weiten Augen standen sie neben der Mutter, die sie nacheinander hinauf zu den griffbereiten Händen der Parkbesetzer hob, während sie selbst weiter schrie vor Erregung und Furcht. Erst als sie den Kindern gefolgt war und den rettenden Boden der anderen Seite erreicht hatte, hörte sie damit auf, weinend jetzt, erbärmlich weinend, als sei sie einer Katastrophe entkommen.

Seit diesem Erlebnis machen wir um das Palais Lobkovic einen weiten Bogen, sei es, weil uns der Schreck wie ein unvergeßlicher Biß in den Körper gefahren ist, sei es, weil wir unsere Zeugenschaft als unwürdig empfinden, als müßten wir uns entschuldigen dafür, was wir gesehen.

Wir haben Prag noch vor Ankunft unserer Freunde verlassen, so war es vereinbart. In dem alten Mietshaus sind wir niemandem begegnet. Wir haben heimlich den Briefkasten unserer Freunde geleert, ihre Blumen begossen und darauf geachtet, jeden Lärm zu vermeiden. Wir sind über die Pawlatsche gehuscht wie schwache Schatten, und wir haben unseren Wagen weit abseits geparkt, in einer unauffälligen Nische. Wir haben nichts mitgenommen aus Prag außer den ältesten Bildern und außer den jüngsten, ganz fremden; das gegenwärtige Prag haben wir, so gut es ging, gemieden. Nur die Augen eines Mannes sind uns in Erinnerung, der oben, neben unserer Wohnung, manchmal hinter einem Holzverschlag auftauchte und zu unserer Eingangstür herüberschaute. Er schaute minutenlang, ohne sich zu bewegen. Es waren die Augen eines uralten bärtigen Mannes, eines Mannes wie aus dem Kinderbuch, und das ließ uns glauben, es seien die Augen eines freundlichen, wenn auch neugierigen Menschen, der nichts Böses plante.

Freiheitsszenen

Am frühen Abend die Bilder aus der Prager Botschaft. Genscher fährt in einem weißen BMW vor. Auf die Frage, woher er jetzt komme, die Antwort, er komme aus Bonn, wo er wiederum am Morgen aus New York eingetroffen sei. Ob er mit Vertretern der tschechischen Regierung zusammenkommen werde? Mit denen habe er bereits am Flugplatz gesprochen.

Jede Wendung dieser kurz hingestreuten Antworten an die bettelnd fragenden Journalisten strotzt von Diplomatie und dokumentiert das weltweite Strippenziehen. New York, Bonn, die Gespräche der Außenminister – es klingt, als habe der höhere Olymp getagt, um den Irdischen endlich ein paar Wunder zu gönnen.

Jetzt muß Genscher sie nur noch aus der Tasche ziehen, knapp, kurz; keineswegs darf er sich lange aufhalten, um die Geduld all der Tausenden nicht zu strapazieren, die auf seine erlösenden Worte warten. Und er macht es gut, genau richtig. Denn er beginnt mit Grüßen der Bundesregierung und setzt fort mit besonderen Grüßen an die anwesenden Hallenser. Mit zwei einleitenden Sätzen hat er die Spannung aufgebaut, die der nun folgende dritte Satz unbedingt lösen muß: »Wir sind zu Ihnen gekommen, um Ihnen mitzuteilen, daß heute Ihre Ausreise ...« – das ist alles, der Satz zielt genau auf jenes Wort, das alle herbeisehnten. Der ausbrechende Jubel bestätigt, daß es auf mehr nicht ankommt.

Woran erinnerte mich das Ambiente dieser großen Szene? Der Auftritt am frühen Abend, kurz vor der hereinbrechenden Dämmerung, unterhalb der gewaltigen Burg des Hradschin ..., diese wenigen Sätze vom Balkon eines Rokoko-Palais ..., die im weiten Garten der Botschaft in der Dunkelheit wartenden Menschenmassen, deren Erleichterung von spitzen Schreien in Sprechchöre überging ... – es war nicht die Szene eines Schauspiels, sondern eine Szene der klassischen Oper, ja, es erinnerte an eine Befreiungsszene der revolutionären Ära des späten achtzehnten Jahrhunderts. Und plötzlich waren auch die hohen Trompetenklänge da, und die Worte des herbeieilenden Pförtners Jaquino, atemlos, gedrängt: »Der Herr Minister kommt an. Sein Gefolge ist schon vor dem Schloßtor.«

Ja, die besondere Stimmung dieses Auftritts hatte etwas von Beethovens »Fidelio«, bis ins Märchenhafte hinein, bis ins rundum utopisch Gedachte, wo der gerade im richtigen Augenblick eintreffende Minister das Schlimmste verhindert und die Scharen der zu Unrecht Gefangenen aus ihren Verliesen hervorkommen, bei Beethoven begleitet von einem der schönsten Befreiungschöre »Heil sei dem Tag, Heil sei der Stunde«, der das Ende der langen »Tyrannenstrenge« hinaussingt.

In diesem ungemilderten Opernglück aber ging es weiter, als die ersten Menschen die Botschaft verließen und sich in die bereitstehenden Busse drängten: erstickt vom Überwältigenden dieser Szene, daß man sich als Zuschauer dieser Momente am liebsten abgewandt hätte. Im letzten Moment aber bekam man noch das kleine Kind auf den Armen der Mutter zu sehen, das im gleißenden Licht der Scheinwerfer ruhig und beinahe sachlich damit beschäftigt war, der Mutter Träne für Träne aus den Augen zu wischen.

Am nächsten Tag ruft mich P. aus den Vereinigten Staaten an; er hat gerade die ersten Bilder von der Ankunft der Flüchtlinge im Westen gesehen: die unter Schock stehenden Menschen, die aus den Zügen taumeln, als hätten sie Hunderte von Erdumrundungen hinter sich; die kleinen Gruppen, die sich unsicher aneinanderklammern, ohne sich auch nur einen einzigen Schritt fortzubewegen; die immer wieder von Tränen und Erschütterungen verzerrten Gesichter, in denen der Schrecken noch nicht von der Freude verdrängt ist. P. geht aber auf diese

Szenen nicht ein. Statt dessen spricht er von den Bildern der in den Bahnhof von Hof einlaufenden Züge, aus deren Fenstern sich Hunderte von Armen reckten; und er spricht von den Hunderten, die ihnen vom Bahnsteig aus entgegenwinkten. Diese Szenen, sagt er, überträfen selbst Hollywood: Massenszenen, von einer Wucht, von einer Symbolkraft, wie sie kein Regisseur hinbekomme. Die Bewegungen der ankommenden und der wartenden Massen, diese Choreographie all der winkenden Hände – all das habe etwas traumwandlerisch Selbstverständliches gehabt, wie es auch der besten Inszenierung im Grunde nie gelinge. Das hatte etwas Naives, etwas von naiver Erhabenheit, sagt P. noch und lacht dabei laut, als sei ihm dieser Begriff denn doch nicht ganz geheuer.

Vielleicht fühlte P. sich an etwas Ähnliches erinnert wie ich. Diese Szenen der Befreiung wirken urtümlich und einfach. Gerade dadurch sind sie unseren gefälligen und klug inszenierten Gegenwartsbildern, an die uns der Film längst gewöhnt hat, überlegen. Sie verweisen in Vergangenheiten, in denen Begriffe wie ›Freiheit‹ und ›Gerechtigkeit‹ etwas Emphatisches, Strahlendes hatten. Im Grunde glaubt man sich wahrhaftig um Jahrhunderte zurückversetzt, in Zeiten sogar vor Erfindung solcher Geräte wie Kamera oder Fernsehen. Auch mein »Fidelio«-Vergleich erinnerte solche Wahrnehmungen: einen tiefschwarzen Hintergrund, vor dem sich, durch Blitze erhellt, Bilder von schrecklicher, einfacher Wahrhaftigkeit gestalten.

Man sitzt vor solchen Bildern hilflos, und das Zuschauen hat etwas Peinliches. Was bleibt, ist ein Würgen im Hals, als habe man damit zu kämpfen, eine solche Direktheit zu verdauen.

Worauf ich jetzt neugierig wäre: auf sehr genaue Berichte der Flüchtlinge über ihre ersten Tage und Wochen. Was fällt ihnen auf, was erscheint ihnen fremd, was überfordert sie, wie gehen sie mit diesen Überforderungen um? Neue Farben, Gerüche, Klänge, neue Worte, schon ein Gang in einen Supermarkt wird viele erschrecken. Das gewaltige und gewiß obszön erscheinende Warenangebot, die Unsicherheit, welche Waren die richtigen sind, neue Geschmacksempfindungen, die rasch sich verändernden Umgebungen, das neue Tempo insgesamt, die Hierarchien der Behörden …

All diese Eindrücke müßten notiert werden, konkret und bis in die winzigsten, unscheinbarsten Wahrnehmungen. Nichts wäre faszinierender und anschaulicher als solche Notate und Berichte.

Natürlich plagen die Medien sich ab, den Flüchtlingen Kommentare und Berichte zu entlocken. Aber sie bringen nicht die Geduld und die Genauigkeit auf, um zu solchen Texten vorzudringen, die mir vorschweben. Auf dem Bahnsteig von Hof werden die Flüchtlinge lediglich abgefragt. Die Erschöpfung läßt sie nicht weit kommen, die meisten werden nicht einmal ahnen, welch schwieriger Weg jetzt vor ihnen liegt. Sie treten aus einem verblichenen, gesprungenen, an den Rändern überall rissigen Schwarz-Weiß-Film in die ausgeleuchtete Buntheit eines Videoclips. Jetzt, genau jetzt, beginnen die neuen Geschichten: eine Packung Zigaretten erstehen und dafür (statt einer Mark sechzig) vier Mark bezahlen …

Nein, ich kann mich in keinem Moment in die inneren Welten dieser Flüchtlinge hineinversetzen. Sie kommen schließlich nicht nur aus einem anderen Land, sondern eher noch aus einer anderen Zeit. Sie sind geprägt von Milieus und Umgebungen, die mir völlig fremd sind. Ich kann mir nicht vorstellen, sie zu ›verstehen‹, so, wie ich mir oft vorstelle, Italiener und Franzosen zu ›verstehen‹. Obwohl diese Menschen meine Sprache sprechen, sind sie doch in einem Land aufgewachsen, in dem die Sprache eine ganz andere Bedeutung hatte und ganz anders benutzt wurde als hierzulande. Oberflächlich betrachtet, gebrauchen wir dieselben oder ähnliche Worte; aber wir projizieren diese Worte auf andere Hintergründe, wo sie sich verwandeln und ein starrsinniges Eigenleben führen.

Ich erinnere mich an einen Aufenthalt in der DDR, der jetzt genau fünf Jahre zurückliegt. Freunde hatten uns nach Leipzig eingeladen, zum ersten Mal wollten wir längere Zeit ›drüben‹ bleiben. Ein Ferienaufenthalt, so, wie man früher nach Italien gefahren war.

An den Abenden saßen wir mit unseren Freunden auf einem kleinen Balkon und plauderten. Über Politik wurde nicht gesprochen, wir redeten meist über Literatur oder Musik, etwa über Uwe Johnson, den unsere Freunde gut gekannt hatten. In dieser Leipziger Wohnung, in der wir uns damals aufhielten, hatte Johnson aus seinen frühen Texten vorgelesen, etwa aus »Ingrid Babendererde«.

Vormittags machten wir lange Spaziergänge durch die Stadt. Wir durchstöberten die Antiquariate, wir kauften

Musikpartituren klassischer Musik, die besonders preiswert waren. Nachmittags fuhren wir hinaus, zu einem Kiessee in der Nähe, wo gebadet wurde. Mit den Tagen wurden wir immer ruhiger. Wir lasen keine Zeitungen, fernzusehen war verpönt, wir lebten in einer scheinbar zeitlosen, versunkenen Idylle, anspruchslos, einfach und doch auf die wenigen wichtigen Dinge konzentriert.

Später nahmen uns die Freunde mit nach Dresden und in die Sächsische Schweiz. Wir besuchten das Grüne Gewölbe und die berühmte Gemäldegalerie, wir durchwanderten das Elbsandsteingebirge und lernten Orte wie Pappritz, Ulbersdorf oder Lichtenhain kennen. Von den Felsen des Lignichtblicks aus sahen wir in das nahe Böhmen, und die kleinen Birkenwälder drängten sich in die dunstige Diesigkeit ganz so wie auf Bildern Caspar David Friedrichs.

Wenn man es fertiggebracht hatte, die Gegenwart zu vergessen, wenn man sie so wahrnahm, als seien die Lider halb geschlossen, konnte man sich mühelos in die älteste Vergangenheit zurückträumen. Die Landschaften kamen einem vor wie Genrebilder Ludwig Richters, so liegengelassen; die Menschen traten darin nicht in Erscheinung, nur die charakteristischen Elemente wie Fels, Fluß und Pfad. Allmählich fand man sich in einem Terrain wieder, das man mit dem Uraltwort »Deutschland« – früher immer vor sich her geschoben – in Verbindung brachte.

Schließlich wünschte ich mir nichts mehr als eine langsame, tagelange Flußfahrt auf der Elbe; ohne zu zögern, hätte ich eine Fahrt auf dem Comer See dagegen eingetauscht. Ich war so sehr in diese altdeutschen Szenen vernarrt, daß ich mir wie ein Romantiker vorkam, leicht sächselnd, behäbig, aber von irgendwelchen munteren Ideen getrieben, spitzbübisch und einfallsreich.

Und ich erinnere mich gut, wie schwer es uns fiel, nach diesen Tagen wieder nach Westen aufzubrechen. Kurz nach der Grenze überfiel uns die Gegenwart, wir traten wieder ein in die nach Sekunden und Minuten gemessene Zeit, aus dem Autoradio quollen die bekannten Werbeprogramme, und die erste blaue Aral-Tankstelle mit ihrem gigantischen Aufgebot an Design erschien uns wie ein brutaler Angriff auf unser in all den ruhigen Tagen gesammeltes Sehen.

Plötzlich erschien uns die Bundesrepublik häßlich und verdorben. Wir ekelten uns vor all den maßlosen Angeboten, selbst das übliche Autobahntempo erschien uns wahnwitzig und krankhaft. Wir konnten den plötzlichen Zeitsprung nicht überwinden; tagelang versuchten wir, uns in das farb- und geräuschlose ›Deutschland‹ zurückzuerinnern, in dieses Schlummerland hinter der furchtbaren Grenze, wo man sich abends die Decken über die Ohren zog mit einem Gefühl wohliger Weltabgewandtheit.

Uwe Johnson, hatten wir gehört, habe damals, in den Tagen seiner frühen Texte, zu trinken begonnen. Zu seinen Leseabenden sei er mit einem Kasten Bier erschienen; ein ganzer Kasten, ganz für ihn allein. Damit das Einschlafen, später, gelang.

Leipziger Oktober

In manchen von meinen Freunden ist ein plötzliches, aber heftiges Interesse für die DDR wach geworden. Sie waren in all den Jahrzehnten noch nie ›drüben‹, nein, das nicht, und sie haben sich auch sonst nicht für dieses ferne Land interessiert, das irgendwo kurz vor den Schneewüsten Sibiriens in einer unscheinbaren Mulde lag, reizlos und arm. Sie wußten kaum, daß es dort auch eine Bevölkerung gab, jedenfalls hatten sie an diese Menschen noch nie ernsthaft gedacht. Doch jetzt, als sie Woche für Woche von den Leipziger Demonstrationszügen hören und die Bilder der durch die Stadt ziehenden Scharen sehen, wünschen sie sich nichts mehr als auch dabeisein zu dürfen. Sie schnuppern und nehmen die Witterung auf, ja, sagen sie, das alles hat etwas ›Politisches‹, das ist ›Politik‹, und dabei tun sie so, als hätte es dieses Wort lange Zeit nicht gegeben.

Erstaunt werden es plötzlich alle gewahr. Jahrelang hat unter uns niemand so vollmundig und überzeugt von ›Politik‹ gesprochen, man war mit ganz anderen Dingen beschäftigt, und ›die Politik‹ war wie ›die Geschichte‹ ein längst erledigtes Fach, das höchstens noch in entlegenen primitiven Gesellschaften Bedeutung hatte.

Jetzt aber werden all diese Uraltbegriffe wieder nach oben geschwemmt. Am liebsten gingen meine Freunde nun selbst auf die Straße, hier, vor ihrer Haustür. Aber sie wüßten nicht, was sie auf ihre Transparente schreiben sollten. Nein, hier zu demonstrieren, das hätte nichts von ›Politik‹, es wäre einfach lächerlich.

›Drüben‹ aber ist jetzt das Land der großen politischen Gefühle, und genau darauf, auf die Gefühle, kommt es meinen Freunden an. Es soll sich endlich wieder etwas in ihnen regen, sie sehnen sich nach so etwas wie ›Grenzsituationen‹, sie wollen sich von etwas lossagen, sie wollen es herausbrüllen, irgend etwas.

›Freiheit‹ ... rufen sie drüben, aber das ist für meine Freunde kein Stichwort, denn von der Freiheit hatten sie Jahrzehnte lang genug, soviel, bis sie ihrer fast überdrüssig wurden. Nein, ›Freiheit‹, das bedeutet ihnen nichts, sie haben dieses Wort nie gedacht, sie haben nie an die Freiheit gedacht, denn diese Freiheit war immer da, ein lautloses, warm einlullendes Feriengespenst mit einer freundlichen Fratze.

Was sie eher reizen würde, das wäre der Kampf gegen finstere Tyrannen, die sich in ihre abgeriegelten Wohnbezirke einschließen und in unterirdischen Verliesen an den abgehackten Fingern von Regimegegnern nagen. So ein Kampf, das wäre ein Aufstand, eine richtige Volksbewegung, ein Massendasein, und genau das zieht meine Freunde an, die Erinnerung nämlich an vergangene Jahrhunderte, als es noch so etwas Rührendes, Schlichtes, Ehrliches wie ›das Volk‹ gab.

Nichts hat sie mehr aus ihrer Ruhe geweckt als der einfache Schlachtruf ›Wir sind das Volk‹. So ein Volk, wissen sie, hat immer recht, es ist mit den verborgenen Mächten der Geschichte im Bunde, und jeder, der sich ihm anschließt, spürt eben diese Mächte, den starken und nicht zu unterdrückenden Sog hin zum schöneren Morgen.

Das erregt meine Freunde. Vergangenheit, Zukunft – mit einem Mal sind diese Zeitvokabeln wieder da. Sie haben sich dem machtvollen Wort ›Politik‹ angeschlossen, sie nähren sich aus seiner Magie, und sie lassen einen hier im Westen plötzlich beinahe nackt dastehen, denn auch mit der Zukunft hatte man hier lange Zeit nichts mehr zu tun. Die Zukunft, das war einfach die verlängerte Gegenwart, drüben aber trennt Vergangenheit und Zukunft ein Bruch.

Dieser historische Bruch, dieser Einschnitt, massiv, deutlich sichtbar, emphatisch erlebt, dieser Bruch fehlt meinen Freunden. Auch sie würden noch einmal gern so anfangen, wie drüben die Demonstranten jetzt anzufangen scheinen; sie würden sich liebend gern von allem befreien, was man ihnen von Kindheit an Gutes getan hat, sie würden mit Vergnügen wenigstens für einige Wochen an der Entbehrung naschen, ja, sie würden sogar in diese verwaschenen Demonstrantenklamotten steigen, um einmal dazuzugehören, zum ›Volk‹.

Daher erleben sie all diese schmalen, bleichen und ausgezehrt wirkenden Gesichter, die ihnen aus den Leipziger Bildern entgegenwinken, wie Gesichter von Märtyrern, die alles, aber auch wirklich alles auf sich genommen haben, um irgendwann einmal als die Helden des Widerstands in die Geschichte einzugehen. Die duldsamen und friedlichen Aufmärsche dieser Märtyrer treiben meinen Freunden beinahe die Tränen in die Augen, ach, da zieht ›das Volk‹, so etwas gibt es noch, das bedürfnislose und hellwache Volk, das die Fäuste gegen die Tyrannen ballt, das in Untergrundkellern seine Ideen auf Wachsmatrizen abzieht und das sich nach der Demonstration noch einmal zu einem Friedensgebet versammelt, um Gott dafür zu danken, daß es nicht gewalttätig geworden ist.

Meine Freunde haben eine Gerhart-Hauptmann-Vorstellung vom Volk. Und insgeheim trauern sie darum, daß die wiederentdeckte Geschichte sie um einen frischen Anfang betrogen hat. Denn die Geschichte hat sie einfach nicht gefragt. Als sie zur Welt kamen, war alles schon da, die Freiheit, das Geld, die Demokratie. Nur das Volk gab es nicht, das Volk war verschwunden, es hatte sich all die Jahre versteckt gehalten, kurz vor den Schneewüsten Sibiriens, in einer unscheinbaren Mulde.

In der Berliner Marien-Kirche ist Petra Kelly kurz ans Mikrophon gehuscht und hat meinen Freunden – zumindest teilweise – aus der Seele gesprochen. Wir in Westeuropa, wir in Westdeutschland, hat Petra Kelly gesagt, wir brächten so etwas wie Ihr hier im Osten nicht fertig; Ihr seid uns voraus. Wir nämlich sind oft zu feige, zu müde, wir haben kaum noch Zivilcourage; Euer Weg aber, Euer gewaltfreier Weg, der wird in die Geschichte eingehen!

Das sind weitausholende, deutliche Worte, und sie treffen in vielem den verlegenen Blick mancher Beobachter im Westen, die sich jetzt an die eigene Brust schlagen und der luxustollen Postmoderne der achtziger Jahre die Schuld daran geben, daß sie das Wort Zivilcourage nicht einmal mehr gedacht haben.

Die Demonstrationen im Osten scheinen ihnen plötzlich einen Spiegel vorzuhalten; wer sich von hier aus in diesem Spiegel betrachtet, sieht sich als faules, übersättigtes, unpolitisches Wesen, das den Fängen des Konsums in die Hände geraten ist.

Drüben aber scheint die wahre Einfachheit, die Gemeinschaft der Bedürfnislosen, eine neue Ära der Geschichte einzuleiten, der gegenüber manche hier im Westen schon beinahe resigniert haben. Ihre verschütteten politischen Emotionen treiben langsam wieder nach oben, doch sie bringen es nur noch zu Selbstekel, zu jenem Petra-Kellyschen Abscheu vor dem satten Westdeutschland, dem satten Westeuropa, ja, der ganzen satten westlichen Welt.

Im Osten, sagt mir einer meiner Freunde, kommt der Sozialismus jetzt ›zu sich selbst‹. Darauf hat mein Freund sein ganzes Leben, ohne noch daran zu glauben und ohne es am Ende noch deutlich zu wissen, gewartet: daß der Sozialismus ›zu sich selbst kommt‹. Indem er ›zu sich selbst kommt‹, entlarvt er anscheinend den Westen, er stellt ihn bloß als das jämmerliche Land der geschenkten Demokratie.

Daher reden viele hier jetzt vom ›Neuanfang‹ im Osten. Sie scheinen der westlichen Demokratie nicht zu vertrauen, sie sehnen sich nach einer neuen Nachkriegszeit, wo sie aus eigenen Kräften – wie ›das Volk‹ im Osten – auf der Straße ›zu sich selbst‹ fänden. Diese lautere Illusion, dieses Phantasma halten sie für ›Sozialismus‹. Das Wort meint nur noch den Appell an das Gute im Menschen, das sich – gewaltfrei und schlicht – in einer sanft gewordenen Gemeinschaft durchsetzen soll.

Nirgendwo würde man mehr darüber lachen als im Osten, und nirgendwo hätte das Lachen mehr Berechtigung.

Ich habe – nach vielen Fehlversuchen – endlich mit H. telefonieren können, der seit über zwanzig Jahren in

Leipzig lebt. Ja, auch H. hat sich den Montagsdemonstrationen angeschlossen, und es ist einfach irre, toll, ein großes Gefühl.

Ich kenne H. als einen nüchternen, klar denkenden Menschen, jetzt aber machen seine Worte mich mißtrauisch. Mensch, sagt er, auf mein Nachfragen hin, Mensch, so etwas habe ich einfach noch nicht erlebt.

H. spricht nicht von den Zielen der Aufmärsche, er schildert die Atmosphäre, die Stimmung, das Drumherum. Immer wieder fallen ihm neue Geschichten ein, von Menschen, die sich anfangs nicht trauten und die jetzt doch mitgingen, von kecken Losungen, Parolen und Sprechchören, von dieser Euphorie, zu der H. sich so bekennt, als habe er nächtelang einmal so richtig über die Stränge geschlagen, ohne sich Vorwürfe machen zu müssen.

Ich erkenne H. nicht wieder, ich stoße weder auf seine in Jahrzehnten hochempfindlich gewordene Vorsicht noch auf seinen Argwohn. H. wirkt auf mich, als habe er sich für einige Zeit von seinem Wachzustand verabschiedet, um in den dunklen Demonstrationsnächten sein zweites Ich kennenzulernen.

Dieses zweite Ich aber hat begonnen zu plaudern; schon ist es dabei, sich in Anekdoten zu verlieren, in winzigen Ornamenten, von denen viele, so locker dahererzählt, so frisch aufgetragen, die lange schmachvolle Vergangenheit des Erzählers insgeheim noch viel deutlicher machen.

Die Nachtaufnahmen, die das Fernsehen von den Leipziger Demonstrationen sendet, lassen all diese Szenen kaum erahnen. Es sind unscharfe, oft verwackelte Bilder, schwach ausgeleuchtet. Man bemüht sich, genauer hinzuschauen, aber man starrt nur in ein trübes Aquarium, durch dessen sauerstoffarme Zonen die Schemen der Menschenscharen treiben, immer wieder nach Luft schnappend. Einzelne Gesichter sind nicht zu sehen, meist nur die Bewegungen dieser sehr breit ziehenden, die oft ungeheure Breite der Leipziger Straßen ausfüllenden Massen.

Diese Massen, stelle ich mir vor, haben etwas Flutendes. Sie wollen wachsen, wie ein gefräßiger, nie zu sättigender Lindwurm, der die Leere um sich herum verschlingt und der deshalb am Ende überall sein wird, bis er sich in den Schwanz beißt.

Vielleicht, denke ich noch, ist das geheime Ideal dieser Aufmärsche die Bewegung selbst: daß die Letzten der gewaltigen Schlange gerade dann aufbrechen, wenn die Ersten bereits wieder ankommen, so daß schließlich nicht mehr zu unterscheiden wäre zwischen Anfang und Ende …

4. November 1989

Heute fand in Ost-Berlin eine Großdemonstration statt, es war die erste Demonstration bei Tage, die ich zu Gesicht bekam. Diese Demonstration war genehmigt, vielleicht trug die Genehmigung dazu bei, eine Versammlung bei hellichtem Tag zu wagen. Zum ersten Mal sind jetzt Gesichter und Reaktionen deutlicher zu erkennen, oft haben sie etwas Gespanntes, Erwartungsvolles, als wäre von dieser Veranstaltung Klarheit darüber zu gewinnen, wohin der Weg denn nun geht. Es wird geredet, natürlich, die Redner mit ihren kurzen Beiträgen kommen aus den unterschiedlichsten Lagern und werden entsprechend aufgenommen. Der SED-Mann Schabowski wird ausgepfiffen, als er sich wie ein trotziger römischer Rhetor gebärdet, der sein Volk an die alten Wahrheiten erinnern will, zum Beispiel daran, daß es not tue, den Schulterschluß mit den russischen Brüdern im Osten zu suchen. Auch das Losungswort ›sozialistisch‹ wird zu meinem Erstaunen immer wieder verwendet, wie ein Schild, den man zur Sicherheit vor sich herträgt, um sich keine Blöße zu geben. Wenn dies, wie anfangs gesagt wird, eine Protestdemonstration ist, die sich gegen das herrschende Regime wendet, so ist es vielleicht die erste Großdemonstration der Geschichte, bei der das Regime selbst zu Wort kommt und sogar die Gegner des Regimes noch immer dessen Sprache sprechen.

Auch die Schriftsteller bewegen sich dabei in den bekannten Bahnen. Christoph Hein spricht vom Sozialismus so, als sei er gleichsam das Reinigungsbad nach den alten Verhältnissen; Stefan Heym unterscheidet den richtigen vom Stalinschen und fordert nach vierzig Jahren DDR ein erneutes sozialistisches Bauvorhaben, diesmal aber demokratisch, und Christa Wolf liefert die Pointe zu diesen Erneuerungsprojekten: »Stell dir vor, es ist Sozialismus und keiner geht weg.«

Man hat den Eindruck einer babylonischen Sprachverwirrung. Auffällig schon, daß keiner der Redner klare

Ziele benennt; statt dessen wirken die Begriffe weit, offen, beinahe beliebig. Sie umkreisen eher die Unruhe, als daß sie sie stellen. Die Forderung nach Rücktritt der Regierung kommt nur wie ein Witz daher: weg mit den Alten, ins Altersheim!

Das Nebulose der Situation wird schon in den Umschreibungen deutlich, die die Redner für den Aufbruch finden. Stefan Heym kleidet ihn in das Bild der nach Jahren des Stillstands aufgestoßenen Fenster. (Ich erinnere mich gut, daß so in den sechziger Jahren vom Zweiten Vatikanischen Konzil gesprochen wurde: ein Aufstoßen der Fenster nach einer Zeit des Stillstands.) Christoph Hein verlangt ein Straßenschild ›Leipzig – Heldenstadt der DDR‹, was den Aufbruch idealisierend beinahe parodiert; und Christa Wolf, vorsichtig, jede Eindeutigkeit wie immer vermeidend, spricht von revolutionärer Erneuerung‹, was sich anhört, als habe sie auch diesen Begriff noch aus den alten Schulbüchern abgestaubt.

Man traut sich noch nicht, von ›Revolution‹ zu sprechen. Es scheint zwar bereits die für Revolutionen vorgesehenen Helden zu geben, auch die revolutionäre Situation scheint geschaffen – doch das letzte Zupacken bescheidet sich immer wieder mit den Worten von der ›Reform‹.

Und es ist in der Tat eine seltsame Revolution, die sich da abspielt: als wollten die Revolutionäre, wo auch immer sie sich verstecken mögen, dem alten Regime nur beweisen, daß sie mit seinen Begriffen besser umgehen können und es ernst damit meinen, wie altkluge Schüler, die den Grundkurs Marxismus, Sektion Dialektik, in der Theorie einfach besser beherrschen als die Alten.

Deshalb zögern vielleicht all diese Redner vor dem scharfen Begriff ›Revolution‹ zurück: weil dieser das Aus! der alten Verhältnisse meint, das vollständige Aus!, das Auf-den-Kopf-Stellen, die Radikalität des ganz und gar Neuen.

Davon aber zeigt sich auf dieser Demonstration nichts. Sie ist bescheiden, sie toleriert ihre Grenzen. Was sie bespricht, ist das pure Erstaunen, das Erstaunen darüber, daß sie möglich geworden ist, genehmigt und gewaltfrei. Daher sind ihre besten Momente gerade jene, die von einem Auflachen begleitet sind: Aus Wandlitz, da machen wir ein Altersheim!

Graz, 4./5. November 1989

ICH HABE Gert Neumann wiedergetroffen, der zu den Lesungen des »Steirischen Herbst« eingeladen wurde. Noch vor kurzer Zeit hätte er die DDR nicht verlassen, um sich ein paar Tage im ›Ausland‹ zu erlauben. Er hatte sich ein festes und gnadenloses System von Regeln geschaffen, mit dem er auf die Gewaltakte des Staates antwortete. Zu diesen Regeln gehörte das sich selbst auferlegte Verbot, solange nicht ins Ausland zu reisen, bis es auch seinen Mitbürgern möglich sei, eine solche Reise anzutreten. Neumann wollte auf alle Sonderrechte für Intellektuelle und Schriftsteller verzichten; gerade diesen Gruppen kamen solche Rechte, wie er dachte, am wenigsten zu.

Ich habe noch gut seinen abschätzigen Blick in Erinnerung, als ich bei unserem ersten Treffen Anfang der achtziger Jahre den Namen Christa Wolf erwähnte. Damals wußte ich wenig von ihm, ich hatte einige seiner kurzen Texte gelesen und in ihm zwar einen entschiedenen, nicht aber derart unerbittlichen Gegner des Regimes vermutet. Dann lernte ich ihn genauer kennen. Er kauerte in seiner kleinen Leipziger Wohnung wie ein hochempfindlicher Sensor, der alle Abweichungen von der rigiden Moral des absoluten Widerstandes penibel registrierte. Durch diese Strenge wurde er für viele zu einem Anziehungspunkt. Die Gespräche mit ihm ähnelten Therapiegesprächen. Alle verdächtigen Regungen wurden durchgenommen, der Gesprächspartner wurde auf seine unbewußten Unschärfen dem Regime gegenüber analysiert; am Ende kamen die Richtersprüche, entschieden, klar, weil es darum ging, gerade in einer Diktatur vor den höchsten Instanzen der Selbstachtung zu bestehen.

Neumann ist Jahrgang 1942, kaum jünger als Wolfgang Hilbig, der, wie ich glaube, viel von ihm lernte und so etwas wie sein verschwiegener, geheimer Schüler war. Nach Jahren als Schlosser und Traktorist in der Landwirtschaft kam er ans Literaturinstitut Johannes R. Becher in Leipzig. In dieser Zeit muß sich so etwas wie ein ästhetisches Konzept seines Schreibens gebildet haben, in strikter Abgrenzung von dem gängigen, parteikonformen Unterricht. Die Konfrontationen mit dem Regime häuften sich, Neumann wurde exmatrikuliert und aus der SED ausgeschlossen. Von diesem Moment der öffentlichen Ächtung an hatte die DDR in ihm ihren wohl schärfsten und, was den Zusammenhang von Schreiben und Handeln betraf, konsequentesten Gegner.

Wenn ich ihn besuchte, warteten draußen vor seiner Wohnung die Stasi-Mikroben. Sie hefteten sich an die Ritzen seiner Wohnungstür, sie zernagten das Postfach, sie legten Feuer im Treppenhaus, sie lungerten Tag und Nacht vor seinem Fenster, aufgedunsen und gelangweilt. Wenn wir das Haus verließen, setzten sie sich, ohne sich noch den Mühen der Tarnung oder des Versteckes zu unterziehen, in Bewegung. Sie blieben drei, vier Meter hinter uns, zu zweit oder zu dritt, wortlos, eine stinkende Spur von Verrat und Demütigung, die man hinter sich herzog. Setzten wir uns in ein Lokal, nahmen sie am Nebentisch Platz, so nah und aufdringlich, daß man sie hätte anspeien mögen.

Neumann mochte sie nicht ansprechen, er tat, als existierten sie nicht, oder er machte sich einen Spaß daraus, diesen Troß mit ins Haus der Deutsch-Sowjetischen Freundschaft zu ziehen, wo sie sich wie überraschte Exhibitionisten in die Ecken verdrückten. Doch meist ließ sich die Gegenwart dieses Packs nicht vergessen. Sie sollten dafür sorgen, daß einem die Luft ausging, ihre dauernde Gegenwart sollte einen lähmen und noch nachts zusammenschrecken lassen, in der Gewißheit, nicht einmal im Schlaf unbewacht zu sein. In alle Kreise um den Beobachteten drangen sie ein, sie durchstöberten seine Arbeitsstätte, sie prüften jede Duftnote, die vom gehaßten Objekt ausging.

Wenn ich so mit Neumann zusammen war, spürte ich schon nach wenigen Stunden, wie die eigene Kraft nachließ. Anfangs hatte ich mich empört, am liebsten wäre ich auf die Straße gesprungen, um das Gesindel zu vertreiben; dann hatten einen die kindischen Posen des Versteckspiels, das Einfältige und Pedantische daran, beinahe belustigt; mit der Zeit aber drängte die schlichte Resignation diesen Übermut beiseite, und am Ende verstand ich nicht mehr, wie sich ein solcher Terror über Monate und Jahre aushalten ließ.

Neumann versuchte, dem zu widerstehen, indem er viele Menschen seiner Umgebung ins Gespräch zog. Er konzentrierte sich darauf wie auf ein Studierfeld der genauen Beobachtung. Dabei war er nicht auf Verständigung aus. Zum Vorbild seiner Gespräche wurden ihm die eigenen literarischen Texte, die er dem üblichen Reden und Schreiben entziehen wollte.

Er war beinahe fanatisch von dem Gedanken besessen, die Sätze mit einem Dickicht von Geheimhaltung, von indirekten Verweisen und Anspielungen umgeben zu müssen. Die eigentlichen Inhalte der Sprache wurden dadurch immer unscheinbarer, sie waren höchstens noch zu erahnen. Der Leser mußte entziffern, er mußte sich den Fragen und Vermutungen, dem Schweifenden und Kreisenden seiner Texte überantworten, um die Lügen und Verstellungen der offiziellen Sprache hinter sich zu lassen.

Neumanns Glaube, daß man in einer Diktatur nicht im konventionellen Sinn sprechen und schreiben dürfe, grenzte ihn von allen, die noch auf so etwas wie Verständigung aus waren, ab. Christa Wolf, Stefan Heym – die hatten, da war er sicher, die Literatur längst an den Kompromiß verraten, wie auch jene Autoren, die sich zu kurzfristigen Westbesuchen hinreißen ließen und, um die notwendigen Genehmigungen zu erhalten, dafür ihren Diener vor den Behörden machten.

Auch als er selbst im Westen seine ersten beiden Bücher veröffentlicht hatte, ließ er sich nicht auf solche ihm geradezu moralwidrig erscheinenden Kurzvisiten ein. In sich geduckt, durch die jahrelange Verfolgung oft krank, saß er in seiner Leipziger Wohnung, schrieb einem lange Briefe ohne Zeilenabstand und war doch an seine Bewacher gebunden wie ein Tier, dem nur bestimmte Bezirke des Käfigs zustehen.

Ich war überrascht, ihm hier in Graz zu begegnen. Die große Euphorie dieser Tage hat ihn verwirrt, das ist ihm anzumerken. Unter den anderen Schriftstellern wirkt er wie ein Fremdkörper, unruhig, verlaufen. Ich weiß, er interessiert sich nicht für dieses Graz, wo man noch immer so tut, als müßte man sich zur Avantgarde bekennen. Er streunt um seine Kollegen herum, er horcht atemlos und gespannt hinein in diese Unterhaltungen, bis er ein paar Worte aufschnappt, denen er etwas abgewinnen könnte, etwas, das auf seine eigenen Sätze hinzielt, etwas, in dem er sich wiedererkennt. Jahrzehntelang war er gewohnt, daß seine Gäste sich zu ihm in seine Wohnung kauerten und ihm von den Lippen ablasen, was er dachte und fühlte. Jetzt steht er Menschen gegenüber, die es so genau, wie er seinen Widerstand diese Jahrzehnte lang dachte, nicht wissen wollen.

In Graz existiert keine DDR, man hat Neumann eingeladen, weil man ihn in seinem Avantgardeanspruch bestärken will. Man will ihm für seine Poetik die Hand schütteln, und er wartet vielleicht Tage darauf, daß sie ihm – wie früher all seine scheuen Besucher – die richtigen Fragen stellen.

Ich überlege mir laufend, wie ich ihm helfen könnte, aber ich kann ihm natürlich nicht helfen. Ich kann mich nicht mit ihm in eine windstille Ecke zurückziehen, um die alten Gespräche wieder aufleben zu lassen, Gespräche über den Sinn des Hierbleibens oder über die Bedeutung der Sprache in einer Diktatur. Und ich sehe, wie er seine Kreise zieht, immer unsicherer, als könnte er nirgends seinen Sprengstoff loswerden.

Als er seine Texte vortragen soll, flüchtet er sich in eine verkrampfte Munterkeit. Er tut so, als habe er jetzt alles überstanden und als falle es ihm leicht, mit allen Mitteln der Satire zu triumphieren. Seine Zuhörer starren ihn an, sie sehen nur einen fremden Kauz, blaß und irritiert, der seine schwierigen Sätze ins Lesevolk schmeißt, von Minute zu Minute mehr darum bettelnd, daß endlich einer anbeißt und sie ihm zurückschleudert.

Aber niemand nimmt ihm seine schweren Lasten ab. Man stellt ihm ein paar nichtswürdige Fragen, aber man läßt ihn verkümmern, so wie man hier jeder Avantgarde klarmacht, daß zu ihr das Verkümmern gehört, etwas zugleich Auftrumpfendes und Gereiztes, der übriggebliebene, magere Rest der großen Inszenierung des Stücks ›Literatur‹, die einfach in keine Welt gehört, nicht einmal in diese hier, die sich sonst so freundschaftlich gibt.

In den späten Abend- und Nachtstunden sitze ich neben ihm, nach einer Mahlzeit. Es ist die Nacht meines

Geburtstages, den ich schon beinahe vergessen hatte, bis irgendwer eine kleine Torte mit den winzigen Kerzen vor mich hinstellt. Die Kollegen sitzen am langen Tisch, darunter Klaus Hoffer, der Freund, Alfred Kolleritsch, und ganz unten, am anderen Ende, Friederike Mayröcker, in deren Haardunkel ich schaue wie in ein Munchsches Porträt.

Dann macht mir Gert Neumann sein Geschenk. Langsam zieht er einen handgehefteten Text aus seiner Tasche, in Aufmachung und Druck einem klassischen Untergrundtext der letzten Jahre ähnlich, wie sie in kleiner Auflage von Hand zu Hand gereicht wurden. Der Text hat den Titel »Die Stimme des Schweigens«, vorn, auf dem Deckblatt, erkenne ich eine kurze Notiz: »Zum Geburtstag danke ich dir die Möglichkeit zum Gespräch.«

Als ich das Heft wegstecke, verlegen, beinahe ein wenig verzweifelt, weil all diese Worte mich gerade auf das hinweisen, was nicht zustande kommen will, flüstert mir jemand von hinten, nach einem neugierigen Blick in die Rarität, ins Ohr: »Hast Du ein Glück, das wird mal ne Menge wert sein, darauf wette ich schon heute.«

Ich kann hier in Graz mit Gert Neumann nicht so reden, wie ich mit ihm in Leipzig geredet habe. In Leipzig war ich sein Zuhörer, ich stellte Fragen, ich bewunderte seine Strenge und Entschiedenheit, die etwas unvergleichbar Scharfes und Deutliches hatten, so daß er sich von allen anderen DDR-Schriftstellern abhob.

Hier aber in Graz sind wir im Westen, wir sind näher an meinen eigenen Dingen, von denen komme auch ich jetzt nicht los; ich erwarte, daß Neumann sich mir nähert, neugierig, fragend, so wie ich mich ihm genähert habe, in den früheren Zeiten. Das aber ist nicht möglich. Er wartet darauf, ich spüre es genau, er wartet darauf, daß wir uns in irgendwelche unbeobachteten Terrains zurückziehen, wo er auf mich einreden kann, stundenlang, ununterbrochen von jeder Grazer Umgebung. Wir sollen uns Leipzig vorstellen, hier in Graz, das ist seine Erwartung, das ist es, was mich hier und jetzt überfordert.

Sofia, 7./8. November 1989

Am späten Nachmittag in der Alexander-Nevski-Kathedrale, einem gewaltigen Bau aus dem Anfang des Jahrhunderts, in dem über 5000 Gläubige Platz finden sollen. Die Besucher scheinen an den Wänden entlang zu flüchten, auf der Suche nach dem Dunkel, dem Abseits, dem schwachen Leuchten der Ikonen. Viele knien versteckt, hinter einer Säule, mit den Knien auf dem Boden; manche ganz in sich zusammengesunken, so abwesend, wie ich es noch nie in Kirchen sah. Diese Frömmigkeit hat etwas Erschreckendes, sie scheint durch keine Neuzeit gemildert und durch keinen sich moderat gebenden Glauben. Der Gott, den diese Gebete anflehn, ist ein unendlich entrücktes Ereignis, eine absolute Stille, wie es sie nur in anderen Planetensystemen geben mag.

Die junge, bulgarische Dolmetscherin, die mich durch die Stadt führen soll, bleibt unruhig, solange wir unterwegs sind; nur wenn wir uns setzen, um einen Mokka zu trinken und eine der schwarzen Zigaretten zu rauchen, fällt diese Unruhe von ihr ab. Ich frage sie, was ihr durch den Kopf geht, und sie gibt zu, daß sie sich die ganze Zeit überlegt, was sie mir zeigen soll; sie will mir etwas typisch Bulgarisches zeigen, etwas aus der Geschichte Bulgariens, aber es fällt ihr nichts typisch Bulgarisches ein, nichts, nichts; Bulgarien habe keine Geschichte, die bulgarische Geschichte sei untergegangen in der Geschichte anderer Völker.

Sie sagt das nicht bitter, sie stellt es nur fest; sie will mir keine Gebäude aus der Zeit der Türkenherrschaft zeigen und erst recht nicht die monumentalen Parteibauten, die die Innenstadt einschirmen. Deshalb also ist sie mir auch nur wenige Schritte ins Innere der Kathedrale gefolgt; die Kathedrale soll ans Ende der langen Türkenherrschaft erinnern, aber sie erinnert zugleich an den Beginn der russischen Herrschaft.

So will meine junge Begleiterin laufend auf und davon. Ich frage sie, was sie sich gern anschauen würde, ohne Rücksichten auf mich, und sie erzählt von einer Ausstellung japanischer Malerei, von Bildern Hokusais. Ich bin sofort einverstanden, und so gehen wir schließlich durch eine märchenhafte, ganz ferne Welt, Herbstblätter und Kirschzweige, ein Stück Wassermelone und eine Heuschrecke, lauter Pinselskizzen, auf denen nichts, aber auch gar nichts mehr an Bulgarien erinnert.

Als mich meine Führerin später in die Nähe des Hotels zurückgebracht hat, gehe ich die letzte freie Stunde vor dem Abendessen noch eine Runde allein durch die Innenstadt. Vor dem Georgi-Dimitrov-Mausoleum patroullieren die Wachen. Im Innern soll der einbalsamierte Leichnam dieses ersten Ministerpräsidenten der Nachkriegsrepublik liegen, der 1949 während eines Moskau-Besuchs ermordet wurde. Meiner Begleiterin war es peinlich, mir dieses Gebäude zu zeigen: das Mausoleum der Vergangenheit, die präparierte Ikone des Stalinismus. Ich hatte erst gar nicht gewagt, sie darauf anzusprechen, um keinen Preis wäre sie mit mir hineingegangen.

Ich mache einen Versuch, die Wachen lassen mich ohne Kontrolle durch. Ich stehe in einem sehr dunklen Gang, mit einem winzigen Licht am Ende. Es ist völlig still, niemand scheint sich hier drinnen aufzuhalten, doch als ich das Licht erreiche, sehe ich erneut einen Wachsoldaten, stumm in die Ecke gedrückt wie eine folkloristische Stoffpuppe. Jetzt geht es nach links, im rechten Winkel, und erneut ist am Ende des schmalen Ganges ein Licht zu sehen, unter dem ein Wachsoldat steht, unbeweglich, als könnte er sich irgendwann in Asche auflösen.

So nähere ich mich dem geheimen Zentrum, während diese sich immer enger windenden Gänge das ägyptische Labyrinth einer versteckten Grabkammer zu beschreiben scheinen, die jeden Eindringling irgendwann verschlingt. Die Luft wird knapper, schließlich glaubt man, daß einem der Atem des Toten durch einen Spalt des geöffneten Sarges entgegenschlägt; man traut sich jetzt beinahe nicht mehr, selbst zu atmen, man möchte hinaus, man bereut, jemals in dieses finstere und muffige Verlies gegangen zu sein.

Dann aber steht man, doch unerwartet plötzlich, in dem wiederum sehr schwach erleuchteten Zentrum mit dem gläsernen Sarg, in dem der Leichnam, in einen dunklen Anzug drapiert, auf den endgültigen Tod zu warten scheint, auf den winzigen Haufen Erde, der ihm endlich den Frieden brächte.

In den vier Ecken des Raumes stehen die obligatorischen Wachen, doch als ich an der Fußseite des Glassarges halt mache, zischt mir einer dieser sonst ganz verstummten, abwesenden Gestalten etwas zu. Ich schaue zu ihm hinüber, und er macht eine fahrige, unverständliche Geste. Ich weiß nicht, was er von mir will und trete unwillkürlich einen Schritt zurück. Da zischt mir ein anderer wiederum etwas zu, so daß ich jetzt, ebenso unwillkürlich, nach vorn trete. Was ist das, was wollen sie von mir, soll ich ihnen ein Ballett tanzen, hier, vor dieser totengelben Gesichtsmaske, die aus dem Stoffdunkel des Anzugs herausleuchtet wie eine Erscheinung aus Gips?

Ich beschließe, mich überhaupt nicht mehr zu bewegen, ich stehe vollständig still vor diesem monströsen Abbild einer Epoche, ich betrachte mir diese Züge genauer, die Einzelheiten, diese skelettösen Finger, die sich in den Stoff krallen …, als mich, wie auf ein geheimes Signal, aus allen vier Ecken die Zischlaute aufscheuchen. Weiter, weiter …, bedeuten sie mir, ich soll weitergehen, es ist nicht gestattet, diesen Leichnam genauer zu mustern, man soll ihn nicht eingehend betrachten, sondern an ihm vorbeiziehen, man soll nur ein flüchtiges Bild von ihm bewahren, nicht die Spuren des Verfalls, nicht die deutlichen Anzeichen der Auflösung.

Da grüße ich die Dienst tuenden Männer in den dunklen vier Ecken, um ihre drohenden Laute zu erwidern, mit ein paar Sätzen, und ich rede sie an, als könnten ihnen meine Sätze dazu verhelfen, endlich ins Helle hinauszufinden, wo das alles hier sich als ein Spuk herausstellen würde. Ich grüße sie und gehe noch einmal um den Glassarg herum, um mir die Einzelheiten nicht entgehen zu lassen, dann verschwinde ich durch das Labyrinth der finsteren Gänge hinaus.

Draußen aber hocken der Abend und an seiner Seite die Nacht, als sei ich Stunden fort gewesen.

Die Herren Professoren der literaturwissenschaftlichen Fakultät, mit denen ich in einer weit abseits vom Zentrum gelegenen Privatwohnung zu Abend esse, sprechen in ihrem akzentfreien, bewunderswerten Deutsch so höflich und ungerührt, daß man sich beinahe scheut, ihnen irgend etwas zu entgegnen, von einem anderen Bulgarien. Es ist das Bulgarien der großen Berglandschaften und einsamen Klöster. Von den unermüdlich das Lob des Landes singenden Bauern und Hirten werden Tonnen von Joghurt und Lammfleisch in diese Paradiese geschafft, wo das Volk in den Nächten mit den blumenbekränzten Fremden einen Schnaps nach dem andern verdaut. Hinterher gibt es türkischen Kaffee, und in der ganz dunklen Nacht, der Mitternacht also, raucht jeder seine russische Zigarette.

Das hört sich an, als sei der Osten die Region der geheimen und verschwiegenen Genüsse, deren Reichtum einem nur mit sich selbst beschäftigten Westen zum Glück entgangen sei.

Immer wenn wir in die Nähe politischer Themen gelangen, klappen die Herren Professoren ihre freundlichen Tabu-Brillen herunter, sie lassen all diese Themen einfach hinter sich, oder sie überspringen sie mit einem hohen Satz mitten ins Joghurtland, wo unter den schneeweißen Ländereien die kostbaren Schätze der Vergangenheit liegen, die alten Weisheiten von Lessing & Co., die Goldminen der deutschen Literatur, mit denen man auch hier bereits viele Portale veredelt hat.

Die Herren Professoren haben eine Vorliebe für dieses Ewige, bis weit nach Mitternacht, bis zur Stunde der russischen Zigaretten, sind sie dabei, die Gegenwart mit diesem Ewigen zu vertreiben. Am Ende wird nur noch geraucht.

Ich habe noch einen Tag in der Stadt zugebracht, auf ihren kleinen und sehr bescheidenen Märkten, in den wenigen alten Moscheen und den Kirchen aus der Zeit Justinians, aber dies alles blieb völlig fremd, fremder noch als die Pinselskizzen Hokusais.

Am frühen Abend gehe ich zur Lesung, es ist die erste öffentliche Veranstaltung des neu gegründeten Goethe-Instituts, der jungen Leiterin ist anzumerken, daß sie auf alles gefaßt ist. Die Lesung findet in einem der größten Vortragssäle der Universität statt, und als ich das schwere Gebäude erreiche, sehe ich Menschenschlangen, die sich durch schmale Kontrolleingänge zwängen. Im Saal sitzt man an kleinen Tischen, das große Halbrund füllt sich rasch, ich soll oben auf einer Bühne Platz nehmen, nachdem der Dekan mich begrüßt hat, in jenem akzentfreien und bewundertswerten Deutsch, das mir jetzt vertraut ist.

Ich habe noch nie vor einem so großen Publikum gelesen, und noch nie habe ich so wenig geahnt, was ein Publikum denken mag, was es erwartet, worauf es sich konzentriert. Ich lese hinein in diese hinter den Tischlandschaften dicht gedrängt stehenden Menschen, ich höre mir zu, wie ich vorsichtig lese und langsamer als sonst, als müßte ich die Worte jemandem vorsprechen, doch nach einiger Zeit spüre ich, daß ich immer müheloser lese, so, als sei ich zu Haus.

Und als es zu Ende ist, stellt man mir von allen Seiten die gescheitesten Fragen, so klar und gescheit, daß man denken könnte, all diese Frager hätten den Text bereits vor meiner Lesung gekannt. Man fragt mich nach den Details, nach den meist wenig auffälligen Einzelheiten, und bald geraten wir alle, die Frager, Zuhörer und ich, in eine merkwürdige Hochstimmung, eine verführerische Euphorie, als spielten wir ein immer gewagteres und schnelleres Ping-Pong. Ja, wir schmettern uns die schwierigsten Bälle zu, wir sind in einer unerklärlich guten Form, denn es scheint um die Meisterschaft zu gehen, die uns irgendwer draußen verleihen wird, auf den Straßen, nach dem erfolgreichen Abschluß unserer Marathon-Dialoge.

Schließlich steht im hinteren Teil des Saals noch ein Student auf, der plötzlich von der DDR zu sprechen beginnt, ja, sagt er, er komme aus der DDR, und dies sei die erste westliche Lesung, die er erlebt habe, und nun wolle er noch viele solcher westlichen Lesungen erleben, wie er überhaupt der ganzen DDR westliche Lesungen wünsche, viele westliche Lesungen.

Für einen Moment wird es still, furchtbar still, man spürt, wie diese Sätze jetzt durch die Gehirnbahnen flitzen, wie sie zerlegt, verarbeitet und durchmustert werden. Da ist der junge Mann aber bereits auf einen Stuhl gesprungen, er hält sein Weinglas in den Händen und prostet allen zu, auf die DDR, auf viele westliche Lesungen, auf viele Ost-West-Lesungen, lauter gemeinsame Lesungen!

Und sofort springen die Zuhörer auf, jetzt ist es wie in einer volkstümlichen, geradezu manisch heiteren Operette, das Gute hat gesiegt, alle widmen sich den guten Getränken, zum Schluß noch ein gemeinsamer Tanz, in absoluter Jubelstimmung, heißa, heißa, Ost und West!

Ich habe eine derartige Lesung noch nie erlebt, es war, als hätten die Zuhörer sich nach einer Weile vorgenommen, dem Lesenden auf den Wogen ihrer Begeisterung mit aufs offene Meer zu folgen.

Später muß ich viele weitere Fragen beantworten, man steckt mir Manuskripte zu, man notiert mir Adressen, man will mich nicht mehr ziehen lassen, als müßte ich vor aller Augen immer neue Wunder vollbringen.

Nachts, gegen drei Uhr, ich befinde mich seit einer halben Stunde auf meinem Hotelzimmer, klopft es noch einmal. Draußen steht Katja G., eine junge Russin aus Moskau, die angeblich seit Jahren aus dem Russischen ins Deutsche übersetzt, was ich ihr abnehme, so, wie sie mich anspricht. Sie hat meine Lesung gehört, nun hat sie ein weißes Blatt Papier dabei, auf das ich ihr zwanzig Namen junger deutscher Autoren notieren soll, deren Bücher sie sich sofort beschaffen werde, auf schnellstem Wege, sofort. Sie meint es ernst, völlig ernst, und so gehe ich mit ihr hinunter in die Hotelbar, wo ich mich mit ihr bis in den frühen Morgen hinein unterhalte, ununterbrochen, bis sie den Auftrag des weißen Blatts vergessen und ihren Namen und ihre Adresse daraufgeschrieben hat, damit wir uns Briefe schreiben können, statt all der Literatur, der jungen deutschen.

Ich möchte so gern einmal in dieses Sofia zurückkehren, wenn die weißen Ländereien aus Joghurt es überschwemmt haben und die vielen kleinen Kerzen aus der Alexander-Nevski-Kathedrale die Wege hell beleuchten.

Amras bei Innsbruck, 9. November 1989

HIER GEHT es um Autobiographien. In diesem langgestreckten Hotelraum mit den dunklen Ledersesseln sitzen Schriftsteller aus Österreich, der Schweiz, aus Frankreich und Gott weiß woher, um über das autobiographische Schreiben zu sprechen. Die Aufgabenstellung hat etwas Bedrückendes, sie macht aus all diesen Angereisten ergebene Schüler, die sich einem Pensum stellen und nur bestehen, wenn sie mit einigen besonders originellen Antworten auftrumpfen können. Gerade dieser Zwang zur Originalität läßt das Reihumsprechen aber jedes Gespräch verfehlen; man redet gegen die großen Fensterscheiben an, die den Raum nicht einmal richtig erhellen und in denen man die Spiegelbilder seiner Mitredner gewahr wird, all diese nachdenklichen und über der Konstruktion ihres Ego sorgenvoll gefurchten Mienen.

Vor vielen Jahrhunderten, sagt jemand, hat die Literatur sich ausschließlich an antike oder christlich-religiöse Themen gehalten; dann lieferte die Natur den Stoff, dann die Gesellschaft, heutzutage ist nur noch der Autor übriggeblieben, allein mit sich selbst. Auf diese markante Feststellung hin schnellen kurz vor Mittag alle Beteiligten hoch, so als hätte man sie unerwartet mit einer Droge geimpft, deren heilende Wirkung sie nun sofort beweisen müssen. Einige Redner fangen gleich an, ihren Beiträgen etwas Leidenschaftliches zu verleihen, als hätten sie wahrhaftig nie an etwas anderes als sich selbst gedacht. Glücklicherweise wird im Nebenraum zum Mittagessen gedeckt, was rasch zu einer Streuung der Interessen führt.

Im Zentrum dieses Treffens herrscht das strenge Ritual, sich dem Thema des Autobiographischen zu unterwerfen; alle schleppen schwer unter dieser Last, die ihnen brillante Einsichten und autobiographische Aperçus abverlangt. An die Ränder aber haben sich die regionalen Themen verlagert, darunter das hier dominante der Vergangenheit und Zukunft Südtirols. Viele der Anwesenden scheinen sich seit ewigen Zeiten mit nichts anderem beschäftigt zu haben, was mich derart erstaunt, daß ich, um diese Gespräche von ihrer Lethargie zu befreien, dreist behaupte, Südtirol bringe man in Deutschland nur mit Österreich in Verbindung, nie aber mit Italien, im Wissen der Deutschen sei Südtirol fest in Österreich verankert, wie ein Bundesland. Woraufhin ein aus Trient angereister Professor, der leider neben mir sitzt und dessen Fachgebiet ich nicht mitbekommen habe, mich fast zwei Stunden lang mit einem geradezu schauspielreifen Schweigen überzieht.

Abends sitzen alle um den langen Tisch im Speisesaal, das Essen war ausgezeichnet, da ist man sich einig, erst jetzt zerstreut sich das Gespräch, und die den ganzen Tag lang herauspräparierten Autobiographien erhalten endlich etwas befreiend Normales, so daß man sich traut, von etwas völlig Belanglosem zu erzählen. Nur das Thema Südtirol ist auch jetzt noch präsent wie eine schwere, drohende Wolke, die jederzeit ihren feuchten Wortregen abwerfen könnte, so daß ich mich bemühe, lange von Sofia zu berichten, was sich in diesem Speisesaal in der Nähe der Berge um Innsbruck so anhört, als spräche ich von der abessinischen Weite. Aber auch Deutschland ist hier momentan noch ganz fern, man möchte, das ist leicht zu erkennen, darüber nicht allzu gern reden, Deutschland ist ein Reizthema, das könnte die gerade angeregten Gesprächskonventionen nur verletzen. Und so meidet die große Runde mit vorsichtiger Scheu die schweren Ländernamen; man hält sich ganz ans Lokale, man erzählt von den Details in den kleinen Winkeln der Welt, es hört sich an, als bohrte man in diesen Kindheitsecken nach den Brunnentiefen der Wahrheit.

Kurz vor Mitternacht. Die Gesprächsrunde hält sich jetzt in der Großelternphase auf, da meldet ein vorbeihuschender Kellner, sehr diskret, als könnte man sich an dieser Meldung verschlucken oder als würfe er sie nur so nebenbei in einen Haufen von Serviettenknödeln, daß das Fernsehen live aus Berlin übertrage, wo justament, justament die Mauer gefallen sei. Er schüttelt dabei den Kopf, aber so, als sei ihm diese Meldung lästig, als müßte er sie nur der Pflicht wegen vorbringen und als könnte man sich nun wieder den alten Geschichten zuwenden. Niemand versteht. Diese diskret vorgetragene Meldung ist nicht zu verstehen. Was soll das heißen, daß die Mauer gefallen sei? Was soll man sich darunter vorstellen? Oder handelt es sich um irgendeinen originellen Mitternachtseinfall der Gastgeber, die dem autobiographischen Reden endlich ein paar Glanzlichter entlocken wollen?

Einige machen sich auf den Weg in ihre Hotelzimmer, um die Meldung zu überprüfen und zu sehen, was dran ist an diesem Gemunkel. Auch ich eile hinauf, in das kleine Zimmer unter dem Dach. Als ich die ersten Bilder aus Berlin sehe, steigt ein Glücksgefühl in mir auf, wie ich es noch nie bei Fernsehbildern erlebt habe. Es ist das Glück der vollkommenen Überraschung, als nehme eine völlig verfahrene Geschichte von diesem blitzhaften Moment an eine Wende ins Märchenhafte. In diesem Rausch scheint es nur noch eine einzige Gegenwart zu geben: Jetzt! Jetzt! Die Menschen passieren die Grenze, als ginge es darum, dieses Zielband zu durchstreifen, hinüber, in die gerade mit diesem Moment beginnende Zukunft.

Die Schönheit dieses Moments: daß das Unvorhersehbare und jahrzehntelang nicht mehr Erhoffte eintritt wie eine Laune der Geschichte, die den Menschen auf beiden

Seiten der Mauer mit einem winzigen Kunstgriff die einfachste Lösung präsentiert. Als hätten die olympischen Götter dieser Mauer irgendwo einen kaum merklichen Stoß versetzt, damit sie in sich zusammenfalle und dieser Fall das lange, unermüdliche Reden endlich beende.

In dieser Nacht gibt es nichts mehr zu reden, jedes Reden versagt vor dieser Gegenwart und würde sie nur zerlegen in eine schlechte Vergangenheit und eine unvorstellbare Zukunft. Es ist besser, sich diesem Zeitstrom zu überlassen, diese Bilder sprechen für sich, und nur die Moderatoren versuchen, den Beteiligten ein paar schmückende Worte abzugewinnen. Schade, daß alles kommentiert werden muß, denn der Kommentar hat den Tonfall von gestern, er ist, wie man jetzt sagen kann, keinesfalls auf der ›Höhe der Zeit‹.

Später gehe ich noch einmal kurz hinunter, um mir eine Flasche Sekt zu besorgen, die ich für eine einsame Feier mit aufs Zimmer nehmen will. Unten, im großen Speisesaal, hat sich die Überraschung bereits gelegt. Man spricht wieder von Südtirol, als machten diese deutschen Ereignisse unnötig viel her und als sei es darum besser, wieder zur Tagesordnung überzugehen.

Am nächsten Morgen. Nein, ich kann jetzt nicht mehr in diese Gesprächsrunden über das Autobiographische einsteigen, gerade jetzt kann ich es nicht. Ich versuche noch einen halben Vormittag zuzuhören, aber es geht nicht, die Bilder der vergangenen Nacht sind stärker. Die Geschichten, die ich um mich herum zu hören bekomme, scheinen auch aus ganz anderen Zeiten zu stammen, nicht einmal aus der Vergangenheit, sondern aus Vorvergangenheiten.

Am Mittag fahre ich nach Innsbruck hinein, aber natürlich ist auch dieses Innsbruck jetzt nicht das Rechte. Ich stöbere an den Zeitungsständen entlang, vielleicht bin ich nur dieser deklamierenden Zeitungen wegen nach Innsbruck gefahren. Ich setze mich kurze Zeit in ein Café, um diese Jubelfanfaren genauer mitzubekommen. Die Gier, alles noch einmal zu lesen, wie ein Kind, das vom guten Ausgang seiner Geschichten immer wieder hören und sich um keinen Preis etwas anderes einreden lassen will.

Und wo soll ich jetzt hin? Wohin soll ich diese Freude schleppen, die in mir sogar anhält, als hätte man mir persönlich ein Geschenk gemacht, das mich mit einem Mal von einem Berg privater Sorgen befreit? Ich laufe noch eine Weile ziellos herum, ungerecht gegenüber Innsbruck, das mir jetzt vorkommt wie eine lächerliche Trachtenenklave, die durch Befehle von ganz oben sofort entstaubt werden müßte.

Als ich an einer Seilbahnstation vorbeikomme, wo man in einer ordentlichen Gondel hinauf auf einen dieser jetzt vielleicht menschenleeren Alpengipfel fährt, weiß ich sofort, daß dies das Richtige ist. Eine halbe Stunde später stehe ich in meinen leichten Schuhen oben irgendwo im Schnee. Die Sonne scheint, als wollte sie dieser weißen Leere noch eins draufgeben. Ich habe einen klassischen Blick ins Überallhoch, rundum, genug. Irgendwo wird Südtirol sein, meinetwegen, irgendwo auch das Autobiographische, doch heute komme ich ohne das alles aus.

In der Bergstation verkaufen sie schwarz-rot-goldene Fähnchen, als vertrüge dieses farbige Flimmern sich gut mit dem weißen, einfarbigen Hintergrund.

Stuttgart, Gartenhaus

Aus den nahen Stuttgarter Wäldern, die ein bekanntes Terrain des Sektierertums sind – Schiller hat seinen Freunden hier aus den »Räubern« vorgelesen – sind jetzt oft merkwürdige Töne zu hören. Wo früher die Waldläufer schweißgeschunden den Bäumen ihren Haß auf das Leben entgegenschrien und die eifrigen Prediger sich hinter den dicksten Buchen versteckten, um dem nichtsahnenden Spaziergänger in einem unbeobachteten Moment ihr ›Gelobt sei Jesus Christus!‹ nachzurufen, spielt der stets unsichtbare, seinen Standort alle Minuten wechselnde einsame Trompeter an manchen Abenden immer wieder das Deutschlandlied, so unerbittlich und belehrend, als wollte er die letzten braunen Blätter von den Bäumen nötigen.

Die Öffnung der Mauer, die niemand ins Werk gesetzt haben will, scheint eine Hegelsche List der Geschichte zu sein, so zeit- und termingerecht, als habe die Geschichte wahrhaftig Vernunft angenommen. Denn mit diesem Ereignis ist all diesen Demonstrationen und endlosen Debatten, die doch auch etwas Verquältes, Unprofiliertes und Stockend-Deutsches hatten, eine sehr eindeutige Bahn gewiesen. Nun, wo alle ungehindert hinüber können, wird sich zeigen, wie viele noch willens sind, immer wieder zurückzukehren, um weiter an der Reform des Sozialismus zu arbeiten. (Von allen DDR-Autoren, von denen ich weiß, daß sie in den Zeiten der Mauer ein Visum für einen längeren West-Aufenthalt hatten, ist trotz bester Vorsätze niemand, aber auch niemand zurückgekehrt.)

Ich kann mich nicht erinnern, daß ein geschichtliches Ereignis von ähnlicher Bedeutung je von soviel Sprachlosigkeit begleitet war. Alle weitausholenden Reden zielen daran vorbei, wie ein Rumoren, das nur die noch sehr lebendigen Gefühle begleitet, sie aber nicht deutlich fixiert. Die Maueröffnung umgibt keine Rede, sie besteht aus wenigen Bildern: den Menschentrauben, die durch eine schmale Öffnung drängen, und den nächtlichen Mauertänzern, die den profan gewordenen Götzen verspotten. Ein gewaltiger Stau hat sich eine Richtung gebrochen, ziellos, unumkehrbar. Anscheinend war gerade diese Explosion nötig, um das Neue freizusetzen.

Seltsam, daß diese von der Nacht des 9. November ausgehende Euphorie noch wochenlang anhält. Schon längst haben sich die ersten warnenden Stimmen gemeldet, aus allen Lagern, aber man will sie nicht hören, weil sie sich über das große Ereignis hermachen wie Krämer, die jetzt alles sortieren wollen. Das Überzeugende an dieser Nacht war gerade das Zufällige, Launige, Plötzliche, ein spontan wirkender Ruck der Geschichte, archaisch, wie naturwüchsiger Zauber. Das Palaver darüber scheint machtlos, als habe die Hegelsche List diese Geschichte auch ohne das Zutun der Menschen in Gang gebracht und als setzte sie ihr Werk fort, ohne weiter nach jedem Für und Wider zu fragen. Nein, es ist nicht die Stunde der Intellektuellen; noch nie waren sie so wenig gefragt, noch nie hatte ihr Reden etwas so Überholtes.

Ich habe noch nie erlebt, daß ein Ereignis, das man als geschichtlich empfindet, einen auch in seinem privaten Empfinden derart bei Laune hält. Dabei kann ich wirklich nicht behaupten, unter der Teilung besonders gelitten zu haben. Und doch ist jetzt, nach der Maueröffnung, so etwas da wie das kindliche Gefühl einer großen Bescherung, auch so etwas wie Dank und Genugtuung, nur daß man nicht weiß, wo man diese schönen Empfindungen loswerden soll.

Sicher überrascht es einen auch, endlich einmal ein so bedeutsames Ereignis zu erleben, das nichts mit Katastrophen, Kriegen, Schrecken zu tun hat. Daß ein geschichtlicher Vorgang etwas beinahe Heiteres und Gelöstes haben kann, darauf war man nicht vorbereitet. Um so erstaunter und bekehrter steht man da, wie einer, der sich jahrelang ans Negative gewöhnt und dabei einen elend banalen Glauben an dessen ewige Durchsetzungskraft angenommen hatte.

Der einsame Trompeter in den Stuttgarter Wäldern spielt sein Lied immer langsamer. Das soll den Tönen anscheinend von Mal zu Mal mehr Feierlichkeit verleihen. Seit sie an den Abenden über dem Tal zu hören sind wie Klang gewordene Seifenblasen, die in den Kessel schweben, habe ich von meinem Höhenstandort aus vier neue Deutschlandflaggen gezählt. Sie baumeln jetzt an schmalen Stangen neben den kleinen Geräteschuppen, als hätten diese Holzbuden nervösen Ausschlag bekommen.

Coburg, November 1989

Coburg ist von einer Invasion von DDR-Bürgern überschwemmt. An den Wochenenden kommen sie in langen Konvois und besetzen die engen Straßen. In Scharen ziehen sie durch die Kaufhäuser, plündern die Billigangebote und trudeln mit ihren ausgebeulten Plastiktüten über den Marktplatz, auf der Suche nach den berühmten Coburger Bratwürsten.

Sie haben etwas Hemmungsloses, Gieriges, was nicht zur Ruhe kommen will, seit Wochen nicht. Wie Termiten nagen sie sich durch die Stadt, klettern an den Säulen und den kunsthistorisch auf den Begriff gebrachten Coburger Erkern hinauf, klammern sich an die steilen Giebel und lugen wie Gestrandete aus den vielen Fenstern der Renaissance-Bürgerhäuser.

Kurz durchstreifen sie die alten Bierhäuser, hastig schnuppernd, den Kopf hin und her, auch die Toiletten sind eine rasche Besichtigung wert. Dann hinüber zum

Schloßplatz. Der große Saal der Ehrenburg mit seinen achtundzwanzig Riesengestalten, die die große ornamentale Decke stützen, ist für Minuten ein schweigend, beinahe duldend ertragenes und gemustertes Bild, kompletter Wahnsinn, vollständig, komplett, haste Töne.

Und im Hof-Garten, da steht das Natur-Museum allen Ungläubigen offen, mit Vögeln, die haste noch nirgends gesehen, so bunt und exotisch, daß du nicht durchkommst, gedanklich. Wenig später haben sie die hoch gelegene Veste erobert, die fränkische Krone. Im Mittagssonnenlicht lassen sie auf den Wallmauern ihre blau-verwaschene Garnisonskleidung fallen und strekken sich für zwanzig Minuten mit Blick auf den Fürstenbau. Irgendwo hier, in einer der vielen Kemenaten, hat es mal den Doktor, Herrn Martin Luther, gegeben, wäre schön, den auch noch zu finden. Oder die Große Hofstube, mit den Ritterrüstungen, die so blank geputzt sind, daß du denkst, hast noch nie etwas blinken gesehen, nie, nie im Leben.

Am Abend stellen sie sich wieder in den Straßen an, hintereinander, in ihren winzigen Autos, die aussehen wie Modelle für Kinder. Früher haben sie noch gewinkt, bei Ankunft und Abfahrt, als seien sie sicher, als glückliche Erscheinungen gelten zu können. Inzwischen aber sind sie, wie man mir sagte, überfordert vom allwöchentlichen Aufbruch, dem Tempo der großen Stoßzeit, den Mühen der Belagerung. Abwesend starren sie vor sich hin, abwägend, vergleichend, immer wieder von vorn. Schon Sekunden nach ihrem Aufbruch kehren die Reinemachkommandos der Stadt alle Überbleibsel zusammen.

Nürnberg, Dezember 1989

Herr, hilf! Warum hast Du mich an diesem frühen Abend ausgerechnet auf den Nürnberger Christkindlmarkt geführt, wo es kurz vor der Eröffnung so dunkel wird, völlig dunkel, ringsum nicht das kleinste Lichtlein in den Fenstern, daß einem das Dunkel die Haut hinaufjagt, als wollte es einen unter seinen weiten, endlosen Mantel stülpen? Da stehe ich, eingekeilt in die wartenden, stillen, furchtsam stillen Massen, die sich jetzt den schönen Chorälen hingeben, die aus der Dunkelheit brechen, und diese Klänge senken sich allüberall so tief in die Seelen, daß es die stehende, stumme Gemeinde rührt bis zu den Tränen. An diesem Abend scheint die halbe DDR hierher gekommen, Herr, hilf!, sie hat ihre lange gehegten Friedensgefühle mitgebracht, und so spürt man an diesem kühlen Dezemberabend plötzlich die große Entlastung, als glaubten all die Versammelten wirklich an die blondgoldene Christkindlgestalt mit ihren Lebkuchenreimen. Ach, Herr, ich habe nie etwas gegen den lauteren Frieden gesagt, ich bin selbst der Friedlichsten einer, es ist ein schönes Dasein, jetzt im Frieden, wo man so inständig hofft, alle schweren Waffen mögen verschwinden und die lieben Besatzer auch. Aus Deinem hellen und klaren Himmel, Herr, schaust Du auf diese geduckte Menge, wo im anhaltenden Dunkel, unter den weiter bedrängend dargebotenen Chorälen und den das Herz geradezu zerdehnenden alten Liedern, die Tränenbäche Deine Kirchen umspülen, zuviel ist es mit dieser Erschütterung, als hätten sich unter

Deinem Posaunenchorhimmel lauter verlaufene Brüder und Schwestern wiedergefunden, so wie man es dachte in den uralten Sagenzeiten, als ich, klein, kleiner Knabe, noch meine Kerzlein aufstellte für die Menschen da drüben. Jetzt stehen sie neben mir, Herr, ordentlich fremd, und doch so, als gehörten sie ganz selbstverständlich hierher. Gleich, wenn die Lichter angehen, werden wir uns abwenden von unseren himmelschreienden Gefühlen, um uns unter die Spielzeugwelten zu mischen. Laß uns noch etwas singen, Herr, gemeinsam, eines der feierlichen, von Deinen barocken Vordichtern erfundenen Lieder! Und dann, wenn es hell wird, führ mich hinaus, Herr, ganz schnell hinaus, irgendwohin, wo mich nichts mehr erinnert an dieses unheimliche Träumen.

Athen, Dezember 1989

Das deutsch-historische Fieber reicht selbst bis Griechenland. Hier in Athen ist die Veranstaltung des Goethe-Instituts, die man in aller Eile aus dem Hut gezaubert hat, um den Gesprächsstoff aufzufrischen, gut besucht. ›Deutschland‹, dieses aus dem Blickwinkel des Auslands seit langem im Nirgendwo versunkene Etwas, gibt in diesen Wochen die Themen vor und scheint sich zu regenerieren. Und sofort sind die alten Fragen wieder da, die nach der Vorherrschaft in Europa oder nach dem Wiederaufleben des Nationalismus. Das hört sich an, als sei die Maueröffnung einem imperialen Gewaltakt zu verdanken oder als herrschten in Bonn bis über die Zähne bewaffnete Militaristen. Plötzlich ist die lange Zeit gern gesehene Harmlosigkeit wieder verdächtig; irgendwo, in der Tiefe des Landes, scheinen verborgene, alte Kräfte zu schlummern, aber Gott sei Dank fehlen die Imponiergestalten, die sie verkörpern könnten.

Die Nachfragen nach deutschem Sprachunterricht haben zugenommen; jetzt tauchen mit einem Mal auch wieder ältere Menschen auf, die sich an ihr vergessenes Deutsch erinnern wollen. Eine Frau, schon weit über siebzig, erläutert mir ausführlich, warum sie es noch einmal dazu bringen wolle, die erste Seite des »Zauberberg« zu verstehen. Weil sie wissen will, wie dieses Deutsch jetzt auf sie wirkt, fünfzig Jahre nachdem sie aufgehört hat, diese Sprache zu sprechen.

Wie oft bei solchen Auslandsveranstaltungen ist jede Geste mit reichlich Symbolik besetzt. Wer sich in der Diskussion zu Wort meldet, tritt häufig auf, als wollte er ans Weltgeschick selbst appellieren, ihm endlich Gehör zu schenken. Das private Erleben wird in einer Art Urfassung präsentiert, holzschnittartig, überbedeutsam, wie eine streng gebaute Allegorie, die vom ewigen Werden und Vergehen handelt.

Die Jüngeren langweilt so etwas. Sie haben noch keinen Sinn für diese Zeitraffungen, typische Altersperspektiven. Sie erkundigen sich auch nicht nach der Vergangenheit, die sie selbst nicht mehr erlebt haben. Einer sagt, er wolle keine Pflichtfragen stellen, die die Älteren jetzt von ihm erwarteten, weil sie ihnen gerade diese Fragen immer wieder vorgesprochen hätten. Statt dessen fragt er mich, ob die Mauer jetzt für alle Zeit verschwinden werde, ganz verschwinden, so daß man irgendwann nichts mehr von ihr sehen werde. Und als ich ihm antworte, daß ich fest davon überzeugt sei, lacht er so befreit, als sei er mir für diesen gelungenen Scherz dankbar.

Es sind schöne Tage hier, die Sonne bricht am Mittag aus dem morgendlichen Dunst, der halb noch ein herbstlicher Nebel ist, feuchtwarm und dicht. Man sitzt draußen in den Straßencafés, und am Nachmittag lagert der immer heller werdende Schein sich auf den Höhen ab, wo die marmornen Fragmente noch einmal aufblühen. Man läuft die schmalen, steinernen Pfade hinauf, um dieses Bild zu erhaschen, und hockt oben, zwischen den hingestreuten Tempeln und Säulen, wie einer, der bloß verlegen gemacht wird durch all diese Schärfe. Bis zum Sonnenuntergang darf so etwas dauern, dann erhebt man sich rasch und traut sich wieder hinunter, in ein menschenleeres Lokal, zu einem randvoll gefüllten Wasserglas Wein.

Das alte Schulfaible für dieses Griechenland, als ›die Antike‹ das meist beschworene Jenseits war, gläubiger und begeisterter präsentiert als jedes christliche. Als sie die elysische Zeit sein sollte, in der alles schon gedacht worden war, selbst das scheinbar Neueste, Frischste. Als sie die Zeit einer geheimnisvollen Gedankenfülle war, menschenlos, ja, denn die schweren Namen – Plato, Aristoteles – waren Namen nur von Gedanken oder Gebirgsnamen, vielleicht, oder Namen der Sterne. Diese ›Antike‹

war das Land der reinsten Phantasien, so glatt, vollendet und unüberbietbar wie die Plastiken Philoktets, das Urstromland des klugen Lebens, das die anderen Völker verraten hatten in ihrem jämmerlichen Kampf um etwas Macht ohne Schönheit.

Damals, in den Jahren des Griechisch-Unterrichts meiner Schulzeit, hatte ich von Epikurs ›Garten‹ gelesen, seiner Athener Schule, doch ich hatte damit keine Mauern und Säulenhallen verbunden, sondern ein kleines, sehr helles, luftiges Haus mit vier Eingängen, an jeder Seite einen, ein völlig symmetrisches Haus, antike Geometrie, und ich hatte mir dieses Haus vorgestellt wie den Hort einer auf dem Einklang mit der Natur beruhenden Freude, eines Lebens im Rhythmus der Jahreszeiten, so regelmäßig und von Jahr zu Jahr gleichartig, daß die Bewohner schließlich mit den das Gebäude umgebenden Pflanzen verwüchsen. Und zu diesem Kinderbild hatte ich einen Satz Epikurs im Gedächtnis, den merkwürdigen Satz von einer Freude, die sich allmählich verdichten könne, und zwar so, daß ihre ganze Masse im menschlichen Körper oder zumindest in seinen wichtigeren Teilen herrsche, bis man gar keine einzelnen Freuden mehr unterscheiden werde.

Diese kuriose Verbindung von Bildern und Worten war so etwas wie mein Ideal der Antike gewesen. Ich hatte daran Gefallen gefunden, weil diese Verbindung von der Freude gehandelt hatte, einem Gefühl, von dem sich sonst niemand getraut hatte zu sprechen. Im Fall Epikurs aber war die Freude so etwas wie ein legitimer Begriff gewesen, ein schillerndes, altes Wort, das durch eine jahrhundertelange Politur inzwischen leider stumpf geworden war, bis man es aufgegeben hatte.

Warum kommt es mir so vor, als ginge ich jetzt durch Athen wie einer, der voll ist von guten Nachrichten, die er jedem, der ihn danach fragte, gerne erzählen würde? Dabei könnte ich gar nicht mit Nachrichten aufwarten, sondern höchstens mit Stimmungen und mit Erzählungen darüber, wie sich diese Stimmungen gerade jetzt verändern, als speisten sie sich ganz direkt von der allgemeinen Geschichte, die im Augenblick aber noch niemand begreift.

Stuttgart, Gartenhaus

Auch Helmut Kohl schien von den Ereignissen Anfang November überrascht. In der Nacht des Mauerfalls war er in Warschau, es heißt, es sei seinen Mitarbeitern nicht einmal gelungen, an Fernsehbilder aus Deutschland heranzukommen, so daß man sich die Bilder telefonisch habe übermitteln lassen. Diese Übermittlung sei jedoch immer wieder daran gescheitert, daß man sich die Szenen in Berlin nicht habe vorstellen können. So soll der Kanzler in einer Art Black Box gesessen haben, aufgeregt und hypernervös ins Dunkel starrend, in dem sich die völlig unverständlichen Schemen einer aufbrechenden Berliner Mauer andeuteten. In Warschau war er auf so etwas wie Phantasie verwiesen, aber alle Phantasie reichte nicht aus, eine Mauer zu imaginieren, auf der die Volksscharen Salsa tanzten.

Am nächsten Tag unterbrach er seinen Polen-Besuch, um am Abend vor dem Schöneberger Rathaus zu diesen Volksscharen zu sprechen. Wahrscheinlich hatte er sich einen warmherzigen Empfang vorgestellt, eine Woge von jener guten Laune, auf die er die halbe Welt einzustimmen versucht. Doch für ihn wurde die Veranstaltung zu einem Mißerfolg. Gnadenlos wurde er ausgepfiffen, sein Auftritt wirkte irgendwie deplaziert, als habe er sich nur unter die anderen Redner gemogelt, um sich feiern zu lassen. So blieb er in seiner Rede unsicher, vorsichtig, beinahe halbherzig. Er schien zu bemerken, daß er den rechten Ton einfach nicht fand, und je länger er von Bewährungsproben, Besonnenheit und Solidarität handelte, um so weniger hörte man ihm zu. Die Ereignisse hatten ihn in diesem Moment noch überfordert. Dann aber streifte er diese Vagheit immer mehr ab; schon wenig später hatte man den Eindruck, alles laufe auf ihn zu, geradewegs auf ihn und nur auf ihn. Alle anderen Beteiligten wurden zu Statisten, und es sah so aus, als hörte Helmut Kohl ihnen nicht einmal mehr zu.

Jetzt, kurz vor Jahresende, hat er etwas Unbeirrbares und doch beinahe fiebrig Drängendes. Die Ereignisse Anfang November kamen noch ohne Politiker aus, sie waren eine Sache des Volkes; nach der unvorhersehbaren Maueröffnung jedoch war die große Verlegenheit da, die Politik war gefordert, dieses Chaos zu ordnen, und sie hat nur eine überzeugende Antwort hervorgebracht: die der Wiedervereinigung. Diese Antwort ist die einzige Antwort Kohls auf die Ereignisse. Er durchgrübelt sie nicht, wie es ja nie seine Sache war, Politik intellektuell zu verbrämen; er starrt vielmehr auf dieses Ziel wie einer, der um keinen Deut nach irgendeiner Seite abweichen darf.

Ende November legte er im Bundestag sein Zehn-Punkte-Programm vor, das bereits auf die staatliche Einheit zugeschnitten war. Während man in den Kreisen der Opposition noch darüber diskutierte, wie man den Landsleuten drüben jede Bevormundung ersparen könne, während man sich darum stritt, friedlicher und protestantischer zu erscheinen als der gesamte friedensschwangere Protestantismus des Ostens, tat Kohl so, als habe er diesem Osten seinen eigenen Willen abgelauscht: die Wiedervereinigung.

Die Bestätigung, die er brauchte, erhielt er in Dresden. Er, der sich wie kein anderer Politiker naiver Erschütterung hingeben kann, war von diesen Momenten vor der Ruine der Frauenkirche überwältigt. Die Kulisse hatte etwas von jenen ins Mythische verwandelten Räumen, die Kohl an der Geschichte so liebt. Es müssen Räume sein, an denen noch etwas haftet von den Schrekken des Krieges und an denen andererseits um so deutlicher abzulesen ist, daß dieser Krieg überwunden ist, glücklich überwunden, denn nichts feiert Kohl lieber als das Glück, das Glück dieser Gegenwart, die Wiederauferstehung des Landes.

Die Dresdener Rede endete kurz vor Weihnachten mit der Beschwörung dieses Glücks. ›Gott segne unser deutsches Vaterland!‹ … dahin trieb Kohl die längst wiedergefundene Sprache. Er hatte seinen Bund mit dem Volk der DDR geschlossen; jetzt konnte er so tun, als verstehe kein anderer es so gut wie er.

Bei der vorweihnachtlichen Öffnung des Brandenburger Tors sah alles dann schon so aus, als sei die Berliner Mauer gefallen, damit Helmut Kohl einmal ungestört durchs Brandenburger Tor spazieren könne. Das Volk war an die Seite gedrängt, und in der freigeräumten Mitte lief die Inszenierung: Kohl in Begleitung. Plötzlich war dieser schwere Körper das unübersehbare Zentrum aller Ereignisse. Sie schienen sich auf geheimnisvolle Weise mit ihm verbündet zu haben, und während er vor einigen Wochen noch davor gewarnt hatte, die Wiedervereinigung nach dem Terminkalender zu planen, schien sich diese Wiedervereinigung jetzt wirklich nach Helmut Kohls Terminkalender zu richten.

So sieht es jetzt aus, als ließe sich Kohl durch nichts mehr irritieren. Er wirkt so geradlinig und manisch auf sein Ziel fixiert, daß es seine politische Umgebung schon beinahe zu erschrecken scheint. Geht man in der Öffentlichkeit noch zaghaft alle Varianten der Zukunft durch, so empfindet der vorwärtstreibende und dabei nicht einmal ruhelos erscheinende Kohl diese Zukunft schon voraus. In diesen Wochen hat seine politische Besessenheit, diese unentwegte Demonstration, es mit Deutschland weiter gebracht zu haben als die Generation zuvor, ihr einziges Thema gefunden.

Es war kein bloßer Witz, daß Kohl sich als Enkel Adenauers verstand. Den Großvätern fühlte er sich noch verbunden, den Kriegsvätern jedoch nicht mehr. Sie hatten Deutschland in den Untergang getrieben. Diesen Untergang aber immer unkenntlicher zu machen, verstand Kohl als seine ureigenste Aufgabe. Sein Faible für alles, was sich jugendlich-engagiert, sparsam aufmüpfig und offen-geradeheraus gibt, hat damit zu tun. Es ist, als bemühte er sich laufend, diesen Typus von Jugend aufrecht zu erhalten, den sich bescheiden gebenden und wie aus dem Jugendbuch geschnittenen Nachkriegstypus, den müden und geschlagenen Vätern um Längen voraus. Kohl wünscht sich die Nachkriegstrümmer nicht weg, aber er wünscht sie sich als blank geputzte Staffage, in der ein harmloses Feiertagsvolk letztlich doch über seine Vergangenheit triumphiert. Dieser Triumph wird komplett erst durch die Wiedervereinigung. Keinem Politiker war sie als Trauma so in die Psyche geschrieben wie Helmut Kohl, und genau deshalb wirkt er in diesen Wochen so singular.

Vor vielen Jahren, als er noch Ministerpräsident von Rheinland-Pfalz war, begegnete man ihm manchmal in den Gassen der Mainzer Altstadt, wenn er wie ein gut gelaunter Abendspaziergänger pfeiferauchend mitten durchs Volk spazierte, geradezu versessen darauf, in irgendeiner Trinkrunde unterzutauchen, sich irgendwo mit an den Tisch zu setzen, den warmen Volksdunst einzuatmen. Man kannte seinen Eifer, man hielt ihn für einen lästigen Streber, der über Themen redete, für die er zu jung war. Irgendwie schwärmte er ins Rückwärts, wie auch seine Sprache etwas fatal Überholtes hatte, etwas Idealistisch-Durchtränktes, als spräche da einer vom katholischen Bund junger Männer, den die Mondlandung nur irritierte.

Später, als er Parteivorsitzender geworden war, legte er dieses Nach-rückwärts-Sprechen allmählich ab. Nur bei parteiinternen Veranstaltungen rückte er damit noch heraus und machte Punkte bei den Altvorderen.

Erst jetzt, am Jahresende 1989, hat er sein ältestes Thema wiedergefunden: Deutschland, das Vaterland, das vereinigte, das gute.

1990

Brüssel, Januar 1990

Ich soll über die Gruppe 47 sprechen, aber ich habe es mit diesen literarischen Vätern nicht leicht: ich tue so, als ob ich sie achtete, ich sage kein schlechtes Wort über sie, doch ich liebe sie nicht, sie erscheinen mir wie ein Pflichtteil, das wir Jüngeren mitbekommen haben und an dem wir noch tragen.

Hier in Brüssel jedoch, wo eine große Ausstellung über die Gruppe eröffnet wird, erwartet man Freundlichkeiten von mir. Ich soll der dankbare Nachkomme sein, der die Namen der Vorfahren respektvoll nennt, ich soll mich zu den bedeutsamen Anregungen äußern, die ich von ihnen empfangen habe, und ich soll ihr Weiterwirken verkünden, am besten so, als zehrte ich heute noch von ihren Gedanken.

Dabei sind die meisten dieser Autoren mir gleichgültig; einige waren für mich bereits Schullektüre, eine aufoktroyierte Moderne, an der wir Schüler nachzuvollziehen hatten, wie man aus einer einfachen Geschichte etwas Umständliches, zackig Gebrochenes machte. So roch diese Moderne manchmal ranzig, das ideale Exerzitium für den Deutschunterricht, irgendwie hatte sie auch den Soldatenschweiß nicht so recht aus den Kleidern gelüftet.

Bölls »Ansichten eines Clowns«, ein guter Freund schenkte mir das. Er legte das Buch so betont-vorsichtig hin, als wollte er es mir direkt in die Seele stecken; dabei sagte er etwas von Sozial- oder von Gesellschaftskritik, es hörte sich an, als müßte man diese bitteren Pillen schlucken, um irgendeinem tiefen Übel zu entrinnen.

Das war für mich ›Gruppe 47‹, eine besserwisserische Wiedergutmachungsliteratur, der man nicht einmal das vorwerfen konnte, ein pädagogisches Projekt, das unsereinen mit Aufsatzthemen überzog, eine Versammlung von Menschen, die ich, jeden für sich, allein, nicht im Beisein der anderen, vielleicht gerne kennengelernt hätte, die aber in der Gruppe etwas von Familienausflugsvätern bekamen, etwas Überzogen-Aufgepumptes, etwas Literaturbrunnenhaftes.

Vielleicht vermißte ich auch nur eine Spielart von Eleganz oder ein Element Schwerelosigkeit.

All das kann ich hier in Brüssel nicht sagen. Es wäre nicht nur unhöflich, es klänge auch gerade hier, wo man von der Literatur ganz in romanischem Sinn nur das Schönste erwartet, übertrieben scharf, als nagte ich noch an dem Unglück, die Treffen der Gruppe nicht mehr erlebt zu haben, oder als hätte ich noch eine Rechnung zu begleichen, eine Art Vatermord. Dazu aber eignet sich die Gruppe 47 erst recht nicht. Wer wollte jetzt noch etwas gegen sie sagen, über zwanzig Jahre nach ihrem Ende? Den meisten dieser Väter geht es heute sehr gut, sie haben sich prächtig hinübergerettet aus dieser miefigen und reizlosen Vergangenheit, sie wandeln irgendwo im Jenseits des literarischen Betriebes, in einer gut ausstaffierten kampffreien Zone, über die manchmal der dünne Regen des deutschen Lorbeers zieht.

Dagegen geht man nicht an. Man zieht den Hut, oder man macht sich gleich wieder davon, dem eigenen Weg folgend.

Als ich am frühen Abend die alten Fotografien von den Tagungen sah, kam die Erinnerung an ein Treffen Anfang der achtziger Jahre im Berliner ›Literarischen Colloquium‹, dem Haussalon der Gruppe in Diskussionszeiten. Hans Werner Richter hatte sich wieder nach oben, vor die versammelte Mannschaft, gesetzt, und neben ihm saß, wie aus dem Zauberbuch, der einsame, vorlesende Autor, dessen Text sofort abgeurteilt wurde. Die Szene wirkte völlig gestellt; die Kritiker sprachen befangen, als müßten sie sich vor der Vergangenheit bewähren, und die jungen Autoren liefen in Scharen davon, völlig verekelt von dieser Zeremonie.

Später flüsterte mir jemand zu, ich sollte nach dem Ende der Lesungen nicht fortgehen, sicher werde wieder einiges getrunken und man habe schon gehört, daß Hans Werner Richter Spaghetti kochen werde, was eine Seltenheit sei und ein Glück, denn er koche ganz ausgezeichnet Spaghetti.

Ich dankte für den guten Tip und beeilte mich, gerade dieser Mahlzeit auf dem schnellsten Weg zu entkommen.

Nach Durchsicht der Fotografien: die Kritiker haben sich am besten gehalten, zweifellos. Jens, Kaiser, Karasek, Reich-Ranicki – damals sehen sie noch aus wie neugierige Menschen, die etwas lernen wollen, meist auch wacher und schärfer als all die Autoren, die sich oft so verhangen in ihre Stühle kauern; heute dagegen haben sie – nicht nur physiognomisch – etwas Abgerundetes, Gelassenes, als sei ihnen das kritische Handwerk beinahe zu gut bekommen.

Ich hatte mir einen ausweichenden Vortrag zurechtgelegt, eine verhaltene Würdigung, gut komponiert, übersichtlich. Doch dann entschließe ich mich doch, frei zu sprechen. Und da ich nicht die Spur eines Konzepts habe, erfinde ich die Geschichte der Gruppe 47 als eine Geschichte von wenigen Einzelgängern, die sich mochten. Ich spreche von ihnen, als seien sie sich nicht in Berlin oder in Saulgau begegnet, sondern zum Beispiel, ja, in Paris. Ich lasse sie eine ganz andere Literatur schreiben als die, die sie wirklich geschrieben haben. Ich male aus, daß ›die Gruppe‹ eine Art Phantom war, ein Spiel, das ihre angeblichen Vertreter mit der Öffentlichkeit spielten, weil ihnen diese Öffentlichkeit zu fad war. Ich erfinde eine gute Geschichte, ein Märchen, pittoresk und mondän wie eine Erzählung des Surrealismus. Und ich sehe, wie meine Zuhörer mich anstarren, während ich weitererfinde: als sei ich verrückt, als sei ich tatsächlich verrückt!

Lektüren

Plötzlich äußern sich auch Schriftsteller des Westens laut und entschieden über die alte DDR. Es gibt markige, bittere Beschreibungen des Honecker-Systems, die so klingen, als hätten die Autoren etwas nachzuholen. Jetzt scheint alles klar, es war ein einziger Verrat, ein Verrat am Volk, und die oben, natürlich, sie waren Verbrecher. Aber die Wut und die Rage haben etwas Hohles und Peinliches, um so mehr, als man sie liest wie nachgelieferte Abrechnungen. Alles, was hier gesagt wird, hätte man schon Jahre früher sagen können, aber kaum einer hat es gesagt. Jetzt aber sieht man sich auf der Seite des Fortschritts, denn man spricht nach, was das ›revolutionäre‹ Volk einem vorgesprochen hat. All diese Bekundungen haben jedoch wenig mit Einsicht zu tun; sie entstehen, weil man wieder einmal auf der richtigen Seite stehen will, weil man sich einordnen möchte in den neuen Stand der Dinge, der vorschreibt, in dem früher so pfleglich behandelten Honecker ein vergreistes Monstrum zu sehen.

Die Verurteilung des alten Systems geht mit Liebeserklärungen an das gute Volk der DDR einher. Da sitzen sie, diese braven und lauteren Bürger in ihren kultivierten Gesprächsnischen, sie lesen noch Bücher, sind konzentriert bei der Sache und pflegen die Freundschaften. Genau so wünschen sich viele Intellektuelle des Westens das Volk: enthaltsam, was die käuflichen Güter betrifft, idealistisch, was die höheren Werte anlangt, eine Gemeinde, die dem bösen Kapitalismus ein

Kirchentagsantlitz zeigt. Seit neuestem heißt diese Chimäre ›DDR-Identität‹. Wahrscheinlich muß man sie den bei Intellektuellen stets hoch im Kurs stehenden Utopien zurechnen: ein Leben jenseits der bösen Marktwirtschaft, die wiederum auf unauffällige Weise die Grundlagen dieses Lebens sichert.

Im Osten dagegen zeigen einige Autoren ihre große Enttäuschung über das Volk jetzt ganz offen. Die großen Momente sind vorbei, schreibt Stefan Heym. Die großen Momente waren jene, wo das Volk »edlen Blicks einer verheißungsvollen Zukunft zuzustreben schien«. Jetzt aber ist es zu einer »Horde von Wütigen« entartet, die solch finsteren Etablissements wie Hertie und Bilka zustrebt, »auf der Jagd nach dem glitzernden Tinnef«. Damit ist alles aus. Wer sich bei Hertie und Bilka aufhält, hat den revolutionären Impetus verraten. Vielleicht ist er sogar ein antirevolutionäres Subjekt. Man sollte mit diesen Subjekten das ganze Programm noch einmal durchgehen: was Sozialismus bedeutet, wie man ihn menschenfreundlich aufbaut und wie man ihm endlich zum Sieg über Hertie und Bilka verhilft …

Aber es lohnt nicht, sich über diese intellektuellen Reden allzu lang aufzuregen. Denn es hört kaum einer noch hin. All diese Ereignisse kommen ohne Redner, mit nur wenigen Worten aus. Diese Worte sind aus den Parolen der Demonstrationen gemacht, aus dem ›Wir sind das Volk‹ und dem späteren ›Wir sind ein Volk‹. Genau diese Parolen geben den Takt an, nicht die stehengebliebenen Beschwörungen alter Ideale.

Das Klarste und Beste, was jetzt geschrieben wird, schreibt Monika Maron. Schon ihre Sprache besticht in diesem Intellektuellen-Gemurmel; eine Berlinerische Schärfe ist darin, kein Drumherumreden, ein beinahe angelsächsischer Tonfall, zwischen Pointe, Erzählung und Urteil. Jetzt, in diesem Moment der Geschichte, ist diese Sprache ganz da. Sie ist fest geworden, deutlich und schlank, es ist, als habe sie sich in all den letzten Jahren genau auf diesen Augenblick vorbereitet. So seziert sie »Das neue Elend der Intellektuellen« als Träumerei in realitätsfernen Begriffen. Stefan Heym erinnert sie daran, daß seine Sätze etwas von der Arroganz des Satten haben, der sich vor den Tischmanieren eines Ausgehungerten ekelt; die Schriftsteller in der DDR nennt sie besonders verwöhnt; und die gepriesene DDR-Identität besteht für sie höchstens in der alten deutschen Angst vor allem, was Sicherheit und Ordnung bedrohen könnte.

Monika Maron in ihrer Pankower Wohnung, Anfang der achtziger Jahre, dieses Bild werde ich nicht vergessen. Sie sprach leise, fast scheu, doch ihre Beschreibungen der Verhältnisse waren, anders als bei allen anderen Autoren der DDR, die ich kannte, voller Ironie. Es war, als berichtete sie aus einem Land des Absurden, in dem sie sich nur als Sammlerin von besonders makabren Geschichten aufhielt. Sie erzählte diese Geschichten auf Pointen hin, und sie konnte über diese Pointen so lachen, als befreite einen dieses Lachen für Minuten von der bitteren Wirklichkeit.

Ich weiß nicht, ob sie ihre Besucher aus dem Westen ganz ernst nahm. Wahrscheinlich kamen wir ihr wie sensationsgeile Geschöpfe vor, die all diese intimen Gespräche bald wieder verraten würden, indem sie sich aus dem Staub machten und drüben, im Westen, alles soeben Gehörte wieder vergaßen. Sie hielt mit solchen Ansichten nicht zurück, auch ihre Besucher schonte sie nicht, wenn sie ihnen gründlich die Wahrheit sagen wollte.

Aber sie war die einzige, die einen zugleich auch fragte. Nach dem Leben im Westen, nach Verlagen und Autoren. Man hätte glauben können, sie habe etwas von diesem Westen liebgewonnen, jedenfalls bezog sie ihn immer in ihre Vorstellungen ein. Ich habe in der DDR nie einen Menschen gesehen, der leichter und unkomplizierter dachte, und oft glaubte ich, sie denke schon längst über die Mauer hinweg.

Später traf ich sie in jenen Tagen, als sie zum ersten Mal ihren Westverlag besuchte. Sie trug einen großen Hut, eine Art Tarnkappe, den sie sich, in Notfällen oder wenn sie die neuen Bilder nicht mehr ertrug, ins Gesicht zog. Sie war mißtrauisch, gegenüber ihrem Verlag, dem Lektor, all dem, was ihre nur im Westen erschienenen Bücher betraf. Und sie wollte empfangen werden, herzlich, mit einem gewissen Aufwand, als verdiente sie alle Beachtung. So bekam sie manchmal etwas Gereiztes, wenn sie sah, daß es ihre Gesprächspartner zu langsam angingen oder zu gleichgültig. Sie wollte jede Minute nutzen, und sie forderte von ihrem Gegenüber die absolute Präsenz, bis tief in die Nacht.

Und ich erinnere mich genau an den Moment, als sie mich in Stuttgart besuchte und mich – auf meine Aufforderung hin, zusammen ein wenig spazieren zu gehen – anstarrte, als hätte ich etwas Böses gesagt: »Was willst du? Spazierengehen? Ist das dein Ernst?«

Nein, Spazierengehen wollte sie um keinen Preis. Sie wollte sich mit mir an irgendeinen ruhigen Tisch setzen. Dort wollte sie Geschichten austauschen, stundenlang; und dabei wollte sie es verlieren, das Gefühl der Unruhe: die Angst.

Berlin, Februar 1990

Die Mauer vor dem Brandenburger Tor ist durchbrochen von großen Löchern, und ihr Graffiti-Dekor verschwindet allmählich in einem rauhen Relief aus Kalk und Putz. Das Hämmern der Mauerspechte, diese hohen, klirrenden Töne, wenn der Meißel auf die herausbrechenden Eisenstreben trifft, füllt die ganze Weite des Raums wie ein elektronisches Singen. Das gesamte Terrain ist zu einer einzigen Flanierzone geworden. In kleinen Gruppen ziehen die Spaziergänger vom Reichstag herüber, bleiben an den Verkaufsständen mit Militärsouvenirs stehen oder verkleiden sich kurz mit den Russenkappen von gestern. Orden, Ausweise, Urkunden – der ganze sozialistische Ruhm, für wenige Mark das Stück. Die Verkäufer stehen da wie gut präparierte Puppen, ernst, gestenlos, in den Kostümen der Macht. Die Passanten dürfen anprobieren und drehen sich plötzlich lachend in der schwachen Sonne: als hätten sie einen Teil des schlimmen Gestern in einem Theaterstück wiedererkannt.

Wenn man auf die andere Seite will, muß man noch einen Ausweis vorweisen. Die Grenzbeamten schauen aber nicht hin, als stünden sie nur noch aus Demonstrationsgründen da. Keiner begreift, was hier noch kontrolliert werden soll, denn die Grenze hat allen Sinn verloren. Auf den früher penibel geharkten Grenzstreifen wird bald das Unkraut wachsen; jetzt flitzen Kaninchen darüber, ungestört, in kleinen, herumspürenden Gruppen, die so aussehen, als seien sie Vorboten großer, wandernder Scharen.

Ich bin durchs Brandenburger Tor gegangen, hinüber, in drei, vier Minuten. Die Quadriga obenauf schwebt plötzlich ganz nah, darüber die schwarz-rot-goldene Flagge. Ich gehe zweihundert, dreihundert Meter nach Osten, über großes, freies, nur von Spaziergängern gesäumtes Terrain. Es ist ein sonniger Vorfrühlingstag, und das Ganze ist von einem Realismus, daß man den Boden aufreißen möchte, um den Toten Luft zu verschaffen, ganz unten. Denn der Unterbau all dieser wackligen Szenen, dieser schwankenden Mauern und gen Himmel zirpenden Meißel, ist das Totenreich. Dieses Reich hat das Leben hier oben veröden lassen, bis hin zu diesem bleichen Ocker, der jetzt alles wie ein schmieriger Lehmfilm belegt.

Die ersten Häuser hinter den Peitschenlampen wirken wie verlassene Wohnsilos, in denen nur Apparate gehaust haben. Alles scheint entrümpelt, entleert, aber in großer Eile, so daß hier und da die Vorhänge hinauswehn, als habe man sogar vergessen, die Fenster zu schließen. Ich kann nicht weiter gehen, ich kann einfach nicht. Ich stehe vor diesen breiten Vergangenheitsstraßen, als wartete ich darauf, daß sie sich wie in einem Traum auf der Stelle verwandelten ins tiefdunkle Grün eines Boulevards. Ich gehe zurück, für dieses Mal ist es genug.

Am Wittenbergplatz sitze ich später eine halbe Stunde auf einer Bank, als brauchte ich diese Zeit, um mich zu beruhigen. Ich hatte gedacht, ich könnte ganz einfach hinübergehen, und ich hatte vermutet, das wirke auch auf mich wie eine Erlösung. Doch die alte Aufregung früherer Zeiten war plötzlich wieder da. Das Herz schlug schneller, und in der Nähe der ersten Häuser war da auch wieder das Gefühl der Beengung, das einen nie verließ, sobald man dieses bleiche Land betreten hatte. Ich weiß nicht, wie jemand auf den Gedanken kommen kann, dem allen noch etwas abzugewinnen. Jeder Imbiß-Quick-Snack wie der hier vor dem KadeWe mit seiner Pop-Werbung für Pommes frites und gegrillte Würstchen erscheint mir angenehmer, wie eine Ausgeburt von Vertrautheit.

In der obersten Etage des KadeWe, in diesem Märchenland aus sprudelndem Champagner und unbezahlbaren Trüffeln, sechs Sylter Austern bestellen und kurz vor dem Verzehr die laute Stimme eines Marktführers bemerken, der eine Gruppe von DDR-Touristen durch das

Schlaraffenland führt, die gerade hinter dir stehen bleibt und dir dabei zusieht, wie du das Austernfleisch mit der Gabel von seinem Perlmuttgehäuse befreist. Und plötzlich das große Schweigen gewahr werden, als wärest du der Vollstrecker einer obszönen Kommunion, das vorzeigbare Luxus-Monstrum des Westens, das in den schönsten Schalen des Meeres nach irgendeinem Tand sucht. Und diese Kostbarkeit schlucken gegen den aufkommenden Brechreiz und dabei ein Gesicht ziehen, als rächte die zarte Auster sich an deiner Völlerei. Und die Stimme einer Frau hinter dir hören, triumphierend und scharf: »Siehste, et schmeckt ihm nich!«

Ich kenne Berlin recht gut, ich habe hier immer wieder Wochen und Monate zugebracht, doch jetzt kommt es mir zum ersten Mal so vor, als müßte man die Stadt als Westbesucher für eine Weile allein lassen, als dürfte man sich nicht einmischen in diese sperrigen Szenen, als seien diese einander beäugenden großen Kontinente von Westen und Osten jetzt erst recht ein eigenes, nur von den Bewohnern zu besetzendes Terrain. Als riefen einem all diese schroffen Antithesen nur zu, was hier an vielen Mauerstücken drohend notiert ist: »Halt's Maul!«

Ich kann mir nur einen Verkehrsweg vorstellen, auf dem ich die Stadt jetzt gern durchfahren würde: auf dem Wasser, in einem schmalen, wendigen Ausflugsdampfer, mit vielen Fremden an Bord, die sich so unterhalten, als hätten sie diese Fahrt schon unzählige Male gemacht.

Cabarete, Dominikanische Republik, März 1990

Vom Balkon seines Hotelzimmers sieht er den Windsurfern zu, die vor dem Blau des Meeres hin und her fliegen, wie an Schnüren. Die Palmen schütteln sich im Wind. Der nahe Strandstreifen ist jetzt in der Frühe menschenleer und sieht aus wie das Negativ dieses Meeres, hell und spurenlos. Die Farben sind so deutlich und vor allem homogen, daß man mit den Augen an ihnen hängenzubleiben glaubt. Zeichen wie von Matisse. Er hat in der Natur noch nie derart ungemischte Farben gesehen, die kleinen Bars und Lokale der Dörfer kopieren sie in ihren zweifarbigen Außenanstrichen, einem satten Bananengelb neben Tomatenrot, einem Meerestürkis, das gegen fahles Deckweiß anbrandet.

Genau diese Fremde hat er sich gewünscht, seit Monaten. Er will für einige Zeit an nichts mehr erinnert werden. Er will vor dem gestaltlosen Panoramafarbband des Meeres sitzen, um das ganze deutsche Schwarz-Weiß darin untergehen zu lassen. Denn wenn er an Deutschland denkt, denkt er meist in Schwarz-Weiß-Fotografien, schrägen und aufdringlichen Stilleben. Seit der Kindheit ist er an diese Fotografien gewöhnt, sie bildeten den eigentlichen Abzug der Dinge und der Ereignisse, mit ihrer Folge wurde das Leben dokumentiert, das dann meist so aussah, als habe man es lediglich fröstelnd ertragen.

Die Urbilder dieses Schwarz-Weiß aber waren die Fotografien August Sanders, der in der Nähe des Heimatorts seiner Eltern, im Westerwald, gelebt und gearbeitet hatte. Die Menschen, die Sander fotografiert hatte, waren wie seine Ahnen gewesen, da war er sich sicher; sie glichen seinen Ahnen aufs Haar, sie hatten ihre Physiognomien, sie waren Vertreter desselben Geschlechts. Und so stellt er sich deutsche Porträts, Porträts von Menschen und Gesten, nur vor wie Sandersche Fotografien, das blieb so selbst noch in seinen Träumen, die sich oft speisten aus diesen Motiven, besonders in den Momenten des Heimwehs.

Nach wenigen Tagen hat die Haut mehrere Tönungen von Braun durchlaufen, bis hin zu einem dichten Espressoschaumbraun. Wenn er sich im Spiegel betrachtet, erfährt er diese jähe Verwandlung wie einen Schock. Es ist, als flögen diese Farben einem zu, als hefteten sie sich an einen, um einen einzutunken in die eindeutige, kräftige Farbenwelt.

Ein Lastwagen hat ihn mitgenommen, auf einer Fahrt quer durchs Land, von der Nordküste zunächst bis ins Gebirge. Der Wagen hält in jedem Ort an der Straße, zwei, drei Mitfahrer springen auf, eine Kleinigkeit wird abgeladen, dann geht es weiter, in einem Tempo, das er für schnell hält, worin er sich aber, wie sich später herausstellt, sehr täuscht. Der Wagen fährt nicht schneller als fünfzig oder sechzig Kilometer pro Stunde; weil die Straßen aber in elendem Zustand sind, kommt ihm das forsch vor. Viele der mitfahrenden Männer haben ein Tier dabei, ein Lamm, ein aufgeregt zuckendes Huhn oder den obligatorischen Kampfhahn. Niemand spricht, so daß das Schweigen wie ein Tribut an die gewaltige Hitze erscheint, die jetzt, in einiger Entfernung von den hellen Stränden, immer mehr zunimmt.

Bald ist der Wagen hoffnungslos überfüllt. Viele Tiere müssen jetzt auf dem Schoß gehalten werden, da es sonst keinen Platz für sie gibt. In den Kurven schwankt das sich sonst auf und ab wiegende Gefährt gefährlich zur Seite. Dann bricht der Regen herunter, heftig und scheinbar gezielt, als richtete man Wasserwerfer auf uns, um uns ein für allemal vom Wagen zu treiben. Doch niemand rührt sich. Es ist, als sollte es diesen Regen nicht geben, als sei er die boshafte Erfindung eines ungeliebten Gottes, den man nur mit Verachtung straft.

Schließlich hält der Wagen vor einem großen Lokal, kaum fünf Minuten von der kleinen Stadt entfernt. Man will sich, wie man mir schwerfällig erklärt, erst stärken, bevor man die Stadt betritt. Doch niemand ißt etwas; statt dessen wird Kaffee getrunken, auch Rum, aber in kleinen, beinahe unscheinbaren Portionen. Dann steigen alle wieder auf. Man hält mir genau den Platz frei, den ich zuvor schon gehabt hatte, einen vergleichsweise guten Platz in der Mitte, gleich hinter dem Fahrersitz. Ich biete ihn einigen älteren Männern an, die sich hier anlehnen könnten, doch man winkt entschlossen ab, nein, dieser Platz gehört mir, ich habe ihn mir ersessen, mit jener stoischen Ruhe, die auf Unwetter nicht reagiert.

Gegen Mittag haben wir den Gebirgsort erreicht. Der Fahrer erklärt mir, daß er erst morgen früh weiterfahren werde, nach Süden, zur Küste von Santo Domingo. Als ich ihn frage, warum er den Nachmittag nicht schon zur Weiterfahrt nutzt, erklärt er, daß Nachmittagsfahrten Unglück brächten und ein großer Regen am Tag doch genug sei.

Ich hatte damit gerechnet, am Abend in Santo Domingo zu sein, doch jetzt mache ich nicht einmal Anstalten, einen anderen Wagen aufzutreiben. Nein, ich sitze vor der kleinen Kirche des Ortes und trinke etwas Diffuses, eine gelbbraune Fruchtblase, die auf einem schweren Untergrund von Alkohol schwimmt. Niemand nimmt von mir Notiz, und ich habe nichts anderes vor, als auf diesem Platz die Stunden zu verbringen, bis zum Einbruch der Dämmerung. Erst als ich mit einigen Notizen beginne, kommen nach und nach Kinder dazu, stellen sich neben mich, hocken sich vor mich hin und betrachten mich mit der intensiven Ruhe von Menschen, die noch viel mehr Zeit haben als ich, so daß ich den Stift schließlich wegstecke, um mich wieder einzureihen in die große Passivität.

Am nächsten Morgen, gegen fünf Uhr, fahren wir weiter, beinahe dieselbe Mannschaft. Jetzt geben mir die Männer die Hand, und ich erhalte bei der Abfahrt einen Kaffee. Später spricht wieder niemand, auch die Tiere ducken sich regungslos unter die scheinbar immer schwerer werdende Sonne. Kurz vor der Hauptstadt wieder der übliche Halt. Als ich müßig herumstehe, kommt ein Mann auf mich zu, nimmt mich am Arm und zieht mich zur Seite. Ich soll mir etwas anschauen, ich begreife nicht, was er meint. Aber ich folge ihm einige hundert

Meter zu einer schmalen Treppe, die in die Tiefe führt. Dort hinunter soll ich, denn dort unten sind, wie ich höre, die dunklen Wasser.

Ich erkläre ihm, daß mir daran gelegen ist, jetzt so schnell wie möglich in die Hauptstadt zu kommen, doch er besteht darauf, daß ich die Treppe hinuntergehe; man werde auf mich warten und erst weiterfahren, wenn ich zurück sei.

Er schaut mich streng an, als sei mein Zögern bereits ein Vergehen, und so steige ich diese Treppe hinunter, an deren unterem Ende sich ein Wäldchen auftut. Es ist ein dichter Mangrovenwald, der Pfad endet am Wasser, wo die Wurzeln das Wasser hoch überragen. Und wie hingezaubert liegt vor mir eine kleine, aus einfachen Brettern zusammengezimmerte Fähre; ich soll aufspringen, zeigt mir ein Junge, das Fährseil in der Hand, das sich hinter ihm in die Dunkelheit einer Höhle verliert. Und ich springe auf, als sei ich hierher gekommen, damit mich dieses Dunkel endgültig und geräuschlos verschluckt.

Kaum zwanzig Minuten später habe ich wieder den Wagen erreicht. Die Mitfahrer haben auf mich gewartet, und sie räumen mir wieder meinen Platz ein. Doch es kommt mir so vor, als sei ich Stunden fort gewesen, in den Herzkammern des Landes, in der milden, immergleichen Kühle zwischen dem Tag und der Nacht.

Ich habe mich von den Männern verabschiedet, doch anscheinend wollen sie mich nicht ziehen lassen. Wie soll ich sonst verstehen, daß mir zwei oder drei durch die Stadt folgen, in großem Abstand, aber so, daß ich sie dauernd bemerke? Wenn ich einen Halt einlege, kommen sie näher, grüßen erneut und versuchen, sich mit mir zu unterhalten. Hier und da wollen sie mir auch etwas zeigen, als seien sie daran interessiert, daß ich nichts übersehe: den Palast der spanischen Eroberer, die Grabkirche von Admiral Christopher Kolumbus oder den alten Wehrturm der Stadt, das Bollwerk gegen Piraten und Seeräuber. Sie erklären mir nichts, sie deuten nur auf all diese Monumente, die sie selbst nicht betreten. Dann warten sie draußen, vor den Anlagen, lange darauf, daß ich wieder erscheine.

Am Ende des historischen Rundgangs, den wir so doch wieder gemeinsam bestreiten, bringen sie mich zum Busbahnhof. In der kleinen Bar sitzt die halbe Schar, anscheinend feiernd, daß man es geschafft hat, mich hierher zurückzuzaubern. Sie sagen, daß sie mich wieder mitnehmen wollen, hinauf, in den Norden. Und zum Beweis zeigen sie mir meinen Platz, auf der Ladefläche des Lasters, den einer von ihnen mit Kreide markiert hat. Als ich sie frage, warum ich gleich wieder mitkommen soll, antworten sie, daß Santo Domingo keine gute Stadt sei, daß ich alles gesehen hätte, und daß der Schutz der dunklen Wasser nur bis zum Sonnenuntergang reiche.

Ich habe mir den Palast der spanischen Eroberer, die Kirche des Kolumbus und den Wehrturm nicht in Ruhe ansehen können, das wird mir plötzlich bewußt. Im Grunde habe ich überhaupt nichts gesehen, an kein einziges Bild kann ich mich genau erinnern. Ich will noch einmal zurück, wie aber soll ich mich von meinen freundlichen Gefährten befreien? Ich trinke noch ein Glas Rum mit ihnen, dann erkläre ich, daß ich es gewohnt sei, gute Wege zweimal zu gehen. Sie schauen mich an, als hätte ich ihnen eine Lektion in Geisterkunde erteilt. Dann aber steht einer von ihnen auf, steckt mir eine Zigarre in die Hemdtasche und entläßt mich so im Namen aller.

Diese an Europa erinnernden Gemäuer sind bleich, man hat sie neben ein paar schäbigen, wild wachsenden Palmen verdorren lassen, nur der Schmuck von ein paar Arkaden ist ihnen geblieben, sonst aber ist aller Zierat von ihnen gefallen. Auch ihr Inneres ist leer, der Wind fährt durch die offenen Fenster, und die wenigen Besucher gehen die Treppen ab, als streiften sie durch Horrorattrappen, die an die schlimmsten Verbrechen erinnern.

In der Kolumbus-Kirche, vor den hohen Strebepfeilern, fällt mir plötzlich auf, wonach ich mich sehne: nach den leuchtenden Farben der kleinen Orte, nach dem Blau-Weiß des Strand-Wasser-Kontrasts, nach dem Meer, das sich am Abend von den schnell leerer werdenden Lokalen zurückzieht und im Dunkel verschwindet, nach dem von den Palmenwäldern herüberwehenden Kokosduft, nach dem schwachen Rauschen der See, die ich in meinem Zimmer noch lange höre.

Ich bin zum Busbahnhof zurückgegangen, der Laster mit den Männern war fort. Es gibt keine Busverbindung quer durchs Land, ich werde mir eine andere Fahrgelegenheit suchen müssen. Und ich setze mich hin, um die

Zigarre zu rauchen, die aus einer der Fabriken am Stadtrand kommt, handgerollt. Man befeuchtet die Spitze mit etwas Rum, dann mischt sich die Süße des Alkohols in das narkotisierende Fieber des Tabaks.

Stuttgart, Gartenhaus

Vom fussweg oberhalb unseres Grundstücks beobachten mich die Spaziergänger bei der Arbeit am steilen Hang hinter dem Haus. Ich jage dem überall aufschießenden Grün nach, dessen Frühjahrsausbruch ich versäumt habe. Wenn ich den wilden Ahorn oder die in einem Jahr mannshoch treibenden Robinien jetzt nicht zurückschneide, ist der kleine Gehweg hinauf bald zugewachsen. Von Woche zu Woche kann man das Grün ausholen sehen, mit einer zähen Geduld, die jedes Hindernis überwuchert. Schon stehen hier und da die Brombeeren im Weg, man reißt an ihren jungen Armen, die nach allem greifen; schon setzt sich der Löwenzahn fest, eine Frühjahrsplage mit ganz erstaunlichen Wurzeln, die man selten ganz zu fassen bekommt.

Ich stehe an der Schräge des Hangs und beuge mich über all dieses Wachstum, als müßte ich Meter für Meter die dreistesten Versuche sofort bestrafen und aussortieren. Die Spaziergänger oberhalb halten das für eine unzumutbare Arbeit. Sie kalkulieren das Gefälle, sie halten sich für Fachleute in Bodenexpertisen und glauben mit schlecht verstecktem Hohn mitteilen zu müssen, daß all diese Arbeit nichts fruchte, weil die Natur immer stärker sei.

Da es keinen Sinn macht, zu antworten, arbeite ich weiter, als hörte ich nichts. Ich lasse mich auf die Knie fallen und ziehe an den Feinden, von weitem muß es so aussehen, als schlüge ich verzweifelt um mich, um Herr über all dieses Wachstum zu werden. ›He!‹ ruft man schon von oben herab, ›he, Sie da!‹, als könnte man nicht durchgehen lassen, daß ich schweigend meine Arbeit tue. ›He, das ist eine Drecksarbeit, was?!‹

›Nix verstehn, nix verstehn!‹ rufe ich schließlich, als es mir dann doch zuviel wird, hinauf. Und alle sind sich gleich sicher: da arbeitet ein Pole, ein ausgebeutetes, wahrscheinlich miserabel bezahltes Arbeitstier. Denn nur einem Polen, heißt es scharf, kann man so etwas zumuten, diese Drecksarbeit und all das Geschaffe.

Überall wird jetzt vom Tempo gesprochen, vom Tempo der Geschichte, als könnte man sich nicht daran gewöhnen, daß alles so schnell anders wird. Man möchte sich zurücklehnen und die Lage immer wieder Schritt für Schritt überdenken, so wie man es in Jahrzehnten getan hat. Statt dessen aber muß gehandelt werden, das Handeln drückt alle Erwägungen beiseite und ordnet dem Ziel der Wiedervereinigung alle langfristigen Überlegungen unter. In diesen Monaten ist das politische Geschäft so dominant, daß man kaum dazu kommt, die einzelnen Schritte zu verfolgen. Die Wiedervereinigung ist zu einer Sache der Bürokratien und der Beamten geworden. Damit hat man sie an gut funktionierende Institutionen übergeben, die den euphorischen Begleitstimmen von früher bald ein Ende machen werden. Jetzt ist nichts mehr aufzuhalten‹, sagen die Organisatoren lächelnd, und sie wissen, daß gegenüber ihren Aktionen alle Einwände nur lächerlich wirken, abgestandene und vom Wiedervereinigungstempo längst überholte Gedanken von gestern.

Der einsame Trompeter ist mit seinem Deutschlandlied längst in den Stuttgarter Wäldern untergetaucht. Wenn die Spaziergänger an den Sonntagen durch das Gelände eilen, widmen sie sich wieder ihren Lieblingsthemen, den Geldkalkulationen. Was kostet die Wiedervereinigung? Was werden sie uns abnehmen? Wird unser Wohlstand zusammenbrechen? Und schon folgen auf diese Schreckensvisionen die harschen Appelle an die da drüben, die sich gehörig, aber ganz gehörig werden anstrengen müssen. Und wenn nicht, wenn nicht ...: dann sollen sie doch zurück in ihren Sozialismus, den verdammten, grauslichen.

Hier, in diesen alten Gärten mit Hanglage, von denen viele seit über hundert Jahren denselben Besitzern gehören und in denen jedes Frühjahr pünktlich auf den Tag die Bäume geschnitten, das Schnittwerk verbrannt und die Streuobstwiesen gemäht werden, ist die ferne, sehr ferne Wiedervereinigung für die meisten nichts anderes als eine Schikane, die einige Politiker sich ausgedacht haben, um wieder einmal die Ruhe zu stören.

Vor einigen Monaten hatte man die Ereignisse noch gefeiert, mit jener schwäbischen Dezenz, die keinen Lärm verträgt. Daß Deutschland eins werden sollte, das gehörte sich so und war nichts anderes als die Pflicht der Geschichte, unseren wirtschaftlichen Fleiß mit der staatlichen Souveränität zu belohnen. Jetzt aber hat sich die Perspektive verschärft. Denn jetzt sieht es so aus, als sollte dieser Fleiß dazu herhalten, diese Souveränität in der Zukunft zu finanzieren.

Die meisten Einwände dagegen klingen so, als gehörte sich so etwas nicht, als müßten die drüben für alles selbst aufkommen oder als seien all diese Menschen lästige Zugaben der Wiedervereinigung, die man sich am liebsten als eine geräuschlose Kulissenverschiebung vorstellt, ein rasches Hinüberzaubern des westlichen Wohlstands in all diese asiatischen Ecken.

Berlin, Mai 1990

Einige Freunde sind nach Berlin gezogen. A., die jahrelang als Ärztin in der hintersten Provinz Westdeutschlands gearbeitet hat, weil dort ihre Hilfe besonders nötig sei, wohnt jetzt am Alexanderplatz, Karl-Liebknecht-Straße, mit Blick auf das Rote Rathaus, in einem Wohntrakt mit Hunderten von Wohnungen, die früher mit Parteiprominenz und Stasimitarbeitern belegt waren.

Noch in den letzten Wochen ist eifrig ausgezogen worden, viele Wohnungen stehen jetzt leer, man glaubt, sich auf einem sinkenden Schiff zu befinden, von dem in den frühen Abendstunden Ballast abgeworfen wird, Umzugskartons, Körbe und Säcke, hinunter auf die Straße, wo alles sehr rasch verschwindet. Begegnet man sich in den kleinen Aufzügen, die in diesen Tagen ununterbrochen auf und ab schnurren, wird kein Wort geredet; man schaut aneinander vorbei, das Mißtrauen ist so gegenwärtig, daß jeder den anderen sofort aus den Augen läßt, aus Furcht, es könnte ihm ein verräterisches Indiz aus den Hosentaschen fallen. Also lieber nicht hinschauen und durch die dunklen Treppenhäuser eilen, an all den immergleichen Türen vorbei, die einem oft vorgaukeln, falsch gelaufen zu sein, bis man feststellt, man ist falsch gelaufen.

Als ich A. frage, warum sie sich einen solchen Wohnort antut, gibt sie vor, sich an die Verhältnisse im Osten gewöhnen zu wollen; sie denkt daran, nach der Wiedervereinigung eine Praxis in Pankow zu eröffnen, denn später werde Pankow einmal Provinz sein, hinterste Provinz, wo man sie bestimmt nötig brauche.

Mit P., der schon seit Jahren im Westen der Stadt wohnt und zu den großen Bewunderern Berlins gehört, es handelt sich um eine heiße und nicht zu erschütternde Bewunderung, die sich von P.s provinzieller Herkunft aus einem Kaff im Hunsrück nährt, mit P. rase ich, so schnell es eben geht, von West nach Ost und zurück und wieder zurück. P. fährt diese mehrspurigen Strecken – Straße des 17. Juni, Unter den Linden, Karl-Marx-Allee – wie im Rausch, und dabei führt er mir die Welt zu beiden Seiten als Zeitraffer vor, in der Karl-Marx-Allee sind wir in Moskau, all diese stalinistische Architektur, der lehmige Zuckerguß um die schweren Portale, dann landen wir Unter den Linden in der Zeitlosigkeit eines Museums der fünfziger Jahre, bis auf der Straße des 17. Juni die Kennedy-Ära beginnt und dahinter, dahinter, bloß weiter, die siebziger, achtziger Jahre. Nur die Gegenwart, Gegenwart, die ist noch nirgends zu finden, sondern besteht ganz einfach aus diesem Perspektivenwechsel, aus dem Hinübergleiten von einer Zeit in die andere, rasant, unheimlich und manchmal unfaßbar.

Jetzt im Mai konnte ich meinen alten Traum wahrmachen und mit dem Schiff durch ganz Berlin fahren. Auf der langsamen Fahrt verstärkt sich mit der Zeit immer mehr die Illusion, in einer längst wiedervereinigten Stadt zu leben, denn der Blick bleibt meist auf die schmalen Uferstreifen zu beiden Seiten begrenzt, die etwas Idyllisch-Harmloses haben. Sogar an der Museumsinsel im Osten fährt man jetzt so nahe und ergeben vorbei, als hätten dort zwischen den dunklen Museumsbauten jahrelang nur die Schafe geweidet und als habe es nie die nahe Grenze gegeben, von der kaum noch etwas zu sehen ist, höchstens ein paar Mauerstücke, ausrangiert und bis zum Exzeß zerlegt.

In den ausführlichen Kommentaren, die über Bordlautsprecher die Fahrt begleiten, ist von dieser kaum zurückliegenden Gegenwart auch nur noch selten die Rede, als sei es peinlich, so etwas Unzeitgemäßes wie Grenzen und Mauern jetzt noch zu erwähnen. Statt dessen werden ganz andere, lange nicht gehörte historische und geographische Vokabeln verstreut, von den vielen Wasserstraßen Berlins wird ausführlich berichtet, von den germanischen Sweben und den slawischen Wenden, von der Lage Berlins und Cöllns auf den Spreeinseln und von Berlin als späterem Mitglied der Hanse ...

Und je länger man fährt, um so bereitwilliger läßt man sich anstecken von diesen Träumen, Berlin wird zu einem archaischen Naturparadies, einer ehrwürdigen Siedlung von Fischern und Kaufleuten, auf die sich jetzt im Mai der Blütenduft des tiefen Vergessens legt.

Viele Gartengrundstücke am Tegeler See stehen zum Verkauf. Vor den kleinen Holzhäusern locken Angebote, als sollte einem die Weltgeschichte das Leben hier reichhaltiger machen. So lesen sich manche der vollmundigen Texte wie Beschwörungen einer dramatischen und glänzenden Zukunft, in der man in einem winzigen Holzhaus am Tegeler See im Zentrum der Welt sitzen wird.

So einfach es jetzt ist, in den Osten der Stadt zu fahren, noch immer bin ich am späten Abend erleichtert, wieder im Westen zu sein. Ich weiß nicht, was es ist. Ist es die Erinnerung an früher, ist es der Verdacht, undurchschaubaren Trugbildern aufzusitzen – oder woher kommt sonst dieses Gefühl, sich einen Tag lang sehr angestrengt zu haben?

Man könnte es damit erklären, daß man sich im Osten nicht ausruht. Man schaut, schaut und schaut, und niemals hat der Blick etwas Gleichgültiges, Unangestrengtes. Diese Intensität, dieses dauernde Wachsein, das sich nichts entgehen lassen will und von jeder Kleinigkeit neu angereizt wird, machen einen mit der Zeit unendlich müde. Oder ist es doch noch die alte Vorsicht, die Vorsicht früherer Tage, als man sich am liebsten mit

Tarnkappen durch die Stadt bewegt hätte, ist es diese Vorsicht, hinter der sich die Angst verbarg?

In Berlin weckt die im letzten halben Jahr immer wieder ausgestreute Formel, in Deutschland werde mit der Wiedervereinigung alles, aber auch alles anders werden, nur kämpferische Instinkte. Die Formel diente ursprünglich dazu, den gleichgültigen Westen aufzuschrecken und ihm ein paar Reaktionen abzunötigen. So war sie als Drohung gemeint oder als hilflose Antwort auf jene diffusen Gefühle der Erschütterung, die von den Ereignissen im November 89 ausgingen. Hier in Berlin aber ahnt noch der letzte Taxifahrer, daß mit dieser Formel nur eine Art Schlacht gemeint sein kann, die unmittelbar bevorsteht. ›Die sollen mal rüberkommen und mir meine Kundschaft wegschnappen‹, sagt mir ein Fahrer, ›die schipp ich in den Müggelsee, dahin, wo sie herkommend.‹

Der abendliche Blick auf den Alexanderplatz, von A.s Wohnung aus. Man traut sich nicht, lange hinauszuschauen, etwas ist verboten an dieser Perspektive. Und erst recht traut man sich nicht, hier einen Balkon zu betreten, als seien diese Wohnwüsten unbetretbares Gelände. Und als der Wein auf den Tisch kommt, dreht einer die Flasche rundherum, als suchte er das Etikett, um festzustellen, wo sie gekauft wurde.

Brief an Katja G., Juli 1990

Liebe katja G.,
ich danke Ihnen für Ihren schönen Brief, es ist der zehnte, seit wir uns in Sofia kennengelernt haben, in dieser späten Novembernacht, als ich Ihnen von der jungen deutschen Literatur berichten sollte. Sie schreiben, daß ich mich freuen müßte in dieser für mein Land so ereignisreichen Zeit, freuen darüber, daß die Wiedervereinigung ganz nahe ist, und Sie beglückwünschen mich dazu, als hätte ich selbst etwas dazu beigetragen.

Liebe Katja, Sie ahnen nicht, wie schwer man sich hierzulande mit der Freude tut. Im Grunde darf man sie nirgends zeigen, im Grunde ist es am besten, man schlingt die Freude in sich hinein und zeigt nach außen sein deutsches Gesicht. Denn die Freude macht einen hier geradezu verdächtig, he!, wird man in Freudenfällen von allen Seiten angeschrien, he!, was freuen Sie sich denn so, ist das statthaft, was fällt Ihnen ein, beherrschen Sie sich, Ihre Freude hat etwas schlimm Patriotisches, am Ende sind Sie noch ein Nationalist, einer von der ganz schlimmen Sorte!

Und so ziehe ich mich mit meiner Freude in mein Gartenhaus zurück, von dem ich Ihnen schrieb, liebe Katja, die Freude im Gartenhaus, das klingt wenigstens nach Poesie, vielleicht auch nach der, die Sie lieben, also etwa nach Lermontow, von dem es doch, wie ich nachschlug, ein Gedicht über ein Haus gibt, das anfängt: ›Mein Haus, es reicht, soweit der Himmel blaut …‹ (kennen Sie das?).

Und setze mich also in diesen Sommertagen draußen

vor mein im Grün versunkenes Haus und hüte meine Freude ohne viel Worte, außer denen an Sie, so wie es der alte Epikur, von dem ich in meinen Schuljahren gern las, empfohlen hatte, daß man nämlich im Verborgenen leben solle, womit er nicht meinte, man solle sich klein machen oder winzig, um nur noch für sich selbst zu leben, sondern: man solle das, was einem am wichtigsten sei, nicht öffentlich ausdekorieren.

Auf mein Gartenhaus aber hat jetzt kein Mensch einen Draufblick, und das Himmelsblau steht so Lermontowsch-großartig darüber, daß man hinaufsegeln möchte, um alles auch von oben zu bewundern. Und da würde man dann unweigerlich auch die Freude sehen, schon rein atmosphärisch, denn dem Menschen, der unten sitzt und Ihnen schreibt, hebt und senkt sich die Brust vor lauter weltgeschichtlichem Atem, so daß er nicht mitkommt und manchmal flucht: ›Halt ein, Hegelscher Weltgeist, gönn mir nur für eine Woche Besinnung!‹

Doch damit ist's nichts. Hatte ich letzte Woche noch erwartet, die große Reise unseres Herrn Kohl in den Kaukasus stelle den Weltgeist vor unüberwindliche Hürden, so verstehe ich jetzt, daß sich der Weltgeist durch nichts mehr aufhalten läßt. Längst ist er auch in den Genossen Gorbatschow gefahren, denn was hätte sonst aus Eurem Genossen gesprochen wenn nicht der Weltgeist, als er unserem Herrn Kohl darin zustimmte, das ganze Deutschland zum Mitglied der NATO zu machen?

Liebe Katja, hier in Deutschland haben wir eine altertümliche Vorstellung vom russischen Menschen. Wir stellen ihn uns als ein gleichzeitig sanftmütiges und jähzorniges, ein frommes und atheistisches, ein frohes und schwermütiges Wesen vor, das morgens seinen Tee, abends seinen Wodka trinkt und den ganzen Tag die großen Werke seiner Dichter zitiert. Insgesamt also halten wir den russischen Menschen für eine unberechenbare, schwer zu durchschauende Gestalt, die dem deutschen Menschen, wie wir ihn uns zusammensetzen, gar nicht so unähnlich ist.

Was mich an Eurem Gorbatschow zweifeln läßt, ist, daß er immer nur die *eine* Seite des russischen Menschen verkörpert, so unübertrefflich freundlich ist er, so sanftmütig, so teetrinkend, daß ich die langen Jahre seiner Regentschaft schon zitternd darauf warte, die andere Seite könnte zum Vorschein kommen. Die Deutschen lieben an ihm die Illusion dieses Friedens, sie halten ihn für einen sympathischen Kuschelrussen, doch ich traue ihm, offen gestanden, nicht ganz.

Vollends verwirrt hat mich jedoch seine Freundschaft mit Kohl und die Naivität, mit der er auf dessen Strickjacken im Kaukasus hereinfiel. Gleich hat er seinen nächstbesten Pullover übergestreift, um Einigkeit zu demonstrieren, dabei wissen wir hier in Deutschland alle, daß es nichts Draufgängerischeres und Unüberwindbareres gibt als einen Helmut Kohl in Strickjacken, erst recht im Kaukasus. Da konnte sich Gorbatschow nichts mehr abhandeln lassen, da hat er den Deutschen die Wiedervereinigung anscheinend einfach geschenkt und auf nichts anderem bestanden als einigen Milliarden, einer Kleckersumme, einem Strickjackenpreis.

Kann das wahr sein?! Ist Euer Gorbatschow wirklich ein solcher Geschenkeverteiler? Hat ihn der Weltgeist völlig durcheinander gebracht? Ging ihm alles zu schnell, oder war er froh, diese ewigen deutschen Querelen endlich loszuwerden? Aber um diesen Preis?!

Liebe Katja, heute abend bin ich ein Russe. Ich sitze vor meinem Gartenhaus wie vor meiner Datscha, trinke Tee und ein kleines Glas Wodka, lächle wie ein sanftmütiger Schwärmer und lasse den Jähzorn im Keller. Und ich zitiere Eure Dichter und rufe Ihnen mit Eurem Lermontow zu: ›Zufall war's, der uns zusammenführte, / Daß der eine sich im andern fand …‹

Und jetzt sagen Sie: Trifft das nicht? Ist das nicht treffend? Übertrifft das nicht alles bisher Zitierte?

Sie müssen kommen, mich besuchen. Und ich will Sie in Moskau sehen. Hier und dort feiern wir diesen unglaublichen Frieden.

Richard von Weizsäcker

Früher dachte ich gern an den Bundespräsidenten. In jenen kniffligen Momenten, in denen nichts sich ordnen will und eine stille Wut in einem aufsteigt, erinnerte ich mich an ihn. Wenn der Zorn zu heftig und der innere Furor zu dämonisch zu werden drohte, stieg ich in die Weizsäcker-Therapie ein. Ich brauchte mir nur vorzustellen, wie er, Weizsäcker, meinem Zorn und meiner Wut begegnen würde; dann durchströmte mich eine

Empfindung, als träufelte Sarastro persönlich mir Linderndes ins Ohr.

Schau, sagte der Bundespräsident, dein Zorn ist wahrhaft begründet, ohne den Zorn wäre der Mensch nicht ganz Mensch, auch der Zorn gehört zutiefst zu jenem Humanum, das den Menschen ausmacht; aber er ist denn doch nicht alles, der Zorn. Wer nur zürnt, vermag nicht zu verzeihen, und wer nicht zu verzeihen vermag, dem wird auch nicht verziehen!

Nach solchen therapeutischen Darlegungen war ich meist sprachlos, die heftigen Gefühle waren wie weggefegt, und träumerische Empfindungen breiteten sich aus.

An der Seite des Bundespräsidenten trat ich in den Tempel der Weisheit ein, denn weil ich das Böse in mir bekämpft hatte (und darüber – wie Tamino – sprachlos geworden war), durfte auch ich an einem jener beglückenden Gesellschaftsabende in der Villa Hammerschmidt teilnehmen, zu denen sonst nur Hans Mayer, Martin Walser, Alexander Kluge oder Yehudi Menuhin geladen waren. Im Hintergrund sang ein Chor den traditionellen Begrüßungsgesang (Adagio C-Dur) aus der »Zauberflöte«: ›Wenn Tugend und Gerechtigkeit / Der Großen Pfad mit Ruhm bestreut, / dann ist die Erd' ein Himmelreich, / und Sterbliche den Göttern gleich.‹

Ich konnte nicht anders, als weiter gemessen zu schweigen. Aus Verzweiflung darüber, daß mir kein gescheites Wort mehr einfiel, wachte ich auf.

Inzwischen ist alles anders, denn Richard von Weizsäckers Bild beginnt zu verblassen. Wo ist er überhaupt, wo hält er sich auf? Sitzt er noch immer jeden Morgen in der morgendlichen Lagebesprechung im Empfangssaal der Villa Hammerschmidt unter dem Gobelin »Bewaldete Landschaft mit exotischen Vögeln und Blumen« und läßt sich von seinen Referenten die aktuelle Presselandschaft von den ›Flensburger Nachrichten‹ bis zum ›Südkurier‹ vorstellen? Und ist die Anstrengung, all dem ein Meinungsbild zu entnehmen, auf das man gefälligst zu antworten habe, nicht größer geworden?

Jedenfalls hat er sich seit den Herbstereignissen des vergangenen Jahres immer mehr zurückgezogen. All die schwere und drängende Politik, die jetzt verlangt wird, taugt nicht für ausschweifende Reden, die sich an einem festen Menschenbild orientieren. Waren diese großen Reden früher Resümees, die ganze Jahrzehnte zusammenfaßten und auf einen Nenner brachten, so muß Weizsäcker sich jetzt vor solchen Reden hüten. Denn sie sind ganz unmöglich geworden. Diese Gegenwart verträgt keine Überblicke, sie richtet sich jeden Tag in einer neuen Konstellation ein, und wer darüber sprechen will, der spricht in den Wind.

Natürlich hat Weizsäcker das bemerkt. Er hat sich vorläufig zurückgezogen, die großen Szenen der letzten Monate hat er vielleicht nur am Fernsehen mitbekommen. Wehmütig und stark irritiert wird er festgestellt haben, daß nun eine hochdramatische, ganz und gar politische Ära begonnen hat. Weizsäcker aber wollte in seinem Amt kein Politiker mehr sein, er wollte Sarastro sein, der weise Grandseigneur der »Zauberflöte«. Sarastro aber spricht nicht mehr über die Mühen der richtigen Wege, er schaut nur noch zu, wie sich die anderen mit diesen Mühen abquälen. Haben sie es dann aber geschafft, tritt er blitzschnell aus dem Versteck und erklärt ihnen in seinem hymnisch-ungenauen Ton, was sie soeben geleistet haben.

Diese Rolle könnte auch Weizsäckers Schicksal werden. Letztlich ist es eine Nebenrolle, eine Rolle fürs feierliche Ende, keine für die schwierige Arbeit, die dieses Ende vorbereitet.

Der historische Umbruch von 1989/90 rückt viele Akteure in ein grelles, von der Hochspannungspolitik entworfenes Licht. Dieses Licht ist ungerecht, es erfaßt nicht die gesamte Person, sondern es zerlegt sie auf ihre Haltung zu den deutschen Fragen hin. Als erste hat es die Schriftsteller getroffen, die verbrauchte Worte noch machen wollten, als die Entwicklung längst darüber hinweggegangen war. Inzwischen hat diese Dekouvrierung jedoch alle gesellschaftlichen Kreise erreicht. ›Wie hielt's du es mit dem DDR-Sozialismus?‹ – das ist die Grundfrage, und plötzlich stehen die Beschöniger, die sich gestern in den Honeckerschen Vorzimmern drängten oder heute noch so etwas wie den demokratischen Sozialismus verordnen wollen, demaskiert da.

Weizsäcker hat sich nicht in die Vorzimmer gedrängt, doch auch er wird von der Politisierung aller Lebensbereiche erfaßt: jetzt erscheint er als der letzte Präsident der alten Bundesrepublik, der Therapeut ihres Endes, der den saturiert gewordenen Westdeutschen die Vergangenheit erklären und ihnen vormachen durfte, wie man die Verbrechen der Nazi-Zeit vierzig Jahre nach ihrem Ende theoretisch und rhetorisch bewältigt. Daß sie damit aber noch keineswegs bewältigt *sind*, haben die letzten Monate bewiesen. Im Licht der Wiedervereinigung erhält die Vergangenheit erst ihr ganzes historisches Gewicht. Für die beiden Teilstaaten von früher war sie noch ein stillgelegtes Entsorgungsproblem, jetzt ist sie ein gewichtiger, mithandelnder Teil der Geschichte.

Irgendwo, mag sich Richard von Weizsäcker gedacht haben, irgendwo muß ich jetzt einmal etwas Deutliches, Klares, Entschiedenes sagen, etwas, das mit Praxis zu tun hat und mit dem Leben der Menschen. Mag ihr Humanum inzwischen auch sehr besetzt sein, wer nur schweigt, wird am Ende nicht mehr gehört werden, und wer nicht mehr gehört werden wird, den wird man gänzlich verschweigen.

Also hat er sich für Berlin als Hauptstadt erklärt. Es war kein einfacher Weg dorthin. Bonn, sagte Weizsäcker, war eine wundervolle Hauptstadt, genau richtig in der Vergangenheit; Frankfurt ist auch wundervoll, ganz zu schweigen von Köln, Stuttgart und München, überall dieser städtische Glanz, diese in sich stimmigen Entwicklungen! Und dennoch: Die Zukunft gehört Berlin!

Es ist klar, die wiedervereinigte Republik kann keine andere Hauptstadt haben als Berlin, darüber braucht man im Grunde gar nicht zu reden. Und doch klingt Weizsäckers Einsatz gerade in dieser Angelegenheit so, als habe er sich nicht über das Land Gedanken gemacht, sondern über die ästhetische Frage, wo der Empire-Schreibtisch der morgendlichen Lagebesprechung und der Gobelin mit der bewaldeten Landschaft in Zukunft besser zur Geltung kämen.

Lektüre

Erst jetzt bin ich auf ein Buch gestoßen, das so, wie ich es mir früher gewünscht habe, von den Erfahrungen der DDR-Bürger im zurückliegenden Jahr handelt. Der in Dresden lebende Schriftsteller Thomas Rosenlöcher, Jahrgang 1947, hat ein Tagebuch mit dem Titel »Die verkauften Pflastersteine« veröffentlicht, in dem er seine Reaktionen auf den politischen Umbruch von Anfang September 1989 bis zur ersten freien Wahl im März 1990 genau und konkret beschreibt.

Es ist ein sehr sympathisches Buch geworden, schlicht, mit einer feinen Spur von altsächsisch getöntem Humor, und man glaubt dem Autor die kauzige Freundlichkeit, mit der er den Leser noch vor der ersten Druckseite auf einem Foto begrüßt. Rosenlöcher unterläuft die großen Historien mit einem ungläubigen Staunen, all die wichtigen Ereignisse bekommen dadurch etwas von einer Farce, nirgends wird die Sprache pompös oder abstrakt, und die durchweg knappen Eintragungen vermitteln sehr glaubhaft den Charakter eines Protokolls.

Man legt dieses Buch schließlich beinahe erleichtert beiseite: so rührend einfach, so ehrlich und nirgendwo eitel kann ein DDR-Autor also auch über diese Szenen schreiben. Das ist mir lieber als all die verqueren und überspannten Essays, die in den letzten Monaten zu lesen waren, und außerdem vermittelt es etwas von authentischer DDR-Atmosphäre, die in all der Zeit noch nirgends so plastisch in Worte gefaßt wurde, ein trostloses Zeichen, wenn man die breiten Angebote der Medien betrachtet.

Doch dann beginnt dieses Tagebuch nachzuwirken, es schwitzt sich gleichsam in der Erinnerung aus. Einzelne Szenen gehen einem wieder durch den Kopf. Von Tag zu Tag verliert es etwas von seiner literarischen Würze und wird statt dessen zu einem Psychogramm. Man nimmt es noch einmal hervor, man seziert jetzt diese Eindrükke, man will dem Ungefähren des Buches auf den Grund kommen, und vor allem seiner Fremdheit.

Fremd stößt mir zunächst das untergründige Verlangen nach Ruhe, ja beinahe nach Schlaf, auf, das dieses Tagebuch durchzieht. Wie oft hat man den Eindruck, als wollte dieser Autor sich am liebsten unter eine meterdicke Bettdecke zurückziehen, um sich dort einer als wohltuend anvisierten Starre hinzugeben! Gewiß hat dieses Schlafverlangen manchmal auch beinahe komische, ins Spitzweghafte gekehrte Züge; andererseits scheint die meist noch sehr gegenwärtige Angst so etwas wie eine Dauermattigkeit verursacht zu haben, ein Sich-Einnisten im eigenen Mief, also die absolute Bedürfnislosigkeit. So gesehen, verlieren viele der sächsischen Koseortsnamen, all diese ›Zschachwitz‹ und ›Klotzsche‹ ihre putzige Harmlosigkeit. Plötzlich klingen sie wie Silben des Tiefschlafs und der jahrelangen Ergebenheit, wie Namen der Bestrafung.

Irritierend auch die Hinweise auf häufigen Besuch oder gar auf ›Dauerbesuch‹, die nach der Maueröffnung schlagartig verschwinden. Als habe dieses ununterbrochene Sich-Besuchen beinahe zwanghaften Charakter, als hingen diese Bekannten aneinander wie große Runden von Zeittotschlägern. Die vielgepriesene DDR-Solidarität als ein stickiger Reigen stillstehender Gespräche, als Dauertherapie der Selbstberuhigung. Konnte man das wirklich ertragen, ›Dauerbesuch‹, konnte man es ertragen, ohne sich als eingesperrt zu empfinden durch den Vorbeimarsch all dieser Gäste?

Diese Klagen über das eigene Land, seinen desaströsen Zustand, sein unerträgliches Phlegma: bei gleichzeitigem mildem und nachsichtigem Vorweisen dieses Phlegmas am eigenen Körper. Als erhalte das sonst alarmierend Kaputte beim Blick auf die eigenen Verhältnisse etwas von beschaulichem Trotz. Es ist aber ein Trotz, dem die Schärfe fehlt, das scharfe benennende Wort, die entschiedene Geste. Und so liest man diese Szenen, als mogelte sich da einer durch das Bitter-Triste seines Landes in eine idyllische Tristesse.

Zur Maueröffnung fällt diesem Autor dann eine Passage aus »Dornröschen« ein, von den wachgeküßten Tieren im Hof, den Tauben, die fortfliegen und den Hunden, die aufspringen. Zunächst liest man diesen Vergleich wie eine rührende Annäherung; beim zweiten Lesen ist er jedoch einfach schief. Die Maueröffnung hatte etwas vom Zauber der Erweckung, wie ihn das Märchen beschreibt, soviel stimmt; aber die Wachgeküßten waren nicht die Unschuldslämmer und die pur Einfältigen, die im Märchen mit dem Schwanz wedeln oder davonfliegen dürfen.

Die angeblich regelmäßig einsetzende Übelkeit beim Betreten von westlichen Kaufhäusern ..., ja, die versteht man. Und doch verstehe ich nicht, warum dieser Kaufhausekel in die große Konsumschelte münden muß. ›Konsum‹ – das ist jetzt ein dunkles Mahn- und Drohwort, und es hat in seinem Schlepptau den dicken Wortbrocken ›Kapitalismus‹, als sei der Konsum von vornherein schon Verrat und der Kapitalismus eine allgegenwärtige Versammlung von Verbrechern. Es ist der alte Tonfall, wie er hier in den späten sechziger Jahren zu hören war, ein falsches Romantisieren der Lebensansprüche, als lebte es sich richtig nur da, wo man das Korn einer biederen Gemeinschaft kaut.

Warum müssen sich Schriftsteller immerzu auch noch für die letzte Konsumlust schämen? Um immerzu nicht dazuzugehören?

Ach, mag sein, daß mich dieses Buch, das ich weiterhin sympathisch finden will, am Ende einfach gereizt hat. Daß ich dieses hoffnungslose Sich-Abfinden und das Vorweisen des ewigen Überrumpeltwerdens einfach nicht mehr ertrug. Daß ich diesen Autor gern einmal fortgeschickt hätte, ein Jahr lang fort, nach New York oder nach Tokio, bei absolutem Verbot von jeder Art ›Dauerbesuch‹ und bei Androhung eines mehrjährigen Aufenthaltes bei bloßer Nennung solcher Reizwörter wie ›Zschachwitz‹ und ›Klotzsche‹. Mag sein, daß mir sein niedlicher Keuschheitston schließlich zuviel wurde, weil er die alte DDR zuletzt doch noch mit einer Spur Erträglichkeit versah. Mag sein, daß mich seine Visionen vom gerade noch möglichen oder wie auch immer möglichen Sozialismus, die er in allen wirklich strittigen

Momenten aus der Tasche zog wie höchst brauchbare Ladenhüter, besonders abstießen.

Mag sein. Aber es bleibt dennoch ein Buch, in dem so etwas wie Mentalität sichtbar wird, auf entspannte Weise, in Schelmenform.

Ich vermute, daß dieser Autor sich in den kommenden Jahren mit großer Vorsicht durch den Westen schnuppern wird. Ich sehe ihn schon, wie er da von einem schweren Kissen aufs nächste rutscht. Und ich vermute, daß es ihn schließlich wieder nach ›Zschachwitz‹ zurücktreiben wird, unter die meterdicken Bettdecken. Wo er plötzlich, ganz unerwartet, von Heimweh durchströmt sein wird, von Heimweh nach den wenigen, unbrauchbaren, aber zeitlos wirkenden Dingen des früheren Lebens.

Unterwegs, September 1990

M. IST jetzt sechsundsiebzig Jahre alt. Sie hat sich eine kleine Reise gewünscht, nichts Aufwendiges, ich soll sie, wie sie es meistens nennt, nur etwas ›herumfahren‹, irgendwohin, zum Beispiel an den Niederrhein. Sie liebt diese Fahrten ohne genaues Ziel, die immer gut sind für Überraschungen, aber diesmal habe ich sie im Verdacht, mit unserer Tour noch mehr zu verbinden.

Denn M. spricht von der bevorstehenden Wiedervereinigung nur so, als könnte das alles unmöglich etwas Gutes bringen. Sie hat, wie sie sagt, ›kein gutes Gefühl‹, ja, noch mehr: M. fühlt sich bedroht. Und so spricht sie in dunklen Tönen immer wieder davon, daß jetzt etwas zu Ende gehe, wobei es sich anhört, als meinte sie mit diesem Ende den ganzen Frieden der letzten Jahrzehnte. All die raschen Entscheidungen, das hektische Tempo der Politik – das hat sie nur noch mehr in ihrer Meinung bestärkt, daß die Wiedervereinigung für Europa eine große Unruhe bringen wird. Und da sie keine Verwandte im anderen Teil Deutschlands hat, empfindet sie die in den Westen drängenden Menschen als ganz und gar Fremde.

Auch der Hinweis auf die gemeinsame frühere Geschichte hilft nicht viel; denn längst hat sich M. daran gewöhnt, Leipzig und Dresden für Städte hinter allen Bergen zu halten, die mit deutscher Geschichte kaum noch etwas zu tun haben. Und Berlin? Daß diese Stadt Hauptstadt werden könnte, ist für M. das deutlichste Signal jedweden Unglücks. Von 1939 bis fast zum Ende des Krieges hat sie in dieser Stadt gelebt. Sie ist nie wieder dort gewesen, nach 1945, sie wollte noch nicht einmal in die Nähe. Und so besteht sie auch diesmal darauf, daß wir westlich der Elbe bleiben. Die alte DDR will sie nicht sehen, der Niederrhein dagegen ist unverdächtiges Terrain, ganz im Westen, der letzte, hinterste Winkel der alten Republik.

›Fahren wir noch einmal hin‹, sagt M., und es hört sich an, als wollte sie sagen: ›Fahren wir zum letzten Mal hin, bevor das alles nicht mehr ist.‹

Xanten gefällt ihr. Schon die Fahrt durch das flache niederrheinische Tiefland beruhigt sie so, daß sie alle Interpretationen vergißt. Diese ins Weite gestreckten Wiesen, die langgezogenen, dunklen Pappelalleen, der Rhein, der hier manchmal unübersehbar breit ist und seine Ufer oft in der Helligkeit von Sand oder Wiese versteckt – das ist so still und wirkt so verborgen, als seien die Bewohner vor Jahrhunderten abgezogen, um die Landschaft sich selbst zu überlassen.

Manchmal halten wir einfach mitten in dieser wie mit breitem Pinsel entworfenen Szene, wir laufen eine der schmalen Landstraßen entlang, als könnten wir mit unseren Schritten etwas Leben hineinbringen in diese schimmernde Leere. Doch überall scheint sich nur der Himmel zu spiegeln, im feuchten Naß des Asphalts oder in den zu kleinen Bächen geronnenen Pfützen am Wegrand.

Erst als wir die Türme der Xantener Stiftskirche in der Ferne sehen, zwei mächtige Spitzen, glauben wir wieder an so etwas wie eine Begrenzung.

Und M. will den Hochaltar sehen, mit seinem Reliquienschrein aus dem 12. Jahrhundert, und den Marienaltar, mit der großen, stehenden Figur der Madonna und den üppigen Dornenranken aus der Wurzel des Jesse, ganz wie im Lied.

Am frühen Abend sitzen wir im römischen Amphitheater, wo gerade eine Führung stattfindet. Von hier aus, erzählt ein kleiner, schmächtiger Mann und stößt mit seinem Regenschirm in die Weite, aus der wir kamen, von hier aus brachen die Römer auf gegen die Germanen auf der anderen Seite des Rheins; von hier aus zogen sie unter Varus los, in den Teutoburger Wald, wo sie geschlagen wurden, endgültig.

Xanten aber liegt für M. noch nicht westlich genug. Sie will weiter am Rhein entlang, am liebsten würde sie diesen Rhein im Meer verschwinden sehen, wenn wir zu diesem Zweck nicht die Grenze nach Holland überqueren müßten. Das aber will M. nicht, sie will auf nichts Fremdes stoßen, es ist, als wollte sie sich festhalten gerade an den ältesten deutschen Geschichten.

Und so fahren wir nur noch weiter bis Kleve und Emmerich, wo der Rhein nahe der Grenze die Landschaft aufreißt wie eine gewaltige, breite Furche, und biegen dann ab in den Nordosten, ins Emsland, in die Bilder der dunklen Moorkanäle mit den dichten Birkenwäldern, auf langen Geraden ohne jede Ortschaft. Und wir folgen der Ems hinauf bis zum Meer, je länger wir fahren, um so mehr scheint man das Meer schon zu wittern, schließlich erscheinen die grünen Deichlandschaften, und wir steigen hinauf in den Wind, der den gepflasterten Höhendeichweg entlangfegt, und da ist die Weite vollkommen, die Wolken tauchen ein in das jetzt geglättete Silber des Wassers, und die Horizonte schmelzen zusammen zu vagen Radierungen.

Aber erst ganz oben, in Norddeich, nahe dem kleinen Hafen, wo die Fähren zu den Inseln aufbrechen, setzt M. sich auf eine Bank und schaut eine Stunde fast unbeweglich auf diese euphorisch machende Endlosigkeit.

Das zersiedelte Land vor der Küste, wo vor den neuen, scheunenartig geräumigen Backsteinhäusern auf schmalen Rasenstreifen die Utensilien des Fischfangs ausdekoriert sind, kleine, schwarze Anker vor frisch gestrichenen, aber längst ausrangierten Fangkuttern, ausgebleichte Netze, rote Bojen, irgendwo ins Gras eines Vorgartens verkeilt. Als reiche das Meer noch bis in diese sicheren Zonen und spüle bei Sturm all diese Teile an, die man ihm zu Ehren aufzubewahren, instandzusetzen und auszustellen habe auf den kleinen Altären der Hausfronten.

Wir fahren weiter nach Bremen, wo M. sich nicht lange aufhalten mag, Bremen ist keine Stadt der Landschaftsgeschichten, deshalb will sie rasch weiter, nach Worpswede, ins Teufelsmoor, wo ihr gleich alles recht ist, als sie die entlegene Dunkelheit der schmalen Kanäle gewahr wird, deren Ufer sich spiegeln in der lautlosen Stille des erst in der Ferne heller werdenden Graus. Die Wiesen scheinen auf einem fetten, in den feuchteren Bereichen durchsickernden Braun aufzuruhen, und das Braun wiederum scheint sich ganz zu verlieren in einer schwarzen Erdtiefe, aus der irgendwo diese Wasser aufsteigen mögen, silbrig schimmernde, erstarrt wirkende Adern, die aussehen, als seien sie unter diesem weiten Himmel in Sekunden erkaltet.

Worpswede wiederum ist für M. nicht zu ertragen, weder seine museale Gepflegtheit noch seine Tontöpfer-Stimmung, die sich einem aufdrängt, als wollten lauter Feierabendkünstler das Moorbraun der Wiesen irgendwann auslöschen in einem einzigen Worpsweder Braun, einer lehmigen, ununterscheidbaren Tunke, neben der alle anderen Farben verblassen.

Und so fahren wir endlich ganz in die Nacht, nein, nicht nach Bremen zurück, nein, nicht in diesem Teufelsmoor bleiben, sondern weiter, weiter, bis wir sehr spät erst Verden erreichen, Verden an der Aller, wo M. sagt: ›Hier haben die Sachsenherzöge regiert, und irgendwo, hier in der Nähe, hat Karl der Große über die Sachsen Gericht gehalten.‹

Von Verden will sie nach Hildesheim, in den uralten Bischofssitz mit den großen romanischen Kirchen, die der heilige Bernward erbauen ließ, Bernward, dessen Leben man in einer Handschrift des 12. Jahrhunderts, der »Vita Bernwardi«, beschrieb, die im großen Dom ausliegt: ›Und was soll ich erst sagen über seinen Eifer und Ehrgeiz, mit dem er unsere heilige Stadt und die Hauptkirche berühmt machte? Sich selbst und alles, was er haben konnte, hätte er am liebsten für sie dahingegeben. Das bezeugen seine Werke, die auch in Zukunft von dem frommen Wirken dieses Mannes deutlich genug erzählen werden.‹

Er war der Lehrer Ottos III., um 1000 zog er nach Rom, um dort Kaiser und Papst aufzusuchen.

M. will die großen Bronzetüren des Doms sehen, die Bernward nach dem Vorbild der Holztüren der römischen Kirche S. Sabina anfertigen ließ, und die Bronzesäule, die an Roms Trajanssäule erinnert. Und sie will an sein Grab, in der Krypta von St. Michael, wo der einfache Sarkophag mit Flammen und Engelsköpfen eine Inschrift enthält: ›Ich, eines Menschen Rest, war Bernward …‹

Am Abend gehen wir über den Kehrwiederwall, und M. erzählt davon, daß sie sich in der Kindheit vorgestellt habe, hier in Hildesheim sei das Herz und die Seele des alten und dunklen Deutschland gewesen, des ottonischen; Bernward aber sei die Klugheit dieses Reiches gewesen, eine frühe, strahlende Klugheit, und der Urheber seiner einzigartigen Kunst.

Am nächsten Morgen will sie nach Hause zurück. Sie ist glücklich, sie hat viel gesehen und das Beste am Ende. ›Eins hat sich ins andre gefügt‹, sagte sie zum Schluß, und das klingt, als habe ein alter Zauber noch einmal gewirkt. Von der Gegenwart ist längst nicht mehr die Rede.

Auf dem Rückweg möchte sie noch zu meinen Kindheitsplätzen, nach Wuppertal, wo ich in die Volksschule ging, und, ganz am Ende, natürlich nach Köln. Und plötzlich habe ich sie wieder im Verdacht, mit dieser Reise viel mehr zu verbinden, aber ich sage nichts, sondern wir fahren auf Wuppertal zu und stehen dann vor dem frisch gestrichenen Mietshaus mit dem weiten Balkonblick hinab auf die Stadt. Und ich sehe den Garten mit den dicken Stümpfen der hohen Pappeln, unter denen ich spielte, vor dreißig Jahren, und klettere, wie von einem stechenden, ziehenden Heimweh getrieben, über den Zaun, wo ich, völlig unerwartet, mit einem Bein in einem Sandkasten lande, dem alten Sandkasten der frühsten Kindertage, dessen Bretter regenwarm sind und glatt, als seien es noch die alten Bretter, auf denen ich als Winzling gesessen habe.

Schräg gegenüber beginnt der Wald, da will ich noch hin, ich sehe das dichte Buschwerk, das ihn zur Straße hin abschirmt, doch dann ist da der schmale, durchgetretene Pfad, der einen kleinen Schlupfwinkel aufreißt. Und es ist, als schlüpfte ich, tief, tiefer den Kopf, den Boden entlangschnüffelnd, hinein in den ältesten Raum meiner Kindheit, den von außen nicht einsehbaren Spielplatz, die Zone des ersten Alleinseins.

In Köln sind wir nach Nippes gefahren, in den Norden der Stadt. Sie wollte mir noch einmal das Haus zeigen, in dem die Familie wohnte, in den Tagen meiner Geburt Anfang der fünfziger Jahre. Es liegt an einem großen, ovalen, von schönen Mietshäusern eingekreisten Platz. Plötzlich spricht sie Kölsch, den alten Singsang, unerwartet, sie merkt es selbst nicht: ›Dat es he en schöne Jäjend, jäjenüvver dem Rhing ...‹ – und als ich sie darauf anspreche, erschrickt sie, als hätte sie etwas verraten.

Dann aber geht unten die Hoftür auf, eine junge Frau kommt heraus, und ich bitte sie darum, uns in den Innenhof zu lassen, für ein paar Minuten. Und wir gehen hinein und stehen am Ende dieser Reise eine ganze Zeitlang stumm da, nebeneinander, mit dem Blick auf die Fenster der Wohnung, stumm, Mutter und Kind.

Berlin, 3. Oktober 1990

IN DER Nacht der Wiedervereinigung vor dem Reichstagsgebäude. Es ist ein seltsames Warten, stundenlang, ohne daß die große, sich ununterbrochen erweiternde Menge ungeduldig würde. Dabei stehen alle sehr dicht gedrängt, und auf der Leinwand brechen die Bilder von Kurt Masur, der gerade Beethovens Neunte dirigiert, immer wieder zusammen, als sei das alles zuviel oder auch unnötig.

Käme ein Fremder hinzu, der nichts von den Umständen wüßte, er könnte sich das Ausharren dieser Menge nicht erklären. Am ehesten mag er noch annehmen, alle warteten auf ein Konzert, während die vielen Fahnen an eine Sportveranstaltung erinnern. Es gibt aber keine Sprechchöre, nichts, die Menge hat sich in der Dunkelheit des großen Platzes vor dem angestrahlten Reichstag festgepflanzt, als erwartete sie eine Erscheinung, vorhergesagt, aber unbekannt.

Erst kurz vor Mitternacht sieht man im Scheinwerferlicht die bekannten Gestalten. Sie schieben sich vor dem gelbbraunen Steinkoloß zu einem Bild zusammen, einer Art Riege, die von den einsetzenden Rufen gehalten wird, zu winken und sich erfreut, ja begeistert zu zeigen. Helmut Kohl, Hans-Dietrich Genscher und Willy Brandt – aus ihnen besteht die Mitte der Mannschaft, die sich nach außen in unüberschaubare Pulks verliert. Ah, jetzt winken sie wirklich, ein Medaillenwinken, zufrieden, mit der gelassenen Sicherheit derer, die den Pokal nun doch noch geholt haben.

Die Menge jubelt zurück, aber so, als feierte sie auch ein wenig sich selbst.

Dann schlägt es Zwölf, und diese Glockenschläge, dumpf, trocken, ohne Nachhall, lassen alle für einen Augenblick lang erschrecken: Was ist das? Was geschieht? Jeder will es sich vorstellen, aber dann ist der Klang schon verebbt, und der Bundespräsident spricht die beruhigenden Worte, die alles gleich wieder weit wegrükken.

Sekt, überall Sekt und Champagner, jetzt ist Silvester, eine gewisse Erleichterung, daß man den Ritus des feierlichen Sekundenzählens um Mitternacht endlich hinter sich hat.

Und die Menge gibt nach, sie will sich vereinen mit der winkenden Riege, die jetzt vor Ergriffenheit schwankt. Von hinten, aus der Dunkelheit des weiten Platzes, drückt alles nach vorn und die fahnendurchruderte Flut bricht durch die Absperrungen zum Reichstag durch.

Aber es ist schon vorbei. Die Mannschaft oben zieht sich zurück, und alles verteilt sich in die leere Kühle der nahen Anlagen. In Scharen zieht man davon, still, irritiert, weite Wege, bis man, irgendwo plötzlich erwachend, altes Terrain wiedererkennt.

Nach der nächtlichen Volkszeremonie am nächsten Morgen der offizielle Staatsakt. Man wird so oft kontrolliert, daß man seine Karte bald schon freiwillig dem Nächstbesten vorweist, der sie überhaupt nicht sehen will. Es ist ein sonniger, angenehmer, fast warmer Tag, auf dem Kurfürstendamm waren schon in der Früh die Straßencafés gut besetzt.

Hier aber, im Innern der Philharmonie, schlägt diese Wärme plötzlich in eine dichte, atemlos machende Schwüle um, die noch dadurch verstärkt wird, daß man sich unter lauter schwarzen Anzügen bewegt. Der hochrote Kopf von Hans-Jochen Vogel, die weit aufgerissenen Augen von Wolfgang Thierse – von solchen Sekundenbildern wird man in die Zange genommen und eilt zu seinem Platz.

Ein Sich-Verneigen, ein Sich-Verbeugen, die Vision eines Familienfestes, als feierte man hier eine Taufe. Überall gute Laune und jener Humor, der sich sonst nur am späten Abend durchsetzt. Der Herr Bundespräsident! Lachend begleitet er sich selbst in die vorderste Reihe, von allen Seiten die besten Pointen auflesend. Der Herr Bundeskanzler! Er erscheint ein wenig später, unerwartet ernst, mit jenem staatsmännischen Blick, der bei solchen Anlässen oft etwas Weiches bekommt. Und die Ministerpräsidenten der Länder, freudig gestimmte, von der üblichen Erregung getriebene ältere Knaben, von denen die meisten etwas Breites und Porträthaftes haben, als verkörperten sie hier gleich halb Nordrhein-Westfalen oder Eifel und Hunsrück hoch zum Quadrat!

Musik, schwere Musik. Und man glaubt, daß die Türen sich noch einmal öffnen, um die leichten Launen hinausziehen zu lassen. Und man meint, die draußen in den Foyers aufgestaute Schwüle einfallen zu spüren. Und dann ist die volle Feierlichkeit da, keine Taufe, keine Hochzeit, sondern so etwas wie eine Firmung, das Herabflehen des guten Geists der Geschichte auf das vereinte, das nun endlich vereinte, das gegenwärtig in Frieden vereinte Volk. Land. Das souverän gewordene Land. Volk. Das in Frieden und Freiheit gleichsam völlig unauffällig und doch revolutionär zu sich selbst gekommene LandVolk.

Musik, schwere Musik. Dann ist es endlich vorbei.

Unten im Foyer aber stehen jetzt vollkommen folkloristisch gekleidete junge Mecklenburgerinnen hinter ihren ebenso folkloristisch drapierten Ständen mit Mecklenburger Wurst und Schinken, und die bezaubernden jungen Spreewäldlerinnen bieten Spreewaldgurken an, und es gibt Krabben und Lachs von den jungen Fischersfrauen aus Husum, und den scharfen Rettich aus Bayern, und so eilt man, durch die mannshoch geballte Schwüle, von Stand zu Stand, trinkend, essend, ah, der Herr Ministerpräsident, ah, der Herr Bundesratsdirigent, ah, der Nasoetwas, der also auch, eilt, essend, trinkend, durch das ganze, sich mit diesen Schritten vollständig zum Schlaraffenland verklärende Vereinte Demokratenreich, nie hat man geahnt, daß man in einem so schönen Land zu Hause, zu Hause, zu Hause, jetzt, wir sind.

Das ist die eigentliche Überraschung dieses Pfingsttages, dieses Untergrundfoyer der Politik, all diese regionalen Küchen, und die urgesund dreinschauenden Mitbürgerinnen mit den Bocksbeuteln, die einen mit ihrem Lachen verfolgen, als sollte man sich bei ihnen einhängen, gleich.

Und so stößt man an, zum wievielten Mal, und gibt der erstbesten Vereinten aus den thüringischen Ländern einen Kuß, daß alle schauen, und, einmal angefangen, küßt man sich durch die Regionen, bis weit, weit hinauf, bis nach Flensburg und Rügen, bis Hiddensee, bis in die letzten Winkel des Landes.

Der Nachmittag gehört endgültig dem Osten Berlins und niemandem als dem Osten. Und es gibt keine Entschuldigungen mehr, und es will auch niemand von uns Freunden jetzt gleich wieder in den Westen zurück, aus fadenscheinigen Gründen. Vielmehr nehmen wir an den östlichen Jahrmärkten gleich östlich des Brandenburger Tores teil und unterhalten uns mit der überwältigten Masse des jetzt mit uns vereinten Ostens, das Einzelschicksal gebührend würdigend und sachlich einordnend.

Es gibt Bier, die Verhältnisse haben sich zu einer schlichten Kirmes entspannt, da können wir mal hineinlauschen, denn das erinnert uns an irgend etwas von früher.

Am frühen Abend bemerke ich einen auffälligen Strom von Menschen, der zur St. Hedwigs-Kathedrale zieht, dort beginnt jetzt ein Gottesdienst, ein katholischer, und da das noch viel stärker an irgend etwas von früher erinnert, lasse ich mich mit hineinziehen und sitze dann unter den Gläubigen, zu denen ein großer Chor singt und ein Apostolischer Nuntius spricht, weiter alles in diesem Vereinigungstonfall, der nichts, aber auch rein gar nichts beschwört.

Schließlich, jetzt ist Abend, jetzt ist auch das wohl zu Ende, als dem betenden Volke erlaubt wird, endlich einmal selbst zu singen, die einfachste Weise, das an diesem Tag überhaupt nur einfachste Denkbare, unisono, ein Lied des großen Paul Gerhardt, mit dem alles da ist, die Kindheit, ja auch, der Trotz gegen das Furchtbare, Kalte der letzten Jahrzehnte, und die verdammte, heutige Hoffnung.

Dieses Lied hat vier Strophen, und man singt es vor dem Hinausgehen.

Nun danket all und bringet Ehr,
ihr Menschen in der Welt,
dem, dessen Lob der Engel Heer
im Himmel stets vermeldt!

Ermuntert euch und singt mit Schall
Gott, unserem höchsten Gut,
der seine Wunder überall
und große Dinge tut!

Inzwischen ist es aber aus mit der Fassung. Herr, hilf! Warum mußtest Du einen auch mit diesem Uraltlied überraschen, und warum hast Du neben mich diese hemmungslos weinende Frau hingestellt, der das Taschentuch fehlt, so daß ich mein Taschentuch herauswinden muß, um es ihr in die Hand zu drücken, worüber sie so erschrickt, daß sie das Weinen aufgibt und singt, worüber nun wiederum mir die Tränen kommen, vor lauter Taschentuchwringen.

Er gebe uns ein fröhlich Herz,
erfrische Geist und Sinn,
und werf all Angst, Furcht, Sorg und Schmerz
in Meerestiefen hin!

Er lasse seinen Frieden ruhn
auf unserm Volk und Land;
er gebe Glück zu unserem Tun
und Heil zu allem Stand!

Dann gibst du deiner Nachbarin noch einmal die Hand, und ihr geht hinaus.

Draußen fragen dich die Freunde, wie es war. Und du kannst es nicht sagen. Du setzt dich hin und verlierst das Lied nicht mehr aus dem Kopf.

Und noch in der Nacht, als du dich auf deinen einsamen Nachhauseweg in den Westen machst, zu Fuß, weil du dich jetzt nicht in einen Bus quetschen willst und erst recht in kein Taxi, hast du deine helle Freude an diesen Strophen Paul Gerhardts, vor allem aber an der dritten, diesem ›gebe uns ein fröhlich Herz‹ und mehr noch dem ›erfrische Geist und Sinn‹ und erst recht an ›all Angst, Furcht, Sorg und Schmerz, in Meerestiefen hin‹. ›In Meerestiefen‹, genau, dafür könntest du jetzt auch Paul Gerhardt küssen, wegen dieses lyrisch gewaltigen Bildes. Aber heute hast du ja deine Stimme, am Ende des Gottesdienstes hast du sie herausgelassen, so laut, daß es dich selber erschreckte, aber dann konntest du sie nicht wieder zurücknehmen, ohne daß so etwas als ein Beigeben ausgelegt worden wäre. Und warum denn auch beigeben? Jetzt nur weiter mit dieser Stimme, den halben Weg, durch die Stadt: ›und werf all Angst, Furcht, Sorg und Schmerz, in Meerestiefen hin.‹

Um Mitternacht erreicht er sein Quartier in der Nähe des Kurfürstendamms, zuletzt kommt er noch am ›Kempinski‹ vorbei. Auch das Foyer des ›Kempinski‹ strahlt noch wie der erleuchtete Reichstag, und wie in den Fenstern des Reichstags huschen die dunkel gekleideten Herren auch hier hin und her.

Er will noch einen Nightcap nehmen, ein Glas Whisky, jetzt, ganz zum Schluß, unter den dunkel gekleideten Herren. Er irrt einen Moment noch herum, hier ist abgesperrt, dort, dann findet er plötzlich doch einen Platz an einer Bar, ganz überraschend, ja, er ist sogar der einzige Gast an der Bar.

Doch als er sich nach dem Kellner umwendet, steht vor ihm der Bundeskanzler. ›Wo kommen Sie denn her?‹ fragt Helmut Kohl, freundlich und weich, wie es in den späten Nachtstunden so seine Art ist.

Und er antwortet, da ihn Helmut Kohl anscheinend im aufgeschreckten Unterbewußtsein noch immer an Mainz erinnert, wo er ihn früher häufig gesehen, in den Altstadtgassen der Stadt, als Ministerpräsident, Pfeife rauchend, mit jenem unruhigen Blick, der zugab, noch nicht auf dem richtigen Gesellschaftsplatz angekommen zu sein: ›Ich komme aus Mainz!‹

Da schaut ihn der Kanzler so an, als käme auch ihm jetzt die Erinnerung. Und er bestellt zwei Gläser ›Deinhard Rosé‹, und die trinken sie dann, auf Mainz, auf Paul Gerhardt, auf die tiefsten, fernsten Meerestiefen!

Freiburg, November 1990

AUTORENTREFFEN IN Freiburg. Im Rathaus drängen sich die Neugierigen, die die frischen und auf den Zeitpunkt zugeschnittenen Texte hören wollen. Jetzt, sagt einer, sind die Schriftsteller in der Pflicht, und das klingt drohend, mit einem weniger badischen als schwäbischen Unterton.

Aber die meisten Schriftsteller lesen aus ihren Arbeiten von gestern, aus Romanen und Erzählungen, für die sie viel Zeit brauchten und die sie auch wegen eines noch so historisch-dramatischen Jahres nicht einfach fortlegen wollen. Nur in den Diskussionen nutzen sie die Gelegenheit, dieses Jahr zu umkreisen. Vielen hat das aber auch gar nicht gefallen, dieses Tempo und all diese vordergründige, nicht nachlassende Politik. So ist von zwei Zeiten die Rede: vom Tempo des Romanschreibens und dem des Politikmachens. Und stolz sagt einer: beides hat nichts miteinander zu tun!

Zu solchen Trotzbehauptungen schweigt das Publikum. Es beginnt, seine Schriftsteller aus der Distanz zu beäugen. Und je mehr man das spürt, um so häufiger eilt man hinaus, aus dem ehrwürdigen Rathaus von Freiburg, wo die Texte von gestern nach Luft ringen.

Am späten Abend, nach einer dieser wunderbaren badischen Mahlzeiten, nimmt mich einer der Organisatoren für einen Augenblick beiseite. Ich habe ihren »Schwerenöter« gelesen, sagt er leise, als gestände er mir etwas Unanständiges, das ist ein Roman, der mir gefallen hat! Die Zeitgeschichte und das Private! So habe ich das noch nie gelesen!

Was soll ich sagen? Ich weiß, daß er etwas im Schilde führt, sonst hätte er sich nicht die Mühe dieses Lobs gemacht. Am besten, ich nicke nur stumm, wie ein Beichtvater, der die ausgeplauderten Sünden des Beichtkindes gelassen anhört.

Sie haben doch sicher was Neues auf der Platte, sagt mein Gegenüber und sieht mich plötzlich sehr direkt an. Wieder etwas Zeithistorisches und ganz Privates, die Fortsetzung vom »Schwerenöter«, etwas über die Wiedervereinigung, hab ich recht?

Wieder fällt mir nichts dazu ein. Ich will ihm jetzt nicht widersprechen, so stellt er sich eben das Literaturmachen vor, eine einzige Orgie in Zeitgeschichte und Privatem, ein Arbeiten in Fortsetzungen, unermüdlich am Ball.

Tja, sage ich, und ich sehe, wie er mir gegenüber auf seinem Platz wächst, als sei das Beichtkind schon von seinen Sünden losgesprochen, tja, Sie haben recht, das beschäftigt mich alles sehr, aber es soll noch eine Weile mein Geheimnis bleiben.

Er starrt mich an, und es beunruhigt mich, daß ich nicht weiß, was er denkt. Ein Geheimnis! Vielleicht hält er mich dieser Formulierung wegen für einen schlimmen Wichtigtuer, was mir gar nicht recht wäre. Oder er beginnt, sich jetzt unter diesem Wort allerhand vorzustellen, einen Roman von Tausenden von Seiten. Auch das wäre mir gar nicht recht.

Und so beuge ich mich zum Schluß dieses Geflüsters noch ein letztes Mal vor, als spräche nun ich zu einem Beichtvater, den es gilt, gnädig zu stimmen: ›Ich denke an keine Fortsetzung, ich denke an etwas ganz Neues‹!

Auf diese Worte hin lehnt er sich zurück und schaut mich lächelnd an. Er lächelt in sich hinein, und ich spüre, wie dieses taxierende Lächeln sich ›ahndungsvoll‹ gibt.

Stuttgart, Gartenhaus

Von meinen Freunden, die vor etwas mehr als einem Jahr die ›Politik‹ wiederentdeckten, haben viele den momentanen Aufschwung schnell wieder vergessen. Damals glaubten sie an eine ›Politik‹ des Ostens, an so etwas wie eine elementare Bürgerbewegung, die auch den Westen verändern müßte, um hier ... – was? das große Irgendwas ... durchzusetzen.

Je mehr sich aber alles auf die Wiedervereinigung zubewegte, um so mehr schworen sie diesen Sehnsüchten ab, um sich dann immer stärker einer völlig unerhofften und wahrhaftig merkwürdigen Ersatz-Sehnsucht hinzugeben. Diese Sehnsucht nämlich ist eine nach dem Westen, nach all den schönen Jahrzehnten westlicher Republik, die nun zu Ende zu gehen drohen.

Plötzlich schwärmen meine Freunde von einem Land, in dem sie noch vor Jahren nicht einmal leben wollten, sie entwickeln eine nostalgische Gier nach diesem untergehenden Paradies, und sie tun so, als raubte die Wiedervereinigung ihnen die Freiheit, die sie in langen Jahren auf irgendwelchen imaginären Schlachtfeldern erstritten haben.

Die alte Bundesrepublik, sagen meine Freunde (und es hört sich an, als sprächen sie von einer herzensguten Mama), die alte Bundesrepublik war weltoffen, liberal, ein guter Bündnispartner des Westens. Durch die Wiedervereinigung wird sie von östlicher Seite unterwandert. Langsam wird die ganze Weltoffenheit sich verabschieden, mitsamt ihren farbenprächtigen, westlichen

Tupfern; das vereinigte Deutschland wird ein bitterfeldgraues Gesicht zeigen, und hinter dieser trostlosen Fassade wird sich etwas Uraltes, Muffiges regen, etwas im alten Westen längst Überholtes. Meine Freunde fürchten sich aber nicht vor dem Osten. Insgeheim verachten sie ihn jetzt eher, weil er sich direkt und unangenehm persönlich aufdrängt. Sie hatten mit einer friedlichen Bürgerbewegung gerechnet, mit einem Volk, das sich idealistisch und bescheiden verhält; jetzt aber haben sie es mit einem anderen Volk zu tun, einem Volk, das dem Westen nicht seine Ruhe läßt und an die gemeinsame Vorgeschichte erinnert.

Genau an diese Vorgeschichte aber wollen meine Freunde nicht denken, sie haben sie einfach verdrängt. Alles, was sie erinnern, beginnt vielmehr erst mit dem Frieden, in der Ära nach Hitler, als Westen und Osten übersichtlich getrennt wurden. Meinen Freunden wäre es am liebsten, es gäbe solche Trennungen noch, zwei Deutschländer, das eine westlich, aufgeklärt, reich, das andere auf dem steten Wege der Besserung, östlich, demokratisch-sozialistisch und arm.

Mit solchen Gegensätzen könnten sie sich abfinden, sie würden ihr historisches Träumen beflügeln. Der östliche Teil wäre das Phantom einer Sehnsucht, und der westliche wäre das bequeme Bett des Realen, garantiert uneinnehmbar, mit Federkern.

Nein, ich verstehe diese Freunde nicht. Noch vor Jahren haben sie keine Gelegenheit ausgelassen, ihre alte Bundesrepublik wie einen Hort der Knechtschaft zu schmähen. Damals taten sie so, als lebten sie in einem grauen und unfreundlichen Land, das die Demokratie nur dem Hörensagen zufolge verwirklicht hatte. Laufend hatten sie an diesem Land etwas auszusetzen. Mal war es ihnen zu amerikanisch, mal zu häßlich deutsch, eine Enklave von in die Irre geleiteten Fremdgängern, die sich laufend woandershin wünschten. Aus dem Rückblick von heute aber hat diese früher verdammte Bundesrepublik so etwas wie Patina angesetzt. Meine Freunde bringen diese Patina mit sogenannten westlichen Werten in Verbindung; in Wahrheit jedoch handelt es sich um eine Art Möchtegerngenesung, um die Zeit einer ungestörten Rekonvaleszenz ohne Einbeziehung des Partners, um einen verfrühten Rentnerstatus ohne Begleichung der zur Rente berechtigenden Beiträge.

Irgendwie hatten sich meine Freunde auf den ewigen Frieden eingerichtet. Sie hatten aber an einen faulen Frieden gedacht, an eine Art Sanatoriumsfrieden, bei dem die Wunden genesen, ohne daß man noch länger erwähnt, wie sie entstanden sind.

All dieses nostalgische Sehnsüchteln nach der alten Republik wird auch noch mehr und mehr von den kindischsten Verlustängsten begleitet. Mit einem Mal fürchten meine Freunde, von einem auf den andern Tag zu verarmen. Die Formen dieser rohen Verarmung sind, wie es in den Komödien Carl Sternheims heißt, ›mannigfaltig‹.

So wäre leicht denkbar, daß die allesamt gut geratenen und auf die Werte des Westens eingeschworenen Kinder meiner Freunde mit den aus dem Osten einbrechenden Horden um eine Lehrstelle oder einen Studienplatz zu kämpfen hätten. Denkbar wäre auch, daß die für die Zukunft vorhersehbare Unterstützung der östlichen Wirtschaftszweige meine Freunde zwingen könnte, auf einige ihrer zahlreichen, die Werte des Westens beschwörenden Gartenparties zu verzichten.

Am schlimmsten aber scheint der drohende Kulturverfall meinen Freunden zuzusetzen. Denn die Menschenlawine, die da aus dem Osten in ihre gesicherten Wohnbezirke eindringen wird, könnte sich, den Ahnungen meiner Freunde zufolge, als so primitiv und roh erweisen, daß der mit den Jahrzehnten im Westen in ungeahnte Höhen geschraubte kulturelle Standard allmählich zusammenbrechen wird.

In den Schulen wird man aufhören, das klassische Englisch zu pflegen; im Radio wird man uns mit russischer Chormusik langweilen; die Fernsehsendungen werden voll sein von sächsisch nuschelnden Moderatoren, und in den Fußballstadien wird Dynamo Dingsbums über Schalke 04 triumphieren.

So befürchten meine Freunde mehr als eine Verelendung. Sie bangen darum, ins Abseits gedrängt zu werden, sie wollen weiter ihren Feiertagsplatz einnehmen, ganz vorn, in den ersten Reihen der Welt, mit dem leicht verfügbaren Kleingeld, das die hinteren Reihen noch ein paar Jährchen zufriedenstellt.

Erst die Wiedervereinigung hat bei vielen gutsituierten Westbürgern die epidemische Beschwörung jener Krankheit ausbrechen lassen, der sie früher jahrelang zu entkommen suchten: ›Identität!‹

Plötzlich haben uns die vielen amerikanischen Einflüsse, die früher der Anlaß allgegenwärtigen Selbsthasses waren, sehr gut getan, plötzlich hat die deutsch-französische Freundschaft, um die sich sonst nur ein paar elende Politchargen kümmerten, unsere nationalen Begierden gedämpft, ganz zu schweigen von der wohltuenden, gar nicht in Worte zu fassenden Durchdringung unserer jetzt ›Heimat‹ genannten Gefilde mit ausländischer Gastronomie, die uns den Glauben ließ, auch an einem x-beliebigen Samstagabend auf Mykonos einkehren zu können!

All das suggeriert meinen Freunden ein dumpfes Gefühl, all das könnte bald vorbei sein. Sie schauen in eine Zukunft, in der ihre Heimatstädte verödeten Westernorten gleichen, wo die knarrenden Saloontüren im Wind hin und her schlagen und irgendwo aus einem Fenster noch eine Gardine weht. Und sie sehen sich, wie sie, ohne Pferd, Hab und Gut, nur noch die alten Lieder auf den Lippen, durch den Staub schleichen, voller Erinnerungen an die Zeit, als noch etwas los war und man noch »Cabaret« spielte.

Fellbach bei Stuttgart, November 1990

Wolfgang Hilbig liest. Der schwere Körper, in den er sich manchmal für Stunden verkriecht, lauert jetzt hinter dem Text; die Augen buchstabieren die Seiten entlang, und die Brust hebt und senkt sich unter den Satzrhythmen wie unter bedrückenden Gewichten. Er preßt die Worte einzeln heraus, er stößt sie von sich weg, in den Saal, als müßte er sie in Reih und Glied herbeibeordern und aufmarschieren lassen gegen den unsichtbaren Feind. Immer fester hält er die windigen Bögen, von denen er abliest, schon drücken die Fingerkuppen sich durch, dieses Lesen macht den Eindruck von Arbeit, als gelte es, alle Organe zu wecken oder zu mobilisieren. Jetzt sollte eine Fee vorbeihuschen, ihm die breite Stirn zu tupfen, oder zwei beinahe unsichtbare Knaben sollten bereitstehn, ihm Luft zuzufächeln. Doch er zwingt all diese Sätze durch seinen Körper hindurch, am Ende hat dieser Körper sie leidlich verdaut, rabiat und gefräßig.

Hilbig hat die alte DDR beschrieben wie kein anderer. Wenn sich später jemand an dieses untergegangene Land erinnern will, so wird er es am ehesten in seinen Texten wiederfinden. Begonnen hat er Mitte der sechziger Jahre mit Gedichten (»ihr habt mir ein haus gebaut / laßt mich ein andres anfangen«) und kurzen Prosatexten, die allesamt den Eindruck von Fragmenten und Versuchen machen. Sie sind von einem merkwürdigen Stillstand geprägt, von einem Auf-der-Stelle-Suchen, von einem unablässigen Schauen nach einem Anfang. Vor diesem Anfang aber entstehen meist ganze Gehege sperriger, kreisender Rede, es ist, als schaufelte sich einer erst frei, um Luft zu bekommen. Aber auch, wenn diese Luftzufuhr gelingt, wenn die Rede in Gang kommt und der lange beschworene Rhythmus der Sätze sich einstellt, will die Erzählung doch nicht voran. Denn sie ist süchtig nach Bildern, und so malt sie unermüdlich eine Folge von trunken verzerrten Akten, vergleichbar den Interieurs von Francis Bacon, Porträts in grauschweren, abgedunkelten Räumen, Stilleben verwesenden Fleischs.

Früher, sagt eine Zuhörerin nach der Lesung, früher haben wir Ihre Texte für Phantastik gehalten, all diese düsteren und geballten Stimmungen, all diese elenden Zufluchtsorte und die ewig bedrückende, matte, giftige Luft. Jetzt aber, Herr Hilbig, jetzt wissen wir, daß Sie ein realistischer Autor sind. Hilbig schaut zurück und lächelt. Er hat seine Freude an diesen Bonmots, aber nichts verführt ihn dazu, auf so etwas zu antworten.

Ich kenne keinen zweiten Autor solchen Rangs, der in der privaten Begegnung derart unbeweglich und stumm ist. Man versteht dieses Gepreßte seiner Haltung jedoch nicht als boshaft oder als eitel, sondern begreift, daß es ihm wahrhaftig sehr schwer fällt, sich von den nächstbesten Sätzen zu trennen. So kommt es mit ihm auch nicht zum üblichen Gespräch, denn er fügt sich nicht in das Spiel von Frage und Antwort. Vielmehr läßt er die Rede seines Gegenübers an sich vorbeiziehen, er wartet lange, bis er ihn mit ein paar mühsamen, gedehnten Sätzen belohnt.

Ich glaube, diese Haltung ist eine Folge seiner schriftlichen Anstrengungen. Denn das Schreiben und die Schrift – sie haben ihn jahrzehntelang erzogen und aus diesem unkoordinierten und schwer zu beherrschenden Körper einen einzigen Sprachkörper gemacht, dem man am Ende nur noch den Alkohol abgewöhnen mußte, damit er ein klangreines Instrument wurde.

Jetzt kann er nicht mehr trennen zwischen dem schriftlichen, in langer Arbeit herauspräparierten Text und der mündlichen Rede, die sich freier entfalten müßte. Er unterwirft sein Sprechen der Schrift, er wartet, bis seine Texte sich fortsetzen in seinem Leib, dann würgt er sie, brockenhaft und verkürzt, heraus, mit begleitenden Gesten, die andeuten, daß er diese Worte schon wieder vernichtet und ausstreicht.

Dieses Hin und Her zwischen Sprechen und Schweigen, eine unablässige Anstrengung, in die sein Gegenüber hineingezogen wird, so daß man bald selbst beginnt, das eigene Reden zu ordnen und allmählich zu bremsen, dieses Hin und Her irritiert viele Zuhörer und besonders Zuhörerinnen so sehr, daß sie beginnen, nach seinem Geheimnis zu suchen. Irgend etwas muß dieser schwere Mann, der so ungeheure Texte schreibt und dennoch so beharrlich schweigt, als könnte jeder Satz diese Texte nur verraten, doch verbergen! Langsam rücken sie in seine Nähe, sie streichen ihm über den Kopf, sie flüstern ihm etwas ins Ohr, sie locken ihn, wie man prächtige und exotische Vögel lockt, die in seltenen Augenblicken ein dunkles Wörtchen ausplaudern oder plötzlich auffliegen, ohne daß man sie je wieder zu sehen bekäme. Hilbig aber erstarrt. Er zieht die Schultern hoch zu den Ohren, den Kopf läßt er versinken, bis der Mund hinabgesunken ist auf die Brust, wo er sich eintätowiert, als Meduse.

Vor beinahe zehn Jahren sah ich ihn zum ersten Mal. Er wohnte damals noch im Osten Berlins, in einer kleinen, zugestellten Wohnung, an die mich später oft seine Texte erinnerten, die in solchen Wohnungen spielten. Er hatte gerade seinen ersten Lyrikband im Westen veröffentlicht, in der DDR durfte nichts von ihm erscheinen, obwohl sich immer wieder prominente Fürsprecher (wie etwa Franz Fühmann) für ihn eingesetzt hatten. Damals muß ich ihn angestaunt haben wie eine Erscheinung der Tropen, denn er saß in seinem unbequemen Sessel wie einer, der sich daran gemacht hatte, eine fremde, längst ausgestorbene und hochkomplizierte Sprache zu lernen, eine Art Untergrund-Aztekisch, dessen Grammatik so undurchschaubar war, daß einem der bloße Gedanke daran schon den Schweiß auf die Stirn trieb. Ich sehe noch genau, wie ein Freund ihm eine der ersten Kritiken aushändigte, die zu seinem Lyrikband erschienen waren. Um es kurz zu machen, faßte er das Urteil in zwei Sätzen zusammen, die er der Übergabe des Zeitungsausschnitts beifügte, als könnte Hilbig sich die Lektüre auch sparen. Es war ein nichtssagendes, vorsichtiges Urteil, das sich auf irgendwelche angeblichen Vorläufer Hilbigs bezog. Hilbig aber starrte das Zeitungsblatt nur kurz an und sagte mit großem nachdenklichem Ernst, als müßte er sich nun daran machen, bei sich selbst in die Schule zu gehen: ›Eigentümlich, daran hab ich noch gar nicht gedacht.‹

Auch später, als er bereits im Westen lebte, machte er immer den Eindruck, als tangierte ihn die gesamte Umgebung nicht. Er stieß diesen Westen ab, er durchlief ihn wie ein Abwesender, der eigentlich noch in den Osten gehörte, der ihn geschmäht und abgeschoben hatte. Er trug diesen Osten mit sich herum, in seiner Kleidung, in seinen Gesten, er tat so, als stellte er sich mit keinem Blick auf den Westen ein, und doch konnte man sicher sein, daß dessen Umgebungen in ihn eindrangen wie Kontinente, die er mit seinen inneren Blicken bis in jeden Winkel erforschte.

Schon im Osten hatte er in einer Art Zelle gelebt, in einem nicht weiter antastbaren Reich, das, vermute ich, kein zweiter je betreten hat. Vielleicht war es das Reich eines im stillen aufsässigen Kindes, das seine Verwünschungskritzeleien auf dem Küchentisch schrieb, der zurückerinnerte, an den Tisch der Mutter, an einen Mutterküchentisch in dem Ort Meuselwitz, Sachsen, wo Hilbig zur Welt kam.

Von Meuselwitz hat Hilbig an diesem Abend in Fellbach nach seiner Lesung gesprochen. Ich hatte ihn noch nie davon reden hören. Er erzählte von dem großen Braunkohlenloch, das den Ort aufzufressen beginne, und in seiner Erzählung war dieses Loch eines der klassischen Hilbigschen Bilder, in gewaltige Dimensionen versetzt und von so großen Lungen beatmet, als müßte es herhalten für ein mindestens faustisches Stück.

Nach einer Weile merkte er jedoch selbst, wie angestrengt er daran baute. Und langsam, Stück für Stück, begann er damit, seinen Bau abzutragen, bis ein blitzendes satirisches Skelett übrig blieb, das er abschließend noch einmal gründlich polierte.

Wenn man sich einen Homunculus erfinden sollte, der einen großen Roman über die Wiedervereinigung schriebe, so gehörten ins Reagenzglas eine Kindheit und eine Jugend in der alten DDR, eine Zeit des Widerstands dort, eine rechtzeitige Ausreise, lange genug vor dem Mauerfall, aber auch nicht zu lange, vielleicht drei, vier Jahre davor, ein scharfer und unvoreingenommener Blick auf den Westen und auf die Moderne des Westens, und ein ebenso scharfer und unvoreingenommener Blick auf den Umbruch im Osten und auf den Protestantismus des Umbruchs.

Hilbig besäße viel von all diesen Stoffen, aber um den berüchtigten Roman schreiben zu können, müßte er sich von seinen schweren Anfängen ebenso befreien wie vom Stillstand seiner großen Baconschen Bilder; er müßte sich selbst in einer anderen Sprache noch einmal erfinden, ganz aus sich, ›autodidaktisch‹, wie man das nennt. Das aber, fürchte ich, wird ihm in seinem Leben nicht zweimal gelingen.

In der Nacht zieht er mit seiner Einkaufstüte davon wie einer, der jederzeit verloren gehen kann. Man glaubt nicht einmal, daß er es bis zu seinem Hotel schafft, obwohl er mehrfach beteuert, den Weg gut zu kennen. Man hat nicht Angst, daß ihm etwas zustoßen könnte, sondern glaubt einfach, zu beiden Seiten des Wegs könnte sich plötzlich ein Wald auftun, in dem er jede Orientierung verlöre. Und so schaut man ihm nach, lange, mit immer stärker zusammengekniffenen Augen, bis man ihn wahrhaftig in einer fernen Hoteltür verschwinden sieht. Erst als man sich abwenden will, begreift man, es war eine Hoteltür, gemalt von Magritte, durch die man eintritt in lauter Wälder.

Stuttgart, Gartenhaus

GERADE ABGELEGENE und doch stadtnahe Winkel wie die oben am Waldrand, in unmittelbarer Nähe unseres Hauses, scheinen eine verführerische Anziehungskraft auf Ideologen auszuüben. Früher wurde das Terrain von RAF-Sympathisanten heimgesucht, so daß die Spaziergänger manchmal kleine Zettel an den Bäumen fanden, mit Nachrichten über Gefängnisinsassen oder mit Aufrufen zum Widerstand.

Inzwischen hat jedoch längst die rechte Szene das Gelände besetzt. Statt der wortreichen und meist etwas akademischen Untergrundmeldungen trifft man jetzt häufiger auf knappe, klotzige Parolen. Vor kurzem hat ein nächtlicher Sprayer ein mächtiges ›Deutschland‹ auf den Asphalt des Fußwegs gemalt, in Großbuchstaben, als entfalte nicht allein schon das Wort einen beachtlichen Donner.

Mehr noch als dieser großmäulige Anfang hat mich jedoch ein winziges Komma irritiert, das dem Donnerwort folgt, so daß man jetzt vor einem ›Deutschland, ...‹ steht, einem offensichtlich Fragment gebliebenen Ruf, dessen Vollendung durch wer weiß welche nächtlich vorbeihoppelnden Hasen gestört worden sein mag.

Immer wenn ich den steckengebliebenen Auswurf bemerke, entzündet sich die Phantasie an der Frage, wie die Parole wohl vollständig aussehen sollte. Vielleicht war an ein Deutschland, sei stark!‹ oder an ein Deutschland, zeig Dich!‹ gedacht, das Komma drängt geradezu schmerzhaft nach einer Fortsetzung, so daß ich schon daran dachte, selbst Hand anzulegen, um mit einem ungeduldigen Deutschland, na und?‹ die Klärung des Falles zu provozieren.

Seit gestern ist das Problem überraschend gelöst. Es ist kälter geworden, bald wird der Eisregen die Bäume der Steilhänge mit einer weißen Glasur überziehen, so daß sie vom Talkessel aussehen wie versponnene Ländereien, menschenleer, labyrinthisch. Daran mag der Texter gedacht haben, denn er hat sich für Deutschland, ein Wintermärchen‹ entschieden, eine Fassung, die mich gleich beruhigt. Hatte ich lange an einen politischen Aussetzer gedacht, so entpuppt sich der Text jetzt als lyrische Liebeserklärung eines romantischen Naturfreundes oder als das Zitat eines Heine-Anhängers, der an die munteren Verse seines Meisters erinnert.

So erhielt das mächtige Donnerwort eine demütige Fortsetzung, eine Variante, die sich schwäbisch und schlicht gibt und damit beinahe paßt in diese Umgebung, in der man eher deutelt als schreit.

Lektüre

Der schriftsteller Reiner Kunze hat eine Dokumentation mit einer Auswahl aus jenen Akten vorgelegt, die die Staatssicherheit der DDR in neun Jahren auf über dreitausend Blättern über ihn angelegt hat. Liest man in diesen Aufzeichnungen, so geht einem auf, daß die Staatssicherheitstexte die eigentlichen Texte des

DDR-Lebens waren. Denn erst diese Texte sprechen die ganze Wahrheit über den Zusammenhang der Biographien aus, vor allem diese Texte waren der Untergrund allen Denkens und Handelns. Jetzt, wo man sie liest, erinnert man sich wieder an das verdruckste und befangene Leben, dem man früher in der DDR begegnete. Es war ein Leben voller Angst, mit einem heimlichen Blick auf die Umgebung, auf den stets möglichen und in jeder Beziehung drohenden Verrat.

In den Protokollen ist diese Atmosphäre exakt wieder da, jetzt aber offen, vollständig und vorlaut. Jede Lebensregung des Opfers wird überprüft, das letzte Glas Wein, das er mit der Leitung eines Kulturhauses getrunken hat, ist schon ein Indiz des Abweichens.

Dabei geht es strikt um Gut oder Böse. Wer nicht in allem für uns ist, ist in allem gegen uns. Die Spurensicherung dient vor diesem Raster noch den unscheinbarsten Details, die ›operativ‹ bearbeitet werden, als handelte es sich um Krankheitssymptome.

Überall sucht man daher den, wie es im klassischen Bürokraten-Deutsch heißt, ›konspirativen Stachel‹. Dieser Stachel scheint in jeden Bereich tief einzudringen und andere zu infizieren. Auch diesen Infektionen wird nachgegangen, denn das Opfer ist der Herd einer wuchernden Seuche, die man eindämmt nur dann, wenn man auch seine ganze Umgebung vernichtet. Daher wird ›operiert‹, ›konfisziert‹, ›isoliert‹, es geht um Täuschungen, ums Hintergehen, ums Unterlaufen, ums Zersetzen. Um das Opfer werden Fahndungsapparate gruppiert, die in jedes Paket, jeden Brief, jedes Telefonat eindringen. Mit der Zeit ist ein unbeobachtetes Leben nicht mehr möglich, das Opfer wird so eingekreist, daß es die Methoden der Überwachung am eigenen Leib zu spüren beginnt.

Zeigen sich Spuren von Krankheit, so werden sie als erste Erfolge gebucht. Nun müssen die Kontrollen nur weiter verschärft werden. Man könnte H. dazu bringen, denn H. überschaut das Grundstück des Kunze voll und ganz, auch H.s Ehefrau wäre gut zu verwenden, aber auch M., der Elektriker, der in Kunzes Haus die Leitungen legte, ganz zu schweigen von der Schwester des M., die Nachbarn beobachten sowieso bereits von schräg gegenüber, von genau gegenüber, und vom Hauseingang gerade davor.

Diese Überwachung wird mit den Jahren immer enger. Schließlich ist sie so vollständig, daß das Opfer selbst überflüssig wird. Sein Leben hat sich aufgelöst in Konspiration, es kann ausreisen.

Es gibt in diesen Aufzeichnungen aber auch unbeabsichtigte Höhepunkte der Komik, Passagen, die einen zweifeln lassen an allem Verstand derer, die das Opfer belagern. Eine Notiz lautet: ›Für R. K. existiert das Absurde auch in der DDR.‹

Das ist notiert mit jener unnachahmlichen Mischung aus Unverständnis und Gekränktheit, als sei ›das Absurde‹ denn doch so etwas wie ein besonderes, zweites Leben, eine Art unheimlich bleibende Tiefenschicht, der man auch mit den besten Apparaten nicht nahe genug kommen könnte.

1991

Mainz, Januar 1991

Am frühen Abend zieht eine große Schar von Schülern und wenigen Studenten durch die Innenstadt, um gegen den Golfkrieg zu demonstrieren. Die meisten sind schwarz gekleidet, einige haben sich als Todesgestalten maskiert und führen Sensen und Fackeln mit. Trommler gehen voran, der regelmäßige Rhythmus hallt nach bis in die Seitenstraßen, wo die Passanten prompt stehenbleiben, weil sie ein Spektakel vermuten.

Und wahrhaftig hat dieser Jugendumzug theatralische Momente, denn die Demonstranten scheinen sich einem Ritus verschworen zu haben, einer Art lautloser Beschwörung, die auf ein Publikum nicht angewiesen ist. So richtet sich diese Schar auch an keine Umgebung, eher macht sie den Eindruck, als befinde sie sich auf einer Bühne, in einem abgesprochenen, hermetischen Stück, dessen genauer Inhalt nur den Akteuren bekannt ist.

Jedenfalls habe ich noch keine vergleichbare Demonstration gesehen, keine, die derart wie ein Geheimbündnis wirkt und auf alle lautstarke Agitation verzichtet. Das Ganze hat vielmehr Züge eines Leichenbegängnisses, oder es erinnert an etwas anderes Ausgestorbenes, an Magie oder an Geißlerumzüge des Mittelalters. Nach politischen Parolen sucht man daher ganz vergeblich; alles kreist nur um das eine Wort ›Frieden‹, das aber hier wie ein Mahnwort wirkt, als glaubten die Demonstranten wahrhaftig noch an die purgatorische Kraft von Litaneien.

Gerade jetzt aber, wo der Krieg längst im Gang ist, haftet dem allem etwas von ohnmächtigem Aufbegehren an, als habe man sich viel zu spät auf ein Wort besonnen, das es doch nicht mehr gibt.

Auch das scheint jedoch keine Rolle zu spielen; diese Jugendlichen demonstrieren für sich, ihre Gruppierung ist die einer Generation, die ihre Empfindlichkeit beweisen will. Die Ablehnung politischer Argumente gehört bereits zu ihrem Programm; was sie spielt, ist so etwas wie innere Emigration, der seelische Hochadel derer, die ihre Ideale auch in den bösesten Welten nicht verlieren wollen.

Sosehr sich diese Demonstrationen von denen der Friedensbewegung aus früheren Jahren unterscheiden, sie beweisen doch, daß der alte Westen der Bundesrepublik sich in seinen althergebrachten Stimmungen regeneriert. Die Wiedervereinigung war für ihn ein lästiges politisches Störmanöver, das nur ablenkte von den eigentlichen Debatten, die etwas von Selbstbespiegelung und Selbsthaß haben.

So trifft es sich gut, daß gerade die Amerikaner diese internationale Streitmacht im Golf anführen; nichts mobilisiert besser den Widerstand der Gefühle als Amerikaner, die in den Krieg ziehen. Denn in diesen Amerikanern sehen wir einen Teil unseres Selbst, die böse

Hälfte gleichsam, die aggressionsbereite, die stets auf dem Sprung ist, kleinen Völkern Gewalt anzutun.

Die neue Kriegsführung mit elektronischen Geräten hat diesen Glauben noch um einige Grade an Dämonismus bereichert. Was da gegen den Irak zieht, sind die apokalyptischen Spätzeitprodukte unserer westlichen Zivilisation: Waffen, Technik, Bilder.

Die jungen Demonstranten tun so, als dürfte man mit diesen Mitteln nicht kämpfen, als müßte man sich zurückbesinnen auf den steinzeitlichen Faustkampf oder einfach verhandeln, diplomatisch verhandeln. In ihrem Krieg darf es die Welt von heute nicht geben, und erst recht darf dieser Krieg sich nicht an so etwas Banalem wie Wirtschaftsgütern entzünden, Gütern, die wir täglich benutzen und ohne die unser Leben längst nicht mehr denkbar erscheint.

Was sie bei ihren Umzügen beschwören, ist daher ein Friede, der ohne die Welt von heute auskommt, ein weltloser Himmelsfriede, der sich heilend auf alles legt wie ein Schleier, unter dem die Kontrahenten wie im Märchen ermatten und schließlich ihre Feindschaft verschlafen.

Aber es klingt noch etwas anderes an. Diese jungen Demonstranten lassen sich so wenig auf Argumentationen ein und ziehen sich so einstimmig auf Gefühle zurück, weil sie zeigen wollen, daß diese ganze redende, verhandelnde, uneinige, zerstrittene Welt sie nichts angeht. Diese Welt ist die Welt der Politik und der Wirtschaft, dieselbe Welt also, die auch die deutsche Wiedervereinigung organisierte. Solche Themen aber beschäftigen diese Jugendlichen nicht, sie erreichen gar nicht mehr ihre Geschichtsperspektive, die nicht mehr bis Hitler, sondern gerade bis Vietnam zurückreicht. Vietnam ist der Anfang dieser Gegenwart, nicht der Zweite Weltkrieg, der Weltkrieg der Großväter.

Daher meldet sich mit diesen Demonstranten eine Generation zu Wort, deren Stimmen die Wiedervereinigung lange übertönte. Jetzt aber hört man diese Stimmen in ganz Westdeutschland um so deutlicher, jetzt melden sie sich um so lauter: wir sind auch noch da, wir auch!

Ich sah, wie der Demonstrationszug trommelnd, mit viel Gestik und Pantomimik, auf eine breite Straße einbog, die ich als Schüler jahrelang entlanggegangen war, auf dem Weg zur Schule. Und plötzlich hatte ich die Vermutung, auch diese wandernden Scharen zöge es am Ende zu nichts anderem als der Schule zurück. Ich folgte ihnen einige hundert Schritte und sah schließlich, daß es sie wahrhaftig durch die geöffneten Schultore hinein in den Schulhof trieb, wo sie eine Weile verharrten, noch immer still, als sei jetzt die Stunde einer Besinnung. Dann lösten sich die Gruppen auf, man umarmte sich und ging, meist zu zweit, wieder hinaus auf die Straße, als wollte man nach diesem Tagwerk nun nach Haus zu den Kindern.

Rom, Villa Massimo, März 1991

Liebe katja G.,
stellen Sie sich vor: ich bin in Rom, endlich bin ich in Rom! Habe ich nicht die letzten Wochen kaum noch einen anderen Gedanken hegen können, als den, daß ich bald in Rom sein werde, und meldeten selbst meine Träume nicht laufend diese Sehnsucht nach Rom, Rom, Rom?! Ah, jetzt bin ich mit meinem kleinen, braunen Gefährt, das vollgeladen war mit Kisten und Kartons, mit prallen Koffern und sogar einem leibhaftigen Drukker, Ausdrucker, Ausdrucker für allerhand Getext, in der mir für die nächsten Monate zur Verfügung gestellten Massimo-Villa, Akademie, deutsch, tedesca, Accademia: eingetroffen.

Vorne, vor der sich fürstlich plazierenden Einfahrt hat bei meiner Ankunft ein leibhaftiger Portiere gestanden, halleluja, hat er salutierend geschrien und seine Kappe dazu in die Luft geworfen, nebst der Schar seiner lieben Kinder, die antreten mußte zu meiner Begrüßung, alle verbeugten sich artig, das ist der neue Künstler, haben sie gesagt, eines dieser deutschen Genies, allerhand, ein deutsches Genie, in diesen Mauern!

Dann aber hat mich der Portiere mit meinem braunen Gefährt durch die schnurgerade Zypressenallee geführt, ordentlich geschnalzt hat er dabei, oh, schauen Sie doch, diese Zypressen, ah, Zypressen, bis wir das mächtige, breitgestreckte, in der Sonne sich ausaalende Haupthaus erblickten. Pompös, pompös, riefen die uns nachlaufenden Kinder, jetzt lebt das deutsche Genie im schönen Haupthaus, halleluja, worauf mich der Portiere mit hinaufnahm, in den rechten Flügel, einige kühle Treppchen hinauf, alles aufschloß, oben, um mich auf eine lange Terrasse zu versetzen, eine Erscheinung von einer Terrasse, meterchenlang, meterchenbreit, mit weißen Terrassenstühlchen und einem gelben Terrassensonnenschirmchen, mit einer Flucht doppelter Säulchen und einem schmalen Gebälk, eine Terrasse: daß ich gleich fragte, ist das also meine Terrasse, ausschließlich meine Terrasse, in den nächsten Monaten nur, einzig meine Terrasse?

Da nickte er weich, alles dein, dein, dein, sagte er, und fragte mich leise: aber weißt du auch, auf welch einer Terrasse du sitzen wirst, auf welchen Stühlchen und welchem Heiligtum? Weißt du, daß vor dir, in anderen Zeiten, die Freifrau von Kaschnitz auf dieser Terrasse saß, und in anderen Zeiten der Rittmeister Jünger, weißt du, daß diese Terrasse Hunderten von großen Geistern diente als einzige Terrasse, und daß es sich nun zeigen wird, ob du das Genie bist, als das dich die deutschen Juroren erkoren, das wird sich jetzt zeigen, wird sich zeigen!

Dabei lachte er aber vielwissend und arglistig, so daß ich ihm gleich sein Lachen abschnitt, indem ich von meiner Terrasse herab auf den großen, unermeßlichen Park deutete und ihm sagte: ah, diese Pinien, wie sie sich gen Himmel drehn!, und die steinernen Monumente aus römischer Zeit, wohl zweites, drittes Jahrhundert!, und das Mimosenwäldchen, exorbitant! ..., worauf er sich verbeugte und mich mit seinen Huldigungen bestürmte: ah, der Herr ist ein Dichter, ich höre es gleich, ein dichtender Wissender, und ein wissender Dichtender, das wird fein, dann gebührt ihm diese Terrasse, sie gebührt ihm, einzig und nur!

Und ich fragte ihn noch: aber sag mir, großer Portiere, Herrscher über die kleinen Attribute des Lebens, Sorger und Fürsorger von Tausenden deutscher Genies: wo sind die anderen Künstler, die Maler, Bildhauer, Architekten, die Musiker, Fotografen und Lyriker? Ach, antwortete er freundlich, nach diesen fragst du, nach diesen? Sie sind untergebracht, dort gegenüber, in der Reihe der Studios, dicht Studio an Studio, eng beieinander leben sie nebeneinander, mit ihren Familien, und sollen doch malern, bildhauern und musizieren!

Dort drüben, rief ich, das ist ja beinahe ein Abseits, ein Jenseits, welche Ehre also für mich, in diesem Haupthaus zu thronen, mit meiner einzigen Terrasse und ihrer Dichtungsgeschichte!

Ja, antwortete da der Portiere, du bist auserkoren unter vielen, um auf dieser Terrasse zu sitzen, einzig und nur, um zu dichten, um deine großen Werke ungestört hier zu verfassen und, wenn es dir denn beliebt, deine Worte manches Mal hinunterzustreuen, damit sie Frucht tragen in dieser sonst arg wortlosen Schönheit!

Dann umarmten wir uns, die Kinder klatschten vor Vergnügen in die Hände, alle verbeugten sich wieder und zogen davon, während ich begann, meine einzige Wohnung durchzubesichtigen, ah, welch ein Zimmer, und ein zweites, gewaltiges, und das Bad, eine Erscheinung, günstig im Schatten, und die Küche, voller lieblicher, weißer Täßchen und herrlicher Löffelchen, alles zu meiner Dichtungslaune plaziert, das kann etwas werden, heißa, das ist ja geradezu für mich geschaffen, diese feine Lokalität, und als ich mich aus einem Fenster beugte, auch den parkfernen Teil zu schauen, blickten mich zwei alterskluge Ziegen von unten her an, meckernd und mit dem Kopf schlagend, und ein paar Hühner gackerten sich auf meine Erscheinung ein, und ein kleiner Zoo solcher Geschöpfe schrie's mir entgegen: füttre uns, schreib uns, sei unserer Tage Wortfütterer und unserer Nächte Worttraumartist!

Innozenz X., gemalt von Diego Velazquez

Er empfängt mich in einem kleinen Kabinett der Galleria Doria Pamphili, nahe dem Corso, das von den übrigen Räumen abgetrennt ist. Diesen Platz hat er für sich, er vertrüge keinerlei Nachbarschaft.

Im Kabinett ist es still, ich bleibe vor ihm stehen und trete gleich einen oder zwei Schritte zurück, weil ich mich zu weit vorgewagt habe. Er hält einen auf Distanz, Nähe duldet er nicht. Dann stehe ich ruhig, und es ist, als käme ich erst hier, vor seinen Augen, wieder zu mir. All die Zeit, die seit meinem letzten Rom-Aufenthalt vergangen ist, scheint nichts mehr zu bedeuten.

Denn jetzt trifft mich sein Blick. Es ist ein packender, alles Unwesentliche ausscheidender Blick, ein Blick, der von einem imaginären Punkt zwischen den Augenbrauen ausgeht und den Gegenüber durchzieht wie der

Schnitt einer sehr feinen Klinge. Dieser Blick ist berüchtigt, viele Betrachter haben gestanden, daß er sie noch in den Träumen verfolge. Und er hat etwas Römisches, dieser Blick, etwas typisch Römisches, denn er ist bitter, abwehrend, stolz und gleichzeitig vorwurfsvoll.

›Da bist du also wieder‹, murmelt der Schweigsame, ›hast dich herumgetrieben, hast deine Zeit vertan, sag mir, wie es dir geht, sag mir, was du diesmal hier suchst!‹

Er trägt die päpstliche Mütze aus Samt, die seine Haare versteckt und das Gesicht noch schärfer hervortreten läßt; den Oberkörper umschließt ein karmesinrotes Mäntelchen, unter dem das blendendweiße Chorhemd hervorschießt. Er sitzt auf einem recht schweren Sessel, beide Arme auf den Lehnen, die eine Hand leicht geöffnet, als folgte sie der Sturzbewegung des Hemdes, während die andere gerade noch einen Brief hält, der in ein sehr fernes Draußen verweist.

Der Hintergrund wird durch einen Vorhang geschlossen, der sich von rechts nach links immer mehr in ein undurchschaubares Dunkel verliert. Es ist, als habe seine kräftige Gestalt, die den ganzen Sessel einnimmt wie einen angestammten, nie mehr aufzugebenden Platz, diese Verschiebung ins Dunkel bewirkt, ja, es ist, als ziehe dieser Körper das magere, kalte Licht der Außenwelt an, um es zu verwandeln in die Schwärzen der Innenwelt.

Er ist schon Mitte Siebzig und für seine Unberechenbarkeit bekannt. Keiner versteht ihn, er weiht niemanden in seine Pläne ein. Nur seine Häßlichkeit gibt er preis, das rohe und häufig leicht gerötete Gesicht, das auch jetzt wieder aufflammt, als habe man ihn gekränkt oder sei ihm zu nahe getreten. Mehr aber bietet er einem nicht an; der Siegelring an seiner Rechten schirmt ihn ab, der Brief in der Linken erscheint wie eine Schranke, die Grenzen markiert. So hüllt er sich ganz in den dominanten Kontrast: die vielen schillernden Töne des Karmesin, gleißend und doch schwer wie Blut, und die Züge des hingeworfenen Weiß, wie ein Ausrauschen von Wellen, die das Herz von sich wegpumpt.

Mißtrauisch ist er und versteht sich auf alle Intrigen. Er läßt einen erstarren, um einen besser erforschen zu können. Wohl fühlt er sich nur in den Kreisen seiner Familie, deren Mitgliedern er bedeutende Posten verschaffte. Alles, was sich außerhalb dieses Dunstkreises bewegt, ist gefährliche Fremde.

›Störe unsere Kreise nicht‹, murmelt er scharf und zieht sich weiter in sich zusammen. Denn irgendwo in seinem Innern zieht eine verdeckte, impulsive Kraft alles an sich, um jede Energie in Eigensinn und Starre zu verwandeln.

Auch seinen Porträtisten, Diego Velazquez, duldet er nur. Er versucht nicht, ihm zu gefallen. So gibt er sich auch nicht für lange Porträtsitzungen her. ›Beeile Dich, mach, daß Du fertig wirst!‹ herrscht er den Maler an, der in wenigen Stunden die wichtigsten Details skizziert und dem Bild etwas Unfertiges, Rasches verleiht. So hat es etwas von einer Momentaufnahme, und das seitlich einfallende Licht erinnert an einen Blitz, der die magische Gestalt durchfährt.

Jedes Mal, wenn ich nach Rom komme, führt mich mein erster Weg zu ihm, und jedes Mal komme ich erst in dieser Stadt an, wenn ich einige Minuten vor ihm stehe. Von seinem Blick getroffen, melden sich in mir die Atmosphären der Stadt, wie lockende Reize. Ich will hinaus, fort von ihm. Plötzlich glaube ich die harte Helligkeit des Sonnenlichts zu spüren, ich rieche den Duft von Blumen und kaltem Weihrauch in den Straßen, durch ein geöffnetes Fenster hört man das Klappern von Geschirr, als deckte man mir irgendwo den Tisch, während die Gesichter um mich herum noch etwas haben von der Sprödigkeit des einzigen Innozenz, die sprachlos macht und verlegen.

Ich verneige mich und verlasse langsam das Kabinett. Eigentlich bin ich jetzt auf der Flucht, doch das will ich nicht zugeben. Er schickt mir einen leisen Fluch hinterher, dann erlischt der Blitz, der ihn aus der Dunkelheit herausmodellierte. Ich drehe mich noch einmal um. Der schwere Sessel ist leer, der dunkle Vorhang zur Seite gerutscht. Man schaut in die Tiefe eines unendlich langen, dunklen und ziellosen Wegs.

Doch unten, zu Füßen des Sessels, liegt der Brief, den er eben noch in der Linken hielt. Ein Windstoß wirbelt ihn mir in die Hand. Ich erkenne meinen Namen, ganz deutlich, der Brief scheint an mich adressiert. Am Rand schimmern die Flecken, die von seinen feuchten Fingern herrühren. Ich stecke den Brief in meine Tasche, ich brauche ihn jetzt nicht zu öffnen. Ich weiß, was er von mir will. Und so gehe ich endlich hinaus ins Freie, mit ihm im Bunde.

6075 kHz

In diesen ersten Wochen, in denen er tagelang in die Stadt eintaucht, spricht er kaum ein deutsches Wort. Auch seine übrigen Unterhaltungen, Zufallsgespräche, die sich meist an einem einzigen Thema entzünden, sind kurz, er wendet sich bald wieder ab, um nirgends lange Antworten und Erzählungen schuldig zu sein. Nur in den Nächten benutzt er manchmal den kleinen Weltempfänger, mit dessen Hilfe er an die deutschen Themen herankommt, meist ist der Empfang am besten auf 6075 kHz, wo in diesen Nachtstunden die ›Deutsche Welle‹ Nachrichten und ausführliche Kommentare sendet.

Es fällt ihm jedoch schwer, sein altes Interesse zu wahren, denn das ferne Gezirpe, das zu ihm dringt, als sendete man aus den weitverzweigten Kanälen eines Insektenschwarms, präsentiert Themen, die sich meist schon nach wenigen Tagen wieder verflüchtigt haben, so daß er immer wieder den Faden verliert, Namen begegnet, deren neue Einschätzung er nicht versteht oder an Streitfragen teilnimmt, die wie durch Zauber eine hartnäckige Dreitagesmagie entfalten, bevor sie lautlos verschwinden.

Was er jetzt mitbekommt, sind weniger Einzelheiten als die undurchsichtigen Wanderungen der Themen. So kommt es ihm vor, als verliere die alte DDR ihre Namen, um sich endgültig in Zahlen und Wirtschaftsberichte aufzulösen. ›Modrow‹ ..., als er das hört, muß er sich mühsam erinnern, es ist schon der Klang ganz von gestern, obwohl dieser Mann vor wenig mehr als einem Jahr noch regierte. ›Krenz‹ …, das klingt wie die Beschwörung von etwas Irrealem, als habe es die Person hinter dem Namen nie gegeben. Nur an ›Honecker‹ ist noch etwas zu entdecken, er hat sich nach Moskau abgesetzt, und diese Kombination, Honecker-Moskau, ist stark genug, um das ganze frühere Leben heraufziehen zu lassen, so daß sich dazu gleich auch ein altes Bild einstellt: Honecker, der in Moskau nach einer Gelegenheit sucht, das vorbeiziehende Volk von einer Tribüne zu grüßen.

Indem aber diese Namen allmählich verblassen oder zurücksinken in frühere Zeiten, erscheinen die Gebilde der neuen Bundesländer merkwürdig farblos, als seien es Regionen einer Medienbrachzeit oder einer vorübergehenden Schonzeit. Und da die Kommentare auf Namen verzichten müssen, entwerfen sie Breitwandbilder der Verelendung, man glaubt, einstürzende Schornsteine zu sehen, Fabriken, die sich in Rost auflösen, Menschen, die im Abfall wühlen, Plattenbauwohnungen, in denen die Ratten den tödlichen Asbest aus den dünnen Fugenwänden nagen.

Im Westen aber scheint das alles auf eine gewisse stoische Abwehr zu stoßen, denn das einzig dominante Thema ist hier die Hauptstadtfrage: Bonn oder Berlin? Jeden zweiten Tag werden neue Argumente für diese anscheinend brandheiße, lebenswichtige Frage aufgetischt, schon steigt man, da die Nachfrage nach Text unermeßlich, das Thema aber beschränkt ist, in die Geschichte dieser Städte ein und greift ins neunzehnte, achtzehnte Jahrhundert zurück, als könnte man in diesen weiten zeitlichen Ländereien noch auf versteckte Minen stoßen. War Bonn nicht schon immer der Friede hinter dem Siebengebirge, und war Berlin nicht schon früher ein einziges Kommandogebiet?

Am meisten fällt aber auf, daß sich das große Katastrophenthema des Golfkriegs, dem man nach vorsichtigen Schätzungen mindestens ein halbes Jahr gegeben hätte, ganz in Luft aufgelöst hat. Jetzt, wo der Krieg vor dem Ende steht, scheint sich kein Mensch für die Folgen zu interessieren. Die knappen, matten Erwähnungen verhandeln den Fall bürokratisch. Von Kommuniques ist die Rede, von Bedingungen und Erklärungen, von Resolutionen und unbedingten Verpflichtungen. Selbst ein so dramatisches Kriegswort wie ›Scud-Rakete‹, das vor wenigen Wochen allein schon genügte, um den Weltuntergang auszumalen, ist zu einer Wortmünze geworden, als müßte man sich darunter kleine Spielobjekte vorstellen, die mit ein paar Handgriffen zu zerstören oder wegzuräumen seien.

Und so haben all diese Meldungen für ihn etwas Unglaubhaftes, als berichteten sie von einer Welt, die in schwindelerregendem Tempo von den Themen läßt, während die Wirklichkeiten, sprachlos und stehengelassen, weiter bestehen.

Nur manchmal zuckt er zusammen, nach fremd klingenden Wörtern wie ›Thüringen‹ oder ›Sachsen-Anhalt‹. Er kann sich nicht vorstellen, was sie bedeuten, er hat keinen einzigen deutlichen Anhaltspunkt. Und so sind es für ihn Bundesländer mit jenen schwer zu erinnernden Grenzen, wie er sie in seiner Schulzeit in unterschiedlichen Farben ausmalen mußte, Bausteine eines

Puzzles, das man in den Erdkundestunden zusammenfügte, ungelenk, als malte man an der Kopie eines abstrakt bleibenden Bildes.

Katholisch

Langsam wird er wieder katholisch. Gedanklich hatte er sich von seiner Kindesreligion seit Jahrzehnten entfernt, vielleicht ist er aber in seiner Seele so etwas geblieben wie ein zeitfremder Katholik des Mittelalters, ein lateinisch sprechender Mönch, mit vielen Zweifeln und klugen Bedenken, letztlich aber doch auf der Seite des Glaubens. Vielleicht rumort in seiner dunklen Innenwelt die Schärfe solch bohrender Fragen wie der, ob Gottes Nicht-Sein gedacht werden könne, und vielleicht lebt er in geheimem Gespräch mit solchen Edlen wie Anselm von Canterbury oder Gaunilo von Marmoutiers, die am Ende des 11. Jahrhunderts gerade darum sich stritten.

Wahrscheinlicher aber ist, daß seine Seele von derartigen Fragen nur selten bewegt wird, daß sie eine Art Brunnenwesen ist, oder, besser gesagt, ähnlich dem verborgen schimmernden Bild des Wassers in der Tiefe des Brunnens. Etwas Meister-Eckhartsches haftet an seiner Seele, eine Freude an Sprachmagie, dinglichen Worten, eine unergründliche Anziehung, die von stillen Bildern ausgeht und von der Inspiration frei schwebenden Klangs.

Und, seltsam genug, gerade damit warten die römischen Kirchen ihm auf, wenn er etwa am Abend in einen

Kreuzgang gerät und der einzige Besucher dort ist, wenn er zwischen den schmalen Säulchen von SS. Quattro Coronati einen kühlen Schattenplatz sucht und auf den alten, graufremden Brunnen aus dem elften Jahrhundert starrt, aus der Zeit Paschalis II., wenn er in einen Spätgottesdienst findet, zufällig, in S. Croce, und rasch bemerkt, daß man in der großen Kirche jetzt, eingerechnet den Priester, zu dritt ist und man daher auch von ihm eine Stimme erwartet, die das schöne Gotteshaus füllt.

Ob willentlich oder nicht – in solchen Momenten beginnt er zu singen, er läßt diese winzigen Gemeinden nicht im Stich, vielleicht regt sich in ihm auch ein verdächtig alter Gehorsam, der Gehorsam der Kindertage, der sich den Ritualen unterwarf, stillschweigend und opferbereit.

Anfangs hat er diese inneren Szenen noch mit seiner kunstgeschichtlichen Schaulust in Verbindung gebracht, mit dem Vergnügen, auch die unscheinbarsten Kirchen genau zu kennen, Halt zu machen vor ausgemalten Seitenaltären oder aufzuschauen zu geschickt inszenierten Scheinkuppeln.

Allmählich jedoch hat er an sich ein seltsames Ausharren festgestellt, ein immer ruhiger werdendes Warten, das oft überging in eine offene, zumindest kurzfristige Teilnahme an rituellen Handlungen. Irgend etwas zwang ihn da, noch einmal hinzuschauen, und obwohl er keiner dieser Handlungen ihren kirchlichen Sinn zugestand, zeigte er sich verführt dazu, dem nachzuhorchen, als müßte er in den fernen Echos dieser Gesänge und Gebete die ihm eigenen Sätze begreifen.

In der dunklen Nacht des Karfreitags ertappte er sich

sogar dabei, dem Papst zu folgen, der aus der schwarzen Höhle der angestrahlten Kolosseumsfestung herausfand, um sich mit dem Kreuz auf die Heidenstätte des Forums zu begeben. Um so entsetzter war er, als er nach Ende dieser archaischen Zeremonien beim Überqueren einer Straße der privaten Erscheinung dieses Menschen begegnete, die zusammengesunken und totenbleich in einem hell aufschimmernden Mercedes saß, als sei sie zermürbt und vernichtet von den unklug beschworenen Geistern.

Im Grunde, dachte er plötzlich, sehnt er sich nach der puristischen Schönheit des Glaubens, nach dem Zusammenspiel von Gebäuden, Gesängen und Worten, nach einem trinitarischen Dreiklang aus früher Romanik, Gregorianik und lateinischer Demut.

Vielleicht galt all sein Ergründeln also letztlich doch nur einer phantastisch zusammengesetzten Ästhetik, dem Trugbild eines europäischen Mittelalters aus prachtvollen Museumsstücken. Er ging mit sich ins Gericht, daß er auf so etwas noch immer hereinfiel, doch als er wie häufig am frühen Samstagabend das alte Heiligtum der Santa Costanza betrat, um die Weinlese und die bunten Pfauen der frühen Mosaiken zu sehen, und der Custode ihn herzlich begrüßte wie ein Vertrauter, hatte er den bösen Verdacht, den Mysterien längst in die Falle gegangen zu sein.

An diesem Morgen wurde ich auf der Straße von einem jungen Menschen angesprochen, dessen Alter schwer zu schätzen war, irgend etwas zwischen fünfzehn und zwanzig, ein Schüler, vielleicht auch ein Student. Ob ich den

Papst hören wolle, jetzt gleich, dort drüben, in der Universität ›La Sapienza‹? Die Frage hatte etwas von einem unsittlichen Angebot, außerdem war sie zudringlich, als habe der Papst es nötig, von seinen Getreuen auf der Straße verhökert zu werden.

Ich wollte Reißaus nehmen, aber der geschickte Knabe redete so altklug auf mich ein, daß ich mich schließlich doch für den Auftritt zu interessieren begann.

Seine Heiligkeit erschien mit knapper Verspätung, der Innenhof war voll von Studierenden, jungen, sich froh oder gar beglückt gebenden Menschen, deren Alter wiederum schwer zu schätzen war, irgend etwas zwischen dreizehn und dreißig. ›Bambini‹, rief der Heilige Vater, ›coraggio, bambini‹, als gehörten all diese Glückspilze, die von seiner Gegenwart Stärkung bezögen, in die Kindergärten zurück.

Und zum weiteren Durchschmecken gab es lauter Kindheitswörter dazu, ›il altruismo‹ gleich dreimal, aber auch ›la futura‹, und selbstverständlich ›il vero amore‹.

Von den angrenzenden Bauten klangen nach einer Weile aber auch die hellsten Kinderstimmen zurück, ›viva il papa, viva!‹, daß man an Hexerei glauben mochte, schien der Heilige Vater sie doch alle wahrhaftig zurückverwandelt zu haben, bekehrt zum einfachsten Denken, in die Hände der Kirche.

Am Ende beschwor seine Heiligkeit großzügig die Sonne; sie solle wohnen in allallen Herzen! Und damit allalle begriffen, was ihm vorschwebte mit diesem Wunsch, deutete er hinauf in den Himmel, und allalle starrten, jetzt ganz seinem Zauber erlegen, hinauf, um dort oben am Himmel gewahr zu werden: die Sonne!

Er hält die heutige, päpstliche, durch Johannes Paul II. vertretene Version des Katholizismus für eine italienische Privatsache, für eine versierte Freilichtdarbietung in italienischer, unübertroffen zur Schau gestellter Unschuld. Das ›Katholische‹, wie er es nennt, ist dagegen etwas ganz anderes: es ist die südliche Fremde des ältesten Rom, das die deutschen Kaiser des Mittelalters anlockte und sie träumen ließ von goldenen Buchmalereien und von pergamentener Ewigkeit.

Slowenien, April 1991

Er unterbricht den Rom-Aufenthalt für ein paar Tage, um einer Einladung nach Slowenien zu folgen. In Ljubljana, Maribor und Celje soll er zusammen mit Herta Müller und Gert Heidenreich aus seinen Büchern lesen. Diskussionsrunden mit slowenischen Schriftstellern sind vorgesehen, Auftritte in einer Universität, einem Theater, einer Galerie, einer Schule. Tagelang wird er sich an diesem Slowenien reiben, unkundig, einer, der Spuren sucht, die er mit vertrauten Zeichen verbinden könnte; und tagelang wird er dieser Fremdheit seine gedruckten Sätze entgegenmurmeln, als könnte er sie so auffordern, ihm endlich vertrauter zu werden. Was er aber auch hinter dem freundlichsten Lachen noch spürt, sind die Ängste und die nicht überwundenen Schrecken der Diktatur. Überall sind ihre Zeichen noch zu erkennen, tief eingeritzt sitzen sie in den Körpern und Bauten, und es hilft nichts, es sind gerade diese Zeichen, die er laufend entdeckt.

Im Gespräch mit den slowenischen Autoren erscheint die Wiedervereinigung wie ein geschichtliches Vorbild dafür, daß auch lange unmöglich Erscheinendes, bloß Gehofftes Wirklichkeit werden kann. So findet man rasch die Überleitung zur eigenen Gegenwart, wobei man sich nichts mehr wünscht als staatliche Selbständigkeit. Deutschland ist dabei vor allem der potente Partner, der helfen soll, die Unabhängigkeit Sloweniens durchzusetzen; was in der Vergangenheit war, interessiert jetzt nicht mehr brennend. Überhaupt hat es den Anschein, als sei der starre Blick auf den deutschen Faschismus etwas für Epochen gewesen, in denen man aus Mangel an Eigenleben die Zeit mit Betrachtungen über historische Feindbilder füllte. Jetzt ist das zwar nicht vergessen, doch plötzlich scheinen die Weichen überall umgestellt, auf Zukunft, und die ganzen Debatten gelten nur einem Ziel: die Freiheit Sloweniens durchzusetzen.

Manchmal ist er von der kulturellen Andersartigkeit dieses Landes so erschöpft, daß er sich geradezu freut, daß das Bier wahrhaftig wie Bier schmeckt. Vorhin nippte er noch an dem Humpen wie einer, der auf alles gefaßt ist, jetzt würde er am liebsten dem Wirt wortreich danken, als habe der das Bier selber gebraut.

Auch als er über den Markt Ljubljanas geht, erscheint ihm alles wie eine Sinnestäuschung. Ist das wirklich Salat, und das dort, sind das Rosinen? Ist in den großen

Bottichen Sauerkraut, und bieten diese Frauen wirklich Landeier an?

Im Keller der Markthalle, zwischen den Käseständen, scheint sein Blick aufzufallen. Die Händler sprechen ihn an, als wollten sie ihm Mut machen oder Vertrauen einflößen. Sein Blick muß aber noch immer etwas Schweifendes, Irritiertes haben, so daß ihn einer der Männer endlich zu sich beordert, ein Stück Brot mit frischem Streichkäse versieht und, vornübergebeugt, mit dem Ausdruck gespielter Anteilnahme, darauf wartet, wie der Bissen ihm schmeckt.

Und als er, noch mit den letzten Kaubewegungen, überzeugend und dankend zu lächeln versucht, salutiert der Mann plötzlich, als habe er an diesen Kaubewegungen einen Deutschen erkannt. Das Salutieren hatte aber nichts Bloßstellendes, Scharfes; eher ähnelte es einem komödiantischen Auftritt, so als habe man mit einem Stück Brot Vergangenheiten gelockt und gleichzeitig doch auch überlistet.

Am Abend sieht er im Theater von Ljubljana George Taboris »Mein Kampf«, wo der junge Hitler in Wien wie eine groteske Fehlgeburt in die jüdische Welt platzt und von ihr gehegt wird. Es ist ihm gar nicht wohl bei dieser Aufführung, er sitzt da mit hochgezogenen Schultern, als müßte er das Stück abwehren oder als wünschte er sich ein rasches Ende herbei, weil jeden Augenblick etwas schiefgehen könnte.

Am schlimmsten aber ergeht es ihm mit den Lachern, denn die meisten Ausbrüche dieser Heiterkeit kommen von jungen, gut gelaunt scheinenden Menschen, die sich weiden an den komödiantischen Gags. Es ist nicht so, daß er diesen Lachhälsen das Lachen nicht gönnte, er mißtraut ihnen nur; aus ihrem Lachen hört er etwas Infantiles, Rohes heraus, und wenn es zum falschen Augenblick einsetzt, sitzt er hocherregt da, als müßte er ihnen das Maul stopfen.

Er muß zugeben, er findet keine Haltung zu diesem Stück. Er springt nicht hinein in die Farce, aber er bleibt auch nicht draußen, sondern folgt willig den vielen Pointen, unwillig aber dem Ganzen. Am Ende kommt es ihm vor, als habe er stundenlang nach falschen Vorgaben geatmet: aus, aus, ein, aus!

Der Anlaß für diese Reise nach Slowenien ist eine deutsche Kulturwoche, und so begegnet er bei den zahlreichen Abendeinladungen allerhand Botschaftspersonal. Einige der jungen Männer, die Literatur wahrscheinlich für etwas Kapriziöses und Überholtes halten, sind etwa in seinem Alter. Zwei haben von Kindheit an meist nur im Ausland gelebt, da auch ihre Väter im auswärtigen Dienst waren. In Paris geboren, irgendwo in Asien aufgewachsen, nach dem Abitur zwei Semester in Deutschland studiert, dann rasch wieder nach London …– er fragt einen von ihnen, was da so etwas wie ›Deutschland‹ für ihn bedeute, und der junge, gleichaltrige Mann, der gerade in die Mongolei versetzt worden ist, antwortet, ›Deutschland‹ sei sein Heimweh nach Paris, wo es ihm eine unbändige Freude gemacht habe, das dort fremde Deutsch im französischen Schulunterricht fehlerfrei und fließend zu sprechen.

Auf der Fahrt nach Maribor hört er plötzlich das Wort ›Heuharfen‹. Zwei-, dreimal benutzt es eine junge Germanistin, als könnte sie damit einige Volltreffer landen. Und es ist wahr: als er die ›Heuharfen‹ sieht und das so exakt und bildlich treffende Wort dazu hört, ist Slowenien für einen Moment so, wie er es sich vorgestellt hatte.

Ach, er würde sich so gern aus all dieser Politik hinausstehlen, um durch Slowenien zu reisen wie durch ein unschuldiges Land, auf der Suche nach ein paar Heuharfen! Aber er reist nicht in offiziellem Auftrag, um der Unschuld aufzusitzen, und so fühlt er sich verpflichtet, das Politische anzuerkennen und ihm Tribut zu zollen.

Bei dieser Anstrengung hilft ihm Herta Müller. Noch nie ist er einem Menschen begegnet, der wacher wäre für alles Politische, ja der geradezu in allem gleich das Politische sieht und es auch noch in Worte zu bringen versteht. Wenn er sich zurückfallen läßt, um wenigstens für Minuten dem Politischen zu entsagen, so besteht sie auf seiner Präsenz noch in den Träumen.

Sie sitzt oft neben ihm, gerade, aufrecht, vorn auf der Stuhlkante, ihr Fuß wippt manchmal neben dem seinen, gleich wird sie sich eine Zigarette anstecken, gleich wird sie ihm etwas zuflüstern, gleich wird sie ihm schlagend beweisen, was ihm in der letzten halben Stunde entging. Und so rutscht er pflichtbewußt selbst nach vorn auf seinem Stuhl und nimmt sich vor, diese Szenen um ihn herum nur mit dem kritischsten, dem politischsten Auge überhaupt noch zu betrachten.

Nach einer Weile gibt er wieder auf, und als der erste Birnenschnaps nach der Lesung serviert wird, lobt er, völlig unschuldig, völlig daneben, die exorbitante Qualität dieses ..., dieses trügerischen Gesöffs.

Mittags empfängt sie der Bürgermeister von Maribor in seinem Büro. Der Bürgermeister ist ein junger Techniker, ein anscheinend kluger und umsichtiger Mann, der deutsch mit ihnen spricht und ihnen in dreißig Minuten die Probleme der Stadt so einleuchtend und zusammenfassend erklärt, daß man sich innerlich weigert, auf Nachfragen zu bestehen. Denn man ahnt, man würde auf jede Nachfrage eine doppelt so lange Antwort erhalten, die gespickt wäre mit den neusten Wirtschaftsdaten und allen Offenbarungen der Konjunktur. Also sucht man, um nicht als unhöflich zu gelten, nach unscheinbaren kulturellen Aperçus, und der standhafte Mann greift sie spielend leicht auf, wirbelt sie in die Höhe und serviert sie mit lauter Cross-Schlägen, die Kultur sofort wieder in Wirtschaft verwandeln, zurück.

Je weiter man sich von Ljubljana entfernt, um so weniger ist noch von einer deutschen Kulturwoche die Rede. Die Einladungen werden ländlicher und üppiger, und am Ende hat man den Eindruck, man sei nur wegen all dieser garnierten Fisch- und Fleischplatten hier, die nach stundenlangen Mahlzeiten verlangen, außerhalb aller Zeit oder als spielte Zeit keine Rolle.

In Celje endlich, der letzten Station, zwingt die Kulturwoche nicht einmal eine Maus ins Theater der Stadt. Auf der gut ausgeleuchteten Bühne sitzen eine deutsche Schriftstellerin und zwei deutsche Schriftsteller und lesen in die leeren Zuschauerränge. Die drei lesen aus ihren Werken, ohne sich etwas anmerken zu lassen, sie lesen lange, ohne daß einer zögert, bis sie schließlich, unverhofft, das Aufbruchssignal hören: das bewegte, dramatische Schnarchen des Fahrers, der sich die ganze Zeit über in der dunklen, hintersten Reihe verborgen hatte.

Beim Abschlußgespräch in Ljubljana wollen die slowenischen Kollegen noch einmal wissen, woran sie nun sind mit den drei deutschen Gästen. Am liebsten wäre ihnen, man rückte millimetergenau mit der politischen Selbsteinschätzung heraus: links, rechts, in der Mitte, halblinks? Und je länger man wortreich versucht, darauf zu beharren, daß diese Begriffe, all diese Begriffe, ach, all diese alten Begriffe nichts, gar nichts mehr taugen, um so lauernder schauen sie, mit einer Spur von Verachtung, zurück.

Sie wollen sich also nicht festlegen, faßt endlich einer zusammen, als müßte man ein Einsehen haben mit den deutschen Gästen. Gut also, niemand von den Gastgebern will länger auf diesen Zuordnungen bestehen; und als erledigten sich solche Themen von selbst, trinkt man zum Schluß auf die Zukunft Sloweniens, das frei sein soll, frei, frei auch von allen Zuordnungen.

Das alte Rom

M., JETZT siebenundsiebzig, ist nach Rom gekommen, für eine Woche. Vor über zwanzig Jahren war sie zum ersten Mal hier, diesmal möchte sie teilhaben an meinem Leben und sich stützen auf das, was ich weiß. Noch immer hat sie eine Kindheitsvorstellung von Rom, eine stark spirituell geprägte Idee aus ältester Zeit, derzufolge Rom der Nabel der Welt ist. Man sieht ihr diesen Glauben beinahe an, wenn sie langsam, als nehme sie teil an einer Prozession, durch die Straßen geht und jede Umgebung als Teil einer feierlichen Handlung betrachtet. Und so übersieht sie immer wieder das heutige Rom. Der Verkehr, die Straßen, die vielen Touristen – sie scheint blind zu sein für solche Bilder, und wenn sie mit einem am Mittagstisch sitzt, glaubt man meist, eine Pilgerin nehme ihre gesegnete Mahlzeit zu sich.

Aus Rom kommt der Glaube, daran hält sie sich fest, denn Rom ist das sichtbare Reich des Glaubenstriumphes, am deutlichsten ausgestellt in der Kirche des heiligen Petrus. Dorthin will sie also zunächst, und am besten ganz in die Tiefe, unter den großen Bernini-Altar, in die stummen Zonen der Krypta, wo die Gräber der Päpste wie Zeugen der Ewigkeit über die Geschichte regieren.

Der gewaltige Kirchbau macht es ihr gar nicht leicht. Doch sie hält sich sehr direkt an die Namen. Wenn ich sie nenne, diese Namen der Heiligen, Päpste, der Architekten und Bildhauer, greift sie sie auf, als müßte sie sich an eine Familiengeschichte erinnern. Und nach einer Weile hat die Zeit in ihrem Gedächtnis fast den Zugriff verloren. Dieser Bau des heiligen Petrus erscheint ihr wie die geträumte Geschichte der Kirche: von Generation zu Generation kleine Korrekturen am Ganzen, die das Ewige, Wesentliche jedoch nicht verändern. Und so reihen sich all die aufgebotenen Namen zu einer langen, formschönen Kette, die zum Gebet glatt, kühl und widerstandslos durch die zählenden Finger gleitet.

Die antiken Zonen dagegen, die sie auf ihren Spaziergängen zwar besichtigt, sich aber nicht eingehender vorstellt, bleiben ihr, obwohl sie sich Mühe gibt, völlig fremd. Oft könnte man sogar glauben, nicht das antike, sondern das christliche Rom sei in ihrer Vorstellung das älteste Rom gewesen, so daß einem die grauen, farblosen Sarkophage wie Sarkophage von Störenfrieden und mürrischen Glaubenslosen erscheinen, die der christlichen Magie zum Glück irgendwann unterlagen.

Die Malereien Michelangelos in der Sistina – im Grunde enthalten sie all das, dessen der Glaube bedarf. Sie enthalten es zudem in der einleuchtendsten und zugleich einfachsten Form: in der einer Bilderzählung, deren Stationen nicht das Werdende, sondern das von den frühesten Zeiten an Dauernde beschwören. Da sind selbst die alten Propheten geduldet, obwohl sie die lange, schöne Geschichte von Gottvater bis zum Jüngsten Gericht unnötig bereichern und beinahe ausufern lassen. Nur die dunklen Sibyllen, sie bleiben fremd, und M. empfindet diese Erscheinungen sofort als eine schwere, heidnische Last. Im stillen träumt sie sich ihre Kirche als eine jungfräuliche Erscheinung: unberührt von anderen Kulten, nur aus eigener Kraft den Erlöser gebärend, dessen Gestalt für sie die Gestalt des strahlenden, gebietenden Christus ist, wie Michelangelo sie im Jüngsten Gericht dann erfand.

Deutschlanddebatte

In den italienischen Medien hat sich das Interesse an der deutschen Wiedervereinigung zwar wie fast überall beruhigt, geblieben ist aber ein nicht abnehmendes Nachfragen, was diese Wiedervereinigung nun bedeuten und welche Folgen sie haben könnte. Das Thema ist jetzt weniger ein Thema der täglichen Nachrichten als eines der Kommentare, in denen sich die bekannten Interpreten der Weltlage darum bemühen, der Zukunft ein verläßliches Bild abzugewinnen.

Da auch die gegenwärtig in Rom, Villa Massimo, lebenden drei deutschen Schriftsteller nicht ungefragt davonkommen sollen, hat man sie zur Gestaltung einer öffentlichen Diskussionsrunde aufgefordert. Die Unterhaltung soll von einer italienischen Übersetzerin und Deutschlandexpertin geleitet werden, die sich bereits im Vorgespräch, in kleiner Runde, als wahre Enthusiastin zu erkennen gibt, die dem Thema lauter verblüffende Perspektiven abgewinnt. Wittenberg!, ruft sie dann, Naumburg! …, das Deutschland Luthers! …– das muß ein großes Gefühl für Sie sein, das alles wiedervereinigt zu sehen!

Die drei deutschen Schriftsteller schauen still vor sich hin, als seien sie derlei Ausbrüche längst gewohnt oder in Gedanken woanders.

Ah!, treibt die Deutschlandexpertin weiter an, und die deutschen Schriftsteller ducken sich beinahe angesichts dieses rhetorischen Feuers, die Kanzel Luthers in Wittenberg!, die Naumburger Uta!, der Dom zu Magdeburg! …: was sich so anhört, als seien all diese Erreger schwere Eismassen, die durch intensive rhetorische Beschwörung zum Schmelzen gebracht werden könnten.

Wo setzen wir an, fragt die Deutschlandexpertin, und es ist ihr anzumerken, daß sie am liebsten das ganze Abendland aufbieten würde, um ein munteres historisches Deutschlandtänzchen zu wagen.

Tja, sagt der erste deutsche Schriftsteller und schaut streng geradeaus. Man muß nicht unbedingt etwas zu allem und jedem sagen, meint der zweite und streicht sich durchs Haar. Das alles, lenkt der dritte ab, bedürfte ausführlicher Vorbereitung.

Die Deutschlandexpertin läßt jedoch noch nicht lokker. Sie inszeniert das große Land nördlich der Alpen als eine Art gigantisches Brachland, das mit einer verschwenderischen Suada bearbeitet werden muß. Die Wiedervereinigung soll schließlich nicht untergehen, sie soll sich auflösen in lodernde Rhetorik, das ist man ihr schuldig, denn irgendwo wird sie in den Annalen einmal erscheinen.

Das Bewußtsein aber, es mit einem annalenträchtigen Thema zu tun zu haben, treibt sie mit der Zeit, vor den Augen der unerbittlich schweigenden deutschen Schriftsteller, in immer vermessenere Höhen. Schon neigen sich die Kaiserdome des Rheinlands wie schwere Wimpel nach Osten, um ihre Spitzen mit denen der Dome von Halberstadt und Quedlinburg zu verbinden, während Elbe, Donau und Rhein ein archaisches Raster bilden, auf dem die Germanen mit den Römern um die Vorherrschaft segeln.

Tja, sagt der erste deutsche Schriftsteller endlich und

steht auf. Man muß wirklich nicht zu allem etwas sagen, auch nicht als Schriftsteller, sagt der zweite deutsche Schriftsteller. Ohne gute Vorbereitung wird nichts draus werden, sagt der dritte deutsche Schriftsteller und verabschiedet sich.

Draußen aber, hinter den Lorbeerhecken, stellen alle drei sich zusammen und brechen plötzlich, als wollten sie sich massiv erleichtern, in ein nicht endenwollendes Gelächter aus.

Mysterienfeiern

ER HAT, wie ich später erfahre, am Nachmittag einen längeren Vortrag gehalten. Um sich zu entspannen, ist er danach eine Weile durch die Straßen flaniert, auf den Gehstock mit dem kräftigen, silbernen Knauf gestützt. Zu einem Glas Wein hat er sich in die hinteren Räume einer Weinhandlung begeben, wo er in seinen Zeitungen blättert, eine längst erloschene ›Antico Toscano‹ im Mund.

Dort begegne ich ihm kurz darauf. Er hat die Lust am Lesen verloren und am Nebentisch den jungen Mann zur Kenntnis genommen, der sich in deutsche Schriften vertieft. Er will wissen, was der junge Mann liest, gestatten, und so wechselt er den Tisch, bestellt für beide eine Karaffe Wein und setzt das Gespräch, wenn es erlaubt ist, deutsch fort. Deutsch spricht er seit zwanzig Jahren, er hatte einmal eine hohe Stelle dort oben inne, zwei große Büros, eines in Frankfurt, eines in Rom, er war so etwas wie der oberste Koordinator der italienischen Gastronomie in Deutschland, diese Aufgabe hat er jetzt einem Nachfolger übertragen, während er selbst die Verbindungen pflegt, rein repräsentativ, Deutschland-Italien, Sie verstehen.

Seine heimliche Passion aber ist die Literatur, vor allem die deutsche, und da er den jungen Mann beim Lesen ertappte, möchte er ihn verwickeln in ein Gespräch über sein Laster, dem er, wie er sagt, die meisten nächtlichen Stunden schenkt. Ja, er leidet unter Schlafstörungen, ein halbes Leben lang schon, inzwischen hat er sich daran gewöhnt, und außerdem verdankt er den Schlafstörungen seine Deutschkenntnisse, die, wie der junge Mann bemerkt, außerordentlich sind, denn er spricht ein beinahe romanisches Deutsch, eine Art Buddenbrooks-Deutsch, distanziert und gewählt.

Als er bei der zweiten Karaffe erfährt, daß der junge Mann ein Schriftsteller ist, zeigt er sich so begeistert, als sei er einer Fußballgröße begegnet; daß der junge Mann zweitens Stipendiat der Deutschen Akademie, Villa Massimo, ist, läßt ihn vermuten, es handle sich um einen der möglichen Nachfolger Thomas Manns; und da der junge Mann drittens sich als Romancier ausgibt, scheint endgültig festzustehen, daß dieser Abend ein lichtes Ereignis darstellt, einen jener Höhepunkte von Begegnungen, die eben nur der Zufall so sicher gestaltet.

Nach der zweiten Karaffe wird telefoniert, denn hier, an dieser gewiß guten, aber einfachen Stätte, läßt sich das Ereignis nicht feiern, und so lädt er den jungen Mann in die Via Margutta ein, in eines jener römischen

Prachtlokale der allerobersten Kategorie, die der junge Mann zuvor noch nie betreten hat. Die Via Margutta ist eine Legende, sie ist das nostalgische Relikt römischer Künstlerkolonien, ihr ermüdetes, aber luxuriöses Zitat, voller Galerien, Hinterhöfe und prunkvoller Antiquitätengeschäfte.

Dort wird gespeist, viereinhalb Stunden, und der Vereinbarung zufolge, die zu Beginn der Mahlzeit getroffen wird, kostet der junge Mann auf diesem langen Weg ins animalische Schlemmen vor allem jene Speisen, deren Genuß ihm aus unerfindlichen Gründen bisher weitgehend versagt war.

Auch die aufgebotenen Weine sind von einer Qualität, daß der junge Mann laufend auf das hymnische Vokabular zurückgreift, mit einer Entschuldigung, wenn er den lyrischen Ton manchmal um Nuancen verfehlt. Zur Einzigartigkeit dieser raren Momente trägt ferner bei, daß die Unterhaltung gegenüber der raffinierten Feinheit der Speisen nicht abfällt, im Gegenteil, sie macht diese hybriden Steigerungen, die von erlesenen Artischockenfüllungen über Trüffelexzesse bis zu dämonischen Innereien in exquisiten Barolo-Saucen führen, leicht mit.

Am Ende hat es den Anschein, als sei der junge Mann aufgenommen in einen Orden, der sich in den römischen Nächten an geheim gehaltenen Plätzen einfindet, um den kulinarischen mit dem rhetorischen Genuß zu verbinden, Musik höchstens am Rande. Jedenfalls notiert der Gastgeber nach Beendigung aller Rituale, gegen drei Uhr nachts, Name, Adresse und Telefon, sehr exakt, und gibt zu verstehen, daß für das weitere Leben des jungen Mannes in Rom von nun an gesorgt sei.

Fünf Tage später erhalte ich eine telefonische Einladung. Ich werde gebeten, mich des Nachts, nach 22 Uhr, in einem Haus nahe der Spanischen Treppe einzufinden, wo sich ein nicht weiter bezeichneter Kreis kulturell inspirierter Menschen der schönen Geselligkeit hinzugeben scheint.

An der Tür der panoramatischen Wohnung, einer geschickten Symbiose aus Zimmern, kleinen Treppen und offenen Terrassen, von denen aus man dem römischen Luxus ringsum mitten ins Herz zu schauen glaubt, empfängt mich ein junger Mann, der über einem weißen, an den Oberarmen dramatisch aufgebauschten Hemd eine rote Samtweste trägt. Seine kurze Begrüßung ist derart mit Zitaten gespickt, daß ich sofort die Hoffnung fahren lasse, ihm etwas in derselben Manier zurückgurren zu können. Um mich nicht vollends in Verlegenheit zu bringen, antworte ich auf deutsch, wobei ich hoffe, daß die fremde Sprache ihn zwingt, seinem ausufernden Worttalent Zügel anzulegen. Ich habe mich jedoch getäuscht, denn ohne sich lange zu besinnen, antwortet er ebenfalls deutsch, ohne Akzent, sicher und allerdings knapp, als sei diese Sprache, verbrockt, ein einziges Dickicht, es nicht wert, ausführlicher bedient zu werden.

Von nun an bin ich allein, wenn ich mich auch in einer von Stunde zu Stunde anwachsenden Gesellschaft bewege. Ich werde immer wieder gegrüßt, freundlich, ja enthusiastisch, doch mit einem Abstand, der mich glauben läßt, man halte mich für einen fremdländischen Magier, dessen Kreise man besser nicht stört. Das Personal, ausschließlich junge Männer in weißen Hemden mit roten

Samtwesten, bedient mich mit einer Zuvorkommenheit, als hätte ich weiß Gott welche Meriten.

Manchmal versuche ich einen Scherz zu machen, um hier und da ins Gespräch einzusteigen, doch meist begrenzt man den Dialog auf ein elegantes Anstoßen, dem eine knappe Eloge auf die schöne Nacht folgt. Zweimal höre ich aus diesem Hymnus ein Baudelaire-Zitat heraus, einmal glaube ich, an ein Gedicht von Montale erinnert zu werden, doch ich bin sicher, in diesem brodelnden Stimmengewirr nicht einmal einen kleinen Teil der vermischten Andeutungen verstanden zu haben.

Und so gebe ich dieses Gesellschaftsturnier insgeheim auf, ich nehme eine der kleinen Treppen zur weitläufigen Dachterrasse, lasse mir kurz nach Mitternacht einen Teller mit Lasagne servieren und genieße die Umgebung: vor meinen Augen flimmern die gestutzten Zeigefinger von Trinità dei Monti, zur Linken überhängt der gewichtige Bau der Villa Medici das Efeumeer einer Brüstung und, noch weiter entfernt, lodert der Aufstieg zum Pincio, auf dessen Höhe jetzt die Motorräder kreisen, um das drohende, endgültige Dunkel der Nacht noch eine Zeit in den Wäldern zu halten.

Das alles ist schön, ganz gewiß, ich habe keine weiteren Wünsche, ich nehme mir vor, noch eine halbe Stunde zu bleiben, um dann, ohne aufzufallen, das Weite zu suchen, als sich einer der sprachbegabten Knaben mir zuneigt, um mich, leise flüsternd, als ginge es um obszöne Themen, zu fragen, ob ich gleich vortragen wolle.

Ich lasse mir Zeit, ich schaue hinüber zu den lockenden Architekturen, und ich versuche den Eindruck zu erwecken, als träfe diese Frage eine heiße Erwartung.

Dann aber bitte ich, mich für diesen Abend zu entschuldigen, leider, gewiß, doch heute, gerade heute, fühlte ich mich nicht in der Lage, längere Stellen zu rezitieren.

Er erwidert meinen Blick mit einem Nicken, als komme dergleichen immer mal vor, dann verschwindet er eilig, vielleicht auf der Suche nach weiteren Opfern.

Wenig später höre ich so etwas wie einen Schrei, oder, genauer, einen sich in der Höhe recht lange und markant aufhaltenden Ton, der einen geradezu zwingt, die Dachterrasse zu verlassen, um sich in die unteren Räumlichkeiten zu begeben, wo drei Herren mittleren Alters, stehend, den Nebenmann streng ignorierend, nacheinander ihre Gedichte vortragen, jeweils eins, der Reihe nach, so daß man die drei Temperamente in rascher Folge zu hören bekommt.

Es handelt sich um italienische, französische und portugiesische Gedichte, doch diese Zuordnung ist die einzige, die mir gelingt, denn alles andere hört sich an, als hätte ein einziger Autor all diese Verse verfaßt. Der sich immer mehr verfestigende Eindruck ist nämlich der eines lyrischen Schlachtens, eines massakrierenden Ausweidens, Ekstasen in der Art jener barocken Orgien, wie sie Geheimbünden gut angestanden hätten.

Dabei gebärden sich die drei lyrischen Talente alle in derselben Manier: grollend, die Worte auf dem Hackbrett der Zunge zerreibend, sinnlich, als zwänge sie irgendeine Hypnose, nur noch Ameisenleber zu essen, und aufbegehrend, als gelte es, den Parnaß in einer Art Reitersturm so zu nehmen, daß kein Apoll mehr neben dem anderen bleibt.

Das alles ist komisch, sehr komisch, und doch scheine ich der einzige zu sein, der das Lachen unterdrückt, neben mir jedenfalls gehen die Herrschaften begeistert mit, zischeln sich etwas zu, schnalzen nach einem Gedicht überlegen, ja, beinahe hysterisch und folgen dem Orkan der metrischen Abenteuer wie ein munter gestimmter Chor, der manchmal die Melodien der Vorsänger begleitet und sich hin und her wiegen läßt.

Nach einer halben Stunde sind die Explosionen vorbei, erst jetzt schmettert der Applaus alle Einwände sofort in den Orkus, denn es handelt sich um einen, was die Lautstärke betrifft, durchaus sportiven Applaus, einen, der sogar die Motorräder auf dem Pincio zum Schweigen bringen könnte.

Eine solche Darbietung verläßt man nicht, ohne dezent seinen Respekt zu beweisen. Meine Erkundigungen ergeben, daß es sich um drei Seminaristen handelt, um Priester des Herrn, denen die heilige Kirche versagt hat, ihre lyrischen Sensationen der Öffentlichkeit preiszugeben. Daher lesen diese unterdrückten Talente nur hier, man nennt ihre Namen nicht, man verschweigt ihre Herkunft, man lauscht nur diesen sich wie Fontänen in den Himmel aufrichtenden Klängen.

Noch dreimal folgt der junge Mann solchen Einladungen, und immer verlaufen die Zeremonien in derselben Weise. Die Lesungen, hat er inzwischen verstanden, sind ausschließlich lyrische Darbietungen, um so leichter hat er es, sich immer wieder zu entschuldigen, mit dem Hinweis darauf, daß er ein Epiker sei. Von Mal zu Mal wird er nun mehr ins Gespräch gezogen, und endlich gesteht man ihm, welche Freude er allen Beteiligten machen würde, mit deutschen Versen aufzuwarten.

Deutsche Verse nämlich wären mit der Zeit so etwas geworden wie eine Rarität, die Gesellschaft hätte sie angeblich schon seit Monaten vermißt, jetzt aber, vor der Sommerpause, wünschte sich alle Welt nichts sehnlicher, als mit ein paar deutschen Versen die letzte, große Soirée zu beenden.

Der junge Mann hatte schon verstanden, doch hatten ihn diese Wünsche in eine der ärgsten Verlegenheiten seines dichterischen Daseins versetzt. Um es ganz offen zu sagen, so hatte er sich noch nie daran gemacht, ein paar Verse zu schreiben. Alles, was er je geschrieben hatte, war Prosa gewesen, selbst in Jahrzehnten hatte er diesen spröde nur scheinenden Rhythmen die Treue gehalten.

Aber er konnte nicht ablehnen, und so kleidete er sich zu der vierten Einladung in einen passenden schwarzen Anzug, lieh sich eine Weste aus, versah das Knopfloch des Anzugs mit einer immens duftenden, exotischen Blume und trat in einer ihm unvergeßlich bleibenden Nacht in der Nähe der Piazza Navona mit Versen auf, die er auswendig gelernt hatte.

Sicher, es waren seine eigenen Verse gewesen, aber er hatte sie doch mit diversen Zutaten bestäubt, mit Reminiszenzen aus den Gedichten Góngoras und mit ähnlich entlegenen Duftnoten. Er, der bei Lesungen sonst die Ruhe selbst blieb, hörte sein Herz so laut schlagen, als pumpte es im Verbund mit den Versen heißes Perlmutt in die Ohren, er, der sich niemals hatte hinreißen lassen, den Vortragston stark zu verändern, schien immer mehr auszugleiten auf dem glatten Parkett seiner Rhythmen, und doch erlebte er in diesem Rasen, das ihm vorkam, als sei jemand wie der junge Kinski in ihn gefahren, eine ungeahnte Bestätigung. Es war, als habe er, seit Jahren nur kleiner Cembalist inmitten des großen Orchesters, sich endlich aufgeschwungen zum Posten des Domorganisten.

Ich habe die drei Gedichte, die ich an diesem Abend vorgetragen habe, nicht vergessen; ich habe sie aber niemals aufgeschrieben. Ich habe ihre flüchtigen, einmaligen Fassungen bewahrt, die ich verbergen werde für immer, als sei ich ein Seminarist, der nur einmal, in tiefer Nacht, habe finden dürfen zum Verbotenen, Dunklen.

Der Bundespräsident

Liebe Katja G.,
heute morgen haben sie das große Tor des Villengeländes weit aufgerissen, und sofort ist eine Motorradeskorte hineingeprescht, lauter Polizisten in Schwarz, gefolgt von einer heulenden Phalanx poliertester Limousinen, daß der weiße Kies vor dem Haupthaus ordentlich umgequirlt wurde, die großen Zypressen ihr Schweigen ablegten und hinter den Büschen lauter Wachmänneraugen auftauchten. Im letzten Fahrzeug, chauffiert von einer graublaue Handschuhe tragenden Chauffeurskapazität, saßen der Bundespräsident und seine Gattin, die es sich nicht hatten nehmen lassen, während ihres

Epoche machenden Staatsbesuchs in Italien die Villa der deutschen Genies zu besuchen.

Die deutschen Genies warteten denn auch in einem der Ausstellungssäle, betont gelangweilt warteten sie, um schon im Vorfeld deutlich zu machen, daß sie den Staat richtig einzuschätzen wußten, so, wie es sich für junge Künstler gehört. Und so hatten sie sich denn auch nicht zurechtgemacht, nein, in ihren obligaten Sommerhemden und den sportiven Hellsommerhosen warteten sie auf den Bundespräsidenten, der zunächst noch anderes vorhatte. Orden wurden verliehen, Reden gehalten, Erfrischungen gebechert …, die jungen Genies warteten derweil, denn sie waren schon aus Deutschland gewohnt, daß die Alten gern unter sich blieben, immer hatten sie etwas miteinander zu kakeln, die Alten, immer noch ein weiteres Preischen und noch ein kleines Verdienstkreuz, davon hatten sie sich seit den Kriegszeiten einfach nicht trennen können, und damit würden sie weitermachen, das war gewiß, bis niemand mehr da wäre aus ihrer Riege, dem sie etwas hätten verleihen können. Endlich aber schien doch ein mageres Lüftchen hineinzuwehen in den Ausstellungswarteraum, in dem sich die deutschen Genies befanden, einige Sondierungselemente betraten den Raum, Herren in den besten Anzügen, fein proportioniert, mit den fixesten und raumgreifendsten Manieren. Und da wußten die Genies, daß der weise Mann bald selbst eintreten würde, denn solche Lüftchen wehten ihm überall voraus, daß er in ihrem Sog gleich in die Mitte jeden Wartens geweht wurde.

Und wahrhaftig, da kam er, eigenfüßig, behende, erfrischt und gut ausgeruht, in Präsidentenlaune, daß sich niemand gewundert hätte, von dieser Entschiedenheit gleich mit fortgerissen zu werden, am besten bis zur Mittagstafel irgendwo in einem Staatsbesucherpalais.

Ha!, rief der Präsident denn auch aus, um gleich zu markieren, wie er sich das Weitere dachte, ha!, da sind ja meine Genies, da stehen sie, wie glücklich sie dreinschauen, kein Wunder, in diesen Verhältnissen, das muß ein Glück sein, ein Wohlbefinden, ein auf Staatskosten Wohlbefinden! Nun sagt aber auch, daß Ihr glücklich hier seid, sagt's Eurem Präsidenten, Euch geht ja nichts ab, Ihr lebt wie die Fürsten!

Da scharrten die Genies aber mit ihren Schuhen über den Boden und schauten betreten vor sich hin, keiner wollte sein Glück so auf die Schnelle bekennen und keiner ein voreiliges Wörtchen rasch wagen, so daß sie sich, um abzulenken von diesem Dilemma, an ein paar Kleinigkeiten erinnerten und zum Beispiel riefen: Ach, Herr Bundespräsident, eine Schaukel wäre schön, für unsere Kinder! Und ein Sandkasten! Mehr braucht es nicht einmal zu sein! Das sei Euch gewährt, rief der Präsident, sehr gerührt, um dann die Reihe der Genies abzuschreiten und jedem von ihnen tief in die Augen zu blicken. Und wer ist dieser Große, Bedeutende, Ernste? wollte er wissen. Das ist der Dichter O., flüsterte ihm jemand ins Ohr, worauf er sich zubewegte auf den längst Anvisierten und ihm nachdenklich die Hand drückte. Ah, das ist O., murmelte er, dieser O. also, der Dichter O.! Schon viel gehört von seinen Dichtungen, im kleinen wie im großen, das ist also der Dichter O.!

Der Dichter O. wollte auch gerade anheben, aus seinen Werken zu rezitieren, etwas Neues, eine Bundespräsidentenpassage, als schon wieder ein Lüftchen wehte, seitwärts, und die ganze Versammlung von den blendend aussehenden Männern mit den fixesten Manieren wie durch einen lange geplanten Raumangriff in eine andere Richtung gewendet wurde, wendab, worauf sich die gesamte Kolonne auf den Weg machte, über den kaum zur Ruhe gekommenen Kies.

Wohin geht's?, hörte man rufen, wohin? Und die Antwort war, daß es dem Bundespräsidenten eigenfüßig gefalle, ein Geniestudio wohlwollend noch zu betreten. Ein Bildhauerstudio, hörte man weiter rufen, den Bundespräsidenten verlangt es nach einem Bildhauerstudio! Und ehe man folgen konnte, war auch gleich ein Bildhauerstudio aufgetan, und der Bundespräsident stand zum Glück in einem Studio des Handwerks, zwischen realen Skulpturen, die an andre reale Skulpturen erinnerten, als wäre es bis zur Antike gerade mal ein Katzensprung!

Hhm, hörte man den Bundespräsidenten sagen, und alle fragten sich, was hat er gesagt. Hhm, hat er gesagt, summte es auf dem ganzen Gelände, ein echt staatsmännisches Hhm! Und einige wollten schon ansetzen, sich dieses Hhm zu erläutern, doch dazu war nicht länger Zeit, denn seitwärts, wendab, da rumorte es schon in der Polizisteneskorte, und die großen Tore der Villa wedelten längst wieder im Sturm wie aufgeregte Hundeschwänze.

Weiter so, weiter so! … so!, rief der Bundespräsident den jungen Genies gerade noch zu, doch dann katapultierte ihn die allgemeine Bewegung hinüber zu den Eskorten, kaum, daß er noch Platz finden konnte in einer der poliertesten Limousinen, in die sich die feiernde und feixende Schar der lebendigen Alten inzwischen verdrückt hatte, und dann ging es, hui!, ab und davon!, und die jungen Genies hörten sie wieder kakeln und diplomatisch ein paar Schiffe versenken, bis die große Zypressenstille sich meldete, dunkel wie täglich, und nur ein paar Strohhüte im letzten Windzug noch hasteten über den Kies.

Der Ehrengast

Ehrengast der Villa Massimo für die Dauer von zwei Monaten ist Hans Joachim Schädlich. Er wohnt in einer Ehrengastwohnung im Haupthaus, unauffällig, allein, es sieht nicht aus, als legte er Wert auf viele Kontakte, und doch erscheint er oft im rechten Moment, ohne Vorankündigung, zu den sich meist zufällig ergebenden abendlichen Treffen, bei denen die anwesenden Schriftsteller sich manchmal auch auf ihr Schreiben besinnen.

Er setzt sich, hört zu, und spricht später recht langsam, aber gründlich, gedrängt, als müßte er seine Sätze sofort in eine dichte Form bringen. Diese Manier vertreibt aus seinen Sätzen den gesprächsüblichen Realismus; statt dessen glaubt man, die Lebensdinge von einer Parabelebene betrachtet zu sehen, aus weiter Entfernung, gelockert, befreit, wo sie darauf warten, gedeutet zu werden.

Bei diesen Unterhaltungen übers Metier sprechen die Schriftsteller meist in die Zukunft hinein. Sie erklären sich ihre Projekte, nicht im einzelnen, nicht in den Details, sondern so, als müßten sie ihre Vorlieben nennen: eine Stilhaltung, einen Gestus, ein Thema. Oft haben diese sehr groben Skizzen etwas von abenteuerlichen Plänen, als wären es zu groß geratene Entwürfe von Kindern, die keine Maßstäbe finden für ihre Basteleien.

Im Fall von Schädlich ist das jedoch anders. Seine Andeutungen hören sich an, als suchte er nach einem Weg, schreibend verschwinden zu können. Kein Thema, kein Stil – er phantasiert seine Schrift herab auf lauter Aussparungen, als wollte er in der Zukunft nur in den entlegensten Sandbahnen malen, kleine Unendlichkeitszeichen, die der nächste Wind wieder zerstreut. Und erneut hört man seine Rede aus einer sehr weiten Entfernung, als habe sich Schädlich entschlossen, nie mehr zurückzukehren in die Sphäre der naheliegenden Vergleiche und Sachen, um statt dessen zu warten, daß jedes Ding ihm darin folgte, doch endlich Metapher zu werden.

Auch zu Rom hat er, anders als viele Ehrengäste, die die Stadt mit einer altersbedingten Verklärung und Unschärfe betrachten, kein enges Verhältnis. Wenn ich ihn zum Spaziergang aufbrechen sehe, scheint da einer die Stadt auf die Probe zu stellen, ob sie sich etwas wird einfallen lassen für ihn und nur für ihn. Ich kann mir nicht vorstellen, daß ihn die viel besuchten Stätten anlocken oder daß er irgendwo länger verweilt. Aber ich kann mir denken, daß ihm durch eine Kleinigkeit für einen Moment etwas aufgeht, als habe ein gnädiger Blitz die Verhältnisse oben im Norden, in den Geschichten Berlins, anders beleuchtet.

Ich kann ihm nicht erzählen, daß ich seinen Erzählungsband »Versuchte Nähe«, der vor seiner Ausreise aus der DDR 1977 bei Rowohlt im Westen erschien, mitgenommen habe nach Rom. Er gehört zu den Büchern, in denen ich hier lese, nicht weil ich sie noch nicht kennen würde, sondern weil ich sie für ›Studierbücher‹ halte, Bücher, die man langsam, Satz für Satz, lesen kann, wobei sie eine purgatorische Wirkung entfalten.

Ich wußte nicht, daß ich Schädlich in Rom begegnen würde, vielleicht hätte ich den Band sonst zu Hause gelassen. Jetzt aber liegt das schmale Buch oben auf meinem Schreibtisch, und immer wenn ich es sehe, kommt mir der Anfang der Geschichte »Lebenszeichen« in Erinnerung, der lautet: »Zweiundvierzig Quadratzentimeter bleiben für Mitteilungen.«

Dieser Schädlich-Satz läßt mir nicht die Ruhe, und er wird immer aufdringlicher, je häufiger ich Schädlich begegne. Erst nach einer Weile begreife ich, was dieser Satz will. Er will, daß ich Schädlich erkläre, seine in den Abendrunden mitgeteilten Sätze erschienen mir wie eine asiatische Miniaturschrift, wie Mitteilungen, die Platz fänden auf einer halben Postkarte, auf zweiundvierzig Quadratzentimetern.

Einmal sehe ich ihn durch Zufall im weit geöffneten Fenster seiner Wohnung. Er raucht eine Zigarette und blickt hinaus in den Park. Er scheint darauf zu warten, daß der

Kies sich zu einer bestimmten, täglich wiederkehrenden Stunde zu gewissen Schriftzeichen formt, für eine halbe Minute, oder daß der Brunnen schräg gegenüber für eine kleine Pause unversehens schweigt oder daß die Zypressen zur Rechten und Linken kurz und für niemanden außer ihm sichtbar aufstampfen, weil sie genug haben von ihrer Böcklin-Herrlichkeit.

Er ist der ideale Ehrengast, als wollte er mathematisch genau beweisen, wozu dieser Status erfunden wurde und wofür er taugt. Immer wieder freut man sich nämlich, Schädlich zu sehen, als erhielte das gemeinsame Gespräch durch sein Dasein und Mitmachen etwas von Spannung und als sorgte er durch sein leicht spöttisches Spiel mit dem Gestus des Alters dafür, daß die Reden der anderen sich ohne Mühe entspannen.

Stipendiatenleben

Manche kommen mit einem Kleinbus, mit großer Familie, mit Fernsehen, mit eigener Satellitenanlage. Sie haben ihre deutsche Wohnung für die Dauer des Stipendiatenjahres vermietet, doch hier in Rom richten sie sich so ein, als seien sie noch immer zu Haus. Nur daß alles mehr Umstände macht, das Einkaufen, die Versorgung der Kinder! Sonst aber greift man auf Bewährtes zurück, der deutsche Alltag ist auch in Rom sehr präsent, und die, die nebenan wohnen, in den Studios rechts oder links, sind einfach die neuen Nachbarn, die man um etwas Zucker angeht oder um Waschmittel.

Die Innenstadt Roms ist weit. Wenn man sich aufmacht, bedeutet das einen Familienausflug, und da die Kleinen all die Antike, all die Museen und die Kirchen sowieso nicht sehr mögen, bleibt man meist auf dem hoch ummauerten und gesicherten Gelände der Villa, wo die Kleinen ihre Spielplätze haben und alles seinen ruhigen Gang geht.

Den Abend verbringt man draußen hinter der langen Reihe der Studios. Oft kommen die Nachbarn vorbei, man setzt sich zusammen, unterhält sich, tauscht Adressen aus, ein gutes Leben ist es, ja sicher, aber man spricht so nicht darüber.

Manche kommen allein. Schon nach wenigen Tagen verlieren sie sich in den großen Studios, die eine Person kaum besetzt. Sie durchkreisen die Räume, aber es hilft nichts, sie jagen doch nur die Stille, und die Stille läßt sich von einzelnen Gegnern nicht leicht vertreiben, man muß gegen sie angehen, mit aller Kraft.

Oft sitzen sie an ihrem Eßtisch mit hochgezogenen Schultern. Irgend etwas stimmt heute nicht. Woher kommt dieses Tropfen? Und was drückt so vehement gegen die Fenster?

Sie versuchen, Hand anzulegen, hier etwas zu ordnen, dort den Tisch einmal anders zu stellen. Doch die Tage sind lang, man arbeitet nicht laufend, und wenn man sich hinfallen läßt, in einen Sessel oder auch einfach nur auf den Boden, wächst sofort das geschäftige Ameisenrumoren, das sich vom Hinterkopf hinaufzieht bis in die Stirn.

Also hinaus, man gesellt sich rasch zu den Nachbarn. Und wem das nicht gelingt oder wer das nicht will, der sitzt an den Abenden stumm auf seinem Platz und stemmt die von Stunde zu Stunde schwerer werdenden Gewichte der Nacht.

Am besten haben es nach gängiger Meinung die kinderlosen und zupackenden Paare getroffen, die viel Zeit haben, ihren Haushalt zu ordnen, und daraus etwas betont Spielerisches machen, ein launiges Marktschlendern, ein ambitioniertes Einkaufen lang ausgesuchter Eßraritäten, die in den Mußestunden des Abends mit viel Text bestäubt werden und im Ofen gewendet, gedreht.

Ihnen gelingt es leicht, die Tage zu planen, ein kurzer Ausflug ans Meer wäre nicht schlecht, oder eine Tagesreise, in die Berge, wo man für Stunden in einem der ausgestorbenen Dörfer durchatmet.

Einer widmet sich tagsüber für wenige Stunden der Kunst, während der andere die Gelände sondiert, durch die nahegelegenen Straßen streift oder in irgendeinem der neueren Romführer blättert, die sich spezialisiert haben auf Bedürfnisse der Freizeit.

Öffnete man die großen Studiotüren, so könnte man sie jetzt im idealen Fall sehen, wie sie sich in den Ateliers eingerichtet haben: den Bildhauer, der sich Antikenabdrücke besorgt hat, um nach diesen Modellen zu arbeiten, den Komponisten, der auf dem großen Flügel immer dieselben Passagen durchgeht, die Malerin, die mit forschem Gestus ihre großen, dramatischen Formate gestaltet, den Architekten, der sich über die Skizzen eines

Gebäudes beugt, das irgendwo in Deutschland entstehen soll, in ein paar Jahren. Nur die Schriftsteller haben sich in kleinen Zellen versteckt, wo sie ihre Körper, als müßten sie den leeren Raum hinter dem Rücken abwehren oder beruhigen, schützend über die Schreibtische lehnen.

Bald ist Mittag. Irgendwo geht ein Ehrengast so langsam über den Kies, als sollte ihn jeder Schritt mit einem Erschauern belohnen. Die Ehrengastgattin richtet das Mahl. Es gibt viel Grünes, Gesundes, ein Stengelchen Broccoli oder einen kleinen Rughetta-Salat, dazu ein Viertelchen Weißwein und sehr viel Wasser.

Noch einen Blick auf die Künstler. Jetzt, kurz vor Mittag, setzt die Vorlust auf nahe Entspannung bei ihnen etwas Betriebsames, Werkelndes frei. Sowieso hat das Arbeiten in diesem Ambiente etwas Dekoratives, dem man nur mit harschen Verweigerungen entkommt. Dann platzt einer los, schreit in die Stille, zerschlägt Inventar und droht dem römischen Himmel, als sei er der heilige Rolf-Dieter Brinkmann.

Im Villino, einem kleinen, ummauerten Innenhof ganz am Rand des Geländes, ist der Ort der Debatten. Neben dem Orangenbäumchen sitzt der Schriftsteller Richard Wagner, ein rumäniendeutscher Autor, der Rumänien aber schon vor Jahren verlassen hat, verfolgt und vertrieben. Wagner fragt sich, was ihm an Rom gefallen sollte. Die Antike ist eindeutig ein Mißverständnis, denn die heutigen Römer haben mit den früheren nicht das geringste zu tun; statt dessen ähneln sie, wie Wagner an vielen Fällen exakt zu beweisen versteht, den Rumänen. Wenn Wagner also durch Rom fährt, ist er meist auf der Hut, um den rumänischen Gesten nicht zu erliegen.

Gibt es noch etwas, womit Rom ihn beschenkt? Ein guter Film, ein Schwarz-Weiß-Film aus den fünfziger Jahren, in einem winzigen Seitenstraßenkino, ja, vielleicht. Oder ein Band mit Erzählungen von Peter Bichsel, gerade neu aufgenommen in die Bestände der Bibliothek, ja, auch das.

Das größte Geschenk, das ihm Rom aber machen könnte, wäre, sich sofort in Berlin zu verwandeln. Ein gutes Jahresstipendium, jetzt, genau jetzt in Berlin, das allein machte Rom ganz erträglich.

Viele empfinden das Gewaltige, streng Abendländische dieser Stadt als eine Zumutung und wenden sich strikt davon ab. Sie wollen sich nicht darauf einlassen, an diesen Epochenschichten zu kratzen, als hätte es doch keinen Sinn, weil man ins Bodenlose abglitte. Daher durchstreifen sie das Meisterwerk dieser Stadt wie ein schwüles Gewächshaus, in dem man die wuchernden, eigensinnig erscheinenden Pflanzen nicht gerne berührt.

Manchen steht auch der Katholizismus im Wege. Schon aus Prinzip lassen sie all die Kirchen links liegen, als bedeutete jedes Betreten schon einen Verrat.

So haben ihre Gänge durch Rom oft etwas von einem Parcours; am liebsten würden sie die Hindernisse leicht hinter sich lassen, doch die geben den Takt an, so daß man laufend ausweicht, sie unterläuft oder von ihnen zur Seite gedrückt wird. Dann nimmt man Platz in einem Straßencafé; gleich kommt der Kellner und serviert schon mit dem zweiten Erscheinen die deftige Rechnung.

Und dann gibt es auch Stipendiaten, die das Terrain der Villa nie der Stadt, sondern höchstens eines Ferienausfluges wegen verlassen. Diese Ausflüge gehen fast immer ans Meer, an eine der von anderen Stipendiaten empfohlenen Küsten oder gleich auf eine Sonneninsel, die man nur mit dem Schnellboot erreicht.

Sonst aber wird gearbeitet, zügig, so wie zu Haus. Man hält die Stadt von sich fern, sie ist nur noch die Kulisse der eigenen Arbeit, und irgendwann bestellt man ein beeindruckendes Automobil, um die neuen Exponate auf schnellstem Wege in die Galerien, nach Deutschland, zu schaffen.

Manchmal begegnen sich zwei, die sich eine Zeitlang nicht sahen. Denen fällt es dann schwer, sich deutsch zu grüßen und auch weiterhin komplett deutsch zu befragen, als begegneten sie sich gerade in Bottrop. Aus Höflichkeit servieren sie sich einige Brocken, doch wenn sie voneinander lassen und jeder weitereilt in seiner Richtung, überfällt sie so etwas wie Scham, daß sie in diesen römischen Szenen auftraten wie dickfellige, wortfaule Barbaren.

Draußen ist Rom, doch auf dem Gelände der Villa lagern die Künstler sehr deutsch, als sei ihnen aufgetragen worden, auszuharren auf einem Zeltplatz, damit sie lernten, nicht mehr an Zuhause zu denken und schließlich von Rom in den Nächten zu träumen.

– Und du? Woran arbeitest du?
– Ich? Ich sitze an keiner Arbeit. Ich schreibe nur jeden Tag zwei, drei Stunden genau auf, was ich gesehen habe.
– Und das reicht dir?
– Das reicht. Die Hausarbeiten mach ich in Deutschland. Jetzt aber nehm ich mir alle Zeit, die Stadt noch genauer kennenzulernen.
– Aber du kennst die Stadt schon, du warst schon oft hier, zusammen mehr als ein Jahr.
– Um so größer ist jetzt das Vergnügen.
– Du beschenkst dich also mit Rom?
– Ja, ich mach mir die Tage hier zum Geschenk.
– Was machst du heut abend?

– Nunc est bibendum, nunc pede libero
pulsansa tellus, nunc Saliaribus
ornare pulvinar deorum
tempus erat dapibus, sodales.

– Und das heißt?

– Nun heißt es trinken, nun mit dem Fuße frei
stampfen die Erde, nun nach Salierart
schmücken das Lager der Götter
zum Festmahl – Zeit war's, Kameraden!

Gespenster

Im GOETHE-INSTITUT zeigt man eine Retrospektive mit Filmen von Konrad Wolf. Die Vorstellungen sind überfüllt, denn ›Deutschland‹ ist jetzt ein Thema für Abendunterhaltungen. Vor allem die alte DDR interessiert plötzlich die jugendlichen Massen, die erst nach ihrem Verschwinden bemerkt zu haben scheinen, daß es sie wirklich gab. Da Konrad Wolf als ihr bedeutendster Filmemacher gilt, glauben viele, aus dieser Retrospektive etwas über den Geist der früheren Jahre erfahren zu können. Und so sitzen sie dicht gedrängt, erwartungsvoll, und folgen den Synchrontexten, während die deutschen Originalstimmen leise und gedämpft, wie aus einer elegischen Stille, von der Leinwand kommen.

Und plötzlich sieht man wieder die alten deutschen Gesichter, die Männergesichter des Krieges, scharf geschnitten und unendlich ermüdet, die in dieser römischen Szene wie matte, überanstrengte Gespenster erscheinen. Man hört von ihren Zweifeln, von Alternativen und viel, sehr viel von Moral. Manche Gestalten wirken wegen all ihrer Bedenken und des unaufhörlichen Für und Wider geradezu mitleidheischend verkrampft, sie schütteln sich richtiggehend unter der Last.

Und während sie nach Auswegen suchen, dem Krieg zu entkommen, auf der richtigen Seite zu kämpfen, nicht schuldig zu werden, wächst am Horizont immer deutlicher das Ideal vom guten Menschen, der den Widerständen trotzt und sich selbst treu bleibt.

Alle Wege münden in diesen Fünfziger-Jahre-Humanismus, in eine schlichte, treudeutsche Vision, der gute Mensch in der kämpferischen Gemeinschaft, die auch die Zukunft nur für eine unendliche Bewährungsprobe für das richtige Verhalten hält.

Und so sind die Menschen in diesen Filmen so sehr gesellschaftliche Wesen, Wesen im Kampf um Prinzipien, um dauerhafte Erkenntnis, bedrängt von höheren Interessen, daß sie nicht einmal lieben dürfen, ohne daß ihre Liebe zumindest drei ethische Widersprüche aufdeckte.

Den Frauen fällt dabei oft die Rolle der geraden und guten Seele zu, die in dieser Art, hilflos, bittend, aber die Wahrheit und Ruhe selbst, für die vergrübelten Mannsbilder eine einzige Strapaze darstellt. Im Grunde wollen auch viele dieser Männer so sein: hilflos, nur dem eigenen Fühlen hingegeben, aber irgend etwas Diffuses, Trotziges treibt sie dann um, und sie wenden sich ab, als gebiete ihnen ein hartes und unergründliches Schicksal, Zäune zu bauen im Hinterland.

Es strengt an, diese Filme zu sehen, nicht, weil ihre Themen so hoffnungslos Themen von gestern sind, sondern weil man als Zuschauer mitbekommt, wie der Regisseur die Sympathien verteilt und weil es einen überfordert, Menschen nur als Widerspruchs-, Hoffnungs- oder Moralträger zu begreifen. Alle Gestalten Wolfs aber werden gedrängt, solche Wege zu gehen, ›Wege‹ sind geradezu typisch für Wolfs Auffassung von der Gestalt, und wenn sie gelingen, führen sie, nach vielen Qualen und Windungen, heraus aus der vereinzelten Seele hinein in die Gemeinschaft der Guten, wo jeder dem anderen etwas abgibt vom Ideal der Reinheit.

Die jungen römischen Zuschauer hatten etwas anderes erwartet, der moralische Rigorismus, an dessen Ende die sozialistische Katharsis lauert, läßt sie nur noch aufstöhnen und ausharren. Nach der Vorstellung schießen die kleinen Gruppen hinaus, bleich vor Langeweile, und widmen sich sofort, als hätten sie eine nicht weiter erwähnenswerte Pflichtveranstaltung überstanden, dem ausgelassenen Jux.

Putschtage

In den zurückliegenden drei Augusttagen des Jahres 1991 wurden die Stipendiaten der Deutschen Akademie Villa Massimo, Rom, von den einander jagenden und beinahe stündlich widersprechenden Nachrichten aus Moskau erheblich in ihrer sonst ruhigen Arbeit gestört. Schon am Montagmorgen, dem 19. August, kam einem von ihnen, der sich durch sein stark ausgeprägtes politisches Interesse von den anderen abhebt, zu Ohren, daß ein gewisser Vizepräsident Janajew die Macht übernommen habe, da Präsident Gorbatschow angeblich erkrankt sei.

Während man noch zu erkunden suchte, wer dieser Janajew sei, war von einem Komitee von acht Männern die Rede, die den weitgehend unbekannten Janajew an Unbekanntheit noch zu übertreffen versuchten. In von den deutschen Stipendiaten sofort gebildeten Debattierzirkeln wurde dieses Ausmaß an Unbekanntheit als maßlose Frechheit empfunden, verhinderte sie doch die Möglichkeit, den Feind deutlich beim Namen zu nennen und zielsicher zu orten.

Wie aus Fernsehbildern des sich als diffus und dem historischen Augenblick nicht gewachsen zeigenden italienischen Fernsehens hervorzugehen schien, hatten die Putschisten erhebliche Truppenverbände aufgeboten, um zentrale Punkte der Stadt Moskau zu besetzen. Die dadurch eingetretene sogenannte Lage wurde von den deutschen Stipendiaten als so befremdlich empfunden, daß sie sich umgehend weigerten, sie anzuerkennen. Statt dessen riefen sie zu einer Vollversammlung auf, die jedoch vorerst aus organisatorischen Gründen nicht zustande kam.

Um sich aber dennoch der sogenannten Lage gewachsen zu zeigen, verbrachten einige Stipendiaten Stunden des Abends und der wohlverdienten Nachtruhe vor dem sonst gemiedenen und sich weiterhin als diffus erweisenden italienischen Fernsehen, nicht ohne ihren Abscheu über den Putsch in Moskau und über das diffuse italienische Fernsehen mehrmals deutlich zum Ausdruck zu bringen. Unklar blieb, ob die theatralischen Gesten des russischen Präsidenten Jelzin, der sich mehrmals auf einem Panzer zeigte, ohne daß solchen Gesten viel Erfolg zugetraut werden konnte, mehr auf das Konto des russischen Widerstandes oder auf das des diffusen italienischen Fernsehprogramms gingen, dem man leicht zutrauen konnte, theatralische Bilder von gestern in die brandneuen Welten von heute zu schmuggeln. Am nächsten Morgen würde man im Fall einer Fehlberichterstattung, da waren sich die deutschen Stipendiaten einig, einfach erklären, man habe in der vergangenen Nacht versehentlich die Kassetten vertauscht.

Als jedoch am kommenden Morgen noch immer die theatralischen Gesten des russischen Präsidenten Jelzin zu sehen waren, beschlossen die schon früh vor dem italienischen Fernsehen versammelten deutschen Stipendiaten, diese Bilder zu historischen Bildern zu erklären. Historische Bilder, wußten die deutschen Stipendiaten und insbesondere die Schriftsteller unter ihnen, waren nicht aus dem Gedächtnis und daher auch aus keinem noch so diffusen italienischen Fernsehprogramm mehr zu tilgen.

Dieser deutlichen Meinung schienen sich mit der Zeit auch die russischen Verhältnisse angepaßt zu haben, ging doch aus den italienischen Fernsehberichten immer deutlicher hervor, daß die Kampftruppen so einig nicht waren, wie sie das italienische diffuse Fernsehprogramm am Tag zuvor noch dargestellt hatte. Immer wieder wurden in diesen Berichten jedoch Stadtpläne von Moskau eingeblendet, die an Unübersichtlichkeit nichts zu wünschen übrig ließen und den Putsch als eine Art Sandkastenspiel erscheinen ließen, als wollte das italienische Fernsehen sich einen Spaß daraus machen, seine Zuschauer ›Putsch‹ spielen zu lassen.

Mal war es selbst Verbänden von Schützenpanzern der Putschisten nicht gelungen, ein paar offensichtlich dilettantische Barrikaden zu durchbrechen, mal zeigten die Bilder einen einzelnen Panzer in Flammen, als sei mit diesem Treffer schon der ganze Aufstand gebrochen.

Als am Morgen des dritten Tages aber bekannt wurde, daß das italienische Fernsehen das Putschspiel treffend gestaltet und wider Erwarten raffend ausgemalt hatte, zeigten sich die deutschen Stipendiaten vom Zusammenbruch des Putsches und von der raffinierten, erst auf den zweiten Blick zu durchschauenden Darstellungstaktik des italienischen Fernsehens so begeistert, daß sie umgehend beschlossen, nun sofort, um jeden Preis, auch wider alle organisatorischen Hindernisse, eine Vollversammlung einzuberufen.

Diese Vollversammlung der deutschen Stipendiaten fand am Abend des dritten Putschtages statt. In ihrem Verlauf erklärten sich die deutschen Stipendiaten zu Siegern.

Brief an Katja G.

Liebe Katja G.,
erinnern Sie sich an einen Brief, in dem ich Ihnen von meinen Zweifeln an den Fähigkeiten des Genossen Gorbatschow schrieb? Damals versuchte ich Ihnen zu schildern, welche Vorstellung die Deutschen vom russischen Menschen haben, wobei herauskam, daß der Genosse Gorbatschow gerade diese Vorstellung nicht erfüllt, sondern sich eher darin gefällt, den um die dämonischen Belange des russischen Daseins Unbekümmerten zu spielen. Jetzt, wo jedermann seine Unbekümmertheit mitbekommen hat, wurde sie ihm zum Verhängnis, und der Genosse Gorbatschow ist in diesen drei Augusttagen für alle Welt zu einem Rätsel geworden.

Daß er die Macht verloren hat, konnte jedermann sehen, der ihn mit Frau und Enkelin das Flugzeug verlassen sah, das ihn von seinem Ferienaufenthalt auf der Krim zurückbrachte nach Moskau. Er sah aus wie ein Geschockter, wie einer, der jahrelang die Wahrheit nicht hatte hören wollen und dem man sie nun mit Gewalt gesagt hatte. Sollte das noch der Präsident eines Imperiums sein? Und kam es vielen Beobachtern jetzt nicht besonders seltsam vor, daß gerade dieser Mann für einige Zeit die Rolle des Präsidenten hatte ausfüllen dürfen?

Liebe Katja G., mit diesem Mann stimmt etwas nicht. Am Ende wird niemand mehr begreifen, wie er an die Spitze der Sowjetunion kam, selbst in Rußland nicht. Denn auch von den Russen wurde er während seiner Regentschaft nicht sehr geschätzt, er wirkte oft wie ein Fremder, der nur ausführte, was eine verborgene Macht, etwas Instinktives, unabwendbar Erscheinendes, ihm aufgetragen hatte. Und dieses Instinktive, Unabwendbare verband ihn auf merkwürdige Weise besonders mit Deutschland. Ja, heute kommt es einem so vor, als sei Gorbatschow die deutsche Version eines sowjetischen Präsidenten gewesen, die deutsche Friedens- und Therapieversion. Nirgends war er mehr zu Haus als in Deutschland, wo man ihm bei seinem Staatsbesuch vor zwei Jahren einen Empfang bereitete, wie er ihn in Rußland nie erhalten hat. Und gerade dieser Empfang verband ihn mit Deutschland und fegte seine Bedenken weg, so daß ihn im Jahr darauf, Sie erinnern sich, das große Kaukasus-Vertrauen ereilte.

Dieser lächelnde, leise Mann, der aussieht und handelt, als habe eine deutsche Utopie ihn geschaffen, soll der sowjetische Präsident gewesen sein? Heute, wo Rußland nicht mehr denkbar ist ohne den russischen Menschen und wo Boris Jelzin diese Rolle verkörpert, muß Gorbatschow, den man in Deutschland am liebsten nur Michail genannt hätte, den Russen wie eine fixe Idee deutscher Geschichte erscheinen, ein russischer Zwischenfall, eine Fehlbesetzung im höchsten Amt, wie sie alle paar hundert Jahre mal vorkommt. Denn nur diese aus russischer Sicht falsche Besetzung konnte der Wiedervereinigung Deutschlands so pulloverfreundlich zustimmen, daß man hätte denken können, auch alles Weitere sei ein Spaziergang. Oder glauben Sie, der neue Mann, Boris Jelzin, hätte sich zu so etwas hinreißen lassen?

Sie sehen, liebe Katja G., ich bin jetzt beruhigt. An dem russischen Menschentum Boris Jelzins ist nicht zu zweifeln. Auch wir Deutschen werden das schon noch erleben. Es wird ein wild-chaotisches Tänzchen werden mit ihm, und niemand in Deutschland wird sich erwärmen an diesem Präsidenten. Jetzt spielt man in Rußland wieder »Boris Godunow«, nicht wahr, und die Tage der »Nußknackersuite« sind endgültig vorbei …

Pranzo totale

Sonntagmittag, gegen zwölf Uhr. Wir sind die ersten Gäste des kleinen Lokals, dessen weiß gedeckte Tische unter einem großen Sonnensegel draußen vor den geöffneten Türen stehen. Der Kellner, um die Sechzig, läßt sich Zeit, das Paar zu bedienen, noch weiß er nicht, was er mit ihm anfangen soll, es könnten Fremde von jener Art sein, die er nicht mag.

Daher kommt er nach einer Weile vorsichtig vorbei, übergibt die Karten, legt den Kopf einen Moment schräg und verschwindet wieder in der dunklen, kühlen Tiefe, nach drinnen. Nun können wir die Karte studieren, wir haben Zeit, aber es kommt darauf an, *wie* wir die Karte studieren, hastig, unruhig, oder langsam, beinahe gelangweilt, mit dem Ausdruck derer, die die Flamme des Vergnügens erst allmählich entfachen.

Denn von drinnen, aus der kühlen Tiefe, trifft uns ab und zu sein betont unauffällig schweifender Blick, der beginnt, kurze Bilder zu sammeln, Bilder unseres Umgangs mit den Materien, die jetzt ihre Anerkennung erfahren sollen, durch ein Nicken, ein kurzes Lächeln, eine Frage, ganz knapp.

Dann kommt er zum zweiten Mal, um die Bestellung aufzunehmen. Er schaut uns offen an, wir wissen, es handelt sich um den entscheidenden Moment der Prüfung, der alles Weitere regelt. Jetzt nicht zu viele Worte verlieren, jetzt nur die Spur andeuten, der man geneigt ist zu folgen!

Er fragt nicht, er wartet nur, was wir zu sagen haben, und so sagen wir unsere ersten Wünsche auf, indem wir noch zögerlich sprechen, mit jenem Gestus, der andeutet, daß wir jetzt auch von ihm etwas erwarten.

Ah, zunächst die Vorspeisen? Etwas Gemüse, ein wenig, jeweils eine kleine Portion, ein wenig hiervon und davon, ah, gut, das wird er schon machen. Und etwas Prosecco, jeweils ein Glas, gut, gut, das mag gehen.

Er wendet sich ab, wie erleichtert, daß dieser erste Anlauf sich reibungslos und glücklich gestaltete. Das Paar hat den Vorhof der Genüsse betreten, es streift die Schuhe ab und wäscht seine Hände in den Wassern des kleinen Brunnens, die säuseln von den heiligen Dingen.

Wir warten jetzt kürzer, denn nun bedient er uns mit einer kleinen, kaum merklichen Spur von Aufmerksamkeit, hier ein Rücken des Glases, dort ein Verschieben von Gabel und Messer. Das alles aber wird noch gestärkt durch seinen Stolz, der etwas hat vom Stolz verschwiegener Diener, die längst keiner Herrschaft, sondern nur noch dem Eigentlichen dienen.

Als er die kleinen Vorspeisenteller serviert, das Brot hat er selbst in der jetzt duftenden Kühle geschnitten, erkundigt er sich ganz en passant, als gelte es noch, ein geringfügiges Detail zu bestätigen, nach dem ersten Gang, der Pasta. Während wir den Teller leicht berühren und mit einer höchstens tupfenden Drehung als unser eigen erklären, haben wir die Bestellung zu murmeln, so rasch, so diskret, als seien wir längst gute Freunde geworden, die sich die bunten Bälle zuwerfen.

Und er folgt uns, indem er diese Bestellung mit seinem eigenen Murmeln bestätigt, murmelnd lassen wir unsere Stimmen ineinander klingen, wie Orientierung suchende Streicher, die endlich zum Unisono gefunden haben.

Langsam beginnt das Lokal sich zu füllen, doch noch immer trifft uns von drinnen, aus der nun sich ausbreitenden kühlen Ferne, wo man die Herrlichkeit einer Küche vermutet, manchmal sein Blick. Jetzt aber ist es der Blick eines wohlwollenden Vaters, der dem Spiel seiner

Kinder zuschaut, dem Drehen der Gabeln, dem Kosten des Weins.

Unser Einverständnis ist nun so groß, daß er sich bei der nächsten Bestellung mit einigen Vorschlägen vorwagt, er nennt die besonderen Speisen des Tages, dieses Fleisch, jenen Fisch, in der Verbindung mit diesem, jenem Gemüse. Und während wir einen Augenblick Zeit erhalten, diese Phantasmen nun auch noch zu denken, schenkt er den Wein nach, leise gurrend, als überkomme ihn selbst schon die Wollust des Essens.

Es ist soweit, wir legen uns fest: dieses Fleisch, jenen Fisch, ah, gut, jetzt lacht er, entschieden, er lacht, als hätten wir das Tor ins Innerste aller Rituale aufgestoßen und als stünde er als einer der Ersten bereit, uns darin zu begrüßen und zu umarmen.

Das Weitere ist dann ein Tanzen auf höchstem Niveau, ein Hin und Her der Worte, der Anerkennungen, ein Nachschenken, Nachlegen, Nachreichen, durchzogen von kurzen Freudenbekundungen, als sängen wir ein vielstimmiges Halleluja, auf diese Stunde!

Kaffee, ja, gewiß, danach eilt er noch einmal hinein und erscheint mit der letzten Belohnung, einem Glas Vino Santo, auf Kosten des Hauses, sein Glas, will er sagen, unser Glas, das Glas, dessen Erscheinen wir dem Bestehen all dieser Prüfungen verdanken.

Er zeigt, daß ihm unser Bezahlen unangenehm ist, denn im Grunde gehört Geld nicht zum Ritus. Und so schaut er uns fragend an, greift nach Begleichung der Schuld nach der Rechnung und vernichtet sie, nachdem wir seinen Ekel vor dem Mammon bestätigt, mit der Opfergeste der letzten, tiefsten Verachtung.

Via Appia Antica

SPÄTER NACHMITTAG auf der Via appia antica. Die alte Straße ist zu Anfang des Fußwegs noch eingerahmt von ummauerten Grundstücken mit breiten, prächtigen Toren. Langsam aber befreit sie sich, schüttelt die sich anklammernden Besitztümer ab und beginnt, eine schmale, schnurgerade Spur zu entwerfen, die manchmal nur unterbrochen wird vom Relief herausragender oder sich in eine Vertiefung senkender Lavaplatten. Frei stehende, schützende Pinien und Zypressen säumen sie jetzt, ein vornehmes Spalier, das die dann auftauchenden Grabmonumente aus römischer Zeit zurückhaltend begleitet. Rechts und links fliehen noch ein paar Wege davon, wie Fluchtwege für Reiter, die es zum nahen Meer zieht oder zu verstreuten Latifundien, seitwärts, verstreut in den Senken. Nun ist man schon draußen, ganz plötzlich hat das flache Land einen erfaßt, und stockend, als bedürfte es eines anderen Rhythmus, vereinzeln sich auch die wegbegleitenden Bäume. Nur manchmal erscheint noch ein Pinienverdeck, in die weiche Landhimmelsbläue gedrückt wie eine letzte Markierung. Inschriften aus schönen Versalien, durchbrochen von Ziegelsteinbraun; eine Trias von kaum kenntlichen Köpfen, beinahe versunken schon in der Erde; große Strohhaufen am Wegrand, die in der alles ausglühenden Abendsonne aufleuchten wie goldene Kissen.

Dann, sehr rasch, eilt der Sonnenschein fort, verflüchtigt sich hinter die Berge, hält dort noch für Augenblicke ein schimmerndes Rot, aus dem die wartende, langsam eindunkelnde Tintenbläue des Abends entsteht. Und als sei es längst Zeit für die Nacht, brennen plötzlich seitwärts, in der Nähe der großen Rotunden und hinter den verworfenen Trümmern dorischer Säulen, kleine Feuer, die, wenn du sie langsam passierst, aufzuglühen scheinen im Moment deines Vorbeigehens. Wenn du hinschaust, glaubst du einen Zauber zu sehen, denn aus den glühenden Farben treten Frauen hervor, wie ein längst untergeganger Spuk erscheinen sie vor dir, als seien sie das Nachtdekor all dieser Monumente, schlummernde Grabbeigaben, die in der Dunkelheit den Wanderer auflesen, um ihn hineinzuziehen in die Nischen aus Tuff und Travertin.

Du siehst, wie sie jetzt betteln um die Erlösung der Toten, wie sie Schmuck zeigen und glatte, in der Schwärze bronzen schimmernde Haut. Sie werben für ihre Lager, und um dich einzufangen, sprengen sie Duftwasser, die dich für Stunden an sie erinnern. Wendest du dich ab, um deinen Weg allein weiterzugehen, ziehen sie sich sofort wieder zurück, als beorderte ein Fluch sie ins Dunkel, zu den kleinen, jetzt in langer Kette seitlich der Straße glimmenden Feuern. Noch zwei-, dreimal wirst du geladen, dann läßt man dich ziehn. Du glaubst das verschwiegene Leben seitwärts der Straße sehr nah zu spüren, obwohl nichts zu hören ist, kein Flüstern, keine Bewegung. Aber es ist, als türmte sich in der Schwärze zu beiden Seiten ein Wall, der aus lauter kopulierenden Leibern besteht.

Und so gehst du vorsichtig, als dürftest du hier nicht mehr sein, auf der Mitte der Straße, du blickst nicht seitwärts und nicht zurück, wie Orpheus, dem es endlich doch noch gelingt, der Unterwelt zu entsteigen, bis du auf einen einsamen Melonenstand triffst, wo die Berge der schweren Früchte unter den schaukelnden Glühbirnen liegen. Der Verkäufer schaut dich an, und du setzt dich, ruhig geworden, zu ihm, während er stumm beginnt, die tropfenden Fruchtleiber zu teilen, eigens für dich.

Die römische Schrift

In diesen Monaten arbeitet er an einer Handschrift. Er hat sich große, weiße Bögen des besten Papiers aus Fabriano besorgt und ein Sortiment von sehr feinen Federn und Federhaltern unterschiedlichster Länge. Die Bögen beschreibt er mit seiner kleinen, wie gemalt erscheinenden Schrift so, daß keine Leerräume bleiben. Nur allerhand Aufgelesenes, Texte, Kartenausschnitte, Fotografien im Negativformat, klebt er ein, so daß die großen Seiten aufgelockert werden von einer Spreu bunter Verweise.

Die Schrift hält in detaillierten Beschreibungen fest, was er gesehen. Tagelang hält er sich nur in bestimmten Stadtvierteln auf, fotografiert Häuser, Läden, Menschen und Straßen, schreibt Namen auf und Gespräche. Er erweckt den Anschein, als wollte er das ganze Inventar der Stadt aufnehmen, so genau fragt er nach. Manchen kommt das schon fremd vor, wie er den kleinen Rucksack mit seinen Notizheften mästet, wie er Haustüren fotografiert oder eine Ladenauslage. Sie fragen ihn, was er hier mache, und dabei klingt oft die Furcht durch, er könnte sie irgendeiner Machenschaft wegen ausspionieren. Wenn sie so fragen, zeigt er ihnen die Hefte oder ein Bündel Fotografien. Dann schauen sie lächelnd und oft zaghaft zurück, als seien sie aufgefordert worden, an all dem mitzuarbeiten.

Manchmal glaubt er, er sei ein mittelalterlicher Schreiber, so behutsam und geduldig geht er vor. Die weißen Bögen füllen sich von links oben nach rechts unten mit den immergleichen schwarzen Zeilenlängen, die nur manchmal durchsetzt sind von Skizzen und Abbildungen. Will er auch zu denen etwas vermerken, so schreibt er purpurrot, in einer, verglichen mit der schwarzen, minimal kleineren Schrift. Die dritte Farbe, die er verwendet, ist ein dunkles Malachitgrün, das er für die merkwürdige Rollenprosa verwendet, in der seine Gesprächspartner von sich berichten. Wenn er ihnen erklärt, daß er ihr Sprechen festhält und einfügt in die fortlaufende Beschreibung, so wollen sie oft nicht mehr enden. Einige begleiten ihn sogar eine Weile, als wollten sie, Einheimische und doch längst mit allem vertraut, noch einmal Zeugen werden der Neugeburt ihrer Stadt im Kopf eines Fremden.

So setzt er die Topographie der Stadtviertel aus den sie prägenden Zeichen zusammen. Er macht sich die dominanten Eindrücke klar, er fotografiert die schwer beschreibbaren und bildkräftigen Details, und er notiert die Gespräche in Stichworten, als riefe er Kommentare ab zu den Bildern. Er sammelt die Stadtszenen, als müßte er ein auseinanderdriftendes Puzzle immer wieder zusammenbringen, und erst wenn er sie auf seinen Bögen aufgemalt hat, lehnt er sich erleichtert zurück, innerlich wenigstens ein wenig ruhiger, daß er sie nicht mehr verliert. Die weißen, am Ende mit der dichten Schrift überzogenen Bögen sind der Schatz seines Romaufenthaltes. Er wird sie in großen Kartonkästen unterbringen, die etwas haben von dunklen Schatztruhen, in denen eine erworbene Beute unbesehen jahrelang schlummert. Irgendwann, das ahnt er genau, werden ihm diese Bögen die Schatten der Erinnerung neu beleben und ihn wie im Traum unfehlbar zurückreisen lassen in diese Tage. Zu einem anderen Zweck wird er sie nicht verwenden.

Stuttgart, Gartenhaus

In den Monaten meiner Abwesenheit ist der große Hang hinter dem Haus beinahe zugewachsen. Die Brombeerranken stehen weit in den Weg, und die Robinienäste streifen das Geländer wie schwere Wedel. Auch die Holundersträucher sind mannshoch geschossen, dazwischen der wilde Ahorn, der sich an lichten Stellen sofort breitgemacht hat.

Ich muß die Obstbäume freilegen und den Weg an den Rändern vom wilden Wachstum befreien. Das Geländer muß ausgebessert werden, und die abgeschnittenen

Brombeerranken sollten hinunter, auf den Feuerplatz. Die große Grasfläche rund ums Haus hat sich in eine Wiese mit hochstehenden Gräsern verwandelt, so daß ich dort mähen sollte, nur die Nachtkerzen mit ihren verschwenderischen, allabendlich neuen Blüten erheben sich triumphal aus dem wuchernden Dickicht.

Wenn ich am Abend müde auf der Terrasse hinter dem Haus sitze und für einen Moment die Augen schließe, glaube ich sofort, den römischen Pinienharzduft zu riechen und die erdwarmen Steine ganz in meiner Nähe zu spüren. Die frühherbstliche Sonne hat noch etwas vom stechenden Reiz der südlichen Atmosphären, so daß man hinter der nahen grünen Horizontschräge ein anderes Land vermuten könnte, das von seiner Schönheit einen letzten Teil abgibt.

Die kleinen schwarz-rot-goldenen Fahnen und Wimpel in den Gartengrundstücken sind bis auf zwei verschwunden. Die aber hängen jetzt wie nicht gepflegte und durch lange Entbehrung schlapp und trocken gewordene Blüten an ihren Stangen.

Auch der einsame Trompeter ist längst nicht mehr da. Dafür hört man jedoch an den Wochenenden fremde Stimmen aus den etwas abgelegeneren Grundstükken, die vor kurzem wieder einmal neu verpachtet wurden. Die alten Eigentümer, meist schon älter als siebzig, haben keine Nachkommen, die es auf sich nähmen, das schräge Gelände zu bestellen. Statt dessen haben kroatische Familien, die wegen des Krieges im früheren Jugoslawien nach Deutschland gekommen sind, das Terrain nun gepachtet. Und so legt sich auf die schwäbischen Hänge jetzt manchmal ein helles, aufgeregt wirkendes Stimmengewirr, als habe ein großer Schwarm winziger Vögel sich dort niedergelassen.

Manche der deutschen Nachbarn ziehen den Kopf ein, in der Hoffnung, es handle sich wahrhaftig um solch einen Schwarm, um einen Schwarm ziehender Vögel, der am besten recht bald wieder in sehr fernen Ländern verschwände.

In Momenten des aberwitzigen Heimwehs nach Rom schlägt er einen der wortarmen Führer, die nur trockene Fakten anbieten, irgendwo auf. Und er liest: »Der Palatinhügel erhebt sich östlich des Tibertals. Er hat eine sehr charakteristische Form, nämlich die eines Würfels, dessen Grundriß ungefähr der Form eines Trapezes entspricht und dessen Abhänge fast steil abfallen. Der Gipfel ist eine kleine Hochebene, die 51,20 m über dem Meer liegt ...«

Mit diesen kargen Sätzen sind die alten Bilder sofort wieder da. Er sieht die schwere, sich in der Ferne gerade öffnende Blüte der Peterskuppel und das grünstichige Tibertal, das die vielen Brücken markieren. Und er glaubt, nach kurzem Aufstieg durch einen Pinienwald auf der Hochebene angekommen zu sein, wo er in dieser Abendstunde, kurz vor Schließung des großen Geländes, beinahe allein ist, allein jetzt mit Rom.

Meißen/Dresden, September 1991

Hier, in Meißen an der Elbe, soll ich an diesem Abend aus meinen Büchern lesen, aber ich weiß noch nicht, wo ich bin, in Meißen an der Elbe. Steht man nämlich unten auf dem Marktplatz, so leuchtet das alte, frisch gestrichene Haus der Markt-Apotheke wie ein neu getauftes Juwel, während in den Nebenstraßen die Dunkelheit so breit auf dem Kopfsteinpflaster liegt, daß man glaubt, die anliegenden Häuser seien an dieser Schwärze erstickt. Um so deutlicher heben sich aus diesem Dunkel dann aber die frischen West-Signale heraus, das rote Hertie-Schild, ganz unvermutet, über einem Schaufenster von gestern, oder der Video-Laden, bunt und drall in ein altes Geschäft um die Ecke gepackt, als ringe er nach Luft.

Auch die neu angebrachten Verkehrsschilder erscheinen einem seltsam verdächtig, ganz zu schweigen von den kleinen, sich adrett gebenden Bäckereien mit ihren Tschibo-Vertretungen, in denen es jetzt genau dieselben Backwaren gibt wie im Westen, denselben Streuselkuchen und die aus der Form geratenen aufgedunsenen Apfeltaschen, ja diese ganze deutsche Art, sich einen Kuchen zu denken.

Es ist wie im Traum oder im Jenseits, alles schwarzweiß, nur ein paar verirrte Farbreste flackern dazwischen, und gleich werden sich, wie in Sartres »Das Spiel ist aus«, ein paar Schatten erheben, um ihre Jenseitsdialoge zu führen.

Schon gehe ich hier so vorsichtig, als könnte man mich

jederzeit auffordern, auch mitzuspielen. Aber ich hänge noch an den wenigen Farbpartikeln dieser Schwarz-Weiß-Geschichte, ich habe mich einfach an sie gewöhnt, und außerdem kenne ich die Regeln und die Gestik des fremden Stückes noch nicht. Auch die Buchhandlungen bieten da keinen Trost. Sie überbieten sich jetzt in Billigangeboten, ich habe sie nur in naivem Glauben zum rettenden Anker erklärt, denn nun stehe ich vor einer Welle von Kinderbüchern und vor so viel Reiseliteratur, daß man damit ganz Meißen ein Leben lang versorgen könnte.

Doch überall wird gebaut, sogar der Dom, ganz oben auf dem Domberg, steckt in einem aufwendigen, weithin sichtbaren Gerüst, als müßte er an vorderer Stelle beweisen, daß sich etwas tut. Seltsam aber, auch dieses Bauen, Überputzen und Übermalen erscheint mir verdächtig, als würden die neuen Farben ganz gegen den Willen der Bewohner aufgetragen und von ihnen nach Abzug der Handwerker sofort wieder verwandelt in ihr geliebtes Schwarz-Weiß.

Und so laufe ich einen Tag lang durch Meißen und wundere mich nicht über die kleine, alte Flagge mit Hammer und Sichel, die aus einem Fenster hängt, trotzig und ehrlich. Mir aber ist, als seien die Himmelsrichtungen ganz furchtbar durcheinandergeraten oder als durcheilte man den Film eines Avantgardisten, der den wilden Wechsel von Zeitraffung und Zeitdehnung zu seinem Stilprinzip gemacht hat.

Irgendeine gnädige Hand aber weist mir schließlich den »Winkelkrug«, dort stehen weiß gestrichene Gartenstühle, die nicht nach frisch gestrichenen Gartenstühlen aussehen, und dichter Efeu überwuchert das ganze Parterre so, als habe er schon seit Kaiserzeiten hier gewuchert, und in die Weingläser, die realen Weingläsern durchaus ähneln, fließt am frühen Abend Weißburgunder und Riesling, so daß nichts mehr einen davon abhält, selbst eine Lesung in Meißen für möglich zu halten.

Es wird meine erste Lesung in der alten DDR sein, deshalb bin ich, gelinde gesagt, neugierig. Wenn ich aber ehrlich bin, rechne ich damit, daß mich eine überforderte und nervöse Veranstalterin, die zumindest meinen Vornamen verwechselt und mich mit ›Franz-Josef‹ anredet, in der leeren Barbarakapelle der Fürstenschule zur soundsovielten Lesung der Sächsisch-Schwäbischen Literaturtage begrüßt. Und ich rechne, wie ich mich kenne, damit, daß ich mich für die hinreißende Einführung bedanke und zu lesen beginne, in die gierige Leere hinein.

Eine überforderte und nervöse Veranstalterin begrüßt zu dieser abendlichen Lesung in der Barbarakapelle der Fürstenschule den Autor Franz-Dieter Ortheil. Ortheil hat im Westen schon einige Bücher veröffentlicht, liest jedoch das erste Mal bei uns hier im Osten, worauf wir uns sehr freuen. Nach Franz-Peter Ortheil liest dann der Autor Hermann Lenz, der ebenfalls schon mehrere Bücher im Westen veröffentlicht hat. Gutes Gelingen!

Noch nie habe ich in einem so schallfreien Raum gelesen. Das kleine Häufchen der Zuhörer, das sich aus einigen Nimmermüden oder aus dem engeren Kreis der Organisatoren zusammensetzt, scheint nach meinen ersten Worten verschwunden oder gleich in den Grüften der Barbarakapelle untergetaucht. Was machen sie bloß? Während ich lese, scheint kein Mensch mehr zu atmen, nicht die Spur einer menschlichen Regung ist zu hören, nur manchmal das beinahe tröstliche Knarren eines Stuhles, auf dem die Last eines erstarrten Hinterns sich für einen Augenblick lüftet.

Ist das eine Unterweltlesung? Werden die Lesenden hier mit Luftanhalten belohnt? Diese hingehaltene Stille zehrt beinahe ausdünnend an den Nerven, so daß man gereizt feststellt, wie die Wörter als Fluggeschosse im dunklen All verschwinden und dort sofort verglimmen. Oder man glaubt, auf dem schmalen Häufchen eines Eisbergs zu treiben, irgendwo aalen sich vielleicht noch ein paar Seehunde herum und zweihundert Kilometer entfernt soll es das rettende Basislager geben. Doch diese Eisbergvisionen nützen gegenwärtig nichts, eine halbe Stunde muß der Kopf jetzt unter Wasser, und da ist es eiszappenduster.

Was lese ich da überhaupt? Ist das von mir? Und müßte ich nicht vielleicht doch einige längere Erklärungen einschieben? Oder wäre jemand so freundlich, meinen Text zu übersetzen?

Danke, das war Hans-Jochen Ortheil. Und nun liest Hermann Lenz, auch eine halbe Stunde, da kann man sich schon darauf einstellen.

Und ich sehe, wie Hermann Lenz dasselbe Schicksal ereilt, wie er bei gesundem Leibe hinausgeschickt wird in die Antarktis, wo die schweren Ruder der Schiffe ruhen, und wie auch ihn die Versuchung einholt, dieser Stille nachzugeben und das Buch einfach fortzulegen …

Herr, hilf! Das hat man nun davon, daß man in den alten Zeiten kein DDR-freundlicher West-Autor war, der beflissen dafür sorgte, daß seine Bücher auch im Osten verlegt wurden, im Notfall, den treuen DDR-Lesern zuliebe, natürlich auch gekürzt, zensiert und halbiert! Das hat man davon, daß man nicht an den üblichen Schriftstellertreffen teilnahm, keine Leserunden drehte, keine Verlagskontakte knüpfte! Das hat man davon, daß man die Veröffentlichung seiner Werke in einem staatseigenen Verlag der DDR ablehnte, weil in diesen Werken ein paar Seiten entfernt werden sollten! Das hat man davon, daß man nicht freundlich und jederzeit ansprechbereit über die Mauer hüpfte, hin und zurück, hin und zurück, um risikolos ein paar Friedensbotschaften zu verbreiten!

Herr, was habe ich aber nun von all meiner Standhaftigkeit? Das Lesevolk der DDR, das früher nicht genug lesen konnte und als ein Ereignis unter den Lesevölkern galt, hält mich für einen Hans-Dieter-Peter, und es wird meinen Namen noch in Jahrzehnten nicht fehlerfrei intonieren. Jahrelang werden meine Bücher keinen Weg finden nach Halberstadt oder Quedlinburg, ganz zu schweigen von Rostock und Chemnitz, wo ein Hans-Dieter-Peter etwas geradezu unerträglich Abseitiges darstellt. Der östliche Teil unseres Landes wird für unsereinen, Herr, hilf!, eine Eiswüste bleiben, und noch so viele gutgemeinte Lesungen werden einen nur noch fremder machen, bis man vor lauter Fremdheit nicht mehr wagt, irgendwo aufzutreten.

Danke, Siegfried Lenz. Fragen? Gibt es Fragen? Das ist nicht der Fall, wir danken unseren Gästen.

Dann erhält der Abend seine Wende. Denn ich sitze neben Hermann Lenz im alten »Winkelkrug«, wir trinken einen sächsischen Riesling, und es ist uns verdammt gleichgültig, in welchen Jahrzehnten unsere Bücher den Osten erobern. Wir sprechen auch nicht über den Osten, im Gegenteil, wir sprechen ausschließlich und geradezu manisch über den Westen, oder genauer, über das Schwabenland, über die Schönheit des Schwabenlandes, über Stuttgart, das herrliche, mit seinen Gärten und Wäldern, und nach zwei Gläsern des besten sächsischen Rieslings sitzen wir, von einem erzählerischen Zauber getragen, auf der Terrasse des Stuttgarter Gartenhauses, dort, rufe ich Hermann Lenz zu, sehen Sie den Rotenberg, dort drüben der Dornhaldenfriedhof und daneben der ältere Waldfriedhof, wo Theodor Heuss und Oskar Schlemmer begraben liegen. Und als gerade ein Zug vorbei fährt, versucht Hermann Lenz das Fahrtschild zu lesen, und er sagt, mit einem Blick in Richtung des Zuges: »Und dort liegt also Italien … «

In Dresden droht am nächsten Tag keine Lesung. Die Innenstadt ist voller Imbißstände, überall lehnen sich die roten Marlboro-Schirme gegen die alten Bauten. Am meisten fallen die neuen Banken auf, in kleinen Containern oder anderen provisorischen Unterkünften. In der riesigen Bahnhofshalle prangt über der Ausfahrt der Züge ein donnerndes AEG. Gleich in der Nähe gibt es aber noch das frühere ›Mitropa-Büfett‹, man erkennt es an der blassen Gardine am Eingang. Fotofix und Astrofix sorgen rasch für Paßbilder oder das neuste Horoskop. Die lange, zugepflasterte Prager Straße wird jetzt als Einkaufs- und Fußgängerzone entdeckt, nur daß selbst die größte Flut von Marlboro-Schirmen ihre Dampfwalzenbreite nicht ausfüllen kann. Vor dem Bahnhof wartet noch der Genosse Lenin, und um ihn herum stehen seine sprachlos gewordenen Kämpfer, mit erhobener Faust. Es ist, als hätte man der Stadt in aller Eile einen papageienhaften westlichen Anzug geschneidert, der sich jetzt Stück für Stück wieder auftrennt. Unter den Achseln schaut schon das alte Hemd heraus, und da, wo die Naht gleich platzen wird, ist eine verblichene Schrift zu sehen: ›Sektion Dienst- und Gebrauchshundewesen der DDR‹.

Ganz ungewohnt ist die Freundlichkeit der Verkäufer. Wenn man ihnen etwa auf dem Wochenmarkt begegnet, schieben sie ihre Waren hin, als wollten sie einem wirklich gut zureden, das Angebot gleich zu prüfen. Die früheren stumpfen, die Arbeit verleugnenden Mienen gibt es kaum noch, so daß der Umgang jetzt schon beinahe normal ist. Nur manchmal hört man leichte Übertreibungen, etwas Marktschreierisches, als müßte man die schweigsameren Jahrzehnte jetzt aufholen mit einer gewissen Überdruckpower.

Wahrscheinlich fällt man noch immer als Fremder auf, als irgendwie herausgeputzte oder übermästete Gestalt, hinter der Spuren von Westbrisen herwehen. Immer wieder wird man aufs Fotografieren hin angesprochen, denn keiner will verstehen, warum die Westnatur statt des Zwingers oder der Semper-Oper die neuste Philip-Morris-Reklame beschäftigt. Gibt es Ost-Werbung? Und wie wirken die alten westlichen Werbetexte (›Stadtsparkasse. Vertrauen braucht die richtigen Partner‹) hier?

Irgendwie möchte man sich als Westmensch mit diesen neuen Szenen verbinden. Man möchte hingehen und vielen die Hände schütteln und dabei etwas Aufmunterndes, Frisches sagen, das sofort für Heiterkeit sorgt. Man möchte überhaupt als angenehme Erscheinung gelten, als wohltuend offen oder als bescheidener, interessierter Tourist, der nichts gemein hat mit den bekannten Abziehbildern vom blutsaugenden Geldmenschen. Man möchte eine Art besserer Westmensch sein, nicht der ›Wessi‹ aus dem Bankenland.

Und doch ertappt man sich dabei, daß einen selbst angesichts des meist häßlich auftrumpfenden Westzierats doch so etwas wie Stolz überfällt. Ja, doch, dieser Stolz hat eine fatale Spur von Kolonialherrenstolz, nur daß man sich als veredelter Kolonialherr gebärdet, als einer, der gönnerhaft, liebenswürdig vorbeischaut, um den Dank der Ureinwohner für erwiesene Großzügigkeit zu ernten. Bald wird man den höchsten Orden des Landes erhalten, ein Mordsblechgerippe mit einer seidenen Schärpe, und man wird sich in einer beschwingten Rede daran erinnern, wie man den Ureinwohnern damals die Zivilisation beigebracht. Nach dieser Rede werden die Ureinwohner sich von ihren Plätzen erheben, und gemeinsam wird man das Deutschlandlied singen, selbstverständlich zu Tränen gerührt.

Noch einmal: irgendwie möchte man sich als Westmensch mit all diesen neuen Szenen verbinden. Doch man möchte nicht wie ein Kolonialherr erscheinen, der den befreiten Ureinwohnern einen Besuch abstattet. Irgend etwas möchte man kaufen, aber nichts Touristisches, was dem Ernst der Lage nicht gerecht würde, zweifellos nicht. Mit ein paar Postkarten vom Wiederaufbau ist es auch nicht getan, und Ausflüge in die Geschichte Dresdens zurück bis zu August dem Starken verbieten sich vorläufig.

Was kauft man also? Gibt es irgendwo noch etwas Typisches aus der alten DDR? Das könnte einem so passen, etwas DDR-Typisches, gerade jetzt, wo die DDR längst verschwunden sein soll. Irgend etwas, das noch etwas aufbewahrt, wenigstens untergründig, als Anspielung, als kleinen Verweis?

Wir haben in Dresden zehn kleine Rhododendron-Sträucher gekauft, zwei bis drei Jahre alt. Wir werden sie an den Stuttgarter Hang hinter dem Gartenhaus pflanzen, und wenn sie blühen, werden wir uns einbilden, in Dresden stehe auch ohne unsere Hilfe alles in Blüte.

Lektüre

JETZT ERSCHEINEN die ersten Bücher über das Wiedervereinigungsjahr, darunter Wolfgang Schäubles »Der Vertrag«, ein umfangreicher Bericht über das Zustandekommen des Einigungsvertrages. Was dieses Buch interessant macht, ist sein Blick auf die sogenannte ›Revolution‹ in der früheren DDR. Schäuble fürchtet Revolutionen, es sind unangenehme, schwer zu kontrollierende Querschläger der Geschichte, die sich verselbständigen und dann immer größeren Schaden anrichten können. In diesem Sinne, schreibt er, war die Revolution in der früheren DDR keine ›richtige‹ Revolution, denn sie stellte die DDR nicht als Ganzes in Frage. Statt alles über den Haufen zu werfen und die Köpfe der Herrschenden zu fordern, blieb diese Revolution unblutig und legalistisch, vielleicht wäre sie mit der Zeit sogar an ihrer eigenen Zurückhaltung erstickt.

Irgend etwas fehlte ihr zu einer ›richtigen‹ Revolution, Gott sei Dank, irgend etwas Draufgängerisches, Blindes. Und kurz vor der Maueröffnung hatte man schon beinahe das Gefühl, sie gehe an ihrer Demonstrationssucht zugrunde.

Es war also nicht mehr da als ein revolutionärer Funke, eine Art Antrieb, eine gewisse Bewegung. Als Revolution jedoch blieb dieser sehr deutsche Aufstand dann doch eben ›unvollendet‹.

›Unvollendet‹ – da ist das Wort endlich gefallen. Die Revolution in der früheren DDR, sagt Wolfgang Schäuble, war so etwas wie ein großes Fragment, ein Fragezeichen, das alle Richtungen offenließ, ja, sie war wie ein Spätwerk von Schubert, liegen geblieben, ein paar Takte noch, und sie hätte sich in der Leere des Alls glatt verhaucht.

Um sich zu vollenden, bedurfte sie eines Ziels und einer massiven Ordnung. Genau das bot der Einheitsgedanke. ›Deutschland – einig Vaterland!‹ … das war die Lösung aller Revolutionsprobleme, eine feste, solide und zugleich historisch strahlende Botschaft, die den ganzen Revolutionsrummel auf einen Schlag zum Erliegen brachte.

Durch diese Botschaft bekam die sogenannte Revolution etwas Aufrechtes, Positives. Es ging nicht mehr um die Zerschlagung alter Herrschaft, nicht um Zerstörung und erst recht nicht um Anarchie, es ging um ein deutsches Gut, um die Nation. Erst der Nationalgedanke machte aus der ›unvollendeten‹ DDR-Revolution, aus dem brüchigen Schubert-Fragment, dann doch noch so etwas wie Beethovens Neunte, dirigiert von Kurt Masur.

Um diesen Sprung zu bewältigen, bedurfte es freilich des Westens. Erst seine rettende Hand zog aus dem Revolutionssumpf, sowieso nur ein einziges Durcheinander von Interessen ohne prägende Gestalten, ein paar Leitfiguren heraus. Allerdings durfte der Westen seine Vollendungsabsichten nicht zeigen. Die Revolution mußte so weiterverlaufen, als drängte sie ohne jedes Erbarmen nach Westen und nur nach Westen.

Wenn die Menschen in der DDR so ›die Drängenden‹ waren, konnte der Kanzler im stillen das Notwendige richten; die Menschen drüben mußten nur weiter drängen und drängen. Stellte man sich im Ausland mal quer, konnte der Kanzler immer ein wenig mehr von diesem Drängen vorweisen, und schon verloren einige Funktionäre, etwa in der alten Sowjetunion, wieder ein paar Haare vor Furcht, der brodelnde Topf könnte hochgehen.

So verlief der Einigungsweg auf zwei Bahnen. Mit dem Blick aufs Ausland mußte die DDR-Revolution als Summa deutscher Revolutionen dargestellt werden, als eine brandgefährliche, hochexplosive, jederzeit an der Grenze zur Katastrophe entlangschlingernde Bewegung; mit dem Blick aufs zu einigende Land mußte man sie dann nur noch veredeln, indem man einige Kapazitäten aus ihr herauslas, die willens waren, wochenlang zu verhandeln, um die ganze neu erstehende Ordnung in einen Dreihundertsechzig-Seiten-Vertrag zu packen, in dem bis zum Nachtbackverbot für Bäcker alles geregelt war.

Beide Perspektiven ergänzten sich im Verlauf der Wiedervereinigung in der Tat fast genial. In schmiegsamem Zusammenspiel führten sie zu jenem immer dominanter werdenden Zeitdruck, der die Einheit in weniger als einem Jahr durchsetzte.

Schäuble schreibt, er habe Helmut Kohl schon im November 1989 vorausgesagt, daß die Einheit sich binnen Jahresfrist verwirklichen ließe. Helmut Kohl, schreibt Schäuble weiter, habe geantwortet: »Wenn es so kommt, ist es gut.«

»Wenn es so kommt, ist es gut« ...– wieder ein historisches Wort. Der ganze Einheitsprozeß ist darin aufgehoben, seine optimistische Direktheit, die Selbstverständlichkeit, mit der Kohl als Hauptakteur auf ihm bestand, und nicht zuletzt das Unfeierliche, Pragmatische, das viele Vorbehalte des Auslands ins Leere laufen ließ.

So gestaltete die Einheit sich am Ende als eine einzige Fleißarbeit, die aus der ›unvollendeten‹ Revolution des Ostens dann doch noch eine runde Sache machte. Und für so etwas, schreibt Wolfgang Schäuble am Ende, lohnte es sich schon einmal, ein paar Monate wenig zu schlafen und viel zu arbeiten.

Schlemmen

Sie ist knapp über dreißig und kurz nach dem Mauerfall in den Westen gekommen, jetzt bedient sie in der Wurstabteilung eines exquisiten Feinkostgeschäfts. Sie gibt sich so freundlich und munter, daß die Kunden, die im Schwäbischen auch von Verkäufern sehr viel gewohnt sind, aufmerken, einige fragen sogar zurück, woher sie komme, und sie erzählt in Windeseile das schöne Märchen vom Flug über die Mauer. Richtig rot wird sie dabei, geradezu lustvoll strömt diese Geschichte aus ihr heraus, in einigen dichten, anscheinend immer wieder erzählten Sätzen, beinahe brillant anekdotisch. Keiner wagt, sie dabei zu unterbrechen, und die meisten Zuhörer geraten heimlich ins Staunen, wie schlicht und doch klangvoll sie ihre Geschichte erzählt, als habe da eine einmal in ihrem Leben für einen kleinen Abschnitt ihrer Biographie genau die richtigen, treffenden Worte gefunden.

Die Arbeit in der Wurstabteilung, ja, sie macht Spaß. Früher hat sie jeden Nachmittag ein paar kleine Stückchen Wurst mitgenommen, nicht heimlich, sondern auf Anraten des Chefs, der Wert darauf legte, daß die Verkäuferinnen die Waren gut kannten. Sie wird beinahe euphorisch, als sie beweist, daß sie sich blind an alles erinnert: Meraner Speck, im Rauch gebraten, hessische Blasenblutwurst, naturgepökelter Bauernschinken oder Allgäuer Geräuchertes. Dabei fährt sie sich mit der Rechten übers Gesicht, als wollte sie seine straffen Züge bewahren, während sie darüber klagt, nicht im Ernst, sondern komödiantisch, daß sie seit ihrer Ankunft im Westen um zwanzig Pfund zugelegt hat.

I wo, sagt sie, als wollte sie sich den vielen bayrischen Schmankerln anpassen, das macht mir nichts aus. I wo, danach hab ich mich ja ein Lebtag gesehnt; i wo, was gibt's Bessres als eine gute Kümmelsülze aus Franken, mit frischem Schinken, oder eine richtige Holsteiner Guts-Leberwurst, mit frischer Leber und etwas Majoran, den sie durchschmeckt, noch durch den Darm.

Jetzt weiß sie alles über die Würste, denn nächtelang hat sie das Sortiment durchprobiert, mit einem kleinen Stückerl Brot und einem guten Glas Wein, richtig festlich, wie bei einer Vesper, und dann hat sie sich eine Liste gemacht mit den Namen und darunter die Ingredienzen vermerkt, nicht alle, sondern nur die, die sie herausgeschmeckt hat. Und damit versorgt sie jetzt ihre Kunden, die vor Verblüffung strammstehen, wenn ihnen dieser freundliche Wortschwall begegnet: noch etwas Ochsenmaulsalat gefällig oder Ammerländer Streichmettwurst, heute im Angebot?

Tja, sagt endlich einer, um nicht ewig den schwäbischen Schweiger herauszukehren, wenn sie's einem so schmackhaft machen, dann muß man wohl ins Portemonnaie greifen! Worauf sie, als habe sie den landesüblichen Verweis aufs Geld und die angeblich stets knappe Kasse geflissentlich überhört, ihr aufgeschnapptes Bayrisch zu einem letzten, heißen Wunsch zusammenkehrt: Vergelt's Gott!

Lektüre

Ich lese in einem Buch von Jens Reich, »Rückkehr nach Europa«, einem merkwürdigen Konstrukt. Reich hat nämlich Tagebuchausschnitte aus den letzten zehn Jahren, mit kurzen Essays vermengt, unter größeren Leitmotiven zusammengestellt. Die Einleitungen zu den Kapiteln aber sind von heute, so daß man laufend nach den Datierungen schaut: Von wann ist dieser Abschnitt? Und für wen hat er das aufgeschrieben?

Das Buch scheint den Autor Jens Reich in mehrere Wesen zu zerlegen: eines, das nur für sich schrieb und Tagebuch führte, eines, das Essays schrieb, die den Freunden irgendwann vorgelesen wurden, und eines, das Artikel und Reden verfaßte, die zum Teil für den Westen, zum Teil für den Osten bestimmt waren.

Und so kommt mir das Ganze vor wie ein Dschungel, und ich wundere mich nur, daß der Autor im Gewirr dieser Schreibanlässe nicht die Regie verlor und kapitulierte.

Am meisten würde mich freilich der Überblick über das vollständige Schriftinventar reizen: was hat er nur für sich selbst, was für den kleinen Kreis und was für die Öffentlichkeit bestimmt? Was verschweigt er, wo verwandeln sich Formulierungen?

Während ich weiterlese und laufend über Textdatierungen stolpre, geht mir diese Vorstellung nicht aus dem Kopf. Und ich schwinge mich auf zu einem imaginären Interpreten, der lustvoll pendeln würde zwischen den einzelnen Stillagen, um jeder Textschwingung etwas Verborgenes abzulauschen.

Die Texte dieses Buches machen einen sehr merkwürdigen Eindruck auf mich. Zum ersten Mal glaube ich nämlich, einen DDR-Intellektuellen unangestrengt, frei sprechen zu hören, und zwar so, als spräche er mit mir in einem Drittland, irgendwo auf den Fidschi-Inseln, wo wir weit genug weg sind von Deutschland und nicht daran denken, uns verteidigen oder einigen zu müssen.

Diese Wirkung haben vor allem jene Texte, die Reich vor 1989 verfaßt hat. Die späteren wirken, vielleicht durch sein Engagement für das Neue Forum bedingt, blasser und manchmal auch recht rhetorisch. Die Texte der achtziger Jahre jedoch erstaunen einen schon deshalb, weil sie nicht laufend von den großen Themen und Vorbehalten der alten DDR-Identität geprägt sind. Das Vergnügen, das sich bei ihrer Lektüre einstellt, kommt von dieser Erleichterung her: endlich mal einer, der erstens schreiben kann, und zweitens etwas zu sagen hat, das über die meist tristen und verklemmten Analysen der Notlage hinausgeht!

Und plötzlich fällt mir auf, wie selten doch die Stimmen von DDR-Intellektuellen waren, die die klassischen Raster der politischen Stellungnahmen hinter sich ließen. Was bekam man eigentlich darüber hinaus noch zu hören? Wie beschränkt und im Rückblick auch peinlich wirkten all diese Erklärungen mit ihrem ewigen Für und Wider, mit ihren minuziösen Abgrenzungen, mit ihrem Lager- und Gruppendenken! Und welch starke Wirkung hatte dieses Sprechen mit hochgezogenen Schultern und schräg gestelltem Blick, ein dauerndes Ausweichen und Erwägen und Anrennen und Austarieren, auf die Literatur! Literatur, die sich nur mitteilen konnte, indem sie sich an Begrenzungen hielt, von vornherein! …

So daß ich mich am Ende all dieser Ausrufe, immer mehr in Furor geraten, schon frage, ob es eine DDR-Literatur überhaupt je gab, oder ob die Literatur, die in der DDR geschrieben wurde, nicht nur eine Literatur *für* die DDR war. So daß man erst jetzt, nach dem Ende der DDR, hoffen dürfte, die Literatur der DDR, die Literatur des dortigen Lebens, des früheren und des jetzigen, würde noch geschrieben. Letztes, doppeltes Ausrufungszeichen!!

Warum, frage ich mich während der Lektüre weiter, hörte man diesen souveränen Ton nicht häufiger von DDR-Intellektuellen? Ein klares, offenes, von genauen Beobachtungen und Erfahrungen geprägtes Schreiben, das auch dem viel bietet, der mit den Verhältnissen in der DDR wenig vertraut ist. Selbst ein Text, der ein so schwieriges Thema wie das eigene Dissidententum behandelt und übrigens in der Mitte der achtziger Jahre geschrieben wurde, beginnt nicht verquast, nicht geduckt, auch nicht wichtigtuerisch oder pathetisch, sondern einfach so: »Wie ich Dissident wurde, das kann ich erzählen als lebenslange Geschichte oder als kurzen Ereignisbericht.«

Schon dieser Anfang rückt das Schwere und Drängende des Themas auf eine erträgliche Distanz. Was dann folgt, ist aber vor allem konkret und nicht das übliche Herumstöbern in abstrakten Rechtfertigungen oder aufgesetzten Selbstverhören. Endlich, möchte ich schon wieder ausrufen, endlich *erfährt* man mal etwas vom

Denken und Leben dort drüben, und endlich *bewegt* sich das Denken!

Meist kann man dann endlich einmal vergessen, daß hier ein DDR-Bürger spricht, um einzutauchen in Szenen und Geschichten, die einfach von einem neugierigen, erfahrenen Beobachter stammen. Ein Text über Rußland beginnt: »Das Erinnerungsbild an Rußland ist unvollständig ohne die bleierne Empfindung des russischen Katzenjammers. Es ist kein Jammer. Es ist kein Kopfschmerz dabei. Vielmehr ein dumpfes, fast wohliges Gefühl, im Nebel zu sein, dem Nirwana nahe – du bist völlig gleichgültig, die Welt um dich ist ein lockerer Schneehaufen, in den du eingetaucht bist und jetzt unsichtbar. Du bist hingebungsvoll ein einziges Gähnen.«

Das, will ich sagen, hätte auch ein britischer oder italienischer Beobachter schreiben können, einfach ein klar denkender, vorurteilsloser und der Welt mit einem gewissen Schwung begegnender Mensch, der an seinen Beobachtungen, aber auch an den prägnanten Bildern seiner Darstellung Freude hat.

Reich erwähnt irgendwo, und es klingt nicht einmal eitel, daß er drei Sprachen aktiv spreche und weitere passiv, daß er belesen sei und auf den verschiedensten Gebieten gearbeitet habe. Er war Arzt, Biochemiker, Biomathematiker und Computerexperte – vielleicht trugen all diese exzeptionellen Bedingungen dazu bei, jenen selbstbewußten und vor allem klaren Ton zu kreieren, den man selbst bei den anerkanntesten Schriftstellern der DDR meist vermißt. Ein Text aus dem Jahr

1986 beginnt: »Ein banaleres Thema kann es nicht geben: ›Eine Bilanz. 40 Jahre Leben in der DDR‹.«

In seinem Vorwort macht Reich einen merkwürdigen Hinweis. Er schreibt, daß er als Junge davon geträumt habe, Schriftsteller zu werden, seine Vorbilder seien Thomas Mann und der Sartre der »Wörter« gewesen. Schriftstellerei sei für ihn in der DDR jedoch nicht in Frage gekommen; weil er nicht in den Panzer des Marxismus-Leninismus gepaßt habe, »auf keine Weise, auch auf die ironische Art nicht«. Diese knappen Bemerkungen wirken auf mich wie schneidende Absagen an alles, was da an Bemühtem und Zurechtrückendem von Schriftstellern in der alten DDR geschrieben worden ist. Vielleicht hätten die Schriftsteller, die es ernst meinten, dort gar nicht als Schriftsteller auftreten dürfen; vielleicht hätten sie sich, wie Reich, einen Beruf wählen sollen, in dem sie frei genug waren, wirkliche Schriftsteller zu sein. Dann wären die vielbeschworenen Schubladen heute (wie bei Reich) voll von interessanten Texten, für die man sich nicht zu schämen brauchte. Und die Literatur der DDR? Die hätte man einfach den ernannten Berufsschriftstellern überlassen, denen mit dem blassen Gesicht und den ewig irritiert zwinkernden Augen.

Letzte Beobachtung: Über seine Redeweise bemerkt Reich, daß sie von Adornos »Minima moralia« inspiriert sei. Genau das hört man heraus, aber nicht als sklavische Nachahmung im Adorno-Tonfall, sondern als stilistische Präzision, als Vergnügen an dichten, von Aphorismen durchsetzten Texten, als Freude an einer gewissen

Brillanz, die sich manchmal auch so etwas wie Hochmut und gespielte Trägheit gestattet.

Und wie in allen guten essayistischen Texten spricht ganz im Hintergrund der einzige, alte Montaigne, sehr einfach, ganz von sich selbst, konkret und genau. »Unsere vornehmste Geschicklichkeit besteht darin, daß wir verschiedene Dinge verrichten können. Es heißt wohl Dasein, es heißt aber nicht Leben, wenn man sich aus Not gezwungen sieht, beständig den Roßmühlengang zu gehen.« Das ist von Montaigne, nicht von Jens Reich.

Vierzig

40. GEBURTSTAG. Die Gratulanten drücken sich vorsichtig aus, als wollten sie einen nicht an das Alter erinnern oder als müßten sie einen behandeln wie einen Melancholiker, der jederzeit von einem heftigen Anfall heimgesucht werden könnte. Dabei kommen einem die Geburtstage gerade in dieser Altersstufe nicht so zufällig oder bodenlos vor wie früher. Eher glaubt man, daß Alter und Erfahrung inzwischen gut zusammenpassen, als sei die Alterszahl genau der markante und richtige Befund. Man sehnt sich ganz und gar nicht nach früheren Perioden zurück und ist froh, gewisse Peinlichkeiten hinter sich zu haben. Vor allem weiß man jetzt recht genau, was man will. Denn mit den Jahren haben sich die Interessen so verdichtet und zugespitzt, daß man die Umgebung nicht mehr wie die frohe Botschaft alles Mög-

lichen, sondern wie ein Angebot schmaler, aber kompakter Themenfelder wahrnimmt.

Damit geht allerdings die Empfindung einher, nicht mehr unbegrenzt Zeit zur Verfügung zu haben, um die Lebensbahn zu gestalten. Man glaubt nicht mehr an den offenen, weiten Horizont und rechnet mit dem eigenen Tod um so mehr, je häufiger man in der Nähe den Tod eines geliebten Menschen erlebt. Es ist aus mit der Illusion unendlichen Lebens, doch man tauscht dagegen die Einsicht, daß es gerade so, mit dem harten und unversöhnlichen Gegeneinander von Leben und Tod, seine Richtigkeit hat.

Mit der Zeit ist man geneigt, an so etwas zu glauben wie die Weisheit der Natur, vielleicht redet man sich aber auch nur selbst ein, weiser zu werden, eine neue Illusion, die aber durch das Gefühl gestützt wird, die eigene Erfahrung sei sicherer und breiter geworden und ruhe auf festeren Fundamenten.

Dieser allmähliche Wandel beginnt, wie ich glaube, etwa Mitte Dreißig. Ein Freund sagte mir, daß in diesen Jahren das Interesse am Autobiographischen zunehme; man könne nachweisen, daß gerade in dieser Phase viel Autobiographisches geschrieben worden sei, was mit dem spezifischen Zeitgefühl dieses Lebensabschnitts zu tun habe, einem Zustand zwischen verstärktem Rückblick und gebrochener Zukunftsemphase. Es seien genau jene Jahre, in denen eine immer prägnanter werdende Todeserfahrung das Gefühl kontinuierlichen Werdens zersetze.

Das mag sein, wenn ich auch gerade heute nicht großen Wert darauflege, mein Leben mit dem Tod in Verbindung zu bringen. Die These von der autobiographischen Kehre hat jedenfalls viel für sich. Man beginnt wirklich, das eigene Leben auf Perioden und Abschnitte hin zu begreifen, man versteht es als Veränderung, nicht geradlinig natürlich, aber auch nicht als Serie von beliebigen Katzensprüngen.

Diese Erfahrung bringt einen gewissen Ernst in das Leben, oder vielleicht entsteht auch nur ein Empfinden für so etwas wie Stetigkeit. Im ganzen hat man jedenfalls mehr Freude an gerade jenen Dingen, die einem lange Zeit gleichgültig waren, vor allem an den unscheinbaren, die den Tagesablauf wie Markierungen begleiten. Schon ein bestimmter Kaffee am Nachmittag kann den Tag auf solide Grundlagen stellen, ganz zu schweigen von einer bestimmten Lektüre, die den Tag auszeichnet und einzigartig macht.

So scheint sich die Genußfähigkeit zu verdichten. Man nimmt mehr wahr, man schaut genauer und gründlicher, man läßt sich weniger von flüchtigen Eindrücken anlocken und gibt nichts mehr auf sie. Aus dem schnellen, voraneilenden Galopp ist man in einen Wechsel von ruhigem Trab und geduldigem Warten geraten, den man freilich in seinen Rhythmen noch nicht gut beherrscht. Aber man ahnt, wie man es anstellen müßte, man ahnt um die Bedingungen, die Tag und Jahr verhelfen würden zu gutem Gelingen.

Das alles ist freilich nicht ohne Arbeit zu haben. Erst jetzt, wo man die jahrzehntelangen Grundlagenarbeiten hinter sich hat, ist sie viel mehr ein Vergnügen und die intensivste Form, sich zu bereichern. Nun erkennt man ihren besonderen Wert, ohne diesen Wert noch mit

Zielen zu verbinden. Man hat noch eine überschaubare Zahl von Projekten, die man um jeden Preis durchführen möchte; aber es drängt nicht, man glaubt, sie mit den Jahren immer besser zu Ende zu bringen.

Ja, man ist irgendwo angekommen, obwohl sich das ekelhaft abgeklärt anhört. Aber es ist etwas dran, man spürt, wie die Energien langsam umgepolt werden, sie arbeiten jetzt konzentrierter, genauer, auf den Punkt hin. Und gerade das verschafft einem jene Erleichterung, die die Jahreszahl Vierzig erträglich macht und zu einem sogar festlichen Zeichen.

Stasi-Geschichten

Der grosse Lärm, der jetzt um die Stasi-Mittäterschaft Sascha Andersons gemacht wird, ist um etliche Nuancen zu laut. Es hört sich an, als hätte man eine gewaltige literarische Kapazität zur Strecke gebracht, einen Tausendpfünder oder einen Sechzehnender, kurz vor dem Nobelpreis. Plötzlich steht jemand im Rampenlicht, der vorher noch weitgehend ein Unbekannter war, nur den gut Informierten ein Name, aber keiner, mit dem man auch nur einen einzigen Text verband. Sascha Anderson war vielmehr ein luftiges Phänomen, eine Art literarischer Seifenblase, die unberechenbar und eiernd über den Szenen schwebte, hier sachte anstieß und dort klebrig verpuffte.

Ich hatte seinen Namen zum ersten Mal Mitte der

achtziger Jahre gehört und fragte einen zuverlässigen Freund in Leipzig nach ihm. »Sascha Anderson? Ach, der …«, sagte mein Freund, und damit war im Grunde alles gesagt.

1982 war im Rotbuch-Verlag ein Gedichtband von ihm erschienen: »Jeder Satellit hat einen Killersatelliten«. Die Gedichte waren nicht einmal halb so lakonisch und krisenfest, wie der Titel sich gab. Sie wirkten eher, als habe einer niemals die Zeit gefunden, endlich zu schreiben, was er sich vorgenommen hatte. Auch waren sie voll von Deutschlandmetaphern, aber wie von einem, der Heinrich Heine viel ernster genommen hatte als der sich selbst.

Trotzdem sprach man eine Weile von Sascha Anderson. Man war sich nicht sicher, ob was dran war, an diesen Gedichten und dem Habitus eines Verfemten, und so kochte man den Namen auf Stufe ›mittlere Aufmerksamkeit‹, um ihn zumindest vorrätig zu haben für höhere Hitzegrade.

Als dann nichts Größeres, Gewagteres von ihm erschien, reihte man den Namen ein ins Sortiment. Man legte ihn ab in der Sparte ›Vorlauter Prenzlberg‹, und da schmorte er jahrelang, schließlich eingedeckt von nur wenig bekannteren, aber doch druckfrischer wirkenden Namen.

Ich erinnere mich gut an eine Anthologie, die Ende der achtziger Jahre erschien: »Sprache & Antwort. Stimmen und Texte einer anderen Literatur aus der DDR«. Ich hielt viel von dieser Anthologie, schon deshalb, weil mein Freund Gert Neumann darin vorkam. Von den anderen Autoren kannte ich nur Uwe Kolbe, dessen Texte aber nach meinem Eindruck nicht in diese Anthologie gehörten. Es hieß, die meisten dieser Autoren hätten bisher nur in ›nicht-offiziellen Zeitschriften veröffentlicht. Schon so eine Mitteilung sicherte ihnen eine gewisse Aufmerksamkeit und das vorzeitige Attest, in angemessener Form an der DDR-Krankheit zu leiden. Egmont Hesse, der Herausgeber des Bandes, hatte mit den Autoren Gespräche geführt, auf, wie es wiederum hieß, ›hohem Niveau und mit dem Ernst einer großen Verantwortung‹. Auch diese gewählten Formulierungen bestätigte ich gern, obwohl es mir unendlich schwer fiel, diese Gespräche zu lesen. Ihren schwerfälligen, konfusen Gestus betrachtete ich gleichsam als eine Art Gefahrenzulage, als den Preis der Verständlichkeit, den ein junger Autor vom Prenzlauer Berg nach meiner Meinung damals zahlen mußte, um in ›nicht-offiziellen Zeitschriften‹ ausgiebig zu publizieren.

Wenn zum Beispiel einer gefragt wurde, ob es jetzt wichtig sei, über Sprache zu reden, so antwortete er, daß das Pathos dieser Fragestellung ihm nicht besonders nahegehe, er die Diskussion um die Substanz aber immer für angebracht halte. Über solchen Wortkrempel las ich damals mit reichlich viel gutem Willen hinweg, obwohl mir klar war, daß der Befragte auch einfach hätte sagen können, die Frage interessiere ihn im Augenblick nicht (im übrigen begriff ich nicht, was an der Frage pathetisch sein sollte).

Oder wenn einer gebeten wurde, selbst einen Anfang für das Gespräch zu finden, so sagte er, daß er sich bemühe, den Beginn des Interesses für dieses Gespräch auszumachen, anstatt einfach zu sagen, daß er noch einen Moment nachdenken müsse.

Die junge angebliche Dichterelite verschanzte sich hinter einem Dickicht von Floskeln, die das Sprechen aufweichten oder bloßen Humbug garnierten. Auch dafür hatte ich früher Verständnis. Ich dachte mir nämlich, das Geheimnis dieses Dickichts sei eine zu emphatische Lektüre sehr aktueller französischer Philosophen. Daß aber mitten im düsteren Ostberlin ein kleiner Kreis von Literaturkundigen damit beschäftigt war, Autoren wie Deleuze und Foucault zu lesen, machte sie mir gleich so unerträglich sympathisch, daß ich all ihr verbohrtes Sprechen als quasi-philosophische Attitüde verstand. Und da diese Attitüde nach absoluter Verweigerung roch, jung war und mit der bekannten DDR-Literatur nicht viel zu tun haben wollte, beschloß ich, sie für einen edlen Neuanfang zu halten.

Vielleicht war ich damals aber auch einfach froh, daß sogar drüben, jenseits der Mauer, Deleuze und Foucault gelesen wurden. Wenn man diese Namen mit Ostberlin in Zusammenhang brachte, konnte man wirklich für Momente glauben, es gebe, wie Foucault gesagt hätte, eine ›Rede des Draußen‹. Und da ich eine Zeitlang nicht wußte, ob Foucault in literarischen Fragen überhaupt je recht gehabt hatte, konnte ich mir endlich einbilden, daß er ein paar Jünger gefunden hatte, die aus seiner Theorie gutdurchdichtete Praxis machten.

Schluß damit! Das alles ist längst vorbei, und heute wäre mir gleichgültig, ob einer ein paar Seiten Foucault liest oder nicht. Nur in der Stasi-Debatte um Sascha Anderson ist das noch nicht egal. Der Name Anderson nämlich steht jetzt für die ganze Szene, die sich einmal so staatsfern und inselrein gab; ihr konfuses Reden von gestern erscheint plötzlich wie eine versteckte Reaktion auf Jahre von Stasi-Gemauschel. Der viel ältere Wolf Biermann hat seine Feinde von früher wiedergefunden: die jungen und vorlauten, Foucault lesenden ›Arschlöcher‹, die ihn einmal für einen überheblichen Schwätzer hielten.

Jetzt zahlt er's ihnen heim, begleitet von einem Chor lauter Stimmen, die oft die Hintergründe nicht kennen. Vielen im Westen sind diese Hintergründe auch herzlich egal; es reizt sie jetzt einfach, diese ›Avantgarden‹, die sie eh noch nie mochten, aber doch laufend besprechen mußten, wohlwollend, ermunternd, endlich in die Pfanne zu hauen: da seht Ihr, Geschwätz bleibt eben doch Geschwätz, auch wenn es noch so avantgardistisch und dissidentenhaft tut!

Blockade

F. WAR eine der Prager Botschaftsflüchtlinge, damals zweiundzwanzig, mutig, allein. Den Eltern hatte sie nichts von ihrem Vorhaben erzählt, sie war heimlich los, ohne sich jemandem anzuvertrauen. Daß die Flucht gelang, machte sie damals euphorisch, sie schrieb den Eltern, die sie irgendwo in den Ferien vermuteten, einen kurzen Brief, daß sie es geschafft hatte. Der Brief bestand nur aus wenigen Sätzen, F. hatte ihn in Düsseldorf eingeworfen, obwohl sie in der Nähe von Karlsruhe eine Anstellung in einem Warenhaus gefunden hatte. Ihre Adresse wollte sie so lange wie möglich verschweigen, es würde sich schon noch eine Gelegenheit ergeben, sie den Eltern mitzuteilen.

Die Eltern hatten nicht mit der Flucht ihrer Tochter gerechnet. Der Brief überraschte sie so sehr, daß sie Wochen nicht schlafen konnten. Die plötzliche und in ihren Augen unvorbereitete Flucht hatten sie ihrer Tochter nicht zugetraut, über so etwas hatte man in der Familie nie gesprochen, und außerdem hatte es die Tochter doch nicht schlecht gehabt, in ihrem Kreis.

F. hatte versucht, sich den Westen gefügig zu machen. Viel Arbeit, am Anfang war es nicht einfach gewesen. Bekanntschaften ergaben sich eher zufällig und hielten nicht lange, am meisten vermißte sie Freundinnen und Freunde, mit denen sie sich gern getroffen hätte. Auch solche Freundschaften zu knüpfen, war jetzt eine Arbeit. Sie wollte nicht werben, es sollte sich alles zwanglos ergeben, doch sie brauchte dann beinahe zwei Jahre, bis sie sich wohlfühlte, einigermaßen.

In der Zeit war die Mauer gefallen. F. hatte darüber nachgedacht, ob die Flucht in den Westen überhaupt einen Sinn gemacht hatte. Eine Weile hatte sie sich Zeit genommen, um einen klaren Kopf zu bekommen, erst nach einigen Wochen hatte sie gewagt, die Eltern anzurufen und sie einzuladen in die Gegend von Karlsruhe.

F.s Eltern hatten sich sofort auf den Weg gemacht. F. hatte sie nicht wiedererkannt, beim ersten Zusammentreffen, so sehr waren sie plötzlich gealtert. Sie hatten die Flucht nicht zum Thema gemacht. Jetzt, wo die Mauer gefallen war, hatte sich all dieses Nachdenken erübrigt. Im stillen aber hatte F. die Erwartung der Eltern gespürt, sie werde wieder zurückkehren, so bald wie möglich.

Sie hatte darüber aber keine Andeutungen gemacht, sie war im Westen geblieben, trotzig, die schwierige Flucht sollte sich schließlich gelohnt haben. Monatelang telefonierte man miteinander, erzählte sich lauter erfundene Geschichten und versuchte, aus dem anderen Part etwas herauszulocken.

Doch die Zeit verging, ohne daß sich etwas geändert hätte. F. träumte jetzt manchmal von den Eltern, die es aufgegeben hatten, sie zu besuchen, während ihre Eltern nicht begriffen, was die Tochter noch länger im Westen hielt, jetzt, wo der Osten bald ein Westen sein würde.

So hatten sie sich gegenseitig auf Distanz gehalten, immer wortloser werdend, bis die Verbindung zusammengebrochen war, an Kraftlosigkeit, etwas, das man überreizt hatte und das nicht mehr zum Leben zu erwecken war.

F. hatte begonnen, sich im Westen zu verstecken. Sie erzählte nicht mehr von ihrer Kindheit und Jugend. Neuen Freunden gegenüber erklärte sie, sie komme aus der Gegend von Wolfenbüttel. Klar, daß sie sich da erst langsam zurechtgefunden hatte, hier im badischen Süden, wo man Wein trank und schwärmte, anders als dort im Norden, wo der Wein und die Sinne kein Thema gewesen waren.

Leipzig, November 1991

Das Stasi-Vokabular – Kürzel wie OPK oder IMB, geführt von der HA, wobei betroffen sind folgende ZOV – läßt einen derart mißtrauisch werden, daß man hier in Leipzig keinem Telefon mehr traut. Auch die schmalen Flure des Hotels, das nur in der Rezeption eine Modernisierung erfuhr, wirken stasiästhetisch, als seien all diese windigen Türen immer wieder aufgebrochen worden. Das Zimmerinventar, ein maroder Sessel aus den fünfziger Jahren und eine Topfpflanze, die von Auszehrung bedroht ist, hat etwas von heimtückischer Lethargie, als sollte dem Gast fachmännisch angedeutet werden, daß es ihm einmal ebenso schlecht gehen könnte. Streift man dann aber die Gardine zur Seite, wird die Lage vollends bedrohlich: man schaut auf ein langgestrecktes, dunkles Gebäude, dessen mittlere Fensterreihe mit hellgrünem Papier verklebt ist. Dahinter, denkt man, werden jetzt die letzten Aktenbestände ausgewertet oder auf den neusten Stand gebracht, und irgendwo zwischen all diesen Kürzeln steckt auch dein Name, überstreut von lauter schamlosen Meldungen, die jede Verfehlung deiner letzten zehn Jahre bewahren.

Der Zeitpunkt für ein Schriftstellertreffen in Leipzig ist also nicht gerade günstig. Vor allem gibt es einem aber zu denken, daß dieses Treffen im ehemaligen Literaturinstitut Johannes R. Becher stattfinden soll. Früher schlich man an der alten Villa mit dem blaßgrünen Anstrich vorbei, weil man sicher sein konnte, nicht eingelassen zu werden. Jetzt soll gerade dieses Haus jüngere Schriftsteller aus Ost und West zusammenführen zu einem Gespräch. Schon in der großen Eingangshalle wandern die Gedanken gleich wieder zurück, und man stellt sich vor, wie die Truppen des literarischen Nachwuchses jeden Morgen ihr Becher-Lied sangen, bevor es in der Abteilung Marxismus-Leninismus hart zur Sache ging.

Als Westmensch hat man hier eigentlich nichts zu suchen; vor fünf Jahren hätte man unsereinen noch aus dieser Halle gepeitscht, jetzt sollen alle so tun, als könnten sie einander mit einigen Freundlichkeiten erquikken. In Wahrheit haben die jungen Ost-Autoren jedoch ein Heimspiel, während man als Westmensch in der griffigen Monotonie dieser Räume gleich Platzangst bekommt.

Die Schriftsteller aus Ost und West sitzen einander gegenüber, Vermischung wird weitgehend vermieden. In der Mitte des breiten Tisches, der die beiden Abteilungen trennt, liegt das schwere Paket des großen Schweigens, das nun in langsamen Operationen aufgeschnürt und wortgerecht beseitigt werden soll. Die Rede geht rundum, versickert jedoch immer wieder. Irgend etwas Lastendes lauert im Raum, das darauf wartet, besprochen zu werden. Doch im Grunde haben all diese jungen Schriftsteller nichts miteinander zu besprechen. Sie sind aus Höflichkeit hierhergekommen, weil sie eine freundliche Einladung nicht ablehnen wollten, oder weil sie darauf warten, daß irgend etwas passiert. Anscheinend müßte dringend mal irgend etwas passieren, man sieht es diesen jungen Autoren an, wie sie verlegen das Paket des großen Schweigens betrachten.

Na gut, sagt einer aus dem Westen, indem er sich schließlich einen Ruck gibt, dann gehen wir einfach mal zusammen ein Bier trinken. Ist doch ein guter Vorschlag. Hier in der Nähe gibt's doch sicherlich eine Pinte.

Bei uns hier geht man nicht aus, antwortet spitz sein Ost-Gegenüber; hier trifft man sich lieber gesellig zu Haus.

Und damit trennen sich die beiden Lager und verabreden sich für die zweite Runde am kommenden Morgen. Die Westmenschen trinken noch zwei, drei Bier, irgendwo, und die Ostmenschen gehen nach Haus, ganz gesellig.

Warum erfährt man so wenig von diesen Ost-Kollegen? Warum sitzen sie so waidwund und niedergeschlagen da, als hätte man ihnen ein liebes Spielzeug gestohlen? Und warum sprechen sie nicht von ihrer Arbeit, von früher, von heute, das interessiert einen doch schließlich!

Ihnen Fragen zu stellen, geht schließlich auch nicht. Sie könnten einen scharfen oder drängenden Unterton heraushören, als wollte man ihre Biographien durchwühlen. In Wahrheit ist man in bestimmten leeren Augenblicken auch wirklich dabei, nachdenklich zu werden. Was zum Beispiel ist mit Rainer Schedlinski, der einem hier wortkarg gegenübersitzt; stimmen die Gerüchte von seiner Stasi-Mittäterschaft? Und wenn sie stimmen, hat er dann am Ende auch den Schriftsteller O., damals, in Wiesbaden, auf einer Westreise offiziell durchspioniert?

Andererseits will man sich von so wirren Gedanken nicht durcheinanderbringen lassen. Damals in Wiesbaden hat man sich mit Rainer Schedlinski schließlich gut unterhalten, und außerdem macht dieser Schedlinski zwar oft einen gequälten, aber doch keinen direkt stasiästhetischen Eindruck. Im Grunde sieht er sogar so aus, wie man sich einen jungen DDR-Autor wünscht: nachdenklich, kritisch, bescheiden, ganz anders als dieser Anderson, dessen Auftreten ja bereits etwas verdächtig Großkotziges hatte. Beschließen wir also, Rainer Schedlinski seinen weichen Unschuldsblick abzunehmen, am Abend sehen wir ihn mit einer jungen Verehrerin sogar in unserer Hotelbar sitzen. Das sieht ganz vorteilhaft aus, das bringt ihm gleich ein paar Punkte, hat er sich anscheinend doch von einigen Ost-Regeln wie etwa der, die Abende gesellig zu Hause zu verbringen, weltmännisch befreit. Jawohl, dieser Schedlinski, wie er jetzt in der Hotelbar sitzt, wie er seiner Verehrerin zulächelt, sein Glas Rotwein trinkt und viel munterer parliert als am Nachmittag – dieser Schedlinski macht einen sympathischen Eindruck. Wahrscheinlich denkt er seit Wochen nur an die Liebe und schreibt ein Liebesgedicht nach dem anderen, während wir ihn der konspirativen Triebtäterschaft verdächtigten. Das kommt von unserer West-Perspektive, wir reagieren einfach zu schreckhaft, erst recht, wenn man uns einen ganzen Tag lang ins ehemalige Johannes-R.-Becher-Institut einsperrt, wo der Stasimief noch in allen Ritzen sitzt und man selbst die Türen für Scheintüren hält.

Gut also, wir haben uns entschlossen, Rainer Schedlinski zuzuprosten, durch die Hotelbar, mitten hindurch: Prost, Schedlinski! Und der arme Teufel wird rot, als hätten wir ihn bei seinen Liebesspielen ertappt, so daß wir uns wundern, wie schamhaft selbst die gesottensten jungen Dissidenten des Ostens immer noch sind.

Am dritten Tag dieses denkwürdigen Treffens, man kann sich längst nicht mehr ertragen, wird uns dann auch alles zuviel. Das große Paket ist noch schwerer geworden, seine Schnüre haben sich hoffnungslos verheddert, da werden wir aus lauter Verzweiflung beinahe gemein. Wir kündigen an, daß uns der Sinn nach einem klassischen Rundumflug steht, die Weltliteratur ist unser Thema, und so nehmen wir uns eine halbe Stunde Zeit, einige zentrale, wichtige, prägnante Thesen zur Weltliteratur zu formulieren, mit den Schriftstellern Lateinamerikas beginnend, langsam den Globus überfliegend, als fiele uns selbst zur Inneren Mongolei noch etwas ein. Wir geben damit an, wie vertraut uns die sogenannten neusten Positionen des Schreibens sind, wir vermischen und durchquirlen sie laufend, wir springen von Octavio Paz zu Milan Kundera und weiter zu Nooteboom, und wir genießen es, daß uns auf der anderen Seite des Tisches niemand versteht. Denn natürlich sind all die fetten Namen, die wir hier horten, unseren stummen Freunden des Ostens nicht vertraut, während wir den Eindruck erwecken, wir hätten schon mit jedem der genannten Autoren dreimal zu Mittag gespeist. Gibt es nicht, fragen wir ernsthaft, gewisse Gemeinsamkeiten zwischen der Pazschen Theorie der Moderne und der von Kundera, und was würde unser japanischer Freund Kenzaburo Oe dazu wohl sagen?

Unsere Theorien leben in dieser halben Stunde auf großem Fuß. Wir haben uns vorgenommen, die Gegenseite einzuschüchtern, dreist und unbarmherzig schleudern wir die Namen wie giftige Pfeile in den Raum, während wir ihre abschreckende Wirkung genießen. Das wäre so etwa der Stand der Dinge, sagen wir vollmundig und tun so beschwingt, als könnten wir mühelos noch zwei Stunden sprechen.

Und wir sehen, wie unsere Ost-Kollegen der Horror ergreift. Einer nach dem andern macht sich jetzt auf die Reise, steigt auf den breiten Tisch, läßt noch einmal die Beine baumeln und verschwindet in dem schweren Paket. Der letzte aber, der das Paket des Schweigens von innen verschließt, lächelt uns noch einmal an. Es ist ein Lächeln, das uns bestrafen soll, denn es ist ein mitleidiges Lächeln. Ihr seid arme Tröpfe, soll uns dieses Lächeln weismachen, wenn ihr euch um so etwas wie die Weltliteratur schert. Das haben wir gar nicht nötig; wir haben unsere eigenen Geschichten.

Die letzten Stunden unseres Aufenthaltes verbringen wir bei unserem alten Freund H., der vor etwas mehr als zwei Jahren ein begeisterter Zeuge der großen Demonstrationszüge war. H. leitet jetzt eine Buchhandlung, die er in seiner alten Wohnung eingerichtet hat. Die Kunden sitzen auf dem Boden und durchstöbern die deckenhohen Regale mit den laufenden Nummern der Taschenbuchreihen. Stell dir vor, sagt H., von all diesen Büchern kenn ich nicht mal fünf Prozent. Und jetzt lese ich sie einfach Nummer für Nummer, als wär ich noch einmal das Kleinkind, das jeden Abend seinen

Teller Suppe leer essen muß, bevor es den Nachtisch bekommt.

Auch von den Kunden tauchen viele nur auf, um in H.s Wohnung zu lesen. Die Gitarrenmusik ist so animierend, sagt H., daß die meisten gar nicht mehr gehen wollen. Wenn ich sie forthaben will, dann sag ich nur, Leute, jetzt kommt meine Liebste, jetzt wolln wir allein sein. Und wenn sie dann draußen sind, bin ich mit dreitausend Geliebten liiert, ein Wahnsinnsharem ist das.

Inzwischen hat H. seine Meinung über die Montagsdemonstrationen geändert. Damals, sagt er, war ich verrückt, wie im Rausch, nächtelang konnte ich nicht schlafen. Ich dachte, jetzt beginnt's, jetzt beginnt erst dein Leben, darauf hast du die ganzen Jahre gewartet. Es war Massenhypnose, ein Spuk, keine Revolution, Wochen später hab ich das selber gemerkt. Welche Ideen hattest du eigentlich damals, so für die Zukunft, hab ich mich da gefragt, und ich hätte nicht eine einzige nennen können, die was verändert hätte, ich meine richtig, in der Sache, im Kern.

Am Flughafen habe ich mit H. ein Glas Reudnitzer Bier getrunken, Sachsenbräu, gar nicht schlecht. Wir haben vereinbart, wieder häufiger miteinander zu telefonieren, wie früher, als wir beinahe jeden Monat voneinander erfuhren. Irgendwo, sagt H., werden sie diese ganzen Gespräche gespeichert haben, irgendwo liegt dieser ganze Roman. Und den würd ich gern lesen, Seite für Seite, und ich glaub, ich wäre stolz drauf auf den.

Bamberg, November 1991

Manchmal verfällt er dem Glauben, die Wiedervereinigung habe die fernsten Gestalten näher gerückt, etwa die Gestalt des Bamberger Reiters, die ihm kurz vor Mittag im Bamberger Dom begegnet, überraschend, an einen Pfeiler gelehnt, eine mittelalterliche Märchengestalt, erschreckend und leicht wie eine Traumfigur, ganz allein, herausgetreten aus den Ensembles der Ritter und Krieger, als könnte sie gleich wieder verschwinden in weiten, erträumten Wäldern, wo das gespannt horchende Zauberpferd aus silbern schimmernden Teichen trinkt.

Eine ähnlich entrückte Sagengestalt hat er noch nie gesehen, eine Gestalt, die an Glück bringende, heimliche Wesen erinnert, die nur für Augenblicke erschienen, plötzlich und unerwartet auf einer Lichtung, aber nur wie eine Ahnung, so daß man sich hinterher fragte, ob man nicht einer Vision aufgesessen. Seltsam die Herrscherkrone, denn zu diesem Zeichen scheint es keine weitere Entsprechung zu geben, kein Schwert, keinen Panzer, so daß die Krone in ihrer Vereinzelung etwas von einem Zauberzeichen hat, als machte sie ihren Träger zum Angehörigen eines fernen, nicht weiter bezeichneten Reichs.

Dem entgegnet die einfache Gewandung, die nichts hat von herrscherlichem Auftreten, dafür aber die schöne, leichte Gestalt des Menschen selbst hervortreten läßt, als bleibe diese Gestalt doch letztlich privat und für sich und als sei sie keiner Macht dienstbar zu machen. Auch das Tier ist nicht kostbar geschmückt, und doch ist es, ganz von der Vornehmheit des Reiters her empfunden, reine Gestalt, gesammelt, als konzentrierte es in sich für einen Moment alle Erregung.

Man scheint sich in der Forschung zu streiten, wen diese Gestalt darstellen soll. Von Konstantin dem Großen ist ebenso die Rede wie von einem der heiligen Drei Könige.

Solche fiktiven Zuweisungen treffen noch etwas von der seltenen, hohen Erscheinung, sie beschwören ihr Märchenhaftes, das etwas mitbringt von fremden Gestaden und nie für möglich gehaltenen Wundern; die Zuweisung dagegen, es handle sich um Stephan von Ungarn, einen Schwager Heinrichs II., läßt die schöne Gestalt sofort schrumpfen, als hätte sie einmal dazu herhalten müssen, an einen einzelnen Menschen zu erinnern.

Von solchem Erinnern hat sie jedoch nichts. Was sie vorstellt, ist vielmehr eine fast unbegrenzt erscheinende Weite, die Weite des längst entschwundenen mittelalterlichen Reiches, in dem Karl der Große und Heinrich, Artus und Parzival, die heiligen Drei Könige und die lachenden Engel der Portale und Chöre wie eine Gemeinschaft erschienen, nicht durch Epochen voneinander getrennt, sondern eins in ihrem uns heute so fern und unwirklich scheinenden Träumen, eine Lehnsgemeinschaft von Gottesvasallen, die an den Gral glaubten und nirgends heimisch wurden.

Etwas von dieser Weite, wollte er sagen, scheint die Wiedervereinigung an der seltenen Gestalt des Bamberger Reiters erneuert zu haben, so daß man ihn nicht mehr wie früher als eine pittoreske Figur wahrnimmt, die sich verlegen an einen Pfeiler drückt, sondern wie eine Gestalt großer Wege, die vom fernen Sizilien aufgebrochen sein könnte, auf langen Zügen durch halb Europa, um durch ihr Erscheinen all diese Fernen miteinander zu verbinden.

Zu dieser Vision aber paßt, glaubt er heute mittag, angesichts des Bamberger Reiters im Bamberger Dom, ein so künstliches Gebilde wie die alte Bundesrepublik nicht. Es nahm diesem reitenden Königsmenschen den Zauber der Ferne und plazierte ihn auf einem beschnittenen Teppich, als seien die Pfeiler dieses Doms nicht Pfeiler der großen Wälder, die er durchstreift, sondern schmale Träger eines zu klein geratenen Baus, der ihn eher elend beherbergt.

Aachen, Jahreswende 1991/92

IM AACHENER Münster sieht er den Krönungsstuhl Karls des Großen und der mittelalterlichen Könige. Es ist ein einfacher Sitz aus antiken Marmorplatten, sonst schmucklos, sechs Stufen führen zu ihm hinauf. Von der Seite betrachtet sieht er aus wie ein hilfloses Provisorium, eine aus Fundstücken zusammengeschusterte Konstruktion, die höchstens durch ihre außerordentliche Schlichtheit Eindruck macht.

Die Stufen sind nicht einmal so breit, daß zwei Personen sie nebeneinander hinaufgehen können. Oben saßen die Könige auf kalten Steinplatten, als müßten sie auch noch in Aachen beweisen, daß ihr Reich erst im Süden seine Erfüllung finde. Alles soll an Rom erinnern, die Marmorsäulen mit den korinthischen Kapitellen, der kostbare Fußboden, doch je genauer man hinschaut, um so mehr bestätigt sich der anfängliche Eindruck eines Sammelsuriums, das an die Wohnungen von Möchtegernästheten erinnert, die letztlich doch in kleinen Verhältnissen leben.

Der Krönungsstuhl befindet sich oben, gegenüber dem Altar, auf der Empore. Man stellt sich vor, wie der Hof sich dort um den Kaiser gruppierte, während sich in der Unterkirche das einfache Volk versammelte. Karl der Große soll häufig an Gottesdiensten teilgenommen haben, einer alten Quelle zufolge gab er sogar die Einsatzzeichen zum Wechselgesang.

Diese dauernde Anstrengung, ein nicht zivilisiertes Volk zu belehren, ihm Latein aufzudrängen oder die neue Minuskelschrift beizubringen! Dieses Leben in einer geistigen, romanisch getönten Fremde, während das Volk noch vor seinen heiligen Felsen und Quellen erstarrte!

All dieses Herbeischaffen von Kultur, das Schleppen von schweren Marmorsäulen und Sarkophagen, das Sich-Einrichten in einem Gehäuse von Aufgelesenem macht das Münster zu einer fast unheimlichen Kultstätte. Man fühlt sich nicht wohl, irgendwie zwischen den Zeiten und den Kulturen, in einem menschenleeren, nur von Ideen geprägten Raum, der in seiner dunklen, lichtarmen Verschlossenheit wie der Versammlungsort eines Geheimkults erscheint.

Vollends fremd wirkt die Struktur des Zentralbaus, ein zusammengepreßtes Rund, dem Weite und Luft fehlen und der durch immer neue Anbauten sogar noch die Makellosigkeit des einfachen Grundrisses verlor. Hier noch eine Kapelle und dort, hier der Ankleideraum für die Krönung, dort die Kapelle für die Nacht vor der Krönung, als habe man den Ritus in lauter Einzelteile zerdacht und für jedes Teil einen eigenen Bau entworfen.

Trotz des kostbar erscheinenden Schmucks bleibt der Eindruck des Gewollten, man sieht diesem Bau überall die Mühe an, die es gekostet haben mag, die Einzelteile zusammenzulesen. Nun steht man in einer Schatzkammer oder einem Schatzkästlein, das ein neureicher Sammler bis oben hin vollgepackt hat mit Schmuck und mit Zierat.

Und drunten das staunende, beklommene Volk, das noch in Wäldern mit Büffeln und Bären hauste und sich fürchtete in den Nächten, wenn die raunenden Geister aus den Bäumen sprachen oder in den Quellen badeten! Ein Volk, dem das Mitsingen in der Messe nur während ausgewählter, kurzer Partien gestattet war und das sonst schweigen mußte, weil es sich nur an die einfachen, schlichten Gesänge gewöhnte und am liebsten leicht einprägsame Kirchenlieder sang!

Dieses Münster, die Krönungskirche der deutschen Könige, muß eine Phantasiewelt gewesen sein, die Ausgeburt eines gegen die gesamte natürliche Umgebung anarbeitenden, sich zwanghaft der Kultur widmenden Denkens. Oben auf seiner Empore saß der Kaiser, mehrsprachig, redegewandt, den Geistlichen die Einsätze gebend, während unten, in der dunkel bleibenden Tiefe der dichte Wald hauste, ein unverständliches Murmeln, ein immer tiefer sitzendes Schweigen.

1992

Lektüre

IN SEINEM Buch »329 Tage. Innenansichten der Einigung« beschreibt der Kanzlerberater Horst Teltschik das Wiedervereinigungsjahr aus der Küchenperspektive des Kanzleramtes. Es ist ein Tagebuch, das von Aktion strotzt und temporeich Namen an Namen reiht. Und dennoch will sich der oft beschworene weltgeschichtliche Weihrauch nicht einstellen. Zu sehr wirkt alles auf Personen beschränkt, zu vertraulich wird dem Leser allerhand Diskretes aufgetischt, und zu banal erscheint das betriebsame Gestrampel der Hauptakteure, die immer wieder dieselben Floskeln, nur minimal korrigiert, austauschen. Das soll die große Weltpolitik sein, fragt sich der unterforderte Leser, diese mumpitzigen Stimmungsumschwünge, diese ewigen Morgenbesprechungen im Kanzleramt, diese zahllosen Telefonate: Bush am Apparat, Mitterrand in der Leitung, und jetzt ist auch noch Gorbatschow dran …

Die Fremdheit zwischen Personen und Ländern ist in diesem Buch derart radikal ausradiert, daß man wahrhaftig glaubt, die Weltgeschichte reduziere sich auf ein paar dürftige Interessenlagen, die man lediglich noch bei einigen geschickt arrangierten Arbeitsessen abstimmen muß.

Die eigentlich rätselhafte Figur des unermüdlichen Strippenziehens bleibt jedoch Helmut Kohl. Einerseits ist überall die Distanz spürbar, mit der er auch seinen Berater Teltschik beschäftigt haben wird, andererseits gibt er sich in bestimmten Momenten so selig und offen, daß man ihn für den guten Onkel des Weltgeistes selbst hält.

Der Ablauf der Wiedervereinigung, die gesamte Dramaturgie, liegt letztlich in seinen Händen, und da er im gesamten Ensemble der Handelnden der einzige ist, der völlig unbeirrt das *eine* Ziel vor Augen hat, erscheinen die anderen wie lästige Störenfriede, die immer noch den Salat lesen, während der Chefkoch längst am Hauptmenu arbeitet.

Wie peinlich wirkt dann schon der Vorschlag Modrows, mit Kohl während seines Dresdenbesuchs das Grüne Gewölbe zu besichtigen! Wie kurios erscheint der Besuch Mitterrands in der DDR zu einem Zeitpunkt, als es sich längst nicht mehr lohnte, dort Gespräche zu führen!

Das alles steckt Helmut Kohl souverän weg. Wenn aber die saarländischen Landtagswahlen verloren gehen, ist er bei der Morgenbesprechung nicht zu genießen. Seine Launen haben etwas Kindliches, Instinktives, wie überhaupt in Teltschiks Darstellung die meisten Aktionen jenen Geist familiärer Impulse verbreiten, den Kohl so liebt.

Washington, Paris, London, Moskau – das alles liegt gleich um die Ecke, lauter Nachbarn, denen man nur die richtigen Geschenke in Aussicht stellen muß, damit sie einen auch ordentlich einladen. Und gleich geht wieder ein elfseitiger Brief an George Bush über den »Skipper«, die ultrawichtige, geheime Telexverbindung. Oder Mitterrand empfängt den Kanzler zu einem privaten Besuch irgendwo in der Gascogne. Solche Freundschaften, erkennt der Leser, sind am anstrengendsten: mindestens alle vierzehn Tage muß man sich ihrer versichern, Mitterrand beruhigen oder George Bush mit weiteren Briefen füttern. Anscheinend wollen die immer dasselbe hören, nämlich daß die Wiedervereinigung europäisch oder sonstwie eingebettet wird oder daß alles keineswegs nationalistisch gemeint ist.

So deckt die Kohlsche Privatheit die offiziellen Einwände immer wieder zu. Sie legt sich auf alle Aktionen, sie zentriert sie auf seine Gestalt, als gehe es am Ende um das große Christgeschenk, das man diesem leutseligen und bemühten Mann nicht vorenthalten dürfe.

Nebenschauplätze gibt es daher nicht mehr. Die Opposition spielt in Teltschiks Buch eine vernichtend kleine Rolle, und selbst die DDR-Akteure, einer nach dem andren wie eine Zumutung zur Kenntnis genommen, bis sie einer nach dem andren ihre Ämter verlieren, greifen nirgends in Kohls allgegenwärtigen Aktionsspielraum ein.

Vielleicht, denkt man am Ende dieser Lektüre, ist gerade sein gnadenloses Privatisieren der Weltgeschichte das große Ereignis. Keine Feierlichkeit, keine Steifheit, nichts, was an Staatsaktionen erinnert. Dafür aber reichlich Rheingauer Kartoffelsuppen und Assmannshäuser Spätburgunder, dafür die passenden Strickjacken und eine Politik, die immer den Anschein erweckt, ein paar gute Freunde hätten sie auf einem Betriebsausflug ausgeheckt.

Das sorgt für viel Schwung, für geringe Bedenkzeiten und für ein Minimum an Reflexion. Nirgends schimmert eine Spur der klassischen Kulturthemen durch, nirgends geht es um deutsche Identität oder um historische Sonderwege, nirgends zeigt sich eine Skepsis, die Kohl immer mit bestimmten Intellektuellen verbindet, den professionell aufgeregten, die er verächtlich nur die ›Bedenkenträger‹ nennt.

All dieses erörternde, nachdenkliche Wälzen von Themen ist seine Sache nicht, statt dessen verfügt er über Gewißheiten, die sich aus einem auch in diesem hurtigen Buch an den Rändern zu spürenden Einklang mit dem ergeben, was er als ›das Volk‹ versteht.

Und so wirkt sein Handeln in diesen historischen 329 Tagen wie das eines Souveräns, der sich, von einer immer größeren Woge von Zustimmung getragen, noch einmal so absolutistisch gebärden darf wie ein Herrscher der vormodernen Zeiten.

Die Untertanen ziehen schließlich den Hut, ihnen kommen die Tränen, ein kleines Feuerwerk steigt vor dem Reichstag, und noch einmal zeigt sich gütig und gnädig der Große, der sich so gern anmerken läßt, daß ihn Gottes Gnade aus guten Gründen verwöhnt.

Stuttgart, Gartenhaus

K., DER alle zwei Wochen in journalistischem Auftrag von Frankfurt nach Berlin fährt, erzählt von den überfüllten Zügen, die ihn an den Aufbruch von Flüchtlingen erinnern, von überquellenden Taschen und in den Nähten ausgebeulten Koffern, von der Gereiztheit der Fahrgäste, dem Andrang in den Großraumwagen, dem Kampf um die reservierten Plätze, der etwa eine halbe Stunde nach Fahrtbeginn eintretenden plötzlichen Erschöpfung, einer schweren und lastenden Stille, in der man nur das Geräusch der Schiebetüren gewahr werde, ein kurzes Aufseufzen und Einschnappen, bis die ersten Freßpakete ausgepackt würden, Eier und Gurken, dazu Getränke in Dosen, und das allseitige dumpfe Verzehren beginne, ein Würgen und Schlingen, ein Knirschen der Eßwerkzeuge, das Krachen der Äpfel, das Schaben der Plastiklöffel an den unentbehrlichen Joghurtbechern, eine hastige und erst mit der Zeit langsamer werdende Gier, der ein kurzes, sehr kurzes Blättern in Zeitungen und Illustrierten folge, in denen immer wieder der fette Zielhafen BERLIN erscheine, wie ein dunkles und ungewisses Signal, dem man aber zutraue, all diese reisenden Horden zu beruhigen und die weit aufgerissenen Mäuler zu stopfen.

K. studiert die jungen Paare aus dem Osten, Paare mit oft einem einzigen Kind, das unvorstellbar ruhig dasitze, ›gut erzogen‹ wie man früher gesagt hätte, sich fast lautlos allein beschäftigend, ganz unter dem bannenden Eindruck einer neuen Umgebung, die etwas Drückendes, Belastendes zu haben scheine, denn das Kind entferne sich beinahe die ganze Fahrt nicht von seinem Sitz, nur manchmal bettle es um eine Begleitung zu den Toiletten und absolviere den Weg dann wie ein Spießrutenlaufen, zügig, mit gesenktem Kopf.

Die Eltern säßen aber beinahe ebenso still da, nur musterten sie das Neuland unentwegt und ganz offen, als müßten sie sich alle Details genau einprägen, die Farbe der Reservierungskärtchen über den Köpfen, die schnellen Antworten, die man dem Zugführer gebe, die Lässigkeit, mit der man seine Siebensachen ordne und geschickt verstaue. Dieser angestrengte Blick nötige ihnen aber eine immer größere Starre ab, mit zusammengekniffenen Augen säßen sie endlich vor dem Leinwandflimmern, auf dem der kühle und überdimensionale Lehrfilm des Westens gezeigt werde: wie bestelle ich einen Kaffee, wie weise ich meine Fahrkarte vor, wie vertiefe ich mich in eine Zeitung.

Und so seien Eltern und Kind unentwegt nur dabei, sich die Gelassenheit einzuprägen, das selbstverständliche Dasein, die ungestellte, durch keine Überlegungen verfälschte Ruhe. Kaum aber zeige sich im Raum eine offizielle Person, ein Schaffner, der herumrumpelnde Miniwagenfahrer oder auch nur einer der Laufknechte, der den Müll fortschaffe, gerieten die aufmerksamen Statisten des Ostens in eine Phase erhöhter Aufmerksamkeit, als müßten sie Haltung annehmen, sich ein Verhalten überlegen oder einfach nur darauf vorbereitet sein, daß ein schweres Gewitter den Raum in wenigen Minuten durchziehe.

Betrete dann der Schaffner wahrhaftig den Großraumwagen, sofort meldend, daß man mit den Fahrausweisen herauszurücken habe, unverzüglich, zöge das Elternpaar die im offiziellen bunten Bahnumschlag aufbewahrten Fahrtausweise, um sie noch einmal mit einem langen, sich in bodenloser Tiefe verlierenden Blick daraufhin zu befragen, ob es die einzig richtigen und nicht vielmehr doch die gefälschten seien …

Offenbarungen

INZWISCHEN HAT der Schriftsteller Rainer Schedlinski, den wir in Leipzig noch vor gewissen Verdächtigungen in Schutz nahmen, zugegeben, für die Stasi gearbeitet zu haben. Dabei hat Schedlinski, anders als andere Überführte, den Weg gewählt, seine Mittäterschaft zu erklären. In einem ausführlichen Artikel hat er sich Gedanken gemacht, seltsame Gedanken, auf die wir ohne die Mithilfe von Rainer Schedlinski nie gekommen wären.

Schedlinski erläutert uns nämlich, daß er es lange Zeit ganz normal gefunden habe, einen persönlichen Aufpasser zu haben, eine Art Jugendhilfe, den lieben Stasi-Freund nämlich, den man nur mit Vornamen anredete und der manchmal mit einem Päckchen Kaffee vorbeikam, um völlig unverbindlich über den Klassenfeind zu reden.

Für diese freundliche Hilfe erwies man sich dann und wann auch einmal dankbar. Man schrieb etwas auf, man verfaßte Berichte, aber man hielt das alles noch immer für normal, weil man die Stasi als eine Art Fürsorgeeinrichtung für junge gestrauchelte Leute begriff, als eine omnipotente Hilfe, die einen sogar vor dem Gefängnis bewahrte.

Schedlinskis Version ist so niederschmetternd, daß sie die Behauptungen, er sei, wie etwa die »Frankfurter Allgemeine« immer noch schreibt, ein »führender theoretischer und literarischer Kopf des ›Prenzlauer Bergs‹« gewesen, geradezu lächerlich macht. Wer solche Erklärungen seiner Stasi-Mittäterschaft anbietet, kann weder ein theoretischer noch ein literarischer Kopf gewesen sein, und Schedlinski als führende Intelligenz wünschen wir selbst dem ›Prenzlauer Berg‹ nicht.

Daß der Verrat einem so leicht gemacht wurde, daß man ihn nicht einmal als Verrat begriff – das hätte den führenden Kopf Schedlinski zu Artikeln inspirieren können, die uns den Hut selbst vor dem Verräter Schedlinski hätten ziehen lassen. Sich jetzt aber der Sache dadurch zu entwinden, daß man sie als Therapieversuch wertet, geht über jeden inspirierten Verstand.

Lieber Schedlinski, manchmal träumen wir überforderten jungen Westdichtermenschen auch von persönlichen Aufpassern, die uns das Leben leicht machen. Wir stellen sie uns als literarische Agenten vor, die einem überall die Türen aufreißen und den Champagner rund um die Uhr sprudeln lassen. Manchmal kommen diese Agenten sogar bei uns vorbei. Sie bieten uns aber nichts Niederträchtiges an, höchstens einen Vorvertrag für einen einwandfrei durchgestylten Roman, der sich ordentlich verkaufen läßt.

Wir erklären dann tapfer, daß wir diesen Roman auch bei bestem Willen nicht schreiben können, da es uns dazu am Styling mangelt. Unsere Agenten verstehen so etwas, obwohl sie – wie wir selbst – genau wissen, daß wir als theoretische und literarische Köpfe zu allem in der Lage wären, auch zu einem einwandfrei durchgestylten Roman.

Wir verabschieden uns und erhalten zum Trost für den Champagner, der uns entging, ein Päckchen Kaffee. Dann setzen wir uns hin, ganz heimlich, und schreiben alles auf, Wort für Wort. Und ich sage Dir, lieber Schedlinski: daraus wird ein einwandfrei durchgestylter Roman! Wir verkaufen ihn dort, wo wir hinter dem Rükken unserer Agenten verhandelt haben, am besten Platz am besten Ort. Dann sind unsere Champagner-Agenten arm dran, haben sie uns doch den besten Stoff geliefert. Wir aber sind gottverdammt reich und zieren Woche für Woche die Bestsellerlisten.

Stuttgart, Gartenhaus

JETZT, IN der letzten Phase seiner Arbeit an einem langen Roman, beginnt die Verwahrlosung. Er steht morgens früh auf, um sich gleich an den Schreibtisch zu setzen, die ganze Nacht hat dieser erste Ausstoß ihn schon beschäftigt und oft wach werden lassen. Er beugt sich über das Papier und schreibt seitenlang mit der Hand, in einer immer angestrengter und fahriger erscheinenden Schrift, so lang, bis das Handgelenkt schmerzt. Diese Seiten wird er irgendwann mit Hilfe des Computers abschreiben, er wird die Buchstaben mit sprachlosem Gesicht auf dem Monitor verfolgen, eine hastig aufgetragene Laufschrift, deren Rhythmus ihn am meisten beschäftigt, so daß er unaufhörlich im stillen die Satzglieder vertauscht und neu ordnet.

Er hat längst aufgehört, geregelt zu essen. Tee und Kaffee werden ganz nebenbei getrunken, er schaut nicht einmal hin. Da das Rauchen ihn bei der Arbeit stören würde, hat er es mit der Zeit auch abgeschafft, nur die dunklen italienischen ›Antico toscano‹, die er in großen Mengen aus Rom mitgebracht hat, werden noch gerade geduldet.

So sitzt er, anfangs von der unruhigen Nacht sehr erschöpft, vor seinen Seiten, während die Bewegung der Handschrift und die starke Konzentration ihn von Minute zu Minute wacher werden lassen. Es ist, als ernährte er sich jetzt von einem süchtig machenden Gift, denn nach etwa anderthalb Stunden ist er beinahe euphorisch hellwach, er treibt mit den Sätzen, und es ist wieder das alte Empfinden, daß er sich in der Sprache aufhält, in ihren Registern und geheimen Befehlen.

Er richtet sich jetzt darauf ein, mit dem Sonnenaufgang aufzustehen, jeden Tag etwa zwei Minuten früher, die ihm nicht weh tun, sondern eher das Gefühl vermitteln, von Tag zu Tag langsam in eine Frühzeit zu gleiten, in der er völlig allein ist und die Welt ganz für sich hat.

Manchmal treibt ihn das schöne Frühlingswetter hinaus, und er steht oben am Hang, um die abgeschnittenen Äste zu horten. Doch er schaut nicht genau hin, so daß ihm auch das erste, noch minimale Blühen nicht weiter auffällt. Es erscheint nur in den Augenrändern, das zitternde, flache Weiß der Schneeglöckchen und das mit den Tagen immer leuchtendere Gelb der Forsythien.

Jetzt klart der Himmel an den Morgenden oft auf, ein weiches Blau setzt sich durch, und die Morgenkühle streicht durchs geöffnete Fenster, während er aufgehört hat, sich noch regelmäßig zu waschen, zu kleiden, all diese Verrichtungen erscheinen ihm lästig, denn er glaubt, völlig stillhalten zu müssen, ›kerzengerade‹, wie man es früher genannt hätte, damit die Phantasie, die etwas Wildes, Ausholendes hat, in ihm arbeiten kann.

Längst hat er begonnen, neben der Romanschrift ein zweites Heft zu führen, in das er den Abfall hineinschreibt, krudes und wirr vorgetragenes Zeug, das sich nicht ordnen lassen will, Flüche, Ausrufe, Satzbrocken, das ganze unruhige Gelichter der Sprache, das die Handschrift stört und verfolgt. Er ist sich jetzt sicher, den Roman zu Ende bringen zu können, selbst die schlimmsten Krankheiten würde diese Arbeitskraft nun besiegen, sowieso läßt er nichts Fremdes an sich heran, keine Telefonate, kaum Briefe und erst recht keine Zeitungen.

Der Winter bricht noch einmal durch, für ein paar Tage glaubt er einen leichten Schneefall zu sehen, im weiten Hintergrund, Lichtjahre von ihm entfernt. Die Stille dagegen ist ihm sehr gegenwärtig; seit die Erde sich einweißt, beginnen die Landschaften um ihn herum zu erstarren zu klaren Konturen, schwarz-weiße Holzschnitte, wie von japanischen Meistern erdacht.

Er macht nur noch mit, holt Luft, setzt an, führt den Stift, trinkt, fällt zurück in den Sitz. Seine Haut ist trokken und spröde geworden vom Rauchen der starken Zigarren, auch im Mund scheinen Abfälle von Sprache zu nisten, vor sich hin gammelnder, langsam verfaulender Wortmist, der manchmal heraus will, so daß er beginnen könnte, lauter Unsinn zu lallen oder einzufallen in die Sprachfreude von Kindern.

Schauer drücken sich gegen den Hang, die ersten Obstblüten schaukeln sich aus ihren grünen Verstecken, überall platzt der gelbe Löwenzahn wieder durch, die Vögel hasten bis in die Nächte ums Haus, und er glaubt, dies alles sei seine Musik, von ihm dirigiert und am Leben erhalten, kurze Konzertsätze und eingestreute Arien mit immer irritierenderen Bühnenbildern von Hiroshige und Hokusai.

Langsam befällt ihn ein Fieber, eine tropische Wärme von innen, die er mit seinen Zigarren noch mästet, während das Gesicht einzufallen beginnt, die Haarsträhnen zudicken und seine Bewegungen insgesamt immer ruhiger werden, so gleichmäßig und streng, daß er sich ganz dem Körper überläßt.

So läuft das Schreiben denn aus. Am Ende ist er verwandelt, ein schmaler, baumlang gewordener Geist mit einem völlig übermüdeten Anhang von Knochen und Fleisch, die sich schütteln, an einem Montagnachmittag, gegen halb sechs, so daß er aufstehen kann, um sich die entzündeten Augen zu reiben und mit einem unergründlich glücklichen Empfinden hinaufzugehen auf den blühenden, den reinsten Frühling ausspiegelnden Weg über dem Haus.

Berlin, März 1992

KOLLWITZPLATZ, RYKESTRASSE, Wasserturm, Husemannstraße – er kreist durch das Viertel des Prenzlauer Bergs, als müßte er dieser Gegend um jeden Preis etwas abgewinnen. Natürlich ist er enttäuscht, nichts zieht ihn an, und in Gedanken ist er sowieso im anderen Teil der Stadt, drüben im Westen. Es macht überhaupt gar keinen Sinn, hier durchzuziehen wie ein Flaneur, obwohl er sich laufend gut zuredet, Geduld aufzubringen.

Erst als er sich später in ein deutlich übriggebliebenes Café an der Schönhauser Allee setzt, das die modische Wende der bunten Lacktischdecken und künstlichen Blumensträuße noch nicht mitgemacht hat, kommt er mit einem älteren Paar ins Gespräch, das ganz in der Nähe wohnt. Der Mann sagt, früher habe er hier nie so gesessen, mit übereinandergeschlagenen Beinen, und die Frau korrigiert ihn, ›tu bloß nicht so!‹, als hätte er begonnen, Geheimnisse zu verraten, oder als wollte er sich einschmeicheln bei diesem Westmenschen, der soviel aufschreibt.

›Was schreiben Sie eigentlich auf?‹ fragt sie schließlich und beugt sich nach vorn, als wollte sie gleich überprüfen, was der Westmensch jetzt sagt. Und als der ihr die winzigen Blätter zeigt, dicht beschrieben, mit einer mikroskopischen Schrift, einem Schneeregen von Buchstaben, gibt sie gleich auf. Wer so schreibt, betreibt keinen Geheimnisverrat, sondern ist vom Schreiben selbst fasziniert.

›Alles wollen Sie aufschreiben? Aber wofür denn?‹ fragt sie noch, und der Westmensch kann es ihr am besten dadurch erklären, daß er sein Schreiben als eine Art Krankheit beschreibt, die ihm jeden Tag kleine Texte abfordert. Ohne diese Texte, begreift dann auch sie, könnte er sich an nichts mehr erinnern, die Texte sind seine Welt, Spiegel seiner Spuren und Gedanken, die er zusammenhalten will, um sich, wann immer das nötig sein sollte, in früheren Zeiten wiederfinden zu können.

Ja, nickt sie, das hat etwas Schönes, das würde ihr auch gefallen, so viele winzige Hefte zu besitzen, vollgeschrieben mit kleinen Texten, die lägen dann in einem riesigen, schwarzen Karton, fein geordnet. Über dem Bild gerät sie sogar in eine gewisse Begeisterung, obwohl sie selbst im Traum nicht daran denkt, sich solche Mühe zu machen.

Jedenfalls hat sie sich nun entschlossen, den Westmenschen sympathisch zu finden, so daß sie plötzlich den Vorschlag macht, er solle sich ihre Wohnung ansehen, wo nach dem Auszug der Tochter ein kleines Zimmer nur noch als Abstellkammer benutzt wird. Es hört sich an, als wollte sie den jungen schreibenden Westmenschen einladen, in dieses Zimmer zu ziehen, ja, sie beginnt schon, die Einrichtung so genau zu beschreiben, als sollte er sich gleich blind zurechtfinden.

Gut, er interessiert sich dafür, er kommt gern kurz mit in die Wohnung, wo es noch einen starken Kaffee gibt und einen Cognac aus einer Flasche, die angeblich seit zwei Jahren halbvoll hier steht. ›Wir halten ihnen das Zimmer frei‹, sagt schließlich die Frau, ›im Sommer, wenn Sie Zeit haben, können Sie bei uns dann wohnen, und dann schreiben Sie alles auf, und wir bekommen später eine schöne Kopie.‹

Er hat das Viertel Prenzlauer Berg mit einem verlockenden Mietangebot verlassen. Schon auf der Rückfahrt westwärts kommt es ihm so vor, als betrachtete er den Westen unter anderem Blickwinkel, nicht als Heimkehrer, sondern als Rückkehrer.

Frankfurt/Main, April 1992

Die junge Lyrikerin aus Karl-Marx-Stadt, nein, aus Chemnitz, hat schon vor einiger Zeit ihren ersten Gedichtband veröffentlicht, im Westen natürlich, bei einem angesehenen Verlag in einer schon legendären Taschenbuchreihe. Für den schmalen Band ist sie im westlichen Feuilleton, auf das es ankommt, denn ein östliches Feuilleton gibt es noch nicht, sehr gelobt worden, ihr Name war plötzlich da und damit auch die Einladungen. Sie war viel auf Reisen, überall war man hinter ihr her, als sehnte sich das halbe wiedervereinigte Land nach nichts so sehr wie nach Gedichten aus Chemnitz. Lyrikertreffen, Lesereisen – die junge Lyrikerin war für eine Weile so etwas wie ein literarischer Star, eine gefragte und gefeierte Solistin, die bald auch entsprechend auftrat, ganz in Schwarz, eine geheimnisumhüllte Erscheinung, der nur Eingeweihte die Aufregung ansahen.

Früher hatte sie einige Jahre in Leipzig studiert, am Literaturinstitut Johannes R. Becher. In diesen Jahren waren auch ihre Gedichte entstanden, sehr langsam, mühevoll, immer wieder korrigierte Gebilde, die erst aus dem Abstand von Jahren eine schmale Lese ergaben. Die aber hatte sie nun veröffentlicht, in dem westlichen Verlag mit dem strahlenden Namen, wo sie gut untergebracht waren und nur darauf warteten, neue Gedichte zu zeugen und sich so zu vermehren.

Immer wieder nahm sich die junge Lyrikerin vor, sich nach Chemnitz oder in eine andere verborgene Kemenate zurückzuziehen, um das alte Schreibgefühl wiederzufinden, die Suche nach Worten, die Geduld und vor allem die eigenen Themen. Sie versuchte es mit einigen Anleihen aus der Antike, doch die stürzten gleich wieder ab, in eine grauenvoll öde Leere. Es war, als habe sie nie eine gescheite Zeile geschrieben, als sei sie wieder eine Anfängerin, nur daß sie weiter von allen Seiten gefeiert wurde, glänzend, diese Solistin aus Chemnitz, mit den unvermuteten Rückgriffen auf diese und jene Gedichttradition!

Manchmal glaubte sie, sich verstecken zu müssen, um alle Einladungen, deren lockendem Ruf sie noch immer erlag, ignorieren zu können. Auch hätte sie gern wieder einmal in Ruhe gelesen, nur für sich, ganz ohne Nebengedanken. Im Verlag machte man sich schon Sorgen um sie, bald, ließ man wissen, würde es sich lohnen, ein zweites, ebenso knappes, aber noch blendenderes Bändchen zu bringen, glänzende Wiedervereinigungsware, mit dem schon erprobten, aber jetzt doch verfeinerten lyrischen Timbre.

Die junge Lyrikerin aber saß vor ihren durchgestrichenen Zeilen, vor einem einzigen Wust von Erprobung, lauter Anfänge und Umschwünge, im Grunde nichts wert, auch haßte sie dieses Tempo, alle fünf, nein, zehn Jahre ein Band, das war in ihren Augen genug.

Doch obwohl sie es sich lang genug einredete, wuchs mit der Zeit doch die Verzweiflung. Auf Lesungen betete sie ihre alten Gedichte herunter, während sie wußte, daß diese Gedichte längst ungültig waren, Angestaubtes, vor Jahrhunderten Ausgehecktes, das man nur noch aus Mitleid goutierte. Sie las weiter, als wollte sie sich jetzt mit ihren alten Gedichten bestrafen, sie wollte so lange lesen, bis sie diese alten Gedichte erbrach, und während sie schwitzend eins nach dem anderen vortrug, wuchsen in ihr Bilder einer jähen Gewalt, als müßte sie mit einem Gewehr hineinfeuern in all die bunten Bücherangebote, die Buchkaufhäuser und Leseclubs, als sei ihr, der Chemnitzerin, aufgetragen, all das zu vernichten, um endlich Freiheit zu finden für sich.

Leipzig, Mai 1992

H. HAT mich zur Buchmesse nach Leipzig eingeladen. Die kleine Buchhandlung in seiner Wohnung gibt es noch, aber die Kunden kommen, um zu lesen, und nicht, um zu kaufen. Vorerst scheint ihm das noch wenig auszumachen. Er erzählt von seinen Lektüren, und seine Berichte hören sich an wie Erzählungen eines Tropenforschers, der seltenen, aussterbenden Tierarten auf der Spur ist. Als ich ihm das sage, findet er sofort Gefallen an dem Bild. Er meint, die Tropenkrankheit habe ihn infiziert, nächtelang liege er im Fieber, und manchmal greife er, wie ein Größenwahnsinniger, wie die Karikatur eines Nietzsche, zu mehreren Büchern gleichzeitig, sich laut aus diesem willkürlich zusammengesetzten Gemisch vorlesend und über dem chaotischen Wortgebräu in ein endloses Gelächter ausbrechend.

Wir wohnen bei unseren alten Leipziger Freunden, die wir in den achtziger Jahren häufig besuchten. W., der frühere Lehrer der Freunde Uwe Johnsons, ist gestorben, so daß wir mit E. jetzt allein auf dem kleinen Balkon sitzen, wo wir so viele Abende verbrachten. Die gesamte Umgebung ist nicht wiederzuerkennen, ein Parkhaus wird gerade hochgezogen, ein Supermarkt entsteht, die früher leer stehenden Grundstücke, die in das Straßenbild Lücken rissen und an den Krieg erinnerten, werden bebaut. Langsam verschwinden jetzt auch die alten Schriftzeichen, über die sich die neuen, frischen Reklamenamen legen. Man sieht die letzten Spuren noch, verblichene Buchstaben, die an eine Welt von Vorgestern erinnern, in der es scheinbar weder Technik noch Industrie gab.

E., die mit den alten Johnson-Freunden, von denen die meisten in der Nähe leben, noch immer gut verbunden ist, will mit mir zu einer Johnson-Matinee gehen, die am nächsten Morgen in der Alten Börse stattfindet. Es wird das erste Mal sein, daß man in Leipzig offiziell etwas von Johnson zu hören bekommt. E. freut sich darauf, denn auch Johnsons Freund Bierwisch wird sprechen. Mit einem Mal treten Vergangenheiten, hier die der fünfziger Jahre, in ein neues Licht. Damals wurde Johnson von den Freunden nur ›Ossian‹ genannt. Ich bin gespannt, sagt E., wie in Vorfreude auf einen lieben Besuch, ich bin gespannt, ob Ossian irgendwann doch noch heimkehrt.

Auch K. ist zur Buchmesse gekommen. Seit Jahrzehnten lebt sie im Westen, geboren aber ist sie in Markkleeberg bei Leipzig. In der alten Straßenbahnlinie 28 begleiten wir sie hinaus zu ihrem Elternhaus, das sie bei Kriegsende verlassen mußte und seit dem Mauerbau nicht mehr gesehen hat.

Als wir das Haus erreichen, bleibt K. lange am Zaun des großen Anwesens stehen. Sie erinnert sich sofort, das Haus sieht heruntergekommen aus, es müßte gründlich renoviert werden, ist aber sonst unverändert. Den Fenstern folgend, beginnt sie, die Geschichte der einzelnen Räume zu erzählen, langsam zunächst, dann immer zügiger, als durchquerte ihre Erinnerung, jetzt angetrieben, die lange Fluchtlinie der Vergangenheit bis zum letzten hier noch erlebten Tag.

Plötzlich aber wird ihr das abwartende Stehen und Schauen zuviel, sie geht zum Tor, um die heutigen Mieter, die sich deutlich sichtbar hinter den Gardinen versteckt halten, herauszuklingeln. Niemand zeigt sich. Da öffnet sie entschlossen das Tor und geht, als komme sie ganz selbstverständlich von einer Reise zurück, in den Garten. Ihre Tasche legt sie gleich neben den Eingang, dann umrundet sie zielstrebig das Haus, ja, so war das mal, alles da, alles an seinem Platz …

Im rückwärtig gelegenen Teil des Gartens erreicht sie die große Blumenwiese und schließlich das dichte Gestrüpp, die Grenze zum Nachbargelände. Jetzt steht sie auf ihrem Kindheitsterrain, dort, dieser Baum, ja, dort die Hecke, der Bach, dort, dort! Sie will sich hinsetzen oder hinlegen, sie will sofort wieder bleiben.

Die Mieter haben die Gardinen einen Sehspalt breit zur Seite geschoben. Jetzt sehen sie die Westmenschen, die auf ihrem Gelände, das die Westmenschen anscheinend für ihr Gelände halten, spazierengehen. Sie wagen noch immer nicht, sich zu zeigen. Die Kinder pressen sich verschreckt hinter die dünnen, zu häufig gewaschenen Gardinen. Dort, in ihrem Garten, in dem sie vielleicht eben noch gespielt haben, treibt sich das fremde Volk herum. Was sie nur wollen? Uns alles wegnehmen? Sich hier wieder niederlassen? Alles abreißen?

Die Kinder verfolgen jeden Schritt der in ihren Garten eingefallenen Fremden. Sie ziehen von Fenster zu Fenster mit, um immer den besten Blick auf diese herumstöbernde Gruppe zu haben, die sich für alles zu interessieren scheint, selbst für den kleinen Holzstoß rechts von ihrer Hütte …

Die Hütte, denken die Kinder, haben wir selbst hier gebaut, die jedenfalls nimmt niemand uns weg. Sollen sie doch ruhig kommen, die Westmenschen, sollen sie uns vertreiben aus unserem Haus, wir haben ja unsere Hütte, und die gehört uns und in der sind wir König und Königin, auf ewig.

Währenddessen hat jedoch K. sich auf der großen Wiese hinter dem Haus selbst als Kind wiedererkannt. Sie sitzt jetzt auf einem großen Stein neben dem Kirschbaum, den sie gleich in Windeseile hinaufklettern wird. Sie hat etwas Gras zusammengezupft, ein ärmliches, ruppiges Sträußchen, wie Kinder es lieben. Damit spielt sie, gedankenverloren, als wartete sie nur noch auf die muntere Schar, die bald vom Nachbargrundstück her über den Zaun steigen wird, um sie aus ihrer Einsamkeit zu erlösen.

Später führt uns K. zum nahe gelegenen Friedhof, zu den Gräbern von Mutter und Schwester. K. hat keine Blumen dabei, Blumen nähmen sich merkwürdig aus auf diesen zugewachsenen und verwitterten Steinen, deren Inschriften erst hervortreten, wenn man sie mit etwas Wasser benetzt hat.

K. sitzt eine Weile auf einer Bank neben den Gräbern. Dann aber sagt sie, als habe sie sich alles genau überlegt und sich endgültig entschieden: ›Und jetzt holen wir eine Schale mit Blumen, die blühen, bis wir das nächste Mal hier sind.‹

Die Hommage an Uwe Johnson in der Alten Börse hat E., die Johnson noch gut als jungen Mann in Erinnerung hat, der auf ihrem Sofa saß und aus ›Ingrid Babendererde‹ vorlas, entsetzt. Irgendeine katastrophal informierte Erscheinung begrüßte das Publikum mit der amerikanischen Fassung des Namens Johnson: Wir wollen erinnern an Uwe Dschonnsen. Und wer nu ist dieser Uwe Dschonnsen, auf gut sächsisch? Ist es der Neffe des früheren amerikanischen Präsidenten, des Mannes gleich nach Kennedy? Könnte doch sein, schließlich lebte er ja lange genug, wo, na, in New York. Und schließlich gingen seine Kinder, na, dort auch zur Schule, und darüber hat unser alter Leipziger Freund Dschonnsen dann drei Bücher geschrieben, auf gut sächsisch: Trilogie. Und aus der liest später unser verehrter Schauspieler, na, eine Passage, da wird man staunen, wie Dschonnsen, der schließlich doch als Lehrer in, na, New York lebte, sich den Untergang der DDR vorgestellt hat, als noch keener dran dachte …

Als wir die Alte Börse nach einigen Reden und der großen Passage aus Johnsons »Jahrestagen«, in der, einmal angenommen, Jerichow zum Westen gehört, verlassen, sagt E., die Freunde hätten Johnson damals, nach der Lesung aus ›Ingrid Babendererde‹, geraten, mit der Veröffentlichung noch eine Weile zu warten.

Da lade ich E. in »Auerbachs Keller« ein, zu sächsischem Bier und sächsischen Kohlrouladen, und erzähle ihr, als der ersten von all meinen Freunden, den Beginn einer schönen, wahren Geschichte.

Am Abend sitzen wir in E.s Wohnung zusammen. Nichts hat sich dort seit den frühen achtziger Jahren verändert.

K. bekommt die Eroberung ihres Kindheitsgartens nicht aus dem Kopf und erinnert sich weiter, während E. seit der Morgenveranstaltung mit ihrem alten Freund Uwe Johnson, den man im gewendeten Leipzig jetzt Dschonnsen nennt, beschäftigt ist. Und so kreuzen sich in der Nacht die Vergangenheiten, als suchten alle den fernen Fluchtpunkt, in dem das vage Traumbild der Gegenwart hockt.

Am nächsten Morgen, kurz vor unserer Abfahrt, führt E. mich noch zum Schillerhaus im Stadtteil Gohlis, wo Schiller 1785 auf Einladung seines Freundes Körner einige Monate verbrachte. Das Haus ist ein kleines Bauernhaus, mit heute winzig erscheinenden Räumen, mit einer dunklen, fensterlosen Küche und der großen Wohnstube im Erd- sowie den Schlafzimmern im Obergeschoß. Laufend schaut man zur Seite, um nicht mit einem anderen Besucher zusammenzustoßen. Die Räume sind so klein, daß man am liebsten nur noch Platz nehmen würde, um sich in das Inventar einzufügen, die Fenster erscheinen einem beinahe auf den Leib geschnitten, schmale Brustbreiten, durch die der Körper hinausatmen will. In einem der unteren Räume soll der Bauer Christoph Schneider gewohnt haben, während Schiller ein Zimmer im Obergeschoß benutzte, mit einer passablen Aussicht. Dort rücken einem einige Erinnerungsstücke wie Schillers Weste oder Schillers Tisch zu nahe, die einen gleich wieder trotzig fortschauen lassen, als wollte man in diesem alten Haus zwar gern dem Bauern Schneider, aber nicht dem herumrumorenden und sich wichtigtuerisch breitmachenden Schiller begegnen.

Wenn man dann noch in den Briefen liest, die er hier schrieb, schlägt man sich vollends auf die Seite des Bauern Schneider und stellt sich vor, wie das bescheidene, stille Bäuerchen unten in seiner Stube saß, die Abendpfeife rauchend, ein Glas Merseburger Bier trinkend, während oben, auf und ab gehend, Schiller seine aufgeblähten Sätze aufs Papier tuschte: »Wenn einer, in der größeren Welt noch so sehr Neuling wie ich, um die Meßzeit zum erstenmal nach Leipzig kommt, so ist es, wo nicht verzeihlich, doch wenigstens sehr begreiflich, daß er in den ersten Tagen über den Mannigfaltigkeiten, die durch seinen Kopf gehen, seiner selbst vergißt …«

Wenn er sich doch bloß einmal beruhigte, wird das Bäuerchen Schneider geseufzt und einen Schluck kühlen Biers genommen haben, doch Schiller dachte gar nicht daran, sich zu beruhigen, sondern schrieb einen Brief nach dem andern, an Freunde, die er noch vor Stunden gesehen, an solche, die er gleich sehen würde, oder einfach an irgendwen, um überhaupt weiterzuschreiben.

Dieses Umherlaufen wird ihn noch krank machen, wird das Bäuerchen Schneider weiter geseufzt haben, doch da war es Schiller vollends zu heiß geworden, und er kam die Treppe hinuntergestürmt, um dem Erstbesten und also dem Bäuerchen Schneider ein gerade fertiggestelltes, neues Gedicht vorzutragen. ›Hör Er nur, guter Mann!‹ rief Schiller viel zu laut, und Bauer Schneider duckte sich gegen den Kamin, so gut es ging. ›Hör Er: Freude, schöner Götterfunken, Tochter aus Elysium, Wir betreten feuertrunken, Himmlische, dein Heiligtum. Deine Zauber binden wieder, Was die Mode streng geteilt, Alle Menschen werden Brüder, Wo dein sanfter Flügel weilt. Seid umschlungen, Millionen! Diesen Kuß der ganzen Welt! …‹

Bauer Schneider nahm noch einen Schluck Bier, während Schiller ihn sofort drängte: ›Guter Mann, nun sag Er mir, wie Er das findet!‹

Und der Bauer Schneider entgegnete, freundlich, um dem offensichtlich in Rage geratenen Dichter nicht weh zu tun: ›Ganz prächtig, ganz prächtig! Nur hier und da …‹

›Ja, was?‹ schrie Schiller beinahe, ›bildet Er sich etwa ein, etwas daran verbessern zu können?‹

›Nein‹, antwortete leise der Bauer Schneider, nein, der Herr, es ist ja so prächtig, so prächtig. Aber wenn es nach mir gehen sollte, wären es eben doch nicht gleich alle Menschen, sondern nur manche, die Sie zu Brüdern machten. Und statt der Millionen könnt es heißen: Seid umschlungen, liebe Leute!‹

Da eilte Schiller wieder die kleine Holztreppe hinauf ins Obergeschoß, streifte sich mit zitternden Händen und vor Wut weit geblähten Nasenflügeln seine gestreifte Seidenweste über und machte sich, die schmale Tür des Hauses mit einer großen, auffahrenden Schillergeste hinter sich zuschlagend, auf den Weg zu Richters Kaffeehaus, wo er hoffte, von einem Kreis guter Freunde besser verstanden und gefeiert zu werden.

Stralsund/Hiddensee, Mai 1992

In Stralsund sind alle Betten belegt, die Westmannschaften, die von Montag bis Freitag hier bleiben, haben zu tun. An den Abenden sitzen sie gelangweilt zu zweit in den Lokalen und erzählen sich West-Geschichten. Sie schauen über das Ambiente hinweg und korrigieren hier und da einen Auftritt des Kellners: man muß diesen Kerlen aber auch alles beibringen! Herr Ober, einen sauberen Aschenbecher, wir ersticken ja fast!

Andere sitzen mit ihren Sekretärinnen hier und reden

leise an ihnen vorbei, den blinden Fleck an der gegenüberliegenden Wand im Auge, wo die Bilanzenkolonnen sich drehen. Sie wirken müde, gelangweilt, irgendein Verhängnis hat sie in diese Ferne abkommandiert, wo man so unendlich langsam vorankommt, es ist zum Schreien! Die jungen Frauen halten still mit hochgezogenen Schultern, es paßt ihnen ganz und gar nicht, daß der Chef hier so leidet. Manchmal erlauben auch sie sich einen strafenden, bösen Blick, der durch den Raum schnellt und tötet.

Im Scheele-Haus, gehobene, traditionsbewußte Gastronomie in maßvoll renovierter historischer Umgebung, werden große Fischräucherplatten serviert: Aal, von der Insel Rügen, die feuchte, glänzende Haut läßt sich leicht abziehen, das helle, aufleuchtende Fleisch liegt da wie eine schöne Geburt. Dazu trinken die Herrschaften Ratsherren-Pils, oder das dunkle, wie heißt es doch gleich, Dübels-Deibel, ah, lecker! Hätte man sich vor Jahren auch nicht träumen lassen, mal in Stralsund zu schmausen! Hinterher gibt's noch ein Aquavitchen, wolln doch hoffen, daß es so was hier gibt!

Die Kellnerinnen geben sich beflissen und scheu, das große Tempo sind sie noch nicht gewöhnt. ›Wegwegwegweg!‹ schreit der Wessi-Koch in der Küche, doch irgendwas ging daneben, wieder einmal. Es bleibt keine Zeit, sich den Gästen zu widmen, nicht einmal im Auge kann man diese Gestalten behalten, die einen so oft an der Seite berühren, als wär man ein Kind, dem man was beibringen muß: schaun Sie mal, Fräulein, das geht auch so! Keiner bedankt sich, kaum einer grüßt, nur bei den großen Portionen werden sie lebhaft, gebratener Aal zum Beispiel, das ist es, kreisrund, wie ein Zopf, liegt das Biest auf dem Teller. ›Neues aus den neuen Ländern‹ steht auf der Karte, das wollen Sie haben, das Neue, frisch auf den Tisch.

Ältere West-Urlauber, die ein kurzes Fährtchen von Hamburg über Rostock hierher gemacht haben, sitzen jetzt, am späten Abend, in ihren Kohl-Strickjacken und leichten Pullovern, von Sattheit steif geworden, wie nach einer mächtigen Völlerei, auf den knarrenden Stühlen. Auch die Herren sind frisch geföhnt, das weiße Haar gebürstet und geglättet wie das Haar eines Weinlieder-Tenors. Die Damen haben noch einmal die Wimpern nachgezogen, kurz vor dem Ausgehen, die dunklen Linien haben sich in der großen Hitze jedoch ganz leicht verlaufen, wie früher straff gespannte Seile, die jemand durchgetreten hat.

Alles ist bestens, Gott, ist das billig, die Backen schimmern jetzt rot und gesund, und unter den dünnen Haaransätzen glüht die einbalsamierte Kopfhaut, ja, wie das glüht!

Noch ein Weilchen, noch ein Weilchen hält man den Platz, kommt sowieso niemand mehr. Die Herren wippen mit ihren Adidas-Turnschuhen, tadellos geputzt, eine westliche Augenweide, zum Vorzeigen schön, während die Damen mit den Fingern spielen, kleine Knoten und Stehaufmännchen hier auf dem Tisch. Gleich nebenan werden pausenlos Zigaretten geraucht. Schlimm ist das, schlimm, das haben sie noch nicht begriffen, daß Rauchen ganz krank macht, aber auch das lernen sie noch, braucht noch ein paar Jährchen. Ach, gönnen wir's ihnen, haben ja lange genug darauf gewartet, obwohl es nicht paßt, hier, das Rauchen, Aal und Rauchen, das paßt nicht!

Die jungen Einheimischen, auch hier Paare, die sich was gönnen, haben noch immer etwas von der alten Verlegenheit. Sie sitzen so steif und bewußt tadellos gekleidet da, als seien *sie* die Alten des Ostens. Jetzt kehren sie in den neu hergerichteten Stuben ihrer Stadt ein, als seien sie bei sich selbst zu Gast. Der Blick wagt sich noch nicht hervor, er streift höchstens den touristischen Mumpitz, etwas seltsam ist es schon, in der eigenen Stadt eingeladen zu sein. Aber man hält durch, ab und zu wieder mal in der Speisekarte blätternd, so ein Angebot erzählt einem immer was Neues.

Nur mit der Unterhaltung geht es noch nicht voran. Macht aber nichts, ist auch einmal schön, all den Westlern hier zuzuhören, wie die sich reinschmeißen ins Leben, wie die nagen an allem, wie die richtig munter werden, jetzt, auf Mitternacht zu!

Frühmorgens legt das kleine Schiff der Weißen Flotte nach Hiddensee ab. Und plötzlich, als es das Hafengelände verläßt und die ocker- und backsteinfarbenen Fassaden sich auflösen in einen dünnen Horizontnebel, so daß schließlich nur noch die Aquarellsilhouetten der Kirchtürme erscheinen, stellt er sich vor, schon ein solch kleiner Aufbruch, das Abstoßen vom Festland, das Fahrtgewinnen, das Einfädeln ins Meer, sei in früheren Zeiten einmal ein großes Stück Freiheit gewesen. Und er reist auf dem kleinen Schiff, wo man ihm jetzt eine Tasse Kaffee mit einem Cognac serviert, eine Kombination, die, so behauptet die Kellnerin, hier nur ›Westbrause‹ heißt, wie auf einer Wolke hinüber zur Insel, als versuchte er, diese Fahrt in der alten Illusion noch einmal zu erleben.

Die schnurgeraden, langen asphaltierten Wege am Meer, die dichten Birkenwäldchen der Dünenheide, verblühte Erika, und in der Ferne, vor dem gelben Horizontstreifen der Insel Rügen ein weißes Schiff, so klein, so auf die Romantikmaße dieses Bildes geschrumpft, daß er sich nun doch nicht mehr vorstellen kann, man habe solche Reize in früheren Zeiten ohne Herzflimmern ertragen.

Die schöne Weite der langgestreckten Insel, die tiefen Sandspuren, als hätten ziehende Horden prähistorischer Jäger hier ihre Fußabdrücke hinterlassen, das struppige, oft durchgebleichte Gras, vom Meeressandstreifen auf Distanz gehalten, und davor diese schüttere, binnenlandweiche See, ein ›Gestade‹, denkt man sofort und weiß nicht warum …

In der einzigen Buchhandlung des Fischerdorfs Vitte liegen die schweren Bildbände »Die Bau- und Kunstdenkmale in der DDR«, herausgegeben vom Institut für Denkmalpflege, mit Übersichtskarten und fast tausend genauen Schwarz-Weiß-Abbildungen so zahlreich und billig auf Halde, daß man sofort zugreift. Besonders die zeitlos wirkenden, meist menschenleeren, strengen Gebäudeansichten fügen sich in diesen Bänden zu einem utopischen altdeutschen Jenseits zusammen, an dessen Existenz man sofort glauben möchte. Die Menschenleere gibt diesem Jenseits jedoch eine Spur von Versunkenheit, als betrachtete man diese klaren, scharf konturierten Gebilde mit der Lupe oder durch das Glas einer Brille: Dorflärche des Dorfs Mecklenburg, Ansicht von Südosten, kleiner dreijochiger Backsteinbau mit polygonalem Ostschluß, 15. Jahrhundert ..., still wie ein sacht aus der Erde getretener Sarg mit deutlichem, scharfem Grabplattenrelief. Als er die schönen Bände unter den Arm nimmt, sagt ihm der Verkäufer, daß niemand mehr so etwas wolle und daher zu vermuten sei, die ganze Reihe werde bald eingestampft; niemand, wiederholt er dann noch einmal, wolle noch sowas, schon wegen der vielen Schwarz-Weiß-Abbildungen nicht. Eine Kundin hätte ihm ihre Meinung dazu gesagt: schwarzweiß, nein danke, nie mehr!

Die jungen Wirtsleute des Hotels, in dem er abgestiegen ist, kommen aus dem Westerwald, aus der Heimat seiner Eltern. Sie haben das Hotel ausgebaut und renoviert, die Arbeiten sind noch nicht fertig. Am schwierigsten, sagt die gutgelaunte Frau, ist es mit den Köchen; wir hatten zwei aus unserer Region, und beide sind abgehauen. Wenn sie ein paar Wochen hier oben sind und zu lange aufs Meer schauen, halten sie es einfach nicht länger aus!

Am frühen Abend ißt er in einem kleinem Lokal an der Mole von Vitte eine Aalsuppe. Er ist der einzige Gast, und so glaubt er, die Augen des ihm angespannt zuschauenden Wirtes aus der Suppe auftauchen zu sehen. Als er fertig ist, blickt er auf: ›Ausgezeichnet!‹, und der Wirt schließt seine Augen erleichtert und müde.

Schwarzwald, Juni 1992

LANGE HABE ich auf M., jetzt achtundsiebzig, eingeredet, mit mir nach Berlin zu fahren, wo sie von September 1939 bis fast zum Kriegsende wohnte. Seither hat sie Berlin nicht mehr gesehen, und selbst jetzt, nach siebenundvierzig Jahren, ist sie nicht dazu bereit, mich zu begleiten. Sie kennt die Stadt nur als Stadt des Krieges, und sie ist sicher, in Berlin nur an den Krieg erinnert zu werden. Auch ein weiteres Angebot, mit mir in die östlichen Bundesländer zu fahren, hat sie abgelehnt, denn der Osten ist noch immer die Fremde und außerdem macht es für sie keinen Sinn, den Osten zu bereisen, ohne Berlin zu sehen. Und so machen wir unsere jährliche gemeinsame Reise in den Schwarzwald, wo M. sich ungestört wohlfühlt, es ist die alte Landschaftsverführung, der wir erliegen wollen, M. und ich.

Im Schwarzwald ist M. als junges Mädchen häufiger gewesen, zum Skifahren und Wandern, mit Freunden. Als wir in die schmalen Täler eintauchen, wird mir sofort bewußt, daß sie dieser Zeit wegen hierherfahren wollte. Sie kann diese Landschaft mit ihren alten Erzählungen verbinden, das Spiel gelingt meist, und so treiben wir in diesen Tagen dahin, fast schwerelos, wie Ruderer auf einem großen See, die sich für viele Stunden von den Ufern entfernen, um nichts zu vernehmen als die Stimme des anderen, das gleichmäßige Eintauchen der Ruder und das geheimnistuerische Schweigen der Horizonte.

Seit ich mich erinnern kann, habe ich die Welt als Landschaft erlebt, als weites, aber geschlossenes Reich von Verstecken, als gekrümmten oder sich windenden Weg, als Senke und Lichtung, als Entfernung vom Haus und als Rückweg. Es ist seltsam, daß diese Erfahrung sich so erhält, wider alle Stadtvernunft, so daß ich auch Städte wahrnehme wie Landschaften, bezogen auf Höhenpunkte, als müßte ich sie fortlaufend in Planquadraten vermessen wie mein Vater, der ein Geodät war und ein Landschaftensammler. Auch M. denkt in diesen Bezügen, nur daß sie die passenden Worte dafür nicht hat, während sich in mir das Gehen sofort auflöst in ein Vermessen und das Vermessen in ein Benennen.

In der Kindheit waren die Landschaften, die ich mit meinem Vater erkundete, die schwierigsten Benennungsaufgaben überhaupt, und noch heute ist dieselbe Anstrengung da, dasselbe lange, geduldige Anschauen, die Erwartung, daß sich die Landschaftsszenen gleichsam absetzen im Kopf, um dort auf die herumwuchernden Worte zu treffen und von ihnen durchschmolzen zu werden.

Das Föhrental! … der Klang legt sich einem dienstbereit auf die Zunge und wird wiederholt, Föhrental!, wir werden durch einen schmalen Weg eingefädelt in die grünweichen Wiesenmatten, aus deren Senken die tonroten Dächer der Schwarzwaldhöfe emporsteigen, während die dunklen, diffus bleibenden Wälder die Horizontlinien umspielen, in diesem Föhrental!, das uns schließlich verschluckt.

Die weiten Ausblicke, hinab in Senken, in denen sich Wälder verstreuen, aus denen es nach allen Seiten rasch wieder ansteigt, ein Auf und Ab, durch dessen mehrfache Wiederholung man schwindlig wird, wenn man das Kaleidoskop von einem ruhigen Punkt aus mit den Augen verfolgt, lassen M. manchmal die rechte Hand heben, um mit dem Zeigefinger auf eine ferne Einzelheit zu deuten, wobei der Finger sich alsbald doch krümmt, einknickt und sich der ausgestreckten Hand einfügt, die jetzt eine fast streichelnde Bewegung macht, als sollten die Landschaftslinien geglättet werden oder straff gespannt.

Vollends unruhig aber werden M. und ich dann in dem kleinen Ort Bernau, wo der Maler Hans Thoma geboren wurde und wo heute noch sein Geburtshaus und ein Museum an ihn erinnern. Denn im Thoma-Museum zeigen die Bilder die eben noch lange betrachtete Landschaft, ein Hochtal, in das sich die sanften Hügel beinahe kahl, lindgrün ducken und sich laufend gegeneinander verschieben, als sei die schwere Erde darunter längst in Bewegung und als zeigte die Landschaft schon feine Risse, durch die jetzt die stark gewundenen Bäche schießen, hurtig, so daß manche Brücken schon eingestürzt sind.

In der Ferne aber hockt meist ein einsamer Kegel, ebenfalls kahl, nur dunkler, mit einem von der Kuppe herabfließenden Grün, suppige Lava, die bald alles zudekken wird. Viele Bilder kommen aus ohne Menschen, dort aber, wo sie erscheinen, fügen sie sich ein in die schräg laufenden Linien wie Vieh, das blind auf den kreisenden Erdhaufen steht, den Kopf gesenkt oder den Kopf auf der Brust, unfähig, an die Weite zu glauben und starr dabei, sich zu verankern.

Sankt Peter, Sankt Märgen, Sankt Blasien, das Simonstal, Bernau, Todtmoos und schließlich Freiburg, das alles will M. diesmal sehen, und nach einer Weile habe ich mich an den Gleichklang von Landschaft und alter Erzählung gewöhnt. Um mehr als fünfzig Jahre nämlich muß ich mit M.s Jugendgeschichten dann doch zurück, was mir so präzise aber gar nicht gelingt, nur die Landschaften kann ich mir vorstellen, und die Menschen dazu erfinde ich mir einfach wie Menschen auf den ruhigen Bildern von Thoma, so daß M.s Erzählungen mir langsam die Gegenwart fortjagen und ich, nach kurzer Gewöhnungsphase, hineinfinde in den altdeutschen Raum, der wie auf den Bildern von Thoma etwas Scharfes, Gestochenes hat, etwas von zitternder Klarheit, als seien die Szenen gestellte und erfundene Szenen aus Holz, fein geschnitzt, hell poliert, bis hin zu skelettener Durchsichtigkeit.

Bollschweil zu sehen, darauf bestehe dann ich, denn in Bollschweil verbrachte Marie-Luise Kaschnitz ihre Jugend, und auf dem Friedhof von Bollschweil ist sie auch begraben. Von allem, was nach dem Krieg in Deutschland geschrieben wurde, habe ich ihre Bücher am liebsten gelesen, ja, sie war mir die Liebste, und unvergeßlich bleibt mir ihre Lesung, zu der ich mich auf einen weiten Weg machte, um sie im Hörsaal eines Museums vor einer Schar völlig ergrauter Frauen lesen zu hören, so tonlos und angesichts des mager erschienenen Publikums auch so ohne Neigung, daß ich sie am liebsten da herausgeholt hätte, als junger und enthusiastischer Ritter, der alles daran setzt, der edlen frouwe auch zu gefallen.

Von den kleinen Texten ihres Buchs »Orte« kenne ich viele noch auswendig, und als ich sehr jung noch nach Rom ging, glaubte ich, Roms Schönheit anhand ihrer »Engelsbrücke« entdecken zu müssen. Ich liebte ihren elegischen, oft auch preisenden Ton, das versteckt Hymnische in ihrer Prosa, das Weite, Staunende, das Ehrfüchtige und Genaue, vor allem aber liebte ich die sinnliche Lust, mit der sie sich unter die Menschen und Dinge begab, ganz distanziert und doch von innen her nah.

Am schönsten singt dieser Klang in der »Beschreibung eines Dorfes«, ich erinnere mich genau an meine Jugendlektüre der ersten paar Seiten, es war, als durchfurchte einen dieser Ton, in dem die drei Zeitstufen gleichzeitig klingen.

Das Grab der Kaschnitz befindet sich auf dem Friedhof von Bollschweil neben den Gräbern der Ahnen, man steht davor und horcht plötzlich selber die eigenen Jahre zurück, zurück bis zu den Tagen, als man die »Engelsbrücke« las, mit klopfendem Herzen, als werde man durchs Lesen aufgefordert, mit einzustimmen in diese römischen Choräle und Gesänge, die die Gegenwart nur duldeten und eher nach den verborgenen Mysterien suchten, die sich in mancher Geschichte verdichten und die sehr alt sind, beinahe antik. Damals, vor zwanzig Jahren, glaubte man selbst noch an das Geheimnis, Rom war sein Ort, in Deutschland aber konnten die Zauberer es auch entdecken, zum Beispiel in Bollschweil.

Am Ende unserer Reise, in Bollschweil, sind M. und ich beinahe erinnerungssüchtig geworden. So lange hatte sie die letzten Tage von Vergangenheiten erzählt, bis auch ich gepackt wurde von dieser Stimmung und wir weitertrieben, eine Nacht lang, draußen, auf dem Freiburger Marktplatz, in der Nähe des sich in der Sommerhitze setzenden Münsters, als müßten wir diese sehr alten Geschichten jetzt einsammeln, sie horten in Körben, und die gefüllten und verdeckten Körbe endlich abstellen, aus denen nach der Zeit kurzen Lagerns die Zukunft herauskröche, schreiend, lebendig.

Berliner Sommer, 1992

Die alten Transitautobahnen haben keine Standspuren, daher kommt der Verkehr zum Erliegen, wenn eine einzige Störung es will. Man steigt aus, begießt sich die nackten Arme mit Wasser aus eigens dafür mitgenommenen Sprudelflaschen, man zelebriert den Stau, angetan von diesem Massenerlebnis, das nun auch dem Osten zuteil wird.

Die Unfälle, die man später beim langsamen Vorbeifahren besichtigt, haben etwas Dramatisches: ausgebrannte Autos, polnische Lastwagen mit zertrümmerten Fahrerhäusern, große Mengen Obst auf der Straße.

Dann, plötzlich, die kleinen Birkenwälder zu beiden Seiten der Autobahn, etwas Zaghaftes, Durchlässiges, Birken und Kiefern, der Sandboden, das rechnet man jetzt zu Berlin, Sandboden und Birken, die ersten Seen, nordische Illusionen für unsereinen. Und gleich fühlt man sich an das Schmucklose Berlins erinnert, an seine Sprödigkeit, an Reduktion.

Und man wartet darauf, daß sich dieses Vorgefühl bei der Ankunft bestätigt: das Gehen auf Sand, langsam, ein Schlurfen, Zedern, Kiefern, Ahorn, alles sehr sparsam, als hielten sich diese Bäume gerade noch aufrecht in dieser dünnen, überallhin verstreuten Melange.

Man öffnet das Fenster, und sofort rieselt es wieder herein, trockene Blüten, trockener Staub, die Dachrinnen sind voll von diesem Plunder, der sich überall festsetzt.

Liebe Katja G.,
ich werde den Sommer in Berlin verbringen, und zwar im Osten und im Westen. Eher durch Zufall bin ich an zwei Zimmer gekommen, die mir dieses Doppelleben erlauben. Im Osten wohne ich bei einem älteren Ehepaar, Anna und Wilhelm, deren Tochter noch kurz vor der Öffnung der Mauer über Prag in den Westen ge-

flohen ist. Sie ist Hebamme und hat sich in der Nähe von Heilbronn niedergelassen. Seither hat sie ihre Eltern nicht mehr besucht, irgend etwas stimmt nicht mit dieser Flucht, so daß die beiden schon mehrmals nach Schwaben aufbrechen mußten, um mit ihrer Tochter zusammen zu sein. Sie sind voller Bewunderung für den Westen, vielleicht machen sie aber auch nur meinetwegen all die schönen Worte, denn ich habe sie im Verdacht, daß ihnen der Westen auch angst macht, jedenfalls fahren sie nie in den anderen Teil von Berlin, sondern bleiben lieber in ihrer Dreizimmerwohnung, in der sie seit mehr als fünfzig Jahren wohnen. Die Wohnung ist so sauber, und die Dinge liegen so angewachsen an ihrem Platz, daß man sich gleich zusammennimmt, um auch die eigenen Sachen dieser Ordnung zu unterwerfen. Ich wohne also im Zimmer der Tochter, ein breites Bett, einen hellen Schrank, einen winzigen Tisch und ein schmales Fenster habe ich für mich, durch das ich auf die Schönhauser Allee schauen kann. Morgens frühstükken wir zusammen, es gibt einen dicken Milchkaffee, von dem meist etwas Kaffeesatz auf der Zunge bleibt. Ich habe schon mehrmals versucht, Anna und Wilhelm mit in den Westen zu nehmen, aber sie geben vor, zuviel zu tun zu haben. Ich weiß nicht, was sie tun, den ganzen Tag, mit ihren siebzig Jahren; vielleicht beschwören sie den sauberen Geist ihrer Wohnung, oder sie denken an ihre Tochter. Jedenfalls sind sie die Freundlichkeit selbst, nicht einmal Geld wollten sie annehmen für die Unterkunft, und bleiben kann ich, solange ich will. In einem Gedicht Lermontows, den Du so liebst, heißt es: ›Wir fanden uns und lernten kennen, / Was uns verbindet, was uns trennt.‹ Das ist mein Lyrikangebot für die Schönhauser Allee.

Im Westen aber wohne ich beinahe feudal in einer großen Villa am Wannsee, die den Schriftstellern vorbehalten ist, im Grunde eine grausliche Vorstellung, lauter Schriftsteller, schreibend, in einem einzigen Haus, jeder mit einem Blick in dieses Sandgrün, einer sitzt vielleicht oben im Turmzimmer und fühlt sich besonders überfordert. Tagsüber aber sieht man keinen Menschen, man schleicht das atemstille Treppenhaus hinauf, setzt sich in sein Zimmer und schaut auf den herumlungernden Wannsee, mit seiner Ferienstimmung und den sich mühenden Segelbooten, die zwischen den hohen Baumwipfeln kreuzen, ohne Spuren zu ziehen.

Mein Ost-Quartier liegt in Stadt-Mitte, mein westliches ganz außerhalb, beinahe schon auf dem Land. Manchmal muß ich überlegen, wo ich die Nacht über schlafen werde, im Osten oder im Westen, und dann überlege ich wieder, wo ich wohl gerade bin, im Osten oder im Westen, das geht einem so streng durch den Kopf, als lauerte irgendwo unter der Erde noch immer die Mauer. Laß mich nachschauen, ob ich auch dafür etwas von Lermontow finde. Er hat zuviel über die Liebe geschrieben, da sucht man ganz vergeblich nach etwas Gescheitem. Oder magst Du seine Rumpelkammergedichte, in denen dauernd die Geliebten ausquartiert werden?

Jetzt habe ich Zeit, einen Sommer lang. Freunde werde ich besuchen, mich herumtreiben. Und schreiben werde ich Dir von Berlin, wie Du es Dir gewünscht hast. Bei Lermontow heißt es: ›Bewahr mich Gott vor Essigfliegen, / Vor Jungfern, die die Lust verwerfen, / Vor Freunden, die doch nichts als nerven, / Und alten Weibern, die noch lieben.‹ Das ist gut und glasklar. Kannst Du mir aber sagen, was ihm die Essigfliegen getan haben? Ich grüße Dich, Verehrte, schreib mir bald, sonst leben meine russischen Träume nicht.

Mit meinem alten Freund P. treffe ich mich in Kreuzberg, U-Bahnhof Kottbusser Tor. Die vielen Berlin-Jahre haben ihn geprägt, er spricht mehr als früher, und die Sprache hat etwas Trockenes, als müßte gegen viele Widerstände Position bezogen werden. P. will eindeutig sein, er liebt klare Fronten, als Mitglied der alternativen Liste ist er projekterfahren.

Wenn ich mit ihm durch Kreuzberg gehe, färbt diese Projekterfahrenheit auf alles ab. Jeder Winkel scheint der Betreuung und der sozialen Kontrolle zu bedürfen, als müßte die Pädagogik überall den Deckel draufhalten: Da, schau mal genau hin, auf dem kleinen Platz vor der Sparkasse, der Mini-Bus für die Fixer und Drogis, die bekommen hier einen Kaffee, Spritzen und Kondome. Und dieser Kindergarten da drüben war früher einmal ein Parkhaus, auch so ein Projekt, das noch zieht. Gut sind auch die Läden für Nachbarschaftshilfe, Türken und Deutsche, das klappt, an vierzig Prozent Türken kommst du nämlich einfach nicht vorbei, die integriert man zwangsläufig, wie die umgekehrt die restlichen sechzig Prozent Deutsche integrieren, so ist das nämlich.

Für P. ist Integration ein Stichwort. Alle scheinen sich über Projekte zu integrieren: Kulturprojekte, Kinderprojekte, die junge Türkin da mit ihren drei Freundinnen, da mitten im Hof, der von Grün durchwuchert ist, das Grün ist ein Projekt, man kann es beim Senat beantragen, oder man läßt es vom Senat unterstützen, dann kommt ein Gartenbetrieb und pflanzt hier das Grün, manchmal packen die Leute auch selber an, ist sowieso immer besser.

Das Beste ist: wenn alle gemeinsam irgendwas tun, wenn sie gemeinsam irgendwo anpacken, das ist das Soziale, die Kommunikation, die die Welt am Leben erhält, ist doch klar.

Schlimm nur, daß sich hier alles verändert. Viele Gewerbetreibende zum Beispiel können die hohen Mieten nicht mehr bezahlen. Mieten für Gewerbebetriebe können nach Belieben erhöht werden, Wohnungsmieten natürlich nicht. Da, da ist noch ein alter Innenhof mit vielen Gewerbebetrieben, noch ein Hof, und da, noch einer, schön, wie hier noch gearbeitet wird. Textilbetriebe, ein Verlag, und dort werden Schulterpolster hergestellt. Helle Kacheln hier draußen an der Fassade, verdammt gut, gedämpft bunt, die reflektieren die Sonne, die arbeiten mit, okay ist das.

Und das ist die Waldemarbrücke, früher ganz nahe der Mauer. Ganz früher floß da noch ein Kanal drunter durch, und der soll bald wieder fließen, ABM. Ein richtiges Hafenbecken wird da entstehen, und auf dem alten Grenzstreifen, der jetzt voll Unkraut ist, werden sich Ruderboote rumtreiben. Die Wagenburg mit den Drogis und den Rockern, die laufend Holz rankarren, kannst du vergessen. Früher saßen die hier auf exterritorialem Gebiet, auf einem schmalen Grenzstreifen vor der Mauer, der aber noch zum Osten gehörte, da konnte die Westpolizei ihnen nichts anhaben. Jetzt sitzen sie auf freiem Feld, wird bald verschwinden, die Wagenburg, zack.

Und das ist, glaubst du wohl nicht, ein Kinderbauernhof, der lag auch mal nahe der Mauer, ein Bauernhof mit Totempfahl, den hat den Kindern mal ein Indianer geschenkt, der kurz hier war, im Ernst, der Hof steht unter dem Schutz von diesem Pfahl, so ist das, und so soll das bleiben. Da haben die Kinder hier ihre Pferde, was Gutes, sowas bekommen sie ja sonst nicht zu Gesicht in Berlin, aber hier dürfen die Kinder sogar einmal ran, mal reiten und sogar die Ställe ausmisten, das heißt erst ausmisten und dann reiten, reiten zur Belohnung, ist doch klar.

Und komm mal hierher, hier, Mariannenplatz, hier die Gedenktafel für Wilhelm Lehmann, der hat auf öffentlichen Bedürfnisanstalten Sprüche gegen die Nazis gepinselt, geschnappt haben sie den, 43 wurde er umgebracht. Kleine Sachen hatten damals ganz große Folgen, du verstehst.

Tja, seit die Mauer nicht mehr steht, geht es den Bach runter mit den Projekten. Früher, da stand das Viertel sozial, einer hat dem andern geholfen, und über die Drogis war Klarheit, da hat man sich verständigt, nur Angst war da, wegen der verseuchten Spritzen, die sie in die Büsche geschmissen haben, und die Kinder haben sie aufgelesen und damit gespielt. Deswegen bekommen sie ja jetzt die frischen, vorne am Mini-Bus, hab ich dir eben gezeigt.

Tja, früher, da hielt das, da stand das sozial, aber jetzt ist alles offen, jetzt strömt es von allen Seiten herein, von drüben die Ostler, in Massen, und all die anderen Fremden, die packst du nicht mehr, die bringen hier alles noch durcheinander. Und langsam wird die Gegend hier auch attraktiv, das Nischendasein im Schatten der Mauer ist hin, jetzt steigen die Mieten.

Tja, wir brauchen Gesetze, das ist es, Gesetze, daß in den Häusern, in denen Projekte gelebt wurden, gelebt, wieder Projekte reinkommen, soll so bleiben wie früher, das war die Idee.

Gut, okay, jetzt hab ich ne Menge geredet, aber das ist hier so Sache. Jetzt lad ich dich ein zu einem Türken, da trinken wir ein, zwei Gläser eiskalten Joghurt, Joghurt, im Ernst, im Sommer ist das saugut, so nen Joghurt hast du noch nie getrunken, wette ich drauf, und dann gehen wir rüber zum Türkenmarkt, da hab ich Freunde, da arbeiten einige von uns direkt zusammen mit den Türken, ›Diyalog‹ nennt sich das, genau, mit Ypsilon, ist son Sprachspiel, genau, aber erst jetzt den Joghurt und dann die Belohnung.

Zwischen den dicht gedrängt stehenden Ständen des Türkenmarktes steht auf einem Schild, in offiziell wirkender Druckschrift, wie eine Ansage aus fernen Ländern, die ihre Frequenz noch nicht gefunden hat: ›Schaf- und Ziegenkäse vom Hof aus Brandenburg und Friesland‹.

Liebe Katja G.,
die deutsche Lesewelt wartet auf den Roman, der die Wiedervereinigung anpackt, sie wartet jetzt schon einige Jahre, und ein Verleger irgendwo aus dem hohen Nor-

den, aus Schweden oder aus Finnland, hat schon geklagt, der Termin sei überschritten, und die deutschen Schriftsteller brächten es einfach nicht hin.

Alles schnuppert, sucht, hechelt nach einigen kleinen Partien, in denen zumindest etwas von der Wiedervereinigung aufleuchtet, im stillen sitzen viele an dieser Zeitprosa, nur daß sich noch niemand recht traut.

Gestern abend aber gab es wieder ein lautes Signal, vorgestellt wurde das neue Buch von Jurek Becker, ›Amanda‹, da eilte unsere Lesewelt hin, um gleich die Fährte aufzunehmen, Becker, der wäre doch gut für einen solchen Roman, dachten viele.

Die Lesung fand in der großen Villa statt, in der ich mein Westzimmer bewohne, unten gibt es da einen legendären Versammlungssaal, ein Lieblingstreffobjekt der Gruppe 47, noch heute versinkt man in den schweren, häßlichen Sesseln von damals, dazu Schwarz-Weiß-Fotografien an den Wänden, mit dem sich grüblerisch gebenden Hans-Werner Richter, der sich in Wahrheit aber nur überlegt, wer jetzt lesen soll und wer nicht.

Und da kommt er, der große Jurek Becker, noch ein wenig erschöpft vom Schreiben, so viele Seiten, das zehrt, aber jetzt ist ja alles vorbei, da geht es bergauf. Draußen, über dem Wannsee kommt gerade ein Gewitter herunter, die feinen Adern der Blitze erhellen für Augenblicke die Szene, das paßt zum Auftritt unseres Autors, den sein Fernseh-Publikum begrüßt, das nun auf etwas Humor wartet, gut abgehangen, mit viel Berlin drin.

Herrliche Frauen sind noch im letzten Moment gekommen, barfuß kommen sie mit der Nässe des schön auftrumpfenden Regens herein und setzen sich auf die leichten Stühle im Wintergarten, wo man einen fabelhaften Blick auf den See hat und bei einem Gläschen Sauvignon die Phantasien mitschwingen. Und schau einmal an, die Hauptfigur Jurek Beckers, Amanda, das ist auch eine Frau, ja, die aber nicht eigens zu Wort kommt, sondern von drei Männern beschrieben wird, ich weiß nicht, was das soll, aber es trifft zumindest eine vage Erwartung, eine starke Frau mit drei Männern, die sich mit ihrer Beschreibung abmühen und an der Auslotung des Weges, den sie mit ihr gegangen.

Und die herrlichen Frauen, so um die Fünfundvierzig oder auch Fünfzig, Wesen, die morgens ihren Waldlauf hinlegen und den Tag dann feiern in klug geplanten Etappen, nippen an ihren gut gefüllten Sauvignon-Gläsern, während um ihre Lippen das feine Lächeln spielt, das Erkennen anzeigt, ja, dieser Jurek Becker umschmeichelt jetzt ihre Seelen, Amanda, die kluge, und drei sie beschreibende Männer, und da wippen die Barfüßchen unter den Tischen und werden mit einem schnellen Griff noch gesäubert vom Sand, der zurückbleibt, wenn die Haut trocknet.

Du, Jurek, sagt dann ein schwitzender Kritiker, denn neben dem Autor sitzt gleich die ihm zugeteilte Kritikergesellschaft, drei Männer, die jetzt den Roman beschreiben, du, Jurek, sagt der älteste gleich nach dem Ende der Lesung, das war glänzend, alles glänzend erzählt, fabelhaft, und ich hab mir da so meine Gedanken gemacht.

Dabei, liebe Katja, ist es eine völlig harmlose Prosa, elend harmlos sogar, jedes Thema heruntergezerrt auf den prosaischen Standard eines sich humorvoll gebenden Endfünfzigers, mit Schwingungen für das pralle Leben, richtig aus dem Berliner Leben geschöpft. Jurek Becker, das ist an diesem Abend eine Inkarnation Berliner Stimmungen, manchmal trocken, sarkastisch, manchmal eine Spur von Humor, manchmal auch einfach gequält, ausweichend, übel gelaunt. Er gibt das Bild der sich jetzt austarierenden Mannsbilder kurz vor dem Abdriften ins Alter, aber immer noch wunderbar drauf, wenn die richtigen Frauen zur Stelle sind und ihnen die Bäuche massieren.

Gott, es ist so trostlos mit dieser Literatur, furchtbar ist das, solche Bescheidungen zu sehen, dieses Dahinschreiben, ein paar Milieu-Szenen, flach, und heute schon das Strohfeuerchen, an das sich morgen niemand erinnert.

So geht es also nicht, liebe Katja, so nicht. ›Auf unsern Snobs lastet ein schweres Erbe / Onegins Schwermut, überkommen, alt …‹, heißt es bei Mandelstam.

Ich schaue mich aber weiter um.

F. ist mit mir in Berlin-Friedenau unterwegs. Berlin ist für ihn die Stadt der harten und kompromißlosen Trinker, das will ich dir zeigen, sagt er, das glaubst du nicht, was hier schon morgens in den Eckkneipen abgeht. Leichter Wind, aber der Himmel ist vielsagend blau. Wir laufen so daher, mit dem Schwung des Morgens, da, in der Bahnhofstraße, stehen schon weiße Plastikstühle draußen, und drinnen tropft jetzt das Schultheiss-Bier, F. riecht es durch die Spüllachen aus Pril. Einer sitzt da, auf den Automaten fixiert, drei andere nippeln am Korn, Rachenreißer, die Haare schweißverklebt. Hundertzehn Spiele hat unser Mann am Automaten geholt, ein alter Bursche mit dramatischem Haarausfall, aber richtig freuen kann er sich nicht, jedes Spiel wird durchlitten, denn hundertzehn Spiele, das macht am Ende ungefähr einhundertfünfzig Märker, er rechnet das durch, zweimal, dann greift er nach dem Münzauswurf und lädt ihn in einen Aschenbecher.

Bloß weg hier, sagt F., wenn der durch ist mit seinen Spielen, wird er leicht grob, da drüben sitzt das verwöhnte Jungvolk, an der langgeschwungenen Theke, bei denen ist jetzt Franziska van Almsick das Thema, dieses Gesicht für die Werbung, bringt Millionenverträge. Heut ist der »Tagesspiegel« mit seinem Kalender für die kommende Woche erschienen, den gehen sie durch, vitales Leben, soll füllig wirken und geil, jeden Abend woanders. Weiter, da ist wieder ne Kneipe, an der Theke die klassischen Trinker-Konstellationen, die Saufwut wird schon nach draußen geschleudert, Korn und Mineralwasser, die Gläser mit Eiswürfeln bepackt. Raus hier, ganz schnell, bevor auch die uns dumm kommen, ich zeig dir noch ein paar andre Destillen.

Meist sind die Kneipen sehr klein, dunkle, verschlossen wirkende Räume, mit in der Sommerhitze zugezogenen Gardinen, wo nur die feuchten Finger sich regen, an der Klebspur der Getränke entlang. Es herrscht ein einziges, sich von Kneipe zu Kneipe fortsetzendes Murmeln, ein immer lauter werdender Haßgesang, im Grunde ist das kein Saufen, auch Zechen kann man sowas nicht nennen, eher ist es ein Sich-Laden, ein Prallwerden, ein Stopfen. Für F. ist das alles ›Berlin‹, eine versumpfte Oase, die jeden Tag trockengelegt wird,

Gottfried-Benn-Atmosphären: ›Ich erlebte vor allem Flaschen …‹ ein Changieren zwischen Dunkelgelb und Hellbraun, mit sanften Übergängen hin zur cognacfarbenen Dunkelheit.

Am Ende lädt er mich zum Mittagessen ein, ein feines Lokal, auf den ersten Blick die Ausnahme in diesem Terrain, doch beim zweiten Hinsehen enttarnen sich die Szenen. Der Ober trinkt zwischen den Bedienungsgängen heimlich einen Schluck nach dem andern, in einem fernen Aschenbecher glimmt seine Suchtzigarette. Und neben uns sitzt ein ganz freches Früchtchen, vielleicht nicht mal zwanzig, mit ihrem mindestens vierzig Jahre älteren Freier, wie Vater und Tochter, doch sie siezen sich noch und glimmen jetzt auf, Rinderkraftbrühe, also zuerst mal ne Rinderkraftbrühe, sagt doch das Früchtchen zu dem hin und her taumelnden Kellner. Und nach der Kraftbrühe die Lachsforellen, das Tierchen fressen wir grätenrein, ein Bein überm andern, Junge, wat hab ich fürn Hunger, det is wat für die Synapsen, da geilen sich die Hormone dran auf.

F. lehnt sich zurück, triumphierend. Total süß, das T-Shirt, sagt da die Kleine zu ihm und kappt seinen Übermut.

Anna und Wilhelm verbringen in diesen Tagen viel Zeit vor dem Fernseher, denn Erich Honecker ist nach Berlin zurückgekehrt, in das Haftkrankenhaus Moabit. Nicht weit von ihrer Wohnung entfernt ist die Kanzlei seines Anwalts, wo, wie Wilhelm erkundet hat, Scharen von Journalisten lauern. Die Rückkehr Honeckers macht Anna und Wilhelm verlegen. Der Erich, sagt Wilhelm, war ein Entsorgungsproblem, womit er meint, man hätte Erich in fernen Rußland lassen sollen. Hier, in Moabit, rückt er ihnen wieder verdächtig nahe, mit seinem trüben, eingegrenzten Blick und seiner erhobenen Faust. Das ist ein Schlafwandler, sagt Anna, den kann man nicht mehr verurteilen, der gehört weit weg, meinetwegen nach Chile. Auch Wilhelm findet Chile ideal, unvorstellbar weit weg, abgeschoben wäre der Erich da, nicht mehr in Berührung mit den deutschen Verhältnissen.

Wo der sitzt, ist Unruhe, sagt Anna weiter und rutscht auf ihrem Sessel hin und her. Aber Honecker ist auf den Fernsehbildern nicht gut zu erkennen. Die Kamera verfolgt einen fernen Schemen, den Schatten einer vermuteten Gestalt, so daß die Unruhe bleibt, denn es fehlt an dem entlarvenden Blick, dem Eindruck, zu dem einem vielleicht die passenden, klärenden Worte einfielen.

Anna und Wilhelm mögen Honecker nicht, aber sie mobilisieren auch keinen Haß. Sie wollen ihn forthaben, weil er sie an die Vergangenheit erinnert, und das meint, an das Leben zu dritt, mit ihrer Tochter, das schwer war, weil das Kind immer rüber wollte, seit Jahren.

Und so suchen sie auf den Fernsehbildern weiter nach dem Phantom, das die DDR einmal regierte, ein alter, verkalkter Mann, sagt Anna, seltsam, daß man das früher nicht so gemerkt hat.

Die Reste der Mauer sind längst verschwunden, man erkennt auch den Grenzstreifen nicht mehr, die Beschäftigung mit diesen Themen hat etwas Museales bekommen, oder etwas von Archäologie, so daß man nach Spuren suchen muß und sich am ehemaligen Grenzübergang Checkpoint Charlie der alten Verhältnisse vergewissert: 106 km Betonplattenwand mit Rohrauflage gab es einmal in Berlin, 66 km Metallgitterzaun, 302 Beobachtungstürme, 259 Hundelaufanlagen, 124 km Kolonnenwege.

Von alldem ist im ›Mauermuseum‹ noch ein winziges Modell übrig geblieben, an dem man die langgezogenen Linien auf den Sandstreifen hinter der Mauer gewahr wird, klinische Muster, die ganz exakt eine Trennung beschreiben. Draußen aber, neben der jetzt hochgeklappten rot-weißen Schranke, wirken die Demonstrationsrelikte von früher, Grenzpfähle, Wachturm, Stacheldraht, wie Spielzeug, das eine Gruppe von sadistischen Pfadfindern vergaß.

Wie diese harmlos erscheinenden Stücke ist inzwischen auch die Erinnerung geschrumpft. Mühelos springt sie über die Mauer, dreht sich kurz auf den Wachtürmen, hinterläßt ein zierliches Blumenmuster auf den geharkten Todesstreifen und verschwindet irgendwo in den Bunkereingängen.

Und so erzählen die Fluchtgeschichten des ›Mauermuseums‹ nur noch kuriose, längst vergangene Pioniertaten aus einer Zeit, die nicht einmal mehr vorstellbar ist. Warum setzten diese Tüftler, Erfinder und Stollengräber ihr Leben aufs Spiel? Für die Behörden des Landes, das sie um jeden Preis verlassen wollten, waren es Irre, in dem Sinn, wie es eine Zwangseinweisung in eine Nervenklinik, ausgestellt vom Rat einer Stadt, Abteilung Gesundheitswesen, notiert: »… liegt bei Ihnen eine Erkrankung vor, die dringend einer stationären Behandlung bedarf. Es handelt sich bei Ihnen um eine abnorme Bereitschaft, Erlebnisse und Ideen überzubewerten und Situationen fehlzudeuten. Sie reagieren in bestimmten Abständen entgegen den Normen des sozialen und gesellschaftlichen Zusammenlebens und gefährden durch Ihr Verhalten die öffentliche Ordnung und Sicherheit. Auf Grund des Gesetzes über die Einweisung in stationäre Einrichtungen für psychisch Kranke vom 11.6.1968 weise ich Sie in die Bezirksnervenklinik Brandenburg ein.«

Als er diesen Text abschreibt, Wort für Wort, überfällt ihn plötzlich wieder die alte Ost-Angst. Er hat seit Jahrzehnten eine abnorme Bereitschaft, Erlebnisse und Ideen überzubewerten, und seine Reaktionen entsprechen ganz und gar nicht den Normen des sozialen Zusammenlebens. Die Ost-Angst weist ihn in eine Bezirksnervenklinik ein, wo man schizoide Störungen feststellt, die der Grund dafür wären, daß die Ost-Angst ihn nun Jahre gefangen hielte.

Am Morgen stehe ich vor dem dreigeschossigen, schönen Wohnhaus, in das M. 1939, kurz nach ihrer Heirat, einzog. Es ist eine ruhige Gegend, Bezirk Lichterfelde, nicht weit vom Botanischen Garten. Ich fotografiere das Haus und gehe die lange Straße hinunter, aufmerksam, als seien irgendwo noch Spuren zu entdecken. M. hat von dieser Zeit nicht viel erzählt. Sie hatte sich auf Berlin sehr gefreut, doch der Kriegsbeginn verdunkelte die Jahre. Auch die kleine Kirche, in der M. jede Woche den Gottesdienst besuchte, finde ich bald. Es ist ein heißer Sommertag, so daß die Bewegungen langsamer sind als gewohnt. Und doch meine ich, noch langsamer gehen zu müssen, um immer wieder stehenzubleiben, den Körper zu drehen und zu wenden, als müßte er sich wie in verstärkter Zeitlupe besonders konzentriert der Gegend zuwenden.

Manchmal habe ich auch die merkwürdige Illusion, als könnte mich jemand erkennen, durch eine entfernte Ähnlichkeit mit M. und durch sonst einen Hinweis, ja, ich erwarte geradezu, hier von einem fremden Menschen begrüßt zu werden, als gehörte irgendein Teil meines Lebens dazu. Dabei habe ich nie in dieser Gegend gelebt, M.s Leben hier verlief vor meiner Zeit, viele Jahre vorher, in der unvorstellbaren Kriegszeit.

Als sich aber nichts tut und alles nichts hilft, rufe ich M. von einer Telefonzelle aus an. Ich gebe ihr meine Position durch, wie ein Schiffbrüchiger, der ein paar rettende Hinweise erwartet. Und wirklich beginnt M. sofort nachzufragen, nach dem Wochenmarkt, dem Fischgeschäft, dem kleinen Schuhladen, dem nahen S-Bahnhof ›Botanischer Garten‹, der Anna-Statue in der Backsteinkirche.

Langsam, rufe ich immer wieder zurück, um ihr Fragen auf den kleinen Umkreis meines Blicks zu beschränken, und dann beginne ich, ihr so genau wie möglich die Umgebung zu beschreiben. Ich nenne die Namen der Geschäfte, male ihr Aussehen, jetzt erfaßt der alles auflesende Blick auch die Einzelheiten, und meine Worte hören sich an, als schilderte ich den Ort eines Verbrechens, jedes Detail, um M. auf die Spur des Täters zu bringen.

So lese ich mich durch das Gelände, bis ich die Telefonzelle wechseln muß, wobei das Spiel sofort von neuem beginnt. Und ich höre, wie M.s Nachfragen zunimmt, immer schneller und gieriger fragt sie zurück, was in mir die Vorstellung festigt, ich hätte in ihrem Kopf eine Woge ausgelöst, die jetzt alle Bilder erfaßt und mitreißt.

Schließlich, das Tempo hat auch in meinem Kopf Züge von Raserei angenommen, denn auch mir belebt sich die Gegend durch diese Berichte, als machte der alte Film aus den dreißiger Jahren mich endlich zu seinem Mitspieler, schließlich kommt noch der Auftrag, in die Tür des fraglichen Hauses zu treten, um M. die Namen der Mieter zu nennen. Ich lasse den Hörer einen Moment in der Zelle liegen, ich laufe hinüber zu dem frischgestrichenen, weißen Haus, ich notiere auf einen Zettel die Namen und habe es eilig, sofort in die Zelle zurückzulaufen, als dürfte der Strom der Übertragungen nicht unterbrochen werden.

Dann gebe ich die Namen durch, was sich nun wirklich so anhört, als würden die Namen von Tätern genannt, such dir einen heraus, scheint diese Aufzählung M. zu bedeuten, sag nun, wer ist es? Hast du verstanden, hast du verstanden – rufe ich noch, als sich am anderen Ende der Leitung nichts tut –, bis ich endlich begreife, daß es zuviel war für M., daß das Tempo sie jetzt überholt hat und daß sie schweigend, erschöpft und ganz überanstrengt auf einen Stuhl gefallen ist, allein mit den furchtbaren Bildern des Krieges.

A., die dabei ist, ihre Arztpraxis in Pankow einzurichten, hat in dem kleinen Ort Caputh, unweit von Potsdam, ein Ferienhaus am Wasser gemietet. Sie ist eine der wenigen Mieter aus dem Westen, die das geschafft haben; die Miete für das schlichte, aber schön gelegene Gartengrundstück ist nicht gering, dafür ist man aber schnell am Seeufer, von wo man mit dem Boot in die Weite der Havellandschaft aufbrechen kann.

An einem Abend sitzen wir draußen bei ihr im Garten, eine gutgelaunte Schar, die sich bei einem sommerlichen Essen vergnügt. Die meisten kommen aus dem Westen, sie finden nichts dabei, sich hier aufzuhalten, schließlich bezahlt man Miete, und das sorgt für klare Verhältnisse. Und doch spürt man den ganzen Abend die Fremde. Die Fremde kommt nicht von außen, nicht von den Blicken der Neugierigen, die am Zaun vorbeischlendern und auch nicht von den Nachbarn, die verhalten freundlich sind, sich aber kaum sehen lassen. Die Fremde kommt vielmehr von innen, es ist eine Art Kälte, als habe man auf diesem Land einfach noch nicht Fuß gefaßt und als sei einem das für eine Weile auch untersagt.

Dabei weiß jeder, daß man mit solchen Gefühlen nicht leben kann und daß aus solchen Gefühlen nichts wächst. Besser wäre es, die Umgebung beherzt zu erkunden und sich alle Empfindlichkeiten zu versagen. Doch dann erinnert sich einer wieder daran, daß auf die Frage, ob hier etwas zu vermieten sei, vor einiger Zeit noch geantwortet wurde: ›Wollen Sie uns denn alles wegnehmen?‹ Und genau diese Stimmung und dieses Mißtrauen, die inzwischen verschwiegen werden, ist noch deutlich zu spüren.

So sitzt die abendliche Gesellschaft wie eine eingekesselte Truppe auf dem kleinen, umzäunten Terrain. Sie bemüht sich, nicht laut zu sein, sie versteckt sich ein wenig in ihrem West-Insel-Dasein. Morgen früh fährt man mit dem Segelboot los, weit hinaus, dann wenigstens ist die Bedrückung für eine Weile vergessen.

Während mich im Ferienhaus von Caputh die Unruhe des Westmenschen überfiel, der im Osten wieder einmal gar nichts zu suchen hat und sich daher kleinmacht, ist das Empfinden in der Wohnung von Anna und Wilhelm ganz anders. Bei ihnen genieße ich es nämlich beinahe, ein halber Ostmensch zu sein. Meist hat das mit dem Gefühl zu tun, mehr Zeit zu haben als sonst. Schon das Frühstück beansprucht viel mehr Zeit als gewöhnlich, und meist geraten wir so ins Erzählen, daß niemand abräumen will. Die Erzählungen klammern uns eng aneinander, so daß es nach dem Frühstück meist schwerfällt, sich zu trennen. ›Was hast du heute vor?‹ fragt Wilhelm irgendwann, dann weiß ich, daß ich ihn mit etwas Glück und dem rechten Angebot aus der Reserve locken und überreden kann, mit mir zu kommen.

Potsdam, Schloß Sanssouci und das grün-goldene Teehaus, das Glienicker Schloß, die Pfaueninsel oder das Jagdschloß Grunewald sind Wilhelms Favoriten. Beim Gedanken, in der schönsten Sommerhitze unter einem Sonnenschirm der Glienicker Schloßgaststätte zu sitzen, mit einem Blick auf Orangerie und Gewächshaus, nimmt seine Phantasie beinahe kindliche Züge an. Und schon stellt er sich das Franziskaner Weißbier vor, das er trinken wird, während die Rasensprenger zischen und tuckern.

In der Gegenwart von Anna und Wilhelm bin ich im Osten kein Fremder, und vielleicht sind sie in meiner Nähe auch im Westen nicht fremd. Uns eint aber so etwas wie der schlichte Genuß: das Frühstück, ein Weizenbier, ein Spaziergang in den Garten von Sanssouci, die Erzählungen. In ihnen spielen die politischen Themen nur im Hintergrund eine Rolle. Wir erzählen uns, was wir schon immer mal wieder erzählen wollten, aber keinem unserer alten Bekannten mehr zumuten können, weil die unsere Geschichten schon oft genug gehört haben. Es sind die berüchtigten Geschichten aus dem eigenen Leben, Episoden oder auch nur Anekdoten, die sich irgendwann einmal ereignet haben, meist vor vielen Jahren, und über die man heute noch staunt. Obwohl sie längst Patina angesetzt haben, beunruhigen einen diese Geschichten weiterhin, so daß jedes Erzählen einem beinahe wohltut, weil es die Verstörung für die Erzähldauer lindert.

Wir horchen hinein in eine vage Ferne, aus der die Erzählungen sich langsam nähern. In diesem Dunkel hokken die Geschichten wie leblose Gespenster auf- und nebeneinander. Wir zitieren sie herbei und erwecken sie zum Leben; wieder flügge geworden, umschwirren sie uns und bekommen am Ende sogar etwas Leichtes, Dienliches.

Diese Ferne, dieses sich erhellende Dunkel ist so etwas wie ›Tradition‹: das, was man sich über viele Generationen hinweg erzählt, die untilgbaren Spuren des eigenen Lebens, die gebunden sind an Stimme, Zunge und Mund, deren Bewegungen die Bewegungen unseres Innen nachahmen, Spiegel und Abdruck.

Mehr denn je hat Berlin etwas Trotziges. Die Stadtlandschaften sind für den Westmenschen, für den eine

Stunde Entfernung schon viel ist, zu groß. Man sitzt in der langsam dahinschlingernden S-Bahn und glaubt manchmal, schon in Rußland zu sein, so steppenhaft weit ist die Leere von Station zu Station. Auch die im Westen üblichen Spaziergänge haben hier etwas Verrücktes, denn die langgezogenen Alleen und Straßen eignen sich nicht für ein Spaziergängertempo. So verschwindet man immer wieder in den Bahnhöfen, wartet ergeben auf den nächsten Zug und läßt sich in einem der rotgelben Wagen in verhaltenem Tempo durch die Stadtschneisen schieben.

Man ist es gewohnt, Städte rasch in Besitz zu nehmen, selbst die Innenstadt Roms ist an einem Tag zu umrunden, hier in Berlin ist das anders. Wenn er vom Bahnhof Zoo herunter zum Wannsee fährt, kommt ihm das vor wie ein Tagesausflug. Berlin sperrt sich gegen rasche Besitznahme, es blockiert das Vertrautwerden, es lockt nicht, es weigert sich, dem Fremden etwas ohne Mühen preiszugeben.

Alles ist Widerstand, Front. Und so macht man sich an die Arbeit des Kennenlernens, die nichts Einschmeichelndes mehr hat, sondern Experiment ist oder Lektion.

Den versöhnlichen Part spielen höchstens die Havelgegenden. Steigt man an der alten Glienicker Brücke auf ein Schiff, so glaubt man schon nach wenigen Minuten Fahrt, ganz woanders zu sein, nicht in Berlin, auch nicht in Deutschland, sondern in einem schilfreichen Land der tausend Seen, wo die Ufer so still und unberührt liegen wie seit jeher.

Und so ist Berlin von einer stillen Ferne umlagert, vom Ring dieser Wasser, auf denen seine Fremdheit verschwindet, bis man glaubt, die Stadt habe sich endlich dem schöneren Traum preisgegeben.

Ich gehe nicht gerne heimlich durch die Wohnungen anderer Leute, erst recht nicht, wenn sie nicht anwesend sind. Deshalb zieht mich auch wenig zu Besichtigungen von ehemaligen Dichterwohnstätten. Die letzte Wohnung Brechts aber in der Chausseestraße, am Dorotheenstädtischen Friedhof, zu sehen, war unvermeidlich, und ich habe mich wohl gefühlt in dieser Wohnung, vom ersten Augenblick an.

Großer Arbeitsraum, kleiner Arbeitsraum, Teeküche, Bad, das kleine Schlafzimmer, in dem er auch starb. Der Boden noch aus knarrenden Bohlen, die hohen Bücherstände benutzerfreundlich, Plastiken und anderes Bildwerk spärlich, aber eindringlich, viel Asiatisches, das dem Ganzen Strenge verleiht und jene Schlichtheit, die viel verborgene Freundlichkeit ausstrahlt.

Alles Notwendige also zur Hand, und ein Stockwerk tiefer, im Erdgeschoß, die Wohnung der Weigel, um Nuancen voller, gedrängter, unter den Möbeln auch schwere Barockschränke mit Porzellan-Sammlungen, das Küchenmobiliar sogar leicht verspielt, mit gedrehten Säulchen, als könnte der Strudel so besser gelingen.

Ich fragte mich lange, was mich von Anfang an für das alles einnahm, und Stück für Stück kamen die Antworten: zunächst, daß es in den meisten Zimmern keine Teppiche gab, sondern nur die blanken, glänzenden Bohlen; dann die Hinterhofstille und das Gefühl, von niemandem in der Ruhe gestört werden zu können; das reichlich einfallende Licht, also die großen Fenster und besonders die helle Wintergarten-Veranda der Weigel; die Schönheiten der japanischen Zeichnungen; und schließlich im ganzen: die Arbeitsästhetik, ihr Purismus, die Nähe zu einfachen, einleuchtenden, aus sich heraus schönen Dingen.

Später suchte ich in seinen Gedichten nach einer Erinnerung, weil ich Bruchstücke eines späten Gedichtes im Kopf hatte, das von Vergnügungen handelte. Und ich fand: ›Der erste Blick aus dem Fenster am Morgen / Das wiedergefundene alte Buch / Begeisterte Gesichter / Schnee, der Wechsel der Jahreszeiten …‹

Und ich stellte mir vor, wie diese dingliche Freude auf seine Wohnung abgestrahlt hatte, denn genau das hatte ich in ihr gefunden, den kargen, horazischen Brecht, der die Liebe zur Dialektik einreihte in die Liebe zum Duschen und Schwimmen. Und ich gab ihm noch eine Chance und las das Gedicht Schwierige Zeiten‹, auch das ein spätes: ›Stehend an meinem Schreibpult / Sehe ich durchs Fenster im Garten den Holderstrauch / Und erkenne darin etwas Rotes und etwas Schwarzes / Und erinnere mich plötzlich des Holders / Meiner Kindheit in Augsburg. / Mehrere Minuten erwäge ich / Ganz ernsthaft, ob ich zum Tisch gehn soll / Meine Brille holen, um wieder / Die schwarzen Beeren an den roten Zweiglein zu sehen.‹ Und plötzlich ist auch gefunden, was mir am Morgen, beim Besuch seiner Wohnung, noch fehlte: eine knappe Bewegung, eine kurze, die Räume verbindende Geste. Und so lasse ich ihn vom Schreibpult zum Tisch gehen, um die Brille ganz ernsthaft zu holen.

Liebe Katja G.,
es ist ein heißer Sommer, hier in Berlin, als hielte jemand eine glühende Sonde über die Stadt, die gar nicht mehr weichen will. Manchmal sieht man für Minuten ferne Bilder, irgendwo flackern sie einem aus dem Fernsehen entgegen, es sind Bilder aus der Olympiastadt Barcelona, wo sich die Radfahrer über den von der Hitze aufgeweichten Asphalt quälen oder die Speerwerfer mit letzter Kraft ihre rasch wieder erlöschenden Signale gegen die Sonne aufbieten, dann kommt es einem so vor, als seien es Bilder aus einer entlegenen Mars- oder Sonnenkolonie, wo ein ausgewählter Menschheitstrupp für mehr Schatten und Kühle leidet und von den sadistischen Sonnengöttern durch hundert Wettkämpfe gehetzt wird.

Berliner Sommer, das mußt Du Dir nicht nur als Vergnügen vorstellen, es ist eher, wie so vieles hier in Berlin, eine Anstrengung, denn die weite Stadt hat etwas Schweres, Unbewegliches, das sich in der Hitze ausbreitet zu einer lastenden Monotonie, man möchte oft flüchten, aber Fluchtwege sind höchstens die Seen und Gewässer, und auch die haben manchmal jenen berlinischen Ernst und jenes berlinische Schweigen, die einem die Phantasien austreiben.

Und dazu meine Maßlosigkeit, die nicht zur Ruhe kommen will, so daß ich am Morgen im Osten erwache, für wenige Stunden eingelullt von alten Geschichten, die einen schwer machen und lautlos, bis es einen mit der S-Bahn wieder nach Westen zieht, endlose Stationen lang, ein Rattern und Kurvenbiegen, als sollte es einem die Geschichten in lauter Bestandteile zerlegen. Der Westen ist entweder Historie, oder meine Freunde ziehen mich in ihre Wohnquartiere, wo ich, wieder für Stunden, untertauche im Kolorit der Stadtviertel, die in Berlin etwas Beharrendes, Sich-Absetzendes haben.

Nirgends ist Ruhe und Zeit, nur da zu sein, zu sitzen, zu schauen, jede Annäherung ist Arbeit, man arbeitet sich ein in das Leben, man gräbt sich in die Wabe der Stadt, unsicher, ob der winzige Platz, den man sich immer wieder erkratzt, bleiben wird für einige Zeit.

Nur in den Straßen des Ostens gibt es oft das vollkommene Abseits, als habe man die Welt hier endgültig aufgegeben und ein für allemal zu Schrott erklärt. Gehst Du eine Weile durch eine solche Gegend, Dein Blick gleitet längst überall ab, möchtest Du Dich am Ende irgendwo hinsetzen und ›Berlin‹ für beendet erklären.

Statt solchen Impulsen zu folgen, wollte ich, weiter maßlos und nicht zu belehren, die Stadt in mir immer wieder zusammensetzen, ich dachte, am Ende könnten meine Adern sich erstrecken auf die Adern des S-Bahn-Netzes und ich hätte so die mich verstörende Weite eingefangen in meinen Leib. In Wahrheit aber spielte die Stadt mich nur klein, sie setzte mich irgendwo in einen der rot-gelben Wagen und rollte mich immer schneller herum, umsteigen!, aussteigen!, nehmen Sie die nächste Verbindung, so daß schließlich an das Zusammennähen der Teile nicht mehr zu denken war, ich kreiste nur noch auf diesen Strecken und taumelte irgendwo aus der Erde, Stufen!, Stufen!, und dann hieb es mich um, so daß ich nicht wußte, wo bist du, im Osten, im Westen.

Oft bin ich, um mir wenigstens für Momente einen Platz zu schaffen, als führe ich wahrhaftig zurück, zu mir, zu, sagen wir, meinem Stammplatz, zum Savigny-Platz gefahren, nahe dem Bahnhof Zoo, wo es eine Straße mit mehreren guten Buchhandlungen gibt, dann bin ich die Straße mit den Buchhandlungen hinauf und hinunter gegangen und habe mich mit Büchern beladen und mich gesetzt vor ein Lokal und den Kopf in die Bücher gehalten, bis Berlin auf Tauchstation ging, langsam absaufen ließ ich Berlin, und wachte so über mich einen Nachmittag lang und einen Abend, bis in den breiten Fensterfronten der Lokale die schönen Gesichter des Abends auftauchten, und denen vertraute ich dann einige Zeit.

Ich fahre jetzt heim, das Zimmer im Osten aber bleibt mir erhalten.

Als er auf der Rückfahrt nach Westen an dem ehemaligen Grenzübergang Dreilinden vorbeifahren will, erkennt er plötzlich eine Kriegsstätte. Er fährt sofort auf die Standspur und läuft einige hundert Meter zurück. Das Terrain ist abgesperrt, aber er steigt, ohne zu zögern, über den Zaun. Hier, genau hier, ist der Richtplatz der jähen Gewalt. Kein Fenster unversehrt, die Stromleitungen aus dem Putz gerissen, die Türen zerschlagen, die Heizungsrohre zu grotesken Gestalten verbogen. Alles wirkt so vernichtet, als habe sich die Aggression an jeder Kontur entzündet, als habe sie sich durch alle Etagen und Räume gefressen, systematisch, um jeden Gegenstand und jede noch mögliche Erinnerung auszulöschen.

Als er diese Grenzanlagen abgeht, von den Quartieren der Grenzbeamten bis zu den windigen Buden, in denen die Kontrolleure saßen, stößt er nur noch auf Rudimente, Fensteröffnungen, Splitter von Glas, Lampenreste, von den Gebäuden stehen nur noch die Wände, dünne, langsam verwitternde Gerippe, die all ihre bedrohliche Strenge eingebüßt haben. In den Ritzen der Betonplatten, auf denen früher die Fahrzeuge in merkwürdiger Demut anstanden, wächst Gras.

Er passiert die Kontrollbuden, er geht unter der nicht endenden Konstruktion des Stahldaches die ganze Flucht dieser zerschlagenen Container entlang, als er Musik hört. In irgendeinem dieser kaputten Verliese hat es sich anscheinend jemand bequem gemacht, richtig, ganz hinten, in der vorletzten Bude ist Leben, zwei Männer, die einen Spirituskocher bedienen.

Er sieht nicht genau hin, er fürchtet das jämmerliche, heruntergekommene Bild dieser Erscheinungen, doch die ruhige Musik, irgendein Vormittagsnervenprogramm, hält sich eine Weile gegen diese zerstörte Umgebung. Es ist, unheimlich genug, als kröchen diese Klänge aus den verfluchten und geschundenen Fetzen dieser Trümmer, wie Efeu, das sich ahnungslos, tückisch rankt um die Gräber.

Er geht weiter, er will diesen irritierenden Eindruck hinter sich lassen, schneller, schneller, geht er fort, um das alte Schwarz-Weiß-Bild im Kopf zu behalten, als ihm die große, letzte Hitze des Sommers die Farben rasch hinterherschickt. Und plötzlich, so rasch, wie er das Bild der Kriegsstätte bemerkt hatte, glaubt er das bunte Panorama-Dia dieses verwandelten Platzes zu sehen: frisch angestrichen die alten Containerbuden, die Betonplatten grell dekoriert, die riesige Stahlkonstruktion des

Daches eingetaucht in wandernde Pfeile von Laserstrahlen. Und er sieht die Scharen der Besucher, die sich in den Nächten hier treffen, ein irres, nicht zu überbietendes Spektakel ist das, eine Freiluftgaststätte, ach was, der größte Meeting-Point von Berlin, die Motorradkultstätte, das Cabrio-Etablissement, das Disney-Land der zwölf nächtlichen Stunden, Platz, Platz ist hier für Tausende, und aus den Kontrollbuden von damals tropft jetzt das Bier, und die Peitschenlampen über dem Stahldach erscheinen wie lächerliche, müd gewordene Zitate, die kleinen Monde der Liebenden, die ihre Autos irgendwo abstellen, dort, wo früher die Schlangen warteten, im Hollywood-Country Dreilinden.

Stuttgart, Gartenhaus

Die pflanzen und Bäume hinter dem Haus halten den ganzen Hang besetzt, als seien sie tropisch gewuchert. Die Dresdener Rhododendronsträucher quälen sich unter den klebrigen Striemen des Knöterich, der Holunder trägt schwer an den dichten Fruchtdolden, und die grüngelben Äpfel sitzen wie Perlen an den Ästen, gegen die von der Erde die Brombeeren schießen. Nur die Obstbäume ragen noch ein wenig über den hochgeschossenen Rand dieses geladenen Grüns, Mirabellen, Kirschen und Pflaumen, die die Fruchtlast längst abgeworfen haben, so daß sie den Hang hinunter gekollert ist und rings um das rote Haus lagert, ein großer, in der Spätsommerhitze dampfender Laich, den die Wespen umsummen.

In den Nachbargärten die ersten Feuer, der Rauch steigt leicht, quer über den Hang und schießt in die Ferne, erst spät riecht man die Beize, trockenes Holz noch vom Frühjahr, das jetzt verbrannt wird. Das Sonnenlicht, prägnant, verteilt seine scharfen Schatten, man sitzt in all diesem Überfluß, in dieser euphorisch und wild gewordenen Szenerie der Natur wie ein längst unbedeutend gewordener Teil, ein weggeworfener, schrundiger Ast, der sich ins erste Laub kauert.

Das stumme Gleiten der Raubvögel, die noch einmal das Terrain sondieren! Die blaudunklen Himmel, die sich nachts über die Hänge legen und alles durchwärmen mit den Aromen der Gärten! Die Müdigkeit, die unmerklich einbricht in dieses Wachstum, so daß die gelbbraunen Robinienblätter allmählich alles eindecken und das gespreizte Fingerlaub des Ahorns sich von den Rändern her einrollt zu einem knisternden Pilzbraun!

Und das Regenwasser in den Bottichen oder in den alten, ausrangierten Feldbadewannen mit ihren gestelzten Zinkfüßen: wie es nachzudunkeln scheint, von Tag zu Tag, wie es zusetzt an Farbe und an Gewicht, wie es ölig wird und alles Bewegliche anzieht, die Schifferboote der Blätter, das Endzeittoben der Mücken, den verrinnenden Blütenstaub!

Nur die Nachtkerzen lassen noch immer nicht nach. Monatelang steigt jede Nacht Blüte für Blüte, die toten Knospen sacken zur Erde, aber ganz oben, in den letzten, dicht gebliebenen Spitzen entrollen sich weiter die Nachtfahnen, hellgelb, in die sich die Bienen vertiefen, während der dichte Lavendel, violett, kniehoch geschossene Matten, den Boden absichert.

In den Nachbargärten haben sich die Umzüge fortgesetzt. Drei weitere schwäbische Familien haben aufgegeben, eine unter starkem Protest, daß man vor lauter fremden Klängen keine schwäbischen mehr höre. Oberhalb schneiden jetzt Polen die Obstbäume zurück, weiter entfernt sind Kroaten und Serben beschäftigt, auch Griechen und Mazedonier haben Gärten gepachtet. An den Wochenenden, wenn die kleinen Gartenhäuser für den Winter gerichtet werden, hört man ein vielsprachiges Summen, doch jede Partei rackert für sich.

Die Hauptlast tragen die älteren Generationen, Frauen und Männer so um die Fünfzig, die in ihren Heimatländern im Weinbau oder in der Landwirtschaft arbeiteten; sie sprechen nur gebrochen deutsch, meist hört man sie in den Muttersprachen fragen und antworten, knapp, ungeduldig und scharf. Von zu Hause sind sie an harte Arbeit gewöhnt, sie bücken sich, beugen den Rücken, steigen auf die Bäume, unzufrieden mit jedem Mangel, als müßten sie im kommenden Jahr die Ernte einholen für ganze Dörfer.

Die Kinder, um die Zwanzig, manchmal auch älter, sprechen deutsch ganz perfekt und kultivieren sogar das schwäbische Singen und Nörgeln, um distanzlos dazuzugehören. Sie arbeiten nicht mit, nur am späten Samstag fallen sie manchmal mit ein in die Gärten, in teuren Gebrauchtwagen vorfahrend, um die Arbeit der Älteren kurz zu begutachten, eine Flasche mit ihnen zu trinken oder einfach nur die Siegreichen zu spielen, die den Eltern davongeeilt sind und alle Trümpfe für sich reklamieren.

Und so hört man, in der einbrechenden Dunkelheit, oft das bewundernde, dienende Begrüßungsrufen der Älteren, die die junge Brut willkommen heißen und ihr die besten Plätze, mit weitem Stadtblick, anbieten.

In einem Nachbargarten hat einer der neuen Besitzer es den deutschen Nachbarn nachtun wollen und eine kleine kroatische Flagge gehißt. Eine Woche später hat er sie stillschweigend wieder abgenommen, nachdem auf die Wände seines Gerätehauses rote Drohungen gesprayt worden waren. Die Drohungen, erzählte der Mann, hätten ihn besonders deshalb zum Rückzug veranlaßt, weil sie in seiner Muttersprache verfaßt worden seien; nichts sei schrecklicher als eine finstere Drohung in der eigenen Sprache, es sei, als säße der Mörder im eigenen Haus, am eigenen Tisch.

Hannover, September 1992

Am morgen gerät er durch Zufall in die Universität, wo gegenwärtig die deutschen Historiker tagen. Im Innenhof haben Verlage und Buchhandlungen ihre Stände aufgebaut, an den Wänden entlang hängen Landkarten, es sind die klassischen Schullandkarten, die man in den Kinderjahren fast täglich zu sehen bekam. Sie wurden gleich neben die große Tafel gehängt, in die Enge zwischen Tafel und Fenster, wo sie meist unbeachtet ein kümmerliches Dasein fristeten. Die Lehrer beachteten sie nicht, nur in den Geschichts- und Geographiestunden waren sie plötzlich gefragt, und man mußte nach vorne, um zu erklären, wo das Königreich Preußen, hellblau, KGR. Preussen, lag.

Wir Schüler aber widmeten diesen Karten viel Aufmerksamkeit, denn ihre bunten Flächen waren die idealen Ländereien für die abschweifenden Phantasien, die sich besonders gern in die Enge zwischen Tafel und Fenster flüchteten. Man verfolgte die roten Ländergrenzen und tauchte in das Weißblau des Mittelmeeres, Korsika violett, zu Frankreich gehörig, Sardinien mattgelb, noch ein Königreich, KGR.

Nur das eigene Land, Deutschland, wie es auf der großen ›Europa nach dem Zweiten Weltkrieg‹-Karte auftauchte, hätte man gern übersehen. Nein, das konnte sich nicht mit Frankreich oder Italien vergleichen, große, klar konturierte Ländereien in Violett und Gelb, während Deutschland ein zerrissenes, sich aus mehreren Fetzen zusammensetzendes Gebilde war: links die Bundesrepublik, eine asthenische Erscheinung, ohne Bauch, mit schmalem, eingequetschtem Brustkasten, dann die sowjetisch besetzte Zone, »DDR«, ein isoliertes Ostsee-Sandförmchen, von dicken, gefährlich erscheinenden Grenzlinien verschlossen, mit dem schwarzen Fleck Berlin in der Lunge, und weiter rechts die Gebiete unter polnischer und sowjetischer Verwaltung, kuttelige Streifen, die sehr wie Provisorien aussahen.

Als Kind schämte man sich für diese Aufsplitterung, schon dem naiven Schönheitssinn war sie ganz zuwider, erst recht aber dem Heimatgefühl, das sich ein geschlossenes Königreich, KGR., wünschte, ein Land in klaren Verhältnissen.

Jedes Mal, wenn man auf die Grenze zwischen der Bundesrepublik und der »DDR« starrte, blau und rot, dick, doppelt markiert, weil hier neben der Ländergrenze noch die zum Warschauer Pakt erschien, überfiel einen ein leichtes Gruseln. Sofort sah man mit dem inneren Auge Berlin, die Stacheldrahtrollen und den flüchtenden Soldaten mit dem Gewehr über der Schulter, der im letzten Augenblick noch hinübersetzt.

Und man konnte sich nicht vorstellen, als Kind war es einem ganz unbegreiflich, wie die Erwachsenen sich abfanden mit diesem Deutschland, seinen Einzelteilen, seiner Gefängnisstruktur. Im Mittelalter, ja, da hätte es einfach irgendeinen Mutigen gegeben, einen Heinrich den Schrecklichen oder einen Eberhard den Deutschen, der mit seinen Leuten losgezogen wäre, um diesem Zustand ein Ende zu machen. Jetzt aber kümmerte sich anscheinend niemand um Deutschland, man hatte es einfach so liegengelassen, eine kranke, zertrümmerte Erscheinung, ohne Aussicht auf irgendeine Genesung.

Auf früheren Karten hatte es eine bessere Figur gemacht, meist aber war es, wie auf der Karte ›Europa zwischen den Weltkriegen (1919–1939)‹, zu groß, ein unförmiger, unentschiedener Koloß, mit Schlagseite nach Osten, wo das Gebiet um Königsberg besonders unangenehm auffiel, als ästhetische Abweichung. Auch vor dem Ersten Weltkrieg war es eindeutig zu groß gewesen, ganz eindeutig, das drückte ja alle die anderen Staaten nach unten, Böhmen und Mähren bekamen schon keine Luft mehr, ganz zu schweigen von Galizien, das nur noch wie ein Milzfortsatz erschien.

Mit dem Mittelalter wollte man sich als Kind nicht gerne beschäftigen, da bestand anscheinend halb Europa aus Deutschland, man konnte sich nicht erklären, wie die anderen Staaten so etwas geduldet hatten, außerdem verstand man nicht, was die deutschen Kaiser weit unten am Mittelmeer suchten, in Sizilien, da gehörten sie weiß Gott doch nicht hin.

Wenn er jetzt aber die neuen Schullandkarten mit seinen Kinderaugen betrachtet, so macht Deutschland keine schlechte Figur. Die doppelten Grenzlinien sind verschwunden, das Land hat eine klare, gesetzte Gestalt, als habe der alte Astheniker sich einen kleinen Bauch angefressen. Zur Rechten lagert Polen, ebenfalls groß und gesetzt, die kuttelige Auflösung nach Osten hat ein Ende, als Kind könnte man heute träumen von einem ganz andern Land, ohne das Gruseln über die Grenzen, ohne den Abscheu vor seiner Zersplitterung.

Und er stellt sich vor, wie sein eigenes Kinderauge jetzt darauf ruhte, auf diesem so ausgeglichen und rund erscheinenden Gebilde. Immer wieder springt sein Blick von Westen nach Osten, von Osten nach Westen, Hannover-Leipzig, Dresden-Frankfurt, so daß er schließlich denkt: ja, es hält, so könnte es halten.

Willy Brandt

Staatsakt für Willy Brandt im Berliner Reichstag. Der Sarg steht vor der Rednertribüne, sechs Kerzen, die deutsche Flagge.

Gegen 10.45 Uhr ist der Saal schon gefüllt, die Kamera fährt die Trauergäste ab: Mitterrand, Gonzales, Gorbatschow, und die deutschen Parteigrößen, das Celebrum des Staates.

Dann werden die Reden gehalten. Weizsäcker, bemüht, zeichnet ein kurzes Porträt; Rita Süssmuth, ohne Thema, die klassische Fernschweifende; Kohl, mit geschwollener Trauerrhetorik, wieder ganz vom Augenblick übermannt; Engholm, schmeichlerisch, sich anbiedernd mit einem Uwe-Johnson-Zitat; Diepgen, überflüssig; und Gonzales, endlich nicht mehr dieses Betroffenheitsdeutsch, endlich ein ferner Klang, spanisch, ›amigo Willy‹, ›companero‹, eine Rotweinrhetorik, etwas hoch gegriffen, aber gut nach all diesem Trockendeutsch.

Zwischendurch Schubert, ein eklatanter musikalischer Fehlgriff, dazu die Hintergrundstimme eines gewissen Gustav Trampe, ›Schuberts siebte Sinfonie‹, meldet Trampe ganz leise, als antworteten seine Schließmuskeln auf die tiefen Wanderungen der Celli, ›Schuberts Siebte, die Unvollendete …‹

Und es geigen und cellieren die Berliner Philharmoniker unter Abbado.

Gegen 12 Uhr ist es vorbei, die schmale, schlanke Witwe Brandts verläßt in kurzem Rock, auf ihren abenteuerlich windigen Beinchen, eingerahmt vom Präsidentenehepaar, den Reichstag. Hauptmänner und Leutnants der Bundeswehr tragen den Sarg.

Vor dem Reichstag: langsam die breite Treppe hinab, der Sarg wird abgestellt, dann spielt ein Musikkorps der Bundeswehr eine traute Weise nach der andern. Ich hatt einen Kameraden, die Hymne, es geht reichlich gemischt zu.

Die Trauergäste stehen nun ebenfalls draußen, plaziert von einer raffinierten Choreographie, teils auf den Stufen, teils oben, vor dem Eingang des Reichstags. Sie bilden ein Muster, geometrisch genau, die Fotografien werden es exzellent übermitteln.

Dann ist die Übertragung der Zeremonie vor dem Reichstag gestört, man erlebt gerade noch, wie eine Polizeieskorte den dunklen Sargwagen auf der Fahrt durch Berlin begleitet, durch den Tiergarten, bis zum Friedhof Zehlendorf, wo am Nachmittag die Beisetzung stattfinden soll, ›im engsten Familienkreis‹, wie es heißt, aber es scheint keine Familie zu geben, jedenfalls war sie bei dieser Trauerfeier nicht weiter präsent, die Söhne im dritten Glied, vorneweg nur die junge Witwe, eine Historikerin, die in die Geschichte eingehen will.

Und so wirkt das Staatliche an diesem Morgen groß und pompös, aber auch, für jeden festhaltenden Blick, konfus, ohne Bindung; das Private aber bleibt arm, kalt und gering, kein Umkreis von Freunden, sondern lauter Figuren.

So daß man sich fragt, ob die Verbundenheit vieler mit Willy Brandt nicht ein bloßer Glaube war und die Verbundenheit Willy Brandts mit diesem Land nicht eine Legende.

Um 12.45 Uhr, meldet Herr Gustav Trampe, ist der Staatsakt vorbei.

Stuttgart, Gartenhaus

Man wird ganz hilflos und unbeherrscht, wenn man jetzt, in einer Phase rechter Gewalt, die lange Zeit versteckte Lust der Deutschen an der Zurschaustellung ihrer häßlichen Seiten erlebt. Mit einem Mal ist dieser brennende, lockende Reiz wieder da, das klammheimliche Vergnügen an den marschierenden Stiefeln, an dumpfen Trommeln, an der erhobenen Rechten. Lüstern werden die alten, im Keller gelagerten Symbole und Zeichen wieder ausgepackt und poliert, die Reichskriegsflagge, die Doppel-Sigrune, das Swastika-Kreuz, germanisch aufdekorierter Plunder, wie aus dem tiefsten Morast gefischt.

Und plötzlich sieht man auch die passenden Gestalten dazu, rohe, blonde Bullengesichter mit Hitlerscheitel in der zur Selbsterniedrigung verordneten Kluft, mit breiten Hosenträgern und Bomberjacke.

Solche Bilder breiten sich rasch wieder aus, der Selbstekel hatte schon immer große Chancen in Deutschland, und so berauscht man sich jetzt an dem Grusel, der durch das Morden etwas von akuter Gefahr bekommen hat, real geradezu, bis vor die Haustür. Und man kommt an früher am Rande liegenden, verloren erscheinenden Kneipen vorbei, aus denen seit ein paar Tagen, wenn niemand hinhören will, der Badenweiler Marsch tönt, und in den Hinterzimmern sitzen geduckte, verpickelte Knaben mit trostlos zusammengeklappten Visagen und geraten in Schwung, wenn einer bei Kerzenlicht einen Stahlhelm auspackt.

Endlich, glaubt man vielerorts einen Stoßseufzer zu hören, endlich hat die Wiedervereinigung doch noch etwas geboren, endlich ist sie uns erschienen, in Gestalt dieser trommelnden Horden von Baseballschlägern, die wenigstens etwas Handfestes, Kalkulierbares haben und allen vertraut sind, so daß selbst die türkischen Zeitungen uns in ihnen wiedererkennen.

Irgendwie hatte man diesen Ausbruch schon lange erwartet, die Wiedervereinigung konnte nicht gutgehen, heißt es, jetzt präsentiert sie uns das Ergebnis, Morde, Überfälle, jeden Abend werden wir damit bedient, seit 1990 ist die Kurve mit den entsprechenden schweren Verbrechen wie eine einzige Demonstration zur Beweisführung stetig gestiegen.

Jetzt sieht man es täglich, kaum passieren wir eine Eisenbahnbrücke, leuchten uns die giftigen Runen schon entgegen, in den Fußballstadien schreien sie ihre Nazi-Gesänge, jeden dritten Tag werden die Gräber jüdischer Friedhöfe beschmiert, es ist ein einziger Aufstand des Hasses, abgrundtief, unauslotbar, eine nicht zu bändigende Hefe, so daß man sich an den überall herumstammelnden Pädagogen erfreut, die jetzt herausrücken mit ihren Tüftelprogrammen und den ganzen Rechtsterrorismus am liebsten auf die Couch legen würden.

Wir aber ahnen, daß wir diese rechten Verbrecher verdient haben, sie befriedigen geradezu einen Teil unserer uralten Wollust, die sich nicht abfinden will mit undeutlichen Verhältnissen, sondern auf Lautstärke, Klarheit und Bereinigung drängt. Unseres Volkes Hefe – sie setzt in Bewegung, was oben niemand sagt, niemand denkt, deshalb sind wir ihr dankbar, dankbar den dummen Jungs mit ihren Idiotensprüchen, die sich aber hervorragend machen für die Spätabendnachrichten, mit ihren adretten, blank geputzten Stiefeln und den Bierleichengesängen. Ein paar Monate später räumen wir diese Typen wieder raus aus den Bildern, dann aber ist alles gelaufen, neue Gesetze, ein neues Zackzack, und einige Vorlaute halten für eine Weile das Maul!

Lichterketten

Wollen Sie am vierten Adventssonntag an der Lichterkette gegen Gewalt und Ausländerhaß teilnehmen, gilt es, folgende Regeln zu beachten. Reihen Sie sich nur in genehmigte Demonstrationsstrecken ein! Damit es nicht zu unübersichtlichen Verhältnissen kommt, sind drei solcher Strecken genehmigt. Die erste Kette verläuft vom Schloßplatz bis zu den Anlagen, die zweite von Bad Cannstatt (Marktplatz) auf die erste Kette zu, die dritte vom Marienplatz über die Eberhardstraße zurück zum Schloßplatz.

Sie sollten mit öffentlichen Verkehrsmitteln zur Lichterkette erscheinen und sich dann dezentral in die Kette einreihen, damit es nicht am Schloßplatz zu einem Kettenknäuel kommt. Steigen Sie am Hauptbahnhof aus, sollten Sie sofort in die Mittleren Anlagen gehen; kommen Sie aus dem Süden, so reihen Sie sich in der Nähe des Marienplatzes ein; Teilnehmer aus Esslingen sollten in Bad Cannstatt bleiben und auf keinen Fall den Weg in die Mittleren Anlagen suchen.

Haben Sie den für Sie vorgesehenen Abschnitt der Lichterkette erreicht, so treten Sie ohne langes Zögern möglichst an einer freien Stelle in die Lichterkette hinein. Zünden Sie Ihre Kerze erst an, wenn Sie sich innerhalb der Lichterkette aufhalten, also erst, wenn Sie still in der Lichterkette stehen. So können Sie am wenigsten Schaden anrichten und gefährden keine anderen Teilnehmer.

Verwenden Sie keine Pechfackeln, am besten sind Lampen oder geschützte Kerzen, möglich sind auch tropffreie Fackeln. Bleiben Sie mit Ihrer tropffreien Fakkel oder Kerze am Platz, bewegen Sie sich nicht hin und her, halten Sie Ihre Kerze gut sichtbar vor dem Körper und versuchen Sie, das Abbrennen der Kerze mit den Augen zu verfolgen.

Vermeiden Sie heftigere Erregungsphasen, atmen Sie ruhig ein und aus, lassen Sie das Feuer gleichmäßig brennen und helfen Sie nicht mit Hilfsmitteln nach, um die Flamme auffälliger zu gestalten. Treten Sie nicht auf der Stelle, bewahren Sie Ruhe, lassen Sie die für die Lichterkette vorgesehene Zeit ohne impulsive Reaktionen vergehen.

Sollte Ihnen das Stillstehen zu lang werden, beginnen Sie, die Kerzen in Ihrer Nachbarschaft zu zählen. Zählen

Sie langsam und gründlich. Wenden Sie dafür den Kopf ein wenig zur Seite, nicht ohne Ihre Kerze aus dem Auge zu lassen. Zählen Sie vor und zurück, das beruhigt.

Nach Beendigung der Lichterkette treten Sie aus derselben heraus. Vorher haben Sie Ihre Kerze durch entschlossenes Ausblasen gelöscht. Lassen Sie sich durch eventuell entstandene Wachsflecken nicht irritieren, Sie können diese Flecken zu Hause mit Hilfe eines über den Fleck gebreiteten saugfähigen Lösch- oder Toilettenpapiers unter Verwendung eines Bügeleisens Temperaturstufe Wolle/Seide leicht entfernen.

Nehmen Sie den für Sie vorgesehenen Rückweg. Die Teilnehmer aus Esslingen bewegen sich vom Marktplatz in Bad Cannstatt aus sternförmig in Richtung ...

Herr, hilf! Warum hast Du mich zu dieser Lichterkette beordert, die sich nicht zu einer Lichterkette formen will? Überall streunen herumziehende Kleinfamilien und versprengte Gruppen herum, die nach ihrem Platz in der Lichterkette suchen. Die meisten Stuttgarter Straßen sind aber so gekrümmt, daß der Eindruck der Lichterkette ein gekrümmter Eindruck bleibt. Besser geeignet wären gerade, schnurgerade Straßen, auf denen fahren in Stuttgart aber die Autos. Vor einem türkischen Lokal steht der Koch mit der Kerze in der Hand, allein und standhaft, das Denkmal eines Lichterkettenteilnehmers.

Am Schloßplatz drehen sich die Teilnehmer im Kreis, vor dem Schloß haben sich zwei veritable Lichterketten gebildet. Herr, ich trete jetzt ein in die Kette und krame mein Kerzchen heraus!

Da stehe ich, still, kein Mensch redet ein Wort, nur die Kinder dürfen nachfragen, was das soll mit den Kerzen. Ach, Herr, ich folge bereitwillig Deinen gutgemeinten Avancen, aber morgen wird mir wieder jemand sagen, wie schrecklich deutsch das doch war, dieses Kerzenstehen und Kerzenbeäugen hier auf dem Schloßplatz. Muß ich da wirklich mitmachen?

Schau, Hans Magnus Enzensberger würde niemals zu so etwas gehen, er wird es einfach durch einen Essay erledigen, worin wir Lichterkettenteilnehmer dann etwas erfahren werden über den deutschen Hang zur Sentimentalität, über unser lächerliches ›Engagement‹ und über die inzwischen deutlich gewordene Neigung des Westens, östliche Demonstrationsformen stillschweigend zu übernehmen.

Die Ästhetik der Lichterketten war eine verspätete Übernahme der Ost-Ästhetik der 89er Demonstrationen – so etwas wird Hans Magnus Enzensberger uns dann präsentieren, und ich muß Dir gestehen, Herr, mir wäre auch wohler, ich könnte zu Hause meinen Stift halten, anstatt hier diese tropfende Kerze. Seit zehn Minuten stehe ich jetzt hier vor dem Schloß, Herr, ich mag die anderen Kerzen nicht zählen, Herr, laß mich gehn, nach Hause, zu meinem Enzensberger, Herr, wo mir ein paar treffende Gedanken einfallen werden, zum vierten Advent.

Köln, Jahreswende 1992/93

U., KÖLNERIN, mit Köln so eng liiert, daß sie die Stadt nie länger verlassen hat, holt mich vom Bahnhof ab. Natürlich geht es ihr gut, auch ich darf nicht klagen, wo kämen wir hin? Auf dem Weg in die Innenstadt geht es quer durch den Dom, komm, lossen's uns in der Dom jon, tut der Seele mal gut, und außerdem ist da doch Lochners Altarbild, dat magste doch so.

›Warst de wirklich im Sommer nur in Berlin?‹ fragt U. und schüttelt den Kopf. Nein, das könnte sie nicht, einen Sommer da oben, nur in Berlin, dat tut sie sich wirklich nicht an. Lieber streckt sie sich hier an den Rhein und kühlt frisch de Beine.

Die Wiedervereinigung – ach wat, wat willste damit? Die sind nur auf unsere Gröchelcher aus, solln se ja haben, die armen Deibel da drüben, kriegen se ja, aber mehr ist auch nicht. Wat hab ich schon damit zu tun? Ich leb seit vierzig Jahren am Rhing, da hab ich mit dem Osten doch nix zu schaffen.

Wohin gehn mer, ins »Funkehöttche«, ins »Päffgen«? Also gut, ins »Päffgen« …, da sitzen wir über Mittag, trinken Kölsch, geraten mit den Tischnachbarn sofort ins Gespräch, zwei, drei Stunden lang, so geht dat hier, uns fällt immer wat ein.

Nichts hat U. je irritiert. Die Glatzen, dat sin dumme Jungs, die sollte man auf eine einsame Insel schicken, wo sie sich umbringen können, und die Lichterketten, ja, die waren gut, aber U. hatte gerade an *dem* Abend wat vor.

Und so höre ich einen Tag lang dieses hochgezogene, rheinische Klingen, nichts hat Gewicht, nichts steht uns im Weg, leichtfüßig, gutgelaunt gehen wir unseren hinreißenden Slalom durch Köln, hier ein Geschäftchen, dort wieder ein Kölsch, als reichte sich alles ununterbrochen die Hände.

Da drüben, Sankt Gereon, da mußte de auch wieder mal rein, also gleich los, herrlich im Grunde, dat reicht mir jetzt wieder für vierzehn Tage, so baut mich dat auf. Und wie nennt sich dat hier, dieses Runde, dat hier, Dekagon, De-ka-gon, klingt ja ulkig, wie'n Rheumamittel, ist aber sehr faszinierend und so antik, dat de glaubst, du bist hier in Rom!

Wat?! Rom? Im Sommer gehste wieder nach Rom? Warst de da nicht grad? Voriges Jahr? Und schon wieder hin? Ich glaub, Du bist närrisch! Wat willste denn da, komm doch lieber nach Köllen, mich besuchen, wir machen uns op de Föß, hier am Rhing.

Überall, wo wir einhalten, kommt sofort die Rede zurück, rasch, ein sich die Bälle Zuspielen, immer rasanter, manchmal auch spitz, aber am Ende ist nur das Lachen, dat Laachen, wat harn mer widder gelaacht!

Niemand schaut nach dem Pfennig, das Geld rinnt wie Kölsch, unaufhaltsam, stetig, ein heller, sprudelnder Quell, der nicht aussetzen darf. Köllen, gibste mir recht, is dat Schönste, wat et so gibt, nur da biste zu Haus, gib et zu!

Und ich erkläre U. lange, wie es war in Berlin und was ich im kommenden Sommer vorhabe in Rom, Villa Massimo, zum zweiten Mal als Stipendiat, meinen unterbrochenen Aufenthalt fortsetzend. Ja, sie ist gut drauf, sie hört gerne zu, und wenn sie einsteigt in das Erzählen, ist es, als bekäme sie selbst Lust auf die Ferne.

Später aber, nach unserem Abschied am Abend, werde ich ihren Singsang nicht los. Über die Südbrücke fahr ich davon, und schon mitten auf der Brücke weiß ich, Gott, sie hat recht, ich fahr nur im Kreis, irgendwann muß ich rasch wieder her, in den Dom jon, zu Lochners Heiligen, und später ins »Päffgen«, in den rheinischen Strudel aus Worten und Kölsch.

1993

Warten

Er wartet, nie ist die Stille vollkommener als jetzt, in diesen Tagen, wo manchmal Schnee fällt, nur eine Ladung, begrenzt, die das Profil der Landschaft betont. Für Stunden halten die Äste der Bäume das vage Weiß, dann flimmert die Sonne darüber, und das dunkle Naß tritt rasch wieder hervor.

Seit Wochen ist in den Nachbargrundstücken kein Mensch mehr zu sehen. Von Lebendigem erscheinen nur noch Tierspuren am Morgen im Schnee, die hingeschlängelten Katzenfährten oder die gespreizten, verschliffenluftigen Abdrücke von Vogelkrallen. In der Frühe hat er einmal einen jungen, mageren Fuchs die Schienen entlangeilen sehen, das Rotbraun der seltenen, scheuen Gestalt, wie ein momentanes Bild alles Verborgenen.

Schwärme von Krähen brechen zum letzten Mal in die Gärten ein, lagern für Minuten auf den Wiesen, geraten, ungeduldig geworden, in Streit und verteilen sich auf den umliegenden größeren Bäumen, im Geäst, wo sie ihr heiseres Schreien erheben.

Er wartet. Manchmal geht er langsam, als sei es soweit, die vielen Stufen hinauf zum Paradiesweg, alle Tage, wenn der Schneefall sich wieder verstärkt hat, reinigt er sie in der Frühe, kehrt die frische Ladung beiseite, die sich dann neben dem Weg türmt, ein ruhendes, gut anzusehendes Polster.

Die sonst steil aufragende, große Fichte ist in sich zusammengesackt, die Äste beschwert von der Mattigkeit des langen Winters, während ihr jüngeres Gegenbild, eine Scheinzypresse mit einem geradezu unglaublich forschen, den Blicken davoneilenden Wuchs, nichts eingebüßt zu haben scheint von ihren treibenden Säften.

Die Geräusche sind jetzt gedämpft. Die Züge nach Mailand oder noch weiter nach Süden fahren nur noch schwach rumorend vorbei, die Wärme in den Abteilen strahlt etwas aus von Gesetztheit und Ruhe, an den Abenden flackern die Lichtstreifen im Kontrast mit den Schneezonen des Gleises, ein vorüberhuschendes Leuchten wie in nie gesehenen Filmen.

Die einzigen Farben, die er in diesen Wochen für sich bewahrte, waren die Farben der Gemälde Cézannes in der nahen Tübinger Ausstellungshalle, »Straßenbiegung in La Roche-Guyon«, aufgelöste Grün-Töne, ein sich durch alle Bildzonen verzweigendes Weiß, die Konturen der Häuser und Hügel, Würfel, Rhomben und Kuben, ein gedecktes, abstrahiertes Arrangement, das die Phantasien sofort inszeniert, eine sommerliche Straße, die Anfänge eines Dorfs, alle sonstige Ausführlichkeit weggenommen, so daß der Himmelsstreifen viel Raum hat.

Manchmal, wenn er etwa in der Mitte der Treppe nach oben zum Tor einhält und hinab auf die Stadt schaut, nehmen die roten, oft weiß eingepinselten Dächer etwas an von den Farben Cézannes, dem blassen Mittelmeerrot der erhitzten Dächer, oder die fernen, jetzt im Winterdunst erstarrten Thujen laden sich auf mit den gedrängten, oft vorherrschenden Grün-Tönen seiner Pinien und seiner kühlen Zypressen.

Er wartet, und doch macht diese Ruhe des Winters ihn nie ungeduldig oder gespannt. Er ist die bildliche, reiche Seite des Wartens, sein langer Atem und seine Dichte. Auf dem Paradiesweg versuchen sich manchmal einige Ski; die Spuren verschwinden dann in den Wäldern, wo die Schneelagen geschlossen sind und man über die verschneiten Wege eilen kann bis zu den nahe gelegenen Trinkwasserseen.

Er schaut, er genießt jeden Tag.

Das Kind

Er kleidet sich wie ein alter Bauer zum Kirchgang. Er zieht ein weißes, steif gebügeltes Hemd an und die alte, schwarze, an den Ellbogen aufgescheuerte Jacke, die er so mag. Er geht hinunter ins Tal, wo in diesen Tagen der Nebel lauert, vorbei an der kleinen Buchhandlung, dem Eckcafé mit den schwäbischen Sonntagskuchen, über den leeren Platz mit den Bushaltestellen und der allein gelassenen Gründerzeitkirche, in der manchmal Orgelkonzerte stattfinden.

Er geht nicht so rasch wie früher, aber er geht, ohne ein einziges Mal zu verweilen, im dunkelgrünen Mantel, die schwarze Jacke darunter, später einen Weg durch den Weinberg, man sieht ihn in der Dämmerung hier unterwegs, an den Rändern die bleichen Gräser des Winters, dann erkennt man ihn oben im Wald, einsam gehend, ein Mann mit Mantel, dunkler Hose, schwarzen Schuhen und Rucksack, eine merkwürdige Erscheinung, so sieht man ihn ziehen, jetzt, am Abend, in der Dunkelheit des lang gestreckten Waldstücks, wo sich die Blicke verlieren und nur ein sehr gutes Ohr seine zu sich findende Stimme hören könnte, sein Murmeln, sein Lachen, sein in der Waldstille aufkommendes Reden, das jetzt, allein, mit dem Neugeborenen spricht, unaufhörlich, als sei es beschlossene Sache, daß das Kind ihn schon hört, oder als sei es vorstellbar, daß das Kind ihn begleitet.

Aber wer weiß, er ist sich längst sicher, daß dem so ist, daß er das Kind jetzt begleitet und das Kind ihn jetzt hört, oder vielleicht ist all sein Summen und Reden auch nur Zeichen seines eigenartigen Zustands, seines plötzlichen Träumens und seiner Verwirrung, vielleicht ist dies alles nur Spinnerei, ein Spinnen, weltfern, euphorisch, jedenfalls hören ihn die Bewohner der ersten Häuser, die nach dem langen Waldgrundstück auftauchen, dann singen, sie sind sicher, am späten Abend eine singende Stimme gehört zu haben, in tiefster Dunkelheit, ein sicheres, die Verhältnisse wieder zurechtrückendes Singen.

Der Wanderer oder der Sänger, der ab- und auftauchende Gast sei dann mit der alten Seilbahn vom Waldfriedhof aus, wo begraben liegen Theodor Heuss und Oskar Schlemmer, hinabgefahren ins Tal, wo das Singen im Gemenge der dichtgedrängten Häuser verschwand. Wir sehen ihn aber immer noch gehen, während er uns nicht bemerkt, er bemerkt kaum etwas zu beiden Seiten, er geht strikt geradeaus, mit dem noch immer verlangsamten, sturen Altbauernschritt, und er trägt noch immer Mantel und Jacke, seit Stunden, so daß er schwitzen muß, jetzt, darauf aber nicht merkt, weil es ihn fortzieht, das Bild seines Kindes, die schwarzen Haare, ganz dicht, die breite Stirn, das kleine Trapez der Oberlippe und die anderen Einzelheiten, die immer wieder von vorne entstehen, als entwürfe er alle Minuten den Bauplan, mit den Augen beginnend, dann die Stirn, dann der Mund, das Kinn, seitwärts hinauf zu den Ohren, schließlich die Haare.

Aus dem Gemenge der Häuser steigt er jetzt wieder zur anderen Seite des Tales hinauf, viele Stufen, erreicht die Wiesen unterhalb des hoch gelegenen Bahndamms, geht die Platanenallee entlang, dort beginnt wieder das Dunkel, keine Laternen, nichts, er tastet sich durch mit zusammengekniffenen Augen, die aber dem Weg nicht nachspähen, sondern den zu bewahrenden Einzelheiten des Bildes, auf das er jetzt einspricht, das Murmeln ist wieder zu hören, das Reden, das uns vertraute, immer euphorischer werdende Reden, das ihn begleitet, noch über die kleine Eisenbahnbrücke, hin bis zum Tor des Gartengeländes, das er jetzt hinter sich zusperrt, bis er, genau in diesem Moment, sich unseren Blicken endgültig entzieht, ins Haus, wo die Lichter nun angehn, der untere Stock, auch der obere, alle Räume, das Haus wiegt sich in seinen Lichtern im Dunkel, wie ein aus der Ruhe geweckter Leib, der jetzt taumelt und summt.

In den Nächten bleibt das Haus weiter hell, die Wärme des Lichts legt sich auf den umgebenden Schnee, so daß ein Irrlichtern entsteht, vom Paradiesweg aus glaubt man einen schwebenden Würfel zu sehen, oder einen schwankenden Rübenkrautlampion, in dem aber niemand diesen Menschen vermutet, der nicht schlafen kann und die Räume wie ein Nachtgänger durchwandert, schlafwandlerisch, einhaltend nur vor den Fenstern, durch die er lange hinausblickt ins Tal, bis er sich keine anderen Bilder mehr wünscht, die Fenster öffnet, die weißen Läden zu sich heranzieht und den schwebenden Würfel, den schwankenden Rübenkrautlampion verschließt, man sieht nur noch die dunklen Rippen des Dachs, jetzt, von dem die Schneedecken abgehen, bis das wieder einsetzende nächtliche Schneien, begleitet von einem stetigen Hellerwerden des Raums, die Szene von neuem belebt.

Und am Morgen sprengt es die Läden, himmelweit reißt er sie auf, als müßte er die Schneemassen einladen, von denen er glaubt, daß sie sein Lärmen und Wachen abdämpfen, da steht er schon draußen und schafft den Schnee von der Treppe, hundert Stufen hinauf, es ist ein klarer, die überreizten Nerven stimulierender Tag, und er kratzt seine Spur aus, und oben, auf dem Paradiesweg, sieht er mit halbwachem Blick jetzt die Szene, es ist das Kind, das er trägt, die Stufen hinab, und wer weiß, vielleicht hört das Kind, was er erzählt, denn er erzählt dem Kind in diesen Tagen seine Geschichten, und er glaubt ganz gewiß, daß das Neugeborene ihn gut versteht, denn in seinen Träumen, die manchmal nahtlos übergehen in die Reste des Tages, antwortet es längst, sitzt, dreht sich ihm zu, hebt die Hände, beugt sich jetzt vor, weißt du nicht, wer ich bin, weißt du nicht, weißt du nicht, eine Sprache, die ihn noch tagsüber entlang seiner Wege begleitet, die das gebannte Gelände immer ausschweifender umkreisen.

Täglich wechselt er jetzt seine Hemden, jeden Tag ein neues, weißes, steif gebügeltes, und immer muß es die schwarze, an den Ellbogen aufgescheuerte Jacke sein, die er so mag. Und noch immer hat sein Schritt sich nicht beschleunigt, nur größere Schritte scheint er zu machen, und noch immer meidet er das Verweilen und erst recht auch die Stadt, vielmehr legt er seine Schlingen nur an den Rändern, wo man ihn jetzt schon häufiger wiedererkennt, diesen Gang mit dem Rucksack, seine Spuren tief in den Wäldern, die der Schnee in einer schweren Ruhe versenkt hat.

Erst nach einigen Tagen sieht man ihn eines Mittags einkehren, er setzt sich wie ein alter Bauer nach seinem Kirchgang, bestellt eine Suppe, ein Glas Wein, etwas Fisch, einen Kaffee und eine Zigarre, bürstet beim Verlassen der Wirtschaft noch einmal die schwarze Jacke, tritt mit den ersten Schritten fest auf, knöpft den Mantel fest zu, zieht den Schal, weiß, zusammen, und holt das lang ersehnte Bild heim, in das helle, vom Schneelicht erleuchtete Haus.

Wien, März 1993

Liebe Katja G.,
seit beinahe vier Jahren denke ich an eine Erzählung, die im späten achtzehnten Jahrhundert spielt, meist in Prag, kurz auch in Wien. Ich habe viele Einzelheiten dieser Geschichte schon genau im Kopf, irgendein Teufel will aber immer wieder verhindern, daß ich mich hinsetze und schreibe. Habe ich etwas Zeit, höre ich die Figuren meiner Geschichte aufschreien und auf mich einreden, endlich anzufangen, vielleicht ist es aber auch nur eine Traumgeschichte, in der meine Phantasien hausen können in diesen Jahren, ich meine die forteilenden, aus der Gegenwart ins weit Vergangene zurückeilenden Phantasien.

Jetzt, wo ich wieder in Wien bin, werden diese Phantasien aber mächtig. Ich soll notieren, notieren, höre ich laufend, von ihnen gejagt, und so eile ich durch diese Stadt und mach meine Diener, Gott zum Gruße, wieder ein gutes, frisches Detail, das aufgeschrieben und im Kopf gewälzt werden will.

Es liegt noch viel Schnee in Wien, die Wege in den sonst finsteren Parks sind glatt, und die geschwungenen Lehnen der Parkbänke mit ihren halben Violinschlüsseln wirken wie aufwendige, unangebrachte Figuren, die niemand sehen will. Die Kälte ist nämlich bitter, man wird dazu gezwungen, laufend in sich hineinzugrübeln, oder man flüchtet in ein Café, wo die Zeit keine Rolle mehr spielt und die Herrschaften sich immer neue Eigenheiten ersinnen. ›Bittschön!‹ rief da ein älterer Herr, schon jenseits der Siebzig, ›bittschön‹, rief er so laut, als habe er sich in seinem Alter wieder das Recht erworben, wie ein Kleinkind zu plärren: ›Wo ist meine Torte?‹ Und die Bedienung, ein alle Minuten an den Tischen auftauchendes, die Tische richtendes, die Erregungen besänftigendes, die Tassen austauschendes Fräulein, ›Freulein!‹ schrie der Barbar, brachte, um die Gier wenigstens halbwegs zu stopfen, gleich zwei Tortengebinde.

Es ist seltsam, dieselbe Sprache zu sprechen und doch jedes Wort fremd, anders zu hören, bis es schließlich so viele fremde sind, daß du glaubst, du hörst deine Sprache in einer schrägen, von Katastrophen gezeichneten Übersetzung. Am Ende versteht man nichts mehr, auch die Sitten und die Manieren sind ja so anders, daß man Stunden damit verbringt, in die Kulissen der Wörter zu schauen.

Ich wurde eingeladen nach Wien, einer Lesung wegen, ich trug den freundlichen, ach was sturzbachfreundlichen Brief in meiner Tasche, der mir auftrug, am Abend zu einer bestimmten Zeit, wenn's Ihnen nichts ausmacht, bittschön, im Messepalast zu erscheinen. Dort, stand geschrieben, wird dann gelesen, dort findet sie statt, unsere große Leseanstrengung, tagelang wird im Wiener Messepalast anscheinend gelesen.

Als ich mich auf den Weg machte dorthin, dachte ich noch, daß unmöglich in dieser bitteren, hämischen Kälte irgendein Leser im Messepalast darauf warten könnte, Gelesenes vorgelesen zu hören, ausgeschlossen, dachte ich fest, ganz ausgeschlossen, ohne Murren, denn wäre kein Leser erschienen, hätte ich mich wieder in eines der zeitfernen Cafés begeben und mit einigem Recht mein ›Freulein! Mir geht's so neurotisch, ein Glaserl Wasser!‹ geschrien und meine Notizen gemacht.

Im gewaltigen Messepalast fand wohl eine Messe statt oder sonst ein Treffen, jedenfalls gab's kleine Messestände und Menschen, die die Stände umkreisten. Ich wartete, ahnungslos, wo hier die Leser herkommen sollten und wo das Lesen sich breitmachen könnte in diesen Hallen. Und die Zeit ging auch wahrhaftig ganz schleichend und gleitend vorbei, so daß sich schon eine gewisse Vorfreude einstellte auf Cafébesuche und einen Wiener Abend mit Wiener Nacht, in der die Freuleins zwischen den Tischen tanzen.

Doch plötzlich, zehn Minuten vor dem zur Lesung angesetzten Termin, springt ein Veranstaltungsteufelchen vor mir aus der Erde, bittschön, gefälligst, da bin ich, haben der Herr einen guten Flug gehabt, gewiß ..., und schüttelt die Hände und nimmt mich zur Brust und zur Seite, als hätten wir als Buben lauter Mordsstreiche begangen und hätten Grund jetzt zum Feiern. ›Ortheil, Ortheil!‹ klang und schrie das alle Sekunden, ich war, wie sich herausstellte, bittschön, ein transalpines Genie, ein Dichter der Güteklasse ›Expressis verbis‹, unverschämt gut, ein einzigartiges Erlebnis, dieses Transalpine unter uns, Gott steh uns bei, zu wissen. Und jetzt geht's hier lang, wenn Sie so freundlich!

Niemand, niemand, dachte ich, will dich hier hören, der Herr ist ein Schmeichler, ganz unverschämt, doch im Lesesaal des Messepalastes saßen in der bitteren, hämischen Kälte reale, erfrorene Zuhörer, Scharen, Zwangszuhörer, dachte ich noch, doch dann wünschte das Veranstaltungsteufelchen allen das Beste, verbeugte sich, schob mich auf einen Stuhl, hieß mich zu lesen und eilte davon.

Nichts, ich hörte mich nicht, und die Zwangszuhörer hielten so still, daß die Kälte aus ihren Mänteln hinaufkroch zu mir, wo sie mit dürren, griffigen Fingern zupackte, so daß ich lesend erfror, von den Beinen hinauf bis zu den Haarspitzen, die am Ende starr waren von Wiener Eisübertragung.

Aus, endlich aus, ich kollerte aus dem dunklen Lesesaal, während die Zwangszuhörer sitzen blieben, um auf den nächsten Mordsdichter zu warten, da stand das Veranstaltungsteufelchen wieder gleich neben mir, um sich die Augen zu trocknen, das war, bittschön, eine Lesung, wie wir sie noch selten gehört, ein transalpines Kulturangebot erster Provenienz, redete er auf mich ein, daß ich langsam aufzutauen begann. Doch er hatte sich in der Zeit arg verschätzt, lange hätte er gebraucht, mich wieder ins Leben zu sprechen, ihm aber blieben nur fünf Minuten, denn danach hatte er den nächsten Vorlesedichter erspäht, bittschön, ich verabschiede mich, und, schwupps, hatte er sich hinüberverfügt, zu Herrn Erich Hackl, dem Hackl-Erich, dem ohne Zweifel gegenwärtig, ich bitte doch sehr, bedeutendsten Autoren Österreichs, dieser Kapazität, diesem Nobelpreisaspiranten!

Und so stand ich da wieder allein, zwischen den Messeständen, halb erfroren, halb aufgetaut, und wunderte mich über die fremden Sitten und die fremden Manieren und beschloß, davonzuziehen in ein Café, um dort zu schreien: ›Freulein! Einen Hackl-Erich, bittschön, mit Aspirantensahne und einer Extra-Portion Bedeutung!‹

Am nächsten Tag, wo ich die Erlaubnis hatte, allein unter den Wienern zu residieren, habe ich dann aber meiner Erzählung weitere Stoffetagen zugeführt und das Dach ausgebaut. Ob ich sie wirklich mal schreibe?

Lektüre

Botho Strauss' Aufsatz »Anschwellender Bocksgesang«, den der ›Spiegel‹ veröffentlicht hat, trifft eine gegenwärtig weit verbreitete Stimmung. Sie antwortet auf das Ende der alten Bundesrepublik mit der eingestandenen Kränkung, die Nachkriegsgeschichte einer moderaten, sich aufgeklärt gebenden, in Wahrheit aber banalen Linken überlassen zu haben.

Diese Linke, für Strauß ein Zweckbündnis der Verteufelung, muß für ein Unbehagen herhalten, das zum zweiten ein Unbehagen an den Massen ist. Die Massen nämlich haben ihre Autoritäten verloren und sich statt dessen den Medien ergeben. Auch die Jugend rächt sich an ihren Eltern, den Altlinken, indem sie deren antiautoritäres Spielen ernst nimmt und rechtsextrem wiederholt.

Überall herrscht, glaubt Strauß, ein Rumoren. Die linken Werte greifen nicht mehr, die Medien gehen ihrer Verfallszeit entgegen, die Jugend hat ihre Leitbilder verloren, die große Kultur liegt abseits wie ein Steinbruch, in dem sich niemand mehr bedient.

Solche Diagnosen sind gängig, sie bilden das übliche Angebot eines traditionellen Konservativismus, wie ihn auch Wolfgang Schäuble, vielleicht sogar rhetorischer, griffiger, vortragen würde. Das Ende der linken Heilsprophetien, die Ausstellung des Intimen in den TV-Kanälen, die Erwartung neuer Leitbilder und Zukunftsorientierungen – das alles greift drängend ineinander und erhält seine altbackene Antwort.

Schon das Ensemble der Diagnose besteht aus Klischees und bleibt daher flach. Linkes Denken hat aus mehr bestanden als aus ein paar billigen Heilsprophetien; die neue Vielfalt der Medien läßt sich auch anders lesen denn als eine einzige Trivialisierung; und die angemahnten Leitbilder entstehen gewiß nicht durch bloßes Herbeischreien.

Bis zu diesem Grad ist der Aufsatz von Botho Strauß nur modisch. Er liest den Verfall aus ein paar willkürlich und vereinfacht zusammengetragenen Daten, er beobachtet nicht genau und nicht so janusköpfig, wie er es anderswo einfordert. Statt dessen formuliert er den verbreiteten Wochenendekel: die Linken sollen sich davonmachen, die Medien sollen an ihren Kloakenbeiträgen ersticken, und die Jugend soll sich zusammenreißen und wieder mehr dienen!

Über dieses übliche Maß an Feierabendrebellion geht der Aufsatz von Botho Strauß da hinaus, wo er die sogenannte ›rechte Phantasie‹ mobilisiert. Wo die Linken nämlich zeitbezogen, fad aufgeklärt und daher gewöhnlich denken, verkoppelt sich das rechte Nachsinnen mit dem Unbewegten, Mythischen, Tiefen: die rechte Phantasie ist existentiell.

In solch überdrehten – und übrigens wieder mit sehr simplen Entgegensetzungen arbeitenden – Partien wird der Aufsatz vollmundig und überlastig. Es ärgert einen einfach, wie hier die ältesten Kammern eines sich ›deutsch‹ gebenden Denkens wie Trödelkammern noch einmal abgestaubt werden. Das Unbewegte, das Mythische, Tiefe – satter und banaler hätte man nicht auf deutsche Leitbilder zurückgreifen können.

Mehr noch als dieser primitive, handliche Rückgriff stört einen jedoch die ausplaudernde Gestik. Wer das Unbewegte, Mythische, Tiefe und Heilige propagiert, der hat es längst schon verloren. Wer es darstellen will, muß es zeigen, das ist sein Wagnis, aber nicht das Geschwätz, nicht das Darüberreden. Was das Mythische, Tiefe und Heilige im deutschen Tonfall oft so unerträglich gemacht hat, war das billige Raunen, das Heimlichtun, das Weihevolle, das Denkerposenhafte.

All das hielt sich bis weit in die sechziger Jahre, als Attitüde, als Rilkeverschnitt, als religiös tuendes Brimborisieren; jeder aufgeklärte, schneidende, elegant formulierte Satz war einem als Jugendlicher, der mit solchen Weiheaposteln zu tun hatte, lieber.

Daß Botho Strauß seine ›rechte Phantasie‹ so schildert und so maskiert, daß sie den Weihrauchquellen der fünfziger Jahre entsprungen sein könnte, ist erst wirklich unfaßbar. Das Tragische, das Zwiespältige, das er sucht, entzieht sich gerade jeder Rhetorik. Alle verstreute, unbegriffliche Rede macht es steif, feierlich, arm. Und der Garten der Freunde, der hortus conclusus, in dem man der hohen Kultur Opfer bringt, zu jenen Gesprächen gruppiert, die das banale Leben nicht mehr ermöglicht – er wird erst zu einer kultischen Stätte, indem er sich ausdrückt, gestaltreich.

Botho Strauß hat sich Zeit gelassen, auf die Wiedervereinigung zu reagieren. Und doch hat er, vielleicht gedrängt, noch zu schnell reagiert. Sein Reden vereinfacht so sehr, daß die Unruhe des Sprechens, die berechtigt hier und da durchklingt, rasch verflacht. ›Meistertum‹ hatte er gefordert, was am Ende übrig blieb, war ein provisorischer, windiger Bau, mit den erstbesten Begriffen auf einem uralten, längst entstaubten Keller.

Man liest das alles kopfschüttelnd, nicht hämisch. Schade, denkt man, schade, daß gerade dieser Text so mißlang!

Biographien

E. und D. sind im Mai 1989 aus der DDR in den Westen gekommen, nach vielen Jahren schwerer Schikanen. E., die Anfang der achtziger Jahre noch als Journalistin gearbeitet hatte, war schließlich bei einer Einrichtung der Evangelischen Kirche als bessere Hilfskraft geführt worden, während D., ausgebildeter Ingenieur, als Heizungsmechaniker angestellt gewesen war. Beide hatten sich 1982 kennengelernt, als E. noch mit einer ländlichen Parteigröße verheiratet war, von der sie sich nach zähen Auseinandersetzungen getrennt hatte, als D. ihr begegnete, damals noch Bibliotheksangestellter, ein gescheiter, neben Englisch auch fließend Spanisch sprechender Mann, der in privaten Gesprächen an der DDR kein gutes Haar gelassen und sich mit den Jahren immer mehr als Dissident verstanden hatte.

Für E. war die Heirat mit D. ein gesellschaftlicher Abstieg gewesen, sie hatte jedoch nie daran gezweifelt, richtig gehandelt zu haben, denn das konforme, langweilige Leben mit einer ländlichen Parteigröße hatte ihr zwar familiäre Bewunderung, aber doch keine Zufriedenheit gebracht. Die Vorstellung aber, mit diesem D. zusammenzuleben, hatte sie von Anfang an gelockt.

D. hatte den Eindruck erweckt, als blickte er über die Gefängniszäune des Landes hinweg; die Gespräche mit ihm waren aufregend und interessant, und außerdem hatte sie rasch viele seiner Freunde kennengelernt, wache und, wie sie bewundernd bemerkt hatte, mit vielen westlichen Errungenschaften vertraute Gestalten, die ein Leben jenseits der offiziellen Kreise führten.

Die Heirat mit D. war für E. denn auch keine Enttäuschung geworden, im Gegenteil, sie hatten sich all die Jahre sehr gut verstanden, ein eingespieltes, eng miteinander verbundenes Paar, das nach Jahren des Widerstandes in der gesellschaftlichen Hierarchie immer tiefer gerutscht war, bis hin zu den elendsten Beschäftigungen, die die Bezeichnung ›Arbeit‹ nicht mehr verdient hatten.

Als ihnen klar geworden war, daß es keine Chance mehr geben würde, in der DDR ein befriedigendes Leben zu führen, hatten sie Ausreiseanträge gestellt, die nach vielen Jahren ganz überraschend, und, als habe man sich ihrer gleich als Paar entledigen wollen, genehmigt worden waren.

Und so waren sie wenige Monate vor dem nicht vorherzusehenden Fall der Mauer in den Westen gezogen, kinderlos, denn sie hatten sich geschworen, in der DDR keine Kinder zu bekommen, um es, wenn es denn möglich wäre, in der Freiheit mit Kindern zu versuchen.

D. hatte denn auch im Westen nach drei Monaten eine recht gute Anstellung in einem Industriekonzern gefunden, während E. begonnen hatte zu studieren, mit dem Hochgefühl, endlich an all die Quellen des Wissens gelangen zu können, nach denen sie sich schon immer gesehnt hatte.

Nach kurzer Zeit hatte E. jedoch bemerkt, daß D., den sie in der DDR noch für einen überlegenen und Erfahrung ausstrahlenden Mann gehalten hatte, im Westen in seiner Ausstrahlung nachzulassen schien. Zwar hatte er den Einstieg in die Firma geschafft, im ganzen aber war er irgendwie schwächer und blasser geworden. Verglichen mit den neuen Bekannten, die sie an der Hochschule rasch kennengelernt hatte, machte er sogar einen ausgesprochen steifen und verkrampften Eindruck; außerdem hatte sie ihm nie beibringen können, sich attraktiv zu kleiden, wochenlang war er in demselben Anzug in die Firma gegangen, einem gedeckten Zweireiher, den sie ihm in der ersten Woche des West-Aufenthaltes von der Stange gekauft hatte.

E. hatte begonnen, die Westmenschen schätzen zu lernen. Mit der Zeit hatte sie bemerkt, daß diese Männer D. etwas voraus hatten. Vielleicht hatte sie sich auch eingebildet, den Westen nur erobern zu können, wenn sie einem dieser gescheiten, wendigen Männer nahe wäre, der sie leicht und ohne lange Nachfrage an der Hand genommen hätte, um ihr die vielen Geheimnisse der neuen Lebensart gleichsam im Schnelldurchgang zu vermitteln.

Als sie einen Institutsassistenten mit glänzenden Zukunftsaussichten kennenlernte, hatte sie sofort heimlich beschlossen, es auf eine Trennung mit D. ankommen zu lassen. Der neue Mann, der so gar nichts von D.s nachdenklichem Zögern und seiner Neigung zum Durchdenken sogenannter Positionen hatte, war mit ihr schließlich zwei Wochen in den Süden verreist. D. gegenüber hatte E. angegeben, an einem Ferienseminar in den Abruzzen teilzunehmen. Nach der Rückkehr von dieser Reise hatte sie, völlig überwältigt und geradezu hingerissen vom Lebensdrang und der dynamischen Unkompliziertheit des aufstrebenden Assistenten, D. sofort die Scheidung vorgeschlagen.

D., der von ihrem neuen Leben nichts geahnt hatte, war durch ihren Vorstoß so tief verletzt, daß er die zu Aufstiegshoffnungen berechtigende Stelle im Industriekonzern kündigte. Er hatte, beinahe willenlos geworden, in die Trennung eingewilligt, so daß E., der sein Verfall leid getan, die aber darauf bestanden hatte, nicht noch ein weiteres Mal viele Jahre ein eher eingeschränktes Leben zu führen, in die Wohnung des Assistenten gezogen war, während D., nach einer längeren Phase der inneren Ohnmacht und der immer bitter werdenden Verzweiflung, schließlich wieder zurück in den Osten gegangen war, und zwar genau dorthin, wo sie sieben Jahre, wie es ihm jetzt vorgekommen war, ›glücklich‹ zusammengelebt hatten.

E. hatte sich an der Hand des Assistenten recht gut gehalten. Geheiratet hatten sie nicht, auf solchen Sitten hatte man im Westen, wie er ihr schnell beibrachte, nicht ausdrücklich zu bestehen brauchen. Sie hatte das Leben einer Novizin geführt, die man Stufe für Stufe in den Kult einführt, bis sie selbst stark genug ist, die Zeremonien zu bestimmen. Rasch und gründlich hatte sie die neuen Spiele gelernt, Duftnoten studiert, die Verhältnisse ausgelotet. Sie hatte das Studium zu Ende geführt, während ihr forscher Begleiter einen Karrieresprung an eine andere Hochschule gemacht hatte.

Dorthin hatte sie ihn nicht mehr begleitet. Sie hatte eine Weile allein gelebt, dann aber schon bald einen neuen Verehrer gefunden, dessen heftige Avancen ihr das Gefühl vermittelten, endlich ganz dazuzugehören. Sie hatte geahnt, daß auch diese Verbindung nicht lange halten würde, doch sie hatte sich auf ein gemeinsames Leben eingelassen, schon aus Stolz.

Jetzt, mehr als drei Jahre nach dem Fall der Mauer, war sie zum ersten Mal wieder in den Osten gereist, um ihre Eltern zu besuchen. Sie hatte auch D. wieder getroffen, der dort die Leitung einer Firma für komplizierte Rechenteile übernommen hatte. Sie hatten sich einen Nachmittag gegenübergesessen, ganz freundschaftlich, ohne Streit.

Als E. in den Westen zurückgefahren war, hatte sie während der Zugfahrt an D. denken müssen, ununterbrochen. Schon wieder hatte das Bild sich gewandelt, das sie sich von ihm gemacht hatte. Wenn sie beide, hatte sie noch fröstelnd gedacht, nur wenige Monate länger in der DDR geblieben wären, über den Fall der Mauer hinaus, hätten sie sich niemals getrennt. Dann lebten sie jetzt gemeinsam im Osten, hätten vielleicht zwei, drei Kinder und verkehrten noch immer mit den alten Freunden. Sie hätte vielleicht sogar eine Anstellung als Journalistin gefunden, zu zweit hätten sie gut verdient, und die Großeltern hätten die Kinder versorgt.

E. hatte sich ein wenig gescheut, in den Westen zurückzukommen. Die Gedanken, die sie im Zug gewälzt hatte, waren ihr nicht mehr aus dem Kopf gegangen. Plötzlich hatte sie das Gefühl gehabt, ein Doppelleben zu führen, heimlich, von niemandem erkannt. Und sie hatte überlegt, was zu tun wäre, jetzt, in dieser ausweglosen, schmerzenden Lage.

Lesen und Schreiben

Noch immer sucht er in den Büchern, die seine Kollegen veröffentlichen, nach imponierenden Spuren einer Beschreibung, die die veränderten Verhältnisse erstaunt und prägnant wahrnimmt. Kommt er manchmal mit diesen Kollegen ins Gespräch, so tun viele so, als liege es ganz unter ihrer Würde, sich mit Themen des eigenen Landes zu beschäftigen. Gut erinnert er sich daran, wie zum Beispiel einer, auf dessen Werk er allerdings nie sehr aufmerksam geworden war, nur leichthin mit den Achseln gezuckt hatte, um dazu noch zu erklären: ›Sorry, ist nicht mein Bier, ich habe andere Pläne!‹

Solche Erklärungen hatten ihn schon ihrer Wortwahl

wegen abgestoßen, und oft hatte er sich geradezu dafür ins Zeug gelegt, daß die neue Literatur eine Literatur der Veränderungen sein müsse, ohne Erfolg, da viele Kollegen diese Rede schon von etlichen Literaturkritikern gehört hatten, woraus sie gefolgert hatten, daß sie nichts taugen konnte.

Im Grunde hätte er, anstatt Ratschläge zu erteilen und der Literatur ein sowieso künstliches Plansoll vorzuschreiben, daran gehen müssen, selbst diesen Ratschlägen zu folgen und eine Erzählung nach der andern über die von ihm gepriesenen Themen zu veröffentlichen. Er hatte sich für diese Themen auch mit einer nicht nachlassenden Leidenschaft interessiert und mit der Zeit viele Geschichten gesammelt, die mehr oder weniger entfernt aus seinem Freundeskreis stammten, doch hatte er diese Geschichten nur für sich selbst notiert, als müßte er sie unter Verschluß halten.

Diese Scheu war nicht zu verstehen, und er selbst verstand sie auch erst, als er bemerkte, daß er diesen Geschichten noch nicht recht vertraute. Sie kamen ihm vor wie eine merkwürdige Spezies von tropischen Fliegen, die er gesammelt hatte und nun mit ihrem Namen zu bestimmen versuchte, ohne daß er ein Bestimmungsbuch zur Hand gehabt hätte.

Daher wartete er mit seinen Geschichten und ließ es sogar darauf ankommen, daß sie zu altern begannen. Irgendwann würde er ihre Fäden erkennen, aus einigem Abstand, dann würde er sich auch entschließen, das Notierte genauer durchzugehen.

Seine Skrupel aber hatten auch damit zu tun, daß er sich mit den Verhältnissen in der ehemaligen DDR nur oberflächlich vertraut fühlte. Selbst nach dem Fall der Mauer hatte er die Veränderungen nur aus der Ferne beäugt. Er fühlte sich daher nicht als Eingeweihter; um die angesprochenen Themen aber aufzugreifen, mußte man wohl ein Eingeweihter sein, oder man machte seine mangelnde Einweihung zu einem Thema, womit man sich der eigenen Unruhe und dem Druck, etwas aufschreiben zu wollen, zumindest gestellt hätte.

Was aber all die vielen Kollegen, die im Osten oder in Berlin wohnten, davor zurückschrecken ließ, sich diese Themen zu eigen zu machen, war ihm ein Rätsel. Am liebsten hätte er sie, um es salopp zu sagen, in den Hintern getreten, wenn er ihre ausweichenden Antworten hörte, bekannte und ausgelaugte Sätze wie den, daß große Literatur noch nie aus Zeitgeschichte entstanden sei, oder wie den, daß es erfahrungsgemäß – Tolstojs »Krieg und Frieden« war das zu Tode zitierte Beispiel – ein halbes Jahrhundert dauere, bis ein historisches Ereignis beschreibbar sei. Es war ihm neu gewesen, daß sich seine Kollegen große Literatur als Vorbilder nahmen, auch hatte er ihre Anhänglichkeit an Autoren wie Tolstoj bisher noch nie bemerkt. Er verlangte ja gar keine Überwerke von ihnen. Ein paar knappe Notate, eine kurze Erzählung, ein hingeworfenes Zettelchen mit einigen genauen Beobachtungen hätten ihm schon genügt. Er weigerte sich zu begreifen, warum ein Kollege des Ostens, anstatt sich an seine angeblichen enormen Verluste zu klammern, nicht detailliert all das beschrieb, was in seiner Umgebung vor sich ging. Jeder dieser genauen Berichte wäre unersetzbar und einzigartig gewesen, doch wahrscheinlich würde man in Jahrzehnten nicht eine Silbe darüber erfahren, wie der von einem Tag auf den andern erfolgte historische Umbruch das Leben allmählich verändert hatte.

Er wollte vorerst auch weder Parabeln noch anderes zurechtgebogene Gleichnishafte lesen, ihm wären satte, dichte, komprimierte Notate am liebsten gewesen, aber dafür waren sich die Kollegen, die um keinen Preis mit Journalisten verwechselt werden wollten und meist noch die Vorstellung hochhielten, Literatur müsse ein separates Geschäft sein, anscheinend zu schade.

Nun aber hatte er gerade im neuen Erzählungsband »Grünes grünes Grab« seines Freundes Hilbig, den er schon immer für ein Schlitzohr gehalten hatte, das für jede Überraschung gut war, eine Stelle gefunden, die seinen Erwartungen recht nahe kam. Es waren nur wenige Zeilen, doch hatten diese Zeilen wenigstens etwas von noch nie Dagewesenem, beschrieben sie doch die Erfahrung eines Menschen, der in den dunklen Einöden des Ostens zum ersten Mal einer neu hinplazierten BP-Tankstelle gewahr wird: »Tagehell erleuchtet tauchte in diesem Augenblick auf der rechten Seite, in einer aus dem Wald gehauenen Schneise, das Areal einer großen neuerbauten Tankstelle auf. Sie war ganz in lindgrünem Lack gehalten, schien wie durch Zauberei inmitten einer schmutzigen verwachsenen Wildnis erstanden, und W. konnte nicht umhin, sie im ersten Moment hinreißend zu finden. Der matte Glanz ihrer Tanksäulen im Neonlicht schien sich in der sauberen Betonfläche des Bodens zu spiegeln ... sie glich einem Bild, das den Reklameseiten einer Pop-Art-Zeitschrift entnommen war. Im Hintergrund irisierten die Fenster; dem Wirtschaftsbereich war ein kleiner Supermarkt angeschlossen, dessen gläserne Vorderfront Einblick gewährte in die überfüllten Auslagen, welche – so stand es geschrieben – rund um die Uhr dem Verkauf offenstanden. Die Beleuchtung der Tankstation erzeugte einen fast schattenlosen, aus der Wirklichkeit scharf ausgegrenzten Lichtraum, in dem man von außerhalb wie in das architektonische Beispiel eines noch fernen Jahrtausends schaute; die Menschenleere des gesamten Areals legte den Gedanken nahe, daß der Palast noch nicht zur Benutzung freigegeben sei. An vorderster unübersehbarer Stelle war, hell angestrahlt, das grüne Wappen der Firma BP aufgehängt.«

Seit dieser Lektüre konnte er immer wieder auf die klassische Beschreibung einer BP-Tankstelle, wie sie sich plötzlich in den Einöden des Ostens aus einer Waldschneise erhob, verweisen. Bald kannte er die präzise Stelle schon auswendig, zumal er bemerkt hatte, daß sie ausgesprochen zitierfähig war. Die Genauigkeit verband sich in dieser Passage noch mit jenem ungläubigen Blick, der etwas von kindlichem Schauen und Draufgukken hatte, als könnte sich das Auge einfach nicht sattsehen und sich nicht befreien.

Über viel mehr als diese Passage allerdings verfügte er nicht. So sehr er sich gewünscht hatte, seinem Freund Hilbig wäre mit »Grünes grünes Grab« die Erfüllung seiner Erwartungen gelungen, so sehr mußte er sich doch im stillen eingestehen, daß auch diese Erzählungen noch unter der alten DDR-Verschrobenheit litten, er erkannte die Durchhänger sofort, am liebsten hätte er sie durchgestrichen.

So begann die erste Geschichte des schmalen Bändchens, eine Erzählung mit dem Titel »Fester Grund«, schon derart dreist in der bekannten Manier, daß er laufend in den Augenwinkeln zuckte: »Wortlos und unaufgefordert – ich saß noch nicht lange am Tisch, und es berührte mich seltsam – stellte der Kellner, im schnellen Vorbeigehen, ein großes Glas Bier vor mich hin. Ich war beinahe zu erschöpft, einen Gedanken daran zu verschwenden ...«

Genau hier, im zweiten Satz, war ihm schon alles verleidet. Er bemerkte die vielen Einschränkungen und Ausflüchte nur mit Widerwillen, ihn störten die Posituren, die die Sätze einnahmen, die noch immer von der unnötigen Anstrengung zeugten, die Einzelteile der Sätze quer gegeneinander zu bauen, damit sie dem Lesefluß zuwider liefen. Schon der erste Satz, der den Leser doch hineinziehen sollte in die Geschichte, hatte etwas unnötig Sperriges, ganz zu schweigen von dem wichtigtuerischen zweiten, der aus einem hingestellten Glas Bier gleich wieder eine DDR-spezifische Gedankennotlage machte.

Als er dann den Anfang der Titelgeschichte des Bandes las – »In den letzten Jahren hatte er nicht mehr gewußt, wonach er auf der Suche war, ebensowenig, wohin das dauernde Nachdenken darüber führen sollte: beides war scheinbar ein und dieselbe Frage.« – hatte er die weitere Lektüre der Erzählungen gleich ganz aufgegeben und sie nur flüchtig, allerdings Seite für Seite, durchstreift, bis er den seltenen Fund der Beschreibung einer BP-Tankstelle gemacht hatte, ein verborgenes Juwel, von dem er sicher war, daß es in die Geschichte eingehen würde.

Am liebsten wäre er hingefahren zu seinem Hilbig und hätte ihm alles erklärt. Er hätte ihm vorgeschlagen, ein Buch mit lauter kurzen, höchstens dreißigzeiligen Beschreibungen zu veröffentlichen, Szenen und Beobachtungssplitter aus dem neuen Leben. Doch als er sich vorstellte, wie er vor dem darüber vielleicht erschrockenen Hilbig aufgetreten wäre wie der Hans-Guck-in-das-Leben, nahm er diesen Gedanken sofort wieder zurück.

Er hatte angefangen, von einer bestimmten Literatur zu träumen, der Mangel löste geradezu einen Hunger in ihm aus. Als er diesen Hunger bemerkte, ahnte er plötzlich, daß ihm nichts anderes übrig bleiben würde, als ihn selbst zu stillen. Bei diesem Gedanken schüttelte es ihn, als habe er sich etwas Bitteres, Schweres verordnet. Und er dachte an seine alte Erzählidee, die Prager und Wiener Geschichte aus dem späten achtzehnten Jahrhundert, die in seinem Kopf so gut wie fertig war und der er nun untreu werden würde.

Dann begann er, alles, was er bisher notiert hatte, zu sichten. Als er in den alten Notizen des Jahres 1989 las, schwindelte ihm aber so, daß er die Ordner sofort zuklappte und wieder in die Regale zurückstellte.

Und er beschloß, noch eine Weile in den Erzählungen seines Freundes Hilbig zu lesen.

Berlin, April 1993

Für den Umbau des Berliner Reichstags und für die Gestaltung des zukünftigen Regierungsviertels am Spreebogen sind Architektenwettbewerbe ausgeschrieben worden, die nun entschieden sind. Für den Reichstag wurde noch keine überzeugende Lösung gefunden, das Regierungsviertel jedoch scheint in Zukunft einer Konzeption zu folgen, die ihm der Berliner Architekt Axel Schultes geben will.

Die Bonner Republik hatte zwar ein Regierungsviertel, doch es blieb, dem Stil dieser Republik entsprechend, in der Bevölkerung fast unbekannt. Wer hätte als Fremder in Bonn schon ohne Zögern das Kanzleramt gefunden? Wer den Sitz des Bundespräsidenten? Und wer hätte sich zugetraut, ein Provisorium wie das Wasserwerk aus seinem Dornröschenschlaf zu wecken?

Ministerien und Behörden waren in Bonn zwar überall präsent und drohten die Stadt beinahe zu ersticken, im Bewußtsein der Bürger des Landes aber waren sie weitgehend untergetaucht. Manchmal konnte man denken, die Bundestagssitzungen fänden irgendwo unter der Erde statt, denn vom alten Bundestag selbst hatte man kein Bild vor Augen, höchstens das eines nichtssagenden Foyers, durch das die Fernsehkameras kurz vor den großen Abstimmungen trudelten.

Neben diesem Wartesaal besaß die Republik zu ihrer Selbstdarstellung noch eine gewaltige Plastik Henry Moores, die in Fernsehberichten sehr häufig eingeblendet wurde, wenn im Kanzleramt schwerwiegende

Entscheidungen anstanden, sonst aber keine Bilder zu haben waren. Sie war das Bronze gewordene Schweigen der Republik, der gordische Knoten ihrer Selbstbescheidung, das Bild ihrer oft abstrakt bleibenden Aktionen, deren Einzelheiten nicht deutlich erkennbar werden durften.

Schließlich gehörte zur mageren Ästhetik der Bonner Republik noch der Park der Villa Hammerschmidt, ein Gelände, das bei Staatsbesuchen eine gewisse baum- und grüntragende Rolle spielte, im ganzen aber nie vorstellbar wurde. Richard v. Weizsäcker nutzte dieses Terrain dann und wann, mit seinem Sinn für Wandelgänge; seit er sich zu einem Rundgang mit Honecker aufgemacht hatte, hatte diese künstliche Parkaura allerdings entscheidende Kratzer bekommen.

Das war schon alles: ein dunkler Plenarsaal, Henry Moores Plastik und ein Parkausschnitt irgendwo am Rhein, ein sprödes, minimales Ensemble, das seit Jahrzehnten auf immer denselben Bildern präsentiert wurde.

Die neue, die Berliner Republik dagegen wird sich, wenn die Pläne Axel Schultes Wirklichkeit werden sollten, ganz als Staat präsentieren. Gegenüber dem Reichstag wird das Halbrund des Bundesratsgebäudes entstehen. Auf einer zweiten Achse, in den Spreebogen geschmiegt, werden Kanzleramt, Parlamentarische Gesellschaft, Presseclub und die Fraktionsgebäude untergebracht. Ein monumentales Verwaltungsgebäude wird die Lücke zwischen Brandenburger Tor und Reichstag schließen.

Das Ganze macht den Eindruck einer futuristischen Kommandozentrale, von der jede halbe Stunde ein

Raumschiff abheben könnte. Man stellt sich vor, daß die lang gestreckten und auf Achse gebrachten Gebäude wie Giganten in den dazwischengestreuten Parklandschaften hausen.

Zur Spree hin wird das Kanzleramt einen Kanzlergarten erhalten und jenseits der Spree einen Kanzlerpark. Den Kanzler der Berliner Republik wird man klonen, um ihn für die Spaziergänge in diesem Gelände fernsehtauglich zu machen. In das genetische Programm wird man leicht verstellbare Körpermaße eingeben, die je nach Fernsehauftritt variiert werden können. Bei einsamen Spaziergängen im Kanzlerpark wird die Figur etwas Großes, Lastendes haben, bei offiziellen Staatsbesuchen wird die mittlere Größe angebracht sein, bei internationalen Konferenzen das Bonner Kleinstadtmaß.

Regierung und Verwaltung werden dicht an dicht auf einem großen, zusammengehörenden Gelände erscheinen. Und man sieht schon die Bilder der langen Kamerafahrten durch dieses Utopia, man sieht die Gleise, die dafür verlegt wurden, entlang der Alleen, durch die Scharen von Beamten und Abgeordneten ziehen werden, geduckt, die Köpfe eingezogen, als beeilten sie sich, einem Gewitter zu entkommen.

Dieses Gelände, ahnt man gleich und wird durch jeden Blick auf das Modell bestätigt, wird Symbolcharakter annehmen. Hier sind die neuen Perspektiven gebündelt, abstrakt bleibende, formale Strukturen, die einem brodelnden Herd aufsitzen und in die weiten Parklandschaften Größe ausdünsten.

Stuttgart, Gartenhaus

Die wochenlange Trance, in die ihn die Geburt des Kindes versetzt hat, ist einem Außenstehenden schwer zu erklären. Auch ihm selbst ist sie fremd, und er hat keine exakten Worte dafür. Jedenfalls haben ihn seine eigenen Gefühle sehr überrascht, wie der Ansturm einer unerwarteten Welle von Glück.

Im ganzen ist der merkwürdige Zustand noch am ehesten mit einer heftigen Verliebtheit zu vergleichen. Die Symptome sind zum Teil dieselben: ein anhaltendes Sich-Vergegenwärtigen des geliebten Objektes, vor allem der Fetische äußerer Details, ein nicht zu leugnender Trennungsschmerz bei längerer Abwesenheit und vor allem ein somnambules Durchgehen oder eher Passieren der Welt, die diesem Ansturm von geballtem, gespeichertem Glück gar nicht gewachsen ist.

Schon ist man bereit, an eine hormonelle Umstellung zu glauben, als habe man sich auch als Mann mit seiner bloßen Gegenwart bereits derartige Umschwünge verdient. Jedenfalls bemerkt man ein geradezu eklatantes Nachlassen des Interesses am äußeren Leben, vor allem eine sture Abstinenz gegenüber allem Politischen. Beinahe höhnisch wendet man sich von den Nachrichten ab, wie einer, den das alles nicht betrifft und dem es nie mehr etwas anhaben kann.

Vielleicht verbirgt sich dahinter die Angst. Man meidet alle Sphären der Gefahr, und das Politische ist die Repräsentanz dieser Gefährdung, die man von seiner eigenen, intimen Umgebung fernhalten will.

Daher ist einem plötzlich jede kinderfeindliche Wendung ein Stachel. Man wäre bereit, alle aus dem Weg zu räumen, die sich dem Kind entgegenstellen, ja man spürt direkt körperlich diese Lust an Handgreiflichkeiten, die sich vor allem gegen die nichtsahnenden Kinderlosen richtet, die man plötzlich für arme Trottel hält.

Wie betäubt oder irr geführt strauchelt man durch die Welt, mit dem idiotischen, verklärten Blick eines Elternteils, das wie eine sich dauernd aufladende Batterie ununterbrochen Energie produziert. Trunken ist man von diesem Gefühl, das die Freunde als übertrieben empfinden. Sie halten einen für ein Zimperlchen, das schon die Geburt eines Kindes aus der Bahn wirft oder das sich kindisch und lammfromm den Eigenheiten des Säuglings anpaßt, darüber vertrottelt und engstirnig werdend.

Und wirklich beginnt man manchmal an seiner eigenen Geistesklarheit zu zweifeln und fragt sich, ob soviel Zuwendung überhaupt sein darf.

Aber das Kind lockt, Tag und Nacht. Kürzere Abwesenheit bestraft es zunächst mit Liebesentzug, mit einem hinausgezögerten Lächeln, mit einem Anflug von Gleichgültigkeit, so daß man sich sofort doppelt bemüht. Strahlend taucht man auf vor der Wiege, macht seine Diener, bringt das Zimmer zum Klingen – ein lustiger, verwirrter Komödiant, der nichts Böses tut, für die Gesellschaft jedoch verloren ist.

Auch der Appetit läßt dann nach, die Freude an guten Getränken ist schon seit Wochen dahin. Am liebsten widmet man sich jetzt gesunden Getränken, ekelhaften

Langweilern, die man früher nie angerührt hätte. Das Rauchen hat man sowieso längst eingestellt, selbst die besten Zigarren schmecken nicht mehr.

All das verstärkt den Verdacht, die Hormone seien im Aufstand. Oder warum blickt man sonst mit Wohlgefallen auf ein Glas Milch, warum greift man beim Einkauf ganz selbstverständlich zu diesen von natürlichem Leben strotzenden Gemüsen und warum glaubt man, in dem Maße abnehmen zu müssen, in dem der Säugling zunimmt?

Mit einem Mal ist der Sinn für Zeremonien wieder gefordert, der Tagesablauf erhält einen rituellen Charakter. Wer das Kind in seiner Bettruhe stört, ist sowieso ein Verbrecher. Und so kauert man sich selbst hin und versucht, ein wenig zu schlafen, wenn der Säugling seiner Ruheminuten bedarf. Aber es geht nicht, der Schlaf will nicht kommen, das Herz klopft zu heftig, und so wartet man nur noch auf das Erwachen und auf das erste freundliche Lächeln.

Anfangs hat er sich noch eingeredet, seine plötzliche Fotografierleidenschaft habe damit zu tun, daß er für das Kind alles festhalten wolle. Jetzt aber, nach einigen Wochen, bemerkt er, daß sie die Folge einer veränderten Wahrnehmung ist. Manchmal kommt es ihm sogar so vor, als versuchte er mit den Augen des Kindes zu schauen, denn er hat einen geradezu närrischen Hang zu Detailaufnahmen entwickelt. Es ist, als wollte er mit der Kamera die gesamte Umgebung des Kindes abschnüffeln. Alles strahlt von Bedeutung: die Flasche, die Seife, die winzigen, den Gefühlsstau besonders anregenden

Schuhe. Dabei haben diese Markengegenstände alles Konventionelle verloren. Er sieht sie, als seien sie handgemacht, unverwechselbare, einzigartige Gebilde, die sich wie monumentale, allgewaltige Erscheinungen in der Seele des Kindes niederlassen, um dort Gott weiß was zu bewirken.

Vielleicht fotografiert er auch, um der Umgebung des Kindes das Zufällige zu nehmen. Er möchte das Rätselhafte, Geheimnisvolle, das das Neugeborene mit sich führt, einfangen. Daher umkreist er es und inventarisiert seine Umgebung. Nichts darf ihm entgehen, und laufend sucht er nach den schönsten Erklärungen.

Ganz selten denkt er noch über die Gegenwart hinaus. Wie ihn seine Beobachtungen ganz mit den nahen Gegenständen verbinden, so fühlt er sich auch an den Augenblick gebunden. Vergangenheit und Zukunft verblassen und stören jetzt nur.

Am liebsten aber wäre ihm, dieser gegenwärtige Zustand bliebe sehr lange erhalten. Er hat keine Veränderungswünsche mehr, er fühlt sich genau da, wo er sich jetzt befindet, am einzig richtigen Platz. Er möchte mit niemandem tauschen, er hat vielleicht überhaupt keinen eigenen Willen mehr.

Wenn er, was kaum vorkommt, noch einmal träumt und an etwas Ferneres denkt, denkt er an Rom und an eine gemeinsame Zeit mit dem Kind in der Stadt, die er so liebt. Schnell aber versagt er sich dieses Phantasieren, es übersteigt das erlaubte Glück, es ist, wie es in Schumanns »Kinderszenen« heißt, ›Glückes genug‹.

Zweite Heimat

Selten habe ich an Fernsehsendungen so ein Vergnügen gehabt wie jetzt an den dreizehn Folgen von Edgar Reitz' »Zweite Heimat«. Die Geschichten vom jungen Hermann, der sein Hunsrücker Heimatdorf verläßt, um in München Musik zu studieren, beginnen 1960 und enden etwa zehn Jahre später. Die Jugendzeit, die hier beschrieben wird, ist nicht meine eigene, ich habe genau zehn Jahre später, 1970, mit dem Studium begonnen. Trotzdem fühle ich mich dem, was Hermann in seinem Münchener Jahrzehnt erlebt, sehr nah. Das mag daher kommen, daß ich jene typischen westdeutschen Nachkriegsmilieus genau kennengelernt habe, in denen der junge Hermann aufwächst. Erst in den achtziger Jahren verblaßte dieses Erbe, und die Jugend, die dann folgte, ahnte kaum noch etwas von der selbstquälerischen Bitterkeit der Nachkriegsjahrzehnte.

Die Folgen der »Zweiten Heimat« erlebe ich aber nicht nur als authentische Dokumente, die mich schon der vielen wiedererkennbaren Details wegen beschäftigen. Noch mehr überrascht bin ich von der großen Treffsicherheit, mit der Reitz Charaktere erfunden hat. Dabei erlaubt die Idee, den jungen Hermann mit einem Freundeskreis zu umgeben, von der Hauptfigur abzuschweifen und zeitweise eine der Freundesgestalten in den Mittelpunkt zu rücken. So wechseln die Erzähler und die Perspektiven auf das Gesamtgeschehen, das nur der Zuschauer ganz übersieht.

Wie aber sind die Charaktere beschaffen? Warum überzeugen sie so? Viele haben die Kennzeichen eines Typs: der melancholische Träumer, der lebensferne Philosoph, die ewige Verliererin, die ihre Herkunft nie loswird. Diesem klassischen Unterbau sitzen nun aber Porträtzüge und Geschichten auf, die aus der Gestalt etwas Unverwechselbares machen. Der melancholische Träumer hat seine Heimat verloren und scheint doch unaufhörlich an sein fernes Land zu denken; der lebensferne Philosoph hängt sich dem Leben der Freunde an und vereinsamt dadurch immer mehr; die ewige Verliererin sieht sich als große Schauspielerin und endet im Varieté.

All diese Lebenswege aber müssen ›stimmen‹, und sie stimmen nur, weil Reitz sich sehr viel Zeit läßt, sie in den dreizehn Folgen Moment für Moment zu entwikkeln. Im Fortgang der Handlung erhalten so die Einzelgeschichten die Würde einer spezifischen Entwicklung: Lebensbahnen, Biographien im eigentlichen Sinn entstehen.

Das gegenüber gängigen Filmproduktionen hochgradig verlangsamte Erzähltempo läßt die Charaktere erst zu biographischer Wahrhaftigkeit finden. Das Seltsame daran ist, daß die Filmfolgen dadurch etwas Romanhaftes bekommen. Ja, Reitz erzählt Hermanns Jugend nicht *wie* einen Roman, er erzählt sie *als* einen Roman. Das Filmtempo ist das klassische Tempo eines weit ausholenden, gründlich und lange in den einzelnen Szenen verweilenden Epos.

Ein Gespräch kann eine Viertelstunde dauern, oder eine Komposition Hermanns, die zur Aufführung kommt, wird in voller Länge präsentiert, als versuchte das Erzähltempo sich einer Vorstellung von ›Echtzeit‹ zu nähern, in der das Zeiterleben des Zuschauers sich in einzelnen Szenen dem der Akteure anpaßt, so daß Raffungen und andere filmtypische Kürzungen keine Rolle mehr spielen.

»Zweite Heimat« ist dadurch auch ein literarisches Ereignis, das die Anstrengungen der westdeutschen Nachkriegsliteraten, die Geschichte ihres Landes zu erfassen, weit übertrifft. Etwas Vergleichbares gibt es nicht, Reitz hat eine neue Verbindung von Film und Erzählung geschaffen. Ich nenne sie den ›Filmroman‹.

Hinter dem zeitgeschichtlichen Reigen treten die ewigen, alten Folien deutscher Künstlergeschichten zutage. Die Ideen vom jungen Mann, der vom Land in die Stadt kommt und dort ein Künstler wird, oder vom Kreis der Freunde, die um die wahre Kunst wetteifern, sind urromantisch. Historisch exakt beschreibt »Zweite Heimat« daher die vielleicht letzte deutsche Jugend, die noch am jahrhundertealten Erbe nagt. Es geht um Wahrheit und Kunst, und der Umgang damit bedeutet Schmerzen, Verluste und Krisen.

Die sanfte Nostalgie der Episoden klammert sich an das sterbende Deutschland, das Deutschland der romantischen Sehnsucht, der Motive unerfüllter Liebe und unerfüllten Gelingens. Zum letzten Mal erscheint auch der strenge Anspruch von sogenannter ›Avantgarde‹: Die Kunst ist noch ein Kampf, und es gilt, das ganz Neue mit dem Eigenen zur Deckung zu bringen.

Von heute aus betrachtet wirken diese Szenen altmodisch, sie rühren einen geradezu wegen ihrer Idee von

Reinheit und Strenge. Daß zwei sich ein Jahrzehnt lang verfehlen, obwohl sie sich lieben, wird man heute keinem Jugendlichen mehr klarmachen können. ›Warum haben sie nicht einfach miteinander telefoniert?‹ fragte mich eine junge Verwandte schlagfertig.

Hermann und Clarissa, die sich immer wieder sehen, zueinander aber wie die Kinder im Märchen erst ganz am Ende finden dürfen, hüten das platonische Fühlen. Man verschließt sich, man gibt sich nicht preis, die Arbeit am Ich ist eine brennende Sache, die keine Einblicke erlaubt. Solch heftiger und alles verlangender Stolz wirkt heute längst unglaubhaft. ›Sie hätten es ruhig mal früher miteinder versuchen können‹, sagte die junge Verwandte entschieden, ›trennen kann man sich dann immer noch!‹

Genau darum aber geht es, um das Vermeiden von Trennungen. Liebe ist etwas Einzigartiges, Großes, nichts, was man laufend neu ausprobiert und durchspielt. Wenn man liebt, bietet man den ganzen Menschen auf, das ganze Selbst, nicht einen ephemeren Teil, der auf ein paar Reize antwortet. So ist die Liebe das höchste Risiko, das man eingehen kann; und da es um solch einen hohen Einsatz geht, wagt man sich nur sehr langsam vor.

Liebe, Kunst – an ihnen haftet in diesem Filmroman noch etwas von der Universalität des Religiösen. Wer nicht durchdringt ins Zentrum dieser Wahrheitsregionen, führt ein Leben im Abseits; wer aber den Gral berührt, der bleibt für immer von ihm gezeichnet. Es gibt kein Drittes, kein Aussteigen, keine Umwege, es gibt nur den großen Anspruch und das Wagnis der Erfüllung.

Alle Wege sind Parzivalwege, und wehe, man verpaßt die Gelegenheit, die richtigen Fragen zu stellen!

Der immer durchschimmernde Hintergrund dieser Jahre ist die Zeit des Dritten Reiches. Die Eltern der jungen Genialen spielen die hoffnungslos bleibenden Rollen der Gescheiterten, die die Vergangenheit nie loswerden. Sie bemühen sich noch nicht einmal darum, im Gegenteil, sie sind steckengeblieben in einer psychischen Kälte, die ihre Lebensregungen lähmt. Es ist, als hätten sie sich einen Panzer angelegt, um gegenüber der Zukunft fühllos zu bleiben. Die Kinder sind Idole der Leistung, und die Verbindung zu ihnen reißt sofort ab, wenn sie die Elternhäuser verlassen. So herrscht zwischen den Generationen ein eisiger Terror, Liebesentzug, Liebesverweigerung.

All das ist der Grundstoff von ›Politik‹. Er wird in einer widerständigen Haltung gehortet und explodiert in den späten sechziger Jahren. Die Kinder versuchen die Eltern zu morden, sie entkleiden sich vor ihnen, sie schänden die Zusammengehörigkeit, sie wollen sich losreißen von allem. Geschlagen bleiben die Eltern zurück, unbeweglich, unverändert. Der Krieg hat die Fronten festgeschrieben, die sich erst in der nächsten Generation langsam zu lösen beginnen.

Im Untergrund des Geschehens lauert das Land, die alte deutsche Provinz, die Enge, mit ihren Rechthabern und Nachbarn, mit ihren Todesdrohungen und ihrem Bedürfnis nach Einigelung. Kunst, zeigt Reitz' Film genau an, ist in Deutschland oft unterdrücktes Land- und Heimatempfinden. Hermann verläßt den Hunsrück, er muß ihn verlassen, um nicht unterzugehen. Aber die große Welt Münchens bleibt immer nur die Verbannung, die Träume reißen die Urlaute der Kindheitsdialekte hervor. Je länger die Abwesenheit ›von daheim‹ dauert, um so stärker wird das Heimweh. Schließlich, am Ende, bricht es durch. Und wieder, ganz deutsch, ist es verbunden mit der Rückkehr zur Mutter, von der Hermann sich zehn Jahre fernhielt.

Kunst heißt, zeigt der Film zweitens an, die Sphären der Mütter zu meiden, sich ihrer niederdrückenden Liebe zu entziehen. Unvergeßlich der auf Erschütterung zielende Moment, wo Hermann in der letzten der dreizehn Folgen plötzlich die Bilder des Heimatdorfes träumt: die Wiese, den Wald, den Bach, das Einfachste, die Urseelenbilder, die lange nicht sein durften.

Unvergeßlich dann auch, wie er sich, mit dem Seesack auf dem Rücken, auf den Heimweg macht und kurz vor dem Heimatdorf den ersten alten Bekannten trifft, der ihn nach zehnjähriger Abwesenheit so anspricht, als sei er nicht länger fortgewesen als einen Tag.

Was soll ich noch sagen? Ich müßte viele solcher Motive beschreiben, die kein Mensch bloß erfindet, sondern die er gelebt hat. Von solchen Motiven gibt es in Reitz' Filmroman eine fast verschwenderische Fülle. Dadurch erhalten die Lebensbahnen der Charaktere noch einmal etwas von Entwicklung und Bruch; es sind deutliche Spuren, mit dem ganzen Lebenseinsatz eingekratzt in den sich allmählich versiegelnden Chrom der Oberflächen.

Am Ende stehen lauter Trennungen, der Freundeskreis fliegt, von seinem Kraftzentrum, dem Avantgardeanspruch, befreit, rasch auseinander. Die Ehen halten nicht mehr, die in den Jahren geborenen Kinder streunen wie Elternlose auf den Spielplätzen herum, mit müden, fragenden Gesichtern.

Die alte Psyche Westdeutschlands hat sich verbraucht. Die siebziger Jahre bereiten den endgültigen Traditionsausstieg vor. In der Ferne warten die schnellen Gespenster, die Jobs erledigen und ihre Trips machen, hierhin und dorthin. Die religiösen Wurzeln von gestern sind endgültig gekappt; man organisiert das Leben, man checkt es durch, die Kunst ist ein Sonntagsausflug und die Arbeit Geldverdienen für raschen Genuß.

Noch eins: Schnüßchen! Schnüßchen, Hermanns Jugendbekannte, aus demselben Dorf, die ihm in München ein Nest bauen will, die um ihn wirbt, die ihn den Freunden allmählich entzieht, die aufschaut zu ihm und sich langsam von ihm fortlebt, die selbständig sein will ...! Was ist das für eine wunderliche, treffende und herrliche Gestalt, und wie wach, putzmunter und lebhaft spielt Anke Sevenich das. Das Mutterhafte, das Verschämte, das Beiseitegedrängte, das Mutige, das Herzklopfen – so genau gesehen, daß man schließlich lebt mit dieser Gestalt wie ein guter Freund, der das Ende voraussieht, auf den sie aber nicht hört.

Schnüßchen, die sich ›politisiert‹! Schnüßchen, die ihre Wohnung mit aufgelesenen Freunden vollädt! Schnüßchen, die ihren Hermann verliert, einen Abend herumtrudelt, irgendwo einschläft und sich plötzlich, schreckhaft, daran erinnert, daß sie ein Kind hat!

Sooft ich konnte, habe ich in diesen Wochen Szenen der »Zweiten Heimat« den Freunden erzählt. Ich habe sie immer wieder erzählt, ich habe sie so genau im Gedächtnis, als sei ich mit verantwortlich für diesen Film. Die Kritik, die ich höre, prallt von vornherein von mir ab. Für die Wahrhaftigkeit mancher Sequenzen schenke ich die halbe Nachkriegsliteratur fort. ›Das ist groß!‹ rufe ich, wie einer, der einen Götzen umtanzt. Ich wünschte, ich könnte sehr viele für diese Folgen einnehmen, ich möchte sie hineintreiben in diesen geheimnisumwobenen Bezirk, in den der frühen und heftigen Wünsche. Bannsprüche murmle ich, und ich höre nicht auf zu erzählen, weil dieses Gelebte nicht enden soll. Darf nicht sein, darf nicht sein ..., so kreist die Beschwörung.

Und ich sehe Schnüßchen, wie sie Hermann durchs Haar streicht: ›Ach Hermann, ich hab soviel Kraft, davon geb ich euch allen was ab!‹

Stuttgart, Gartenhaus

G., FAST achtzig, schwerhörig, dem seit vier Jahrzehnten eines der Nachbargrundstücke gehört, kommt in diesen frühen Maitagen beinahe täglich hinauf zu seinem Garten, um dort dem ersten Grün entgegenzutreten. G. fürchtet das Grün, er durchmustert die Pflanzenkolonien seiner gestreckten, sich dem Hang anlagernden Beete nach den Spuren des Unkrauts, von der Wurzel gräbt er die feinen, aufstrebenden Spitzen aus, hält sie wie zappelnde Regenwürmer triumphal gegen das Licht und schmeißt sie verächtlich in seinen Korb. Nichts darf jetzt danebengedeihen, wartet man diesen Monat zu lange, hat das Grün sich überall festgesetzt, handtief, mit knollenartigen Wurzeln, die sich nach den Seiten verzweigen.

G. ist unruhig. Er hört, wie er mir flüsternd erklärt, die fremden Stimmen aus den anderen Gärten, polnisch, kroatisch, so laut, als befänden sich diese Menschen gleich neben ihm. Nichts hört er so deutlich wie diese Stimmen, die sich in diesen Tagen erneut vermehren um die einiger weiterer ausländischer Gartenbesitzer, ein älteres Paar aus Weißrußland, das sofort begonnen hat, das kleine Gerätehaus auszubauen, mit anscheinend irgendwo zusammengelesenen Brettern, die der alte Mann auf einem Leiterwagen herbeischleppt.

Warum, fragt G., höre ich bloß diese Stimmen, schließlich bin ich doch schwerhörig, und außerdem höre ich die deutschen Stimmen fast nie, sondern nur diese Fremden. Wie die schreien! Diese hohen, keifenden Töne, dieses Geschnatter! Sagen Sie mir, ist das normal, sind die wirklich so laut, oder stimmt etwas nicht mit meinem Kopf?

Und, fährt G. weiter fort, sich umschauend, ob niemand uns belauscht, ist das recht, daß die hier ihre Quartiere aufschlagen? Haben Sie die häßlichen Bretterverschläge gesehen, die die hier errichten? Als gäb's nichts zu essen! Und den Leiterwagen – wie im Krieg! Die grüßen einen nicht mal, so ist das jetzt, die gehen mit ihren Bretterlagen an einem vorbei, ganz stur, Kopf geradeaus, wie die neuen Häuptlinge Europas! Das ist eine Schande! Wissen Sie, ich hab nix gegen die Fremden, ich nicht, ich komm gut mit denen aus, aber wenn es zuviel werden, ist's doch arg ärgerlich. Das geht auf die Dauer nicht gut. Und gleich fangen sie an, Buden und Datschen zu bauen, anstatt sich erst ums Gelände zu kümmern! Seit die hier sind, wird wieder gestohlen, die ziehen das an, die Neugier, die fremden Kohorten! Aus den oberen Gärten haben sie nachts die Steinbänke herausgerissen, sogar Holztische und Bänke wurden verschleppt! Warum hör ich nur diese Stimmen, können Sie mir das sagen?!

Manchmal sehe ich G. in der Ferne stehen an seinem Hang, den Kopf hochgereckt wie ein alter Vogel, der das Terrain durchhorcht. Minutenlang steht er still, dreht seinen Kopf, lauscht, er scheint sich seiner Befürchtungen zu vergewissern. Dann taucht der Kopf wieder unter, ins Grün, das jetzt noch eifriger bekämpft wird, als dürfte nicht ein einziger Makel entstehen auf diesen Beeten, wo die Erde glatt gestrichen ist und jetzt wuchtig kauert, als könnte sie bald reichlich gebären.

Oben auf dem Paradiesweg rattert der Leiterwagen vorbei, ein krächzendes Schleifen, und wieder sehe ich G., der jetzt hinaufschaut, als habe er den Feind endlich gewittert. Und ich sehe, wie er die Faust ballt, und wie diese vom Paradiesweg aus nicht zu erkennende Faust geschüttelt wird wie von einem Beben, das sich kaum noch zurückhält.

Stutgard, Juni 1993

M., JETZT neunundsiebzig, hat die jährlich stattfindende, gemeinsame Reise nach Stuttgart verlegt. Schon seit langem hat sie ein gewisses Vergnügen an der Lage der Stadt, vor allem an dem Hügelkranz, der die Talsohle einfaßt, so daß wir uns meist auf den Höhen aufhalten. M. begeistert sich an den alten Stadtperspektiven, die sie in einem historischen Stuttgart-Buch gefunden hat, wir sind lange dabei, diese Perspektiven wieder zu suchen, den genauen Standort des Malers, die Abweichungen. M. will die Innenstadt, mit ihren Kaufhäusern und Fußgängerzonen, nicht sehen. Sie setzt sich die Umgebung aus lauter Bildern zusammen, die den Eindruck erwecken, die Stadt sei noch immer das ländliche Paradies des achtzehnten Jahrhunderts, als Hölderlin schrieb vom ›glüklichen Stutgard‹: »Offen steht jezt wieder ein Saal, und gesund ist der Garten, / Und von Reegen erfrischt rauschet das glänzende Thal, / Hoch von Gewächsen, es schwellen die Bach' und alle gebundnen / Fittige wagen sich wieder ins Reich des Gesangs.«

Und es ist leicht, M. so zufriedenzustellen. Wir verlassen das Gartenhaus und biegen rasch in die Wälder ein, die sich nach Süden hin strecken, keine Straße, auch sonst keinerlei Störung, man geht stundenlang, ohne einem Fremden zu begegnen, bis man die schönen Bärenseen erreicht, Trinkwasserseen, still wie eine nordische Landschaft.

Nicht weit davon entfernt liegt Schloß Solitude, das

Lustschloß des Herzogs Karl Eugen. Von diesem Höhenpunkt aus schaut man bis Ludwigsburg, eine gerade Allee früherer Zeiten entlang, die von dem hoch gelegenen Schloß aus durchs Tal rollt, als wollte sie erst enden am Meer.

Und M. setzt sich auf eine Bank und schaut plötzlich wie in früheren Tagen, als ich mit ihr wirklich am Meer war, von dem sie sich nicht losreißen konnte. Und sie fragt mich, was die letzten Zeilen in Hölderlins »Stutgard«-Gedicht bedeuten: »Kommt und reicht, ihr Lieben, die Hand! das möge genug seyn, / Aber die größere Lust sparen dem Enkel wir auf.«

Ich soll etwas sagen zur Entstehung von Hölderlins »Stutgard«. Die Auskünfte sind dürftig, aber M. nickt, als sie die mageren Daten hört, als bestätigten sie eine Vermutung: Im Juni 1800 kommt Hölderlin wieder nach Stuttgart, wo er bei seinem Freund Landauer wohnt. Sommer und Herbst dieses Jahres gehören zu den schönsten, die er erlebt hat. 1800 entstehen viele der großen Gedichte, darunter auch »Stutgard«, worin der Weg in die alte Heimat beschrieben wird, und der Hymnus auf die Stadt und die Freunde so freudig klingt wie sonst nie.

M., die noch nie länger in Hölderlins Gedichten gelesen hat, weil sie ihr zu dunkel und ›umwegig‹ vorkamen, sitzt in diesen Tagen auf der Terrasse des Gartenhauses und liest immer wieder in Hölderlins »Stutgard«-Hymne. Wenn sie müde wird, legt sie die Brille beiseite und schaut ins Tal, als könnte der Blick in die Ferne sie das Begreifen der Verse lehren. Nach einer Weile, auch das lange Schauen scheint noch nicht geholfen zu haben, macht sie sich an eine Arbeit. Sie holt ein großes Bündel Spargel aus der Küche und fängt an, die dicken Stangen zu schälen. Sie scheint aber mit etwas anderem beschäftigt, obwohl sie mit der Arbeit gut und flüssig vorankommt. Jedenfalls legt sie das Schälmesser plötzlich wieder zur Seite und geht nach drinnen, um einen Feldstecher zu holen. Dann sitzt sie erneut eine Weile und mustert die ferne Stadt, indem sie die Einstellung des Glases immer neu variiert.

Als ich sie frage, was sie sucht, antwortet sie, daß sie den blinden Fleck im Weichbild der Stadt suche, ihrem Sitz auf der Terrasse dieses Gartenhauses in Stuttgart gegenüber. Irgendwo dort, in der dunstigen Ferne, könne es doch einen Garten geben wie diesen, der ihr vielleicht die Illusion verschaffen könne, Hölderlins Elysium gefunden zu haben.

Ich kann M., die eine Hölderlin-Biographie zu Rate gezogen hat, um das weiter dunkel bleibende Gedicht »Stutgard« zu verstehen, nicht dazu bewegen, Tübingen, Nürtingen oder Lauffen zu besuchen, allesamt bekannte Hölderlin-Orte, nicht weit entfernt. M. weigert sich sogar bereits, den Hochsitz des Gartenhauses zu verlassen, so daß ich auch die Einkäufe, an denen sie sich zuvor noch beteiligen wollte, allein machen muß. Sie meint, daß sie das Gedicht jeden Tag ein Stück besser verstehe und daß jede weitere Entfernung, erst recht aber der Aufenthalt in der Stadt, dieses Verständnis wieder zunichte machen könnten.

M. glaubt, sie werde diese Tage fest im Gedächtnis behalten, was sie nur Hölderlins Gedicht zu verdanken habe. Immer wenn sie sich in Zukunft an diese Zeilen erinnere, die sie gern in der Handschrift besitzen würde, habe sie die wenigen, aber sehr intensiven Bilder vor Augen, die sie in diesen Tagen hier gesehen: das unerwartete Auftauchen der Seenplatte nach dem langen Gang durch die Wälder, das hoch gelegene Schloß mit dem Weg in die Ferne, und, am schönsten, auf dem Rückweg der erste freie Blick auf Stuttgart, hier, von der Höhe aus, der etwas täuschend Hölderlinsches habe, weil man die Dächer der Stadt zwar gerade noch gewahr werde, stärker aber den Ring der Hügel, die Höhen und die Horizontlinien.

Jetzt, nach einer Weile ausschließlicher Beschäftigung mit Hölderlins Versen, bekommt M.s Umgang damit etwas Freieres. Der Ernst läßt zwar nicht nach, manchmal aber zitiert sie einzelne Zeilen doch so, als amüsierte sie sich an ihrer nach Auflösung drängenden Schlichtheit. »Wirtemberg ists.« sagt sie, und es scheint ihr ungeheuer zu gefallen. Auch »Dort begann und beginnt das liebe Leben.« macht sie beinahe heiter, ganz zu schweigen von »Andres erwacht.«.

›Hättest du‹, fragt sie mich keck, ›das für möglich gehalten, daß er da überall einen Punkt macht, nach ›Wirtemberg ists‹ einen Punkt oder nach ›Andres erwacht, Punkt?‹

Am Ende dieses Aufenthalts weiß ich nicht mehr, ob M. und ich noch von demselben »Stutgard«-Gedicht Hölderlins sprechen. Längst hat M. sich die vielen Verse in ihre eigene Vorstellung übersetzt, und längst sind deren Bilder so kryptisch wie die Hölderlins, wobei sich noch die Zeichnungen der Stuttgarter Stadtansichten unerlaubt hineinmischen, während im Hintergrund, nicht mehr rekonstruierbar, eine Hölderlin-Biographie ihre kargen Andeutungen flüstert.

All diese Bilder und Ebenen haben sich in M.s Kopf überlagert, schon ist nicht mehr zu entscheiden, wo Original und Deutung beginnen, ja, ich habe M. inzwischen schon im Verdacht, selbst das Spargelschälen auf irgendeine geheime Weise in Hölderlins Versen untergebracht zu haben.

Der ganze Aufenthalt hat sich, scheint es, in dieses Gedicht verlagert, alle gegenwärtigen Bilder haben die alten Verse angezogen wie große Schleier, um sich unter ihnen zu verhüllen und zu verbergen.

Und so wird die Fahrt vom Hügel hinab zum Bahnhof für M. ein einziges Abwehrmanöver. Sie schaut nicht aus dem Fenster, sie blickt starr vor sich hin, auf irgendeinen Fleck im Wagen, während sie mit der Rechten den Ring an der Linken immerzu dreht, als variierte sie die Einstellung des Feldstechers.

›Weißt du‹, sagt sie, ›so ein Gedicht wie dieses ›Stutgard‹ hab ich noch nie gelesen. Das muß er für mich geschrieben haben, ganz bestimmt. So oft wie ich hat das noch niemand gelesen. Und soviel wie ich hat schon beim ersten Vers ›Wieder ein Glük ist erlebt‹, Punkt, noch niemand gedacht.‹

Solingen

In den vergangenen Jahren kam es zu den Anschlägen von Hoyerswerda, Rostock und Mölln. Die rechtsextremistischen Gewalttaten stiegen von 270 im Jahr 1990 auf schließlich 2518 im Jahr 1992. Nach Schätzungen des Bundesamts für Verfassungsschutz soll es in demselben Jahr 65 000 organisierte Rechtsextremisten gegeben haben. Jetzt der Anschlag von Solingen, bei dem fünf Türkinnen verbrennen. Wie nach allen Schwerdelikten wird es auch diesmal eine große Zahl von Nachahmertaten geben.

So furchtbar diese Folge ist, so sehr sie auch die Befürchtung nährt, immer mehr solcher Taten könnten das rechtsradikale Lager in Deutschland schließlich derart stärken, daß das mühsam austarierte Einheitsgefüge zusammenbricht – man ertappt sich dabei, wie man im stillen eine Beschwichtigung nach der andern aufbietet, um die Gewalt dieser Ereignisse in den Hintergrund zu drängen.

Mal verweist man darauf, daß die Täter oft »dumme Jungs‹ seien, die selbst nicht genau wüßten, was sie da täten. Mal führt man an, daß nur wenige Gewalttäter auch in rechtsradikalen Gruppen organisiert seien. Dann sollen Milieustudien beweisen, daß es sich um verirrte Einzelgänger handelt, die mit ihrer Umgebung nicht fertig werden und im Alkoholismus geendet sind.

Manchmal, so scheinen diese Abschweifungen einem vorzugaukeln, ziehen in Deutschland kleine, wandernde Horden von Geistesgestörten durch die Städte. Sie treffen sich abends in Steinbrüchen oder auf Schuttplätzen, um zu saufen und endlich wieder einmal ›Sieg Heil!‹ zu schreien. Dumpf und aggressiv machen sie sich dann auf den Weg zur Schlacht.

Im Grunde, scheinen diese Bilder zu sagen, ist es ganz einfach, mit der Gewalt fertig zu werden: man muß diese Gruppen einfach aus dem Stadtbild räumen. Man gibt ihnen wieder ein solides Zuhause, man ordnet ihnen ein paar Streetworker zu, man entzieht ihnen den Alkohol und gibt ihnen wieder ein Ziel, für das es sich zu arbeiten lohnt. Dann könnte alles vorbei sein.

Die rechtsradikale Gewalt – das ist eine Gewalt, der man nicht glauben will und die man immer wieder aus seinem Gedächtnis verdrängt. Man verleiht ihr Züge eines unheimlichen, aber vorübergehenden Spuks, über den man nicht allzu viele Worte verlieren sollte, weil man ihn dadurch nur ehrt.

Auch der Kanzler scheint genau diesen Vorstellungen erlegen zu sein. Über nichts bewahrt er mehr Stillschweigen als über die rechtsradikale Gewalt. Er zieht sich in einen Schmollwinkel zurück, als hätten diese Taten seinem Einheitswerk gegolten. Die Opfer will er nicht kennenlernen, öffentliche Auftritte, die in irgendeinem Zusammenhang mit der rechten Gewalt stehen könnten, werden vermieden. Diese Gewalt, scheint er seinem Volk zu bedeuten, trifft uns nicht, sie entsteht in irgendeinem exterritorialen Abseits, nicht unter uns, und außerdem ist es eine Gewalt, die vorübergehen wird, früher oder später. Warum davon viel Aufhebens machen?

So sehr man gerade von einem Kanzler verlangt, mit dem Beispiel einer Geste voranzugehen, so sehr arbeiten doch im Hinterkopf solche Beschwichtigungsformeln. Man möchte rasch weiter, das Geschehen vergessen, man möchte das Bild des alleinstehenden, ausgebrannten Hauses nicht mehr sehen, man räumt es fort, man will, daß denen, die jetzt die Wunde besprechen, das Wort entzogen wird. Man duckt sich, das ist es, man wartet auf andere Tage.

Leipzig, Juni 1993

WIEDER EINE Leipziger Buchmesse, und wie früher schon soll es die letzte sein. Mein alter Freund H. hat sich mit seiner Hausbuchhandlung noch gehalten; von irgendwoher bekommt er Geld, oder er wird subventioniert, aber ich hüte mich, ihn auf solche Einkünfte hin anzusprechen. Uwe Dschonnsen ist noch immer weitgehend unbekannt, man liest jetzt die Rechenschaftsberichte der früheren DDR-Autoren, wie sie sich schütteln vor dem neuen, blendenden Westen und wie sie sich herauszuziehen versuchen aus den alten Schlingen. ›Herrjeh‹, sagt H., ›das interessiert doch keine Seele!‹

Nein, es knistert nicht mehr zwischen Osten und Westen. Irgendwie ist alles steckengeblieben. Baukräne stehen reglos herum, in die Fundamente der neuen Häuser tropft das Regenwasser, es mangelt an Geld und an neuen Ideen, nichts bewegt sich, und so verwalten die Behörden für einen notdürftig die Zukunft und verteilen die wenigen Gelder.

Längst ist es zu spät für den Blick auf das Gestern, aber es gibt noch kein Morgen, in solchen Gefühlsnotständen nistet sich leicht etwas Vages ein, so etwas wie eine Sehnsucht nach alten Tagen, irgendwann fängt man an, sich zu erinnern‹, sagt H., ›ganz sachte geht so was los. Und dann denkst du plötzlich, Mensch, noch mal einen einzigen Tag so sitzen wie früher, hinter den Gitterstäben, und draußen brennt schlimm die Sonne! Und schon hat auch das seinen Wert, so was Beklopptes, einfach, weil es zu dir gehört, und man alles, was zu einem gehörte, irgendwann einmal vermißt.‹

Nein, natürlich will H. nicht zurück zu den alten Verhältnissen, das muß er jetzt jedem dritten beteuern. ›Aber erinnern wird man sich doch noch dürfen‹, sagt er und schaut mich an, als hätte er mir etwas voraus.

›Rückbesinnung‹ – so könnte man die Stimmung jetzt nennen. Beide Lager, Ostmenschen wie Westmenschen, ziehen sich auf ihre Positionen zurück, und beide sind voneinander enttäuscht. Irgendwas Großes hatten sie anfangs noch vor, jetzt wissen sie nicht einmal mehr, was es war.

Das ist an den Gesprächen hier sehr deutlich zu merken. Wo sich der Ostmensch früher laufend entschuldigte oder darum bemüht war, seine Vergangenheit in ein strahlendes Licht zu rücken, findet er jetzt erklärende, abdämmende Worte. Dem Westmenschen zuliebe geht man jetzt nicht mehr in die Knie, den hat man inzwischen einfach durchschaut. Nichts vormachen kann der einem, das wär ja noch schöner, und erst recht hat der keine Ahnung von ›den Verhältnissen und ihrer Metaphysik.

So bildet sich an den Rändern schon ›Geschichte‹, der Blick zurück, der einem wieder etwas von Stärke verleiht und einen Panzer, um gegen die einbrechende Zukunft zu bestehen.

Abends die zweite Lesung in der ehemaligen DDR, nach dem ersten Versuch damals in Meißen. Die kleine Galerie, in der so etwas stattfinden soll, ist mit einem mageren Kontingent Westmenschen besetzt, unter das sich wenige Ostmenschen, von Berufs wegen, mischen. Ich lese vor Lüdenscheidern und Bonnern, die in Leipzig erleben wollen, wie Leipziger Lesungen aussehen. Man krümmt sich vor Verlegenheit in diesen Räumen, man liest über alles hinweg, oder besser, durch alles hindurch, als müßte man einen Stollen graben, tief unten, der irgendwohin führt auf die letzte Insel des Buches.

Nein, denkt man sich am Ende, das macht gar keinen Sinn. Die alten Leser haben vom Lesen genug, und die jungen sind einfach scharf auf andere Sachen.

Und man nimmt sein Buch und zieht mit den letzten Lesern in ein Lokal, um irgendwas, meinetwegen das Ende des Lesens, gebührend zu feiern. Prost, sagt man, das war's! Und irgendwie ist man tatsächlich erleichtert.

H. behauptet, er habe sich wieder der Philosophie zugewendet, seinem Lieblingsthema, lange vor dem Mauerfall. ›Man hat nichts Genaues mehr im Kopf, sagt er sich, ›da ist's doch nicht schlecht, sich an ein paar Begriffen aufzurichten. Einfach mal wieder etwas begreifen, und so tun, als nähmen sich diese Begriffe der Wirklichkeit an, das ist doch wenigstens etwas!‹

So ganz aber traut er den Klassikern doch noch nicht. Hegel – nein, dafür ist es zu früh; Marx oder Engels – undenkbar; selbst Kierkegaard, nein, da bekommt man zu viele Voraussetzungen nicht mit. Nietzsche juckt, ja, doch, aber man darf nicht jede West-Mode mitmachen.

Daher hat sich H. am Ende für Montaigne entschieden. ›Da‹, sagt er, ›bekomme ich alles mit, und es ist, als brächte mir mein uralter Großvater noch einmal die ersten Denkschritte bei. Und ich sag dir was: diesmal bin ich ihm dankbar.‹

H. liest vor, aus Montaignes Essay »Von der Angewohnheit und von der Mißlichkeit, gewohnte Gesetze zu ändern«: »Derjenige hat meiner Meinung nach die Macht der Gewohnheit sehr richtig eingesehen, welcher zuerst die Erzählung erfand: eine Bauersfrau habe ein Kalb in der Stunde, da es geboren worden, auf den Arm genommen und gestreichelt, und da sie mit diesen Liebkosungen täglich fortgefahren, sei sie durch die Gewohnheit dahin gelangt, daß sie dasselbe Tier noch auf den Armen getragen, als es zu einem großen Ochsen herangewachsen.«

Mit E. im »Gastmahl des Meeres«, wo es jetzt, vier Jahre nach der laufend zitierten Wende, endlich ›Freisitze‹ gibt. ›Den Namen haben wir nicht mal zu verändern brauchen‹, sagt die Kellnerin, ›der zieht jetzt nämlich erst recht. Drinnen ist es jeden Tag voll, uns fehlen nur die Klimaanlagen.‹

Und wirklich ist es ein seltsamer Anblick, drinnen, wo es jeden Tag voll ist. Das Ambiente wirkt überladen, aber so, als habe man die frühere Einrichtung nur um etliches aufgestockt, nie aber ausgetauscht. Und die Gäste sitzen so adrett und gut erzogen an ihren Tischen, als hätten sie den ›Aufbau Ost‹ irgendwo schon einmal probeweise durchgezogen. Gleichzeitig hat aber das alles noch viel von Erstarrung, als sollte diese Szene hier überwintern oder als wartete man geduldig darauf, daß der Wein langsam wieder versiegt, um sich schließlich doch wieder mit sauren Lagen zu bescheiden.

›Ach‹, sagt ein Westmensch am Tisch nebenan zur Kellnerin, als müßte er die Nostalgie der Ostmenschen noch überbieten, ›es gibt die alte Soljanka noch? Aber ich wette, es ist nicht mehr ganz die alte, stimmt's? Die werden Sie jetzt sicher verfeinern, hab ich recht?‹

Und als brauche sie nicht zu überlegen, antwortet die schlaue Person: ›Wir verfeinern hier nichts, wir halten uns nur wieder konsequenter ans Ur-Rezept!‹

Römischer Sommer/Villa Massimo 1993

Liebe Katja G.,
jetzt ist es soweit, ich habe den zweiten Teil meines römischen Stipendiats zusammen mit dem Kind angetreten und wohne diesmal nicht im Haupthaus, sondern in Studio 3 der Villa Massimo, Rom.

Das Studio hat einen großen Atelierraum mit einer im hinteren Bereich umlaufenden Galerie, von der aus man durch die schrägen, die ganze Dachhöhe der Vorderfront ausfüllenden Lichtbreiten der Fenster auf das Villengelände schaut. An den Atelierraum, in dem die wenigen Utensilien, die ich für meine Arbeit brauche, sich wie Strandgut in einer Weite von über hundert Quadratmetern verteilen, schließen sich die Küche und das Schlafzimmer an. Ein kleines Gästezimmer gibt es noch, nach vorne heraus, während von der Küche eine kleine Treppe hinunterführt in den hinteren Gartenbereich, wo der Eßtisch mit Stühlen wartend und lüstern im Freien steht.

Meist stehe ich sehr früh auf, nicht selten schon gegen Sechs, oft auch noch früher, weil ich diese ersten Stunden ganz für mich haben will. Es ist die Zeit, in der das Kind noch schläft, ich schleiche mich aus unserem Schlafzimmer, bereite mir einen Tee, setze mich auf die kleine Treppe oder umrunde für eine halbe Stunde das nahe Terrain der Villa. Ich habe mir ein altes Fahrrad besorgt, auch mit dem drehe ich oft meine Runden, und es ist eine große Lust, in der Frühe so durch die kleinen Straßen zu streifen, zum nahen Markt oder weiter, bis zu den Kirchen Santa Costanza oder Santa Agnese, aus der die Stimmen des Frühgottesdienstes schallen.

Manchmal werde ich von einem solchen Freudenanfall heimgesucht, daß ich mich beherrschen muß; alles um mich herum lebt so auf mich zu, daß man Furcht bekommen könnte, darin ganz zu verschwinden, in den warmen Kaffeeatmosphären der Bars mit ihrem raschen Spiel der Bedienung, in den noch kühlen Schatteninseln der nahen Parks, in denen an den Nachmittagen die Kinder aufmarschieren, schön, beinahe festlich gekleidet.

Und ich höre die alten Stimmen wieder, die ich für

meine ewigen Traumstimmen halte, wie ich sie in Deutschland alle paar Nächte lang höre, die gedehnten Rufe der Eltern, die den davoneilenden kleinen Wesen nachstellen, den regelmäßig wiederkehrenden Schrei des Postkartenverkäufers, das Gurren und Psalmodieren der Marktleute und den harschen, eintreibenden Klang einer Glocke.

Erst gegen acht, oft noch etwas später, bin ich zurück, da, glaube ich, bin ich bereits mit den römischen Elementen in enger Verbindung, so daß der Tag seine Kraft hat und seinen Schwung. Den Vormittag verbringe ich meist mit der Arbeit, erst nach dem Mittagessen geht es für mehrere Stunden hinaus, wobei ich oft der Fremdenführer des Kindes bin, dem ich die Stadt zeige, auf es einredend wie auf eine Erwachsene: ›schau‹, ›siehst du?‹

Alle paar Minuten wird man angehalten und angesprochen, die Erscheinung des Kindes zieht sofort die Aufmerksamkeit auf sich, und ich stehe Rede und Antwort. Gute Ratschläge gibt es, kleine Geschenke, herzliche Grüße, meine Gänge durch die nahen Geschäfte sind hohe Visiten, von Freudenturbulenzen unterlegt bis zum Verlassen, wo die Ladenbesitzer mich hinausbegleiten bis auf die Straße.

Ich freue mich sehr auf diesen römischen Sommer, liebe Katja G., ich freue mich sehr.

Am frühen Morgen für einige Minuten auf den noch kühlen Travertinstufen, die hinab zum Kiesweg hinter den Studios führen. Die Sonne hat noch keine Kraft, auf den matt herabhängenden Wedeln einer geduckten

Palme liegt eine schwere Schicht Staub. Die Katzen passieren die Studios oder aalen sich vor den dunkelgrünen Rollos, die man auch tagsüber herunterläßt, um die stehende Hitze nicht in die Zimmer zu lassen. Irgendwo ist noch eine Spur Feuchtigkeit versteckt, man kann sie riechen, dann beginnt die Sonne zu steigen und schiebt die Wärmekissen hinters Haus.

Kurz nach sieben. Im Foyer der Privatklinik laufen schon die Staubsauger. Die Bars haben längst geöffnet, die meisten Geschäfte noch nicht. Die Sonne wartet, nur ein paar blasse Wolkenfelder hier und da, die sich noch nicht entscheiden können. In der Bar an der Piazza Bologna ist es stiller als sonst, die müde Frau an der Kasse wischt sich die Augen, der junge Mann, der einem den schwarzen Kaffee hinschiebt, arbeitet hastiger. Die Flotte der Taxifahrer hat sich vor einem Blumengeschäft eingefunden, die Zeitungskioske, meist vollgestopft wie hochgezüchtete und überfütterte Masttiere, die an der zotteligen Last der seitlich aufgehängten Videokassetten schwer tragen, haben heute wegen eines Streiks geschlossen.

Die Rollos der Lebensmittelläden gehen jetzt, gegen 7.30 Uhr, hoch, die Waren werden schon in der prunkenden Theke drapiert. Auf der Viale Ventuno Aprile warten die Motorrad- und Vespafahrer in dichten Pulks vor den Ampeln auf den Startschuß, dahinter die zögerlichen Autos, die dann auch abgehängt werden.

In der Via Nomentana schießt das Wasser von überallher gegen die Bordsteine, als wollte es die lastende Schwere der Nacht fortspülen. Die Botschaft Afghanistans, ein märchenhafter Bau mit einer schwarz-weißen Flagge, ein öffentlicher Park wird gerade geöffnet.

Jetzt einbiegen in die Via Antonio Nibby, es ist 7.45 Uhr.

Puristisches Gefallen: etwa an Pinien, die aussehen, als seien sie in Urzeiten einmal andere Bäume gewesen, dekorativer, mit reichem, saftigem Blattwerk, in Jahrtausenden aber ausgedorrt zu diesen minimalen Andeutungen von in den Himmel hinaufgewandertem Grün, das die erhitzte Luft auffängt und bewahrt für die kurze Nacht, in der sie an den mager gewordenen Stämmen zu Boden sinkt: oder an einem weißen Teller, stumpf schimmernd, auf dem heute ein goldbraun leuchtendes Stück Huhn lag, das ihm irgendjemand freundlich hingestellt hatte, neben eine schlanke Karaffe mit dunkelrotem Chianti: oder an einer schmalen römischen Straße mit ihrem schwarzen, schweren, an den Morgenden noch feucht leuchtenden Pflaster: all das erinnert ihn an Malerei, an exakte Skizzen, auf denen alles Störende weggeräumt scheint und die Formen konkret und fest aus der stofflichen Präsenz der Gegenstände und Farben entstehen.

Für drei, vier Stunden an die Arbeit, bis der Kopf sich langsam leert, gerade an der Grenze zur Blödigkeit, etwas essen, aber nicht viel, meist Salat oder Gemüse, selten ein Stück Fleisch, eher Fisch, zwei oder drei Urtiere, mit ihren spindligen Fossilienbeinchen, die in der Hitze des Ofens zu knusprigen Gliedern erstarren und orangen aufleuchten, ein Glas Wein, sehr viel Wasser gegen den immer größer werdenden Durst, lesen, keine Zeitungen, sondern etwas Schweres, an dem ein Schreiber lange gesessen hat, Aufzeichnungen mit guten Beobachtungen, die das Hirn anregen, gerade so, daß man die Grenze zur Müdigkeit mit frischen Bildern im Kopf überschreitet, Siesta in der Hitze des Mittags, mit vielen, einander rasch verdrängenden Träumen, erleichtert wach werden, sich durchs Gesicht fahren mit reichlich Wasser, noch einmal an die Arbeit, am späten Nachmittag der Aufbruch in die Stadt, reiches Sehen, mit der Empfindung, alles, aber auch alles festhalten zu müssen, sich nirgendwo allzu lange niederlassen, stundenlang in Bewegung, bis die Sonne zwischen den Häusern in den schmalen Lichtfängen vertropft, die Dächer noch ein letztes Mal aufleuchten und deine Gestalt im Dunkel verschwindet, irgendwo.

Jetzt, gegen 14 Uhr, draußen schnarren die Zikaden, eine Art Hitzeschwingung im monogamen Sonnenlicht, jetzt gegen 14 Uhr, er hat sich den Kopf gewaschen und die Haare sind im Mittagsdunst des großen, verdunkelten Zimmers in Minuten getrocknet, jetzt hat er es sich, bei einer halben ›Antico Toscano‹, er raucht sie mit jener Energie, die ein Verglimmen verhindert, er saugt daran wie an einem Nektar, der sich in seinem Mund zu einer stickigen Fäule verdichtet, einer feuchten, belebenden Fäule, jetzt, gegen 14 Uhr, hat er es sich mit Gaddas Roman über die Verbrechen in der Via Merulana bequem gemacht, hoher Mittag, die Sonne hat alles eingepudert, jetzt also, nach etwa einer Stunde Lektüre von Gaddas groteskem Roman, in Erregung gehalten durch eine winzige Mahlzeit, einen Artischockenboden, eingelegt in Öl, einen Schluck kühles Wasser, trockenes Brot, so etwa die Ration, die klein sein muß, weil er nicht müde werden will und die ›Antico toscano‹ ihre betäubende Wirkung nur entfaltet, wenn er sehr wenig gegessen hat und den Magen dadurch angreifbar gehalten für ihre feuchten Säfte, jetzt also, gegen 14 Uhr, nach einer Stunde langsamer, beinahe süchtiger Lektüre, glaubt er die Stimmen aus der Via Merulana zu hören, er glaubt den Bohnerwachsduft zu riechen, den Gadda in die Wohnungen bläst, lauter nervöse Stimmen glaubt er zu hören, immer dieselben Themen, mit einem leichten Crescendo manchmal, und er, allein in seinem verdunkelten Mittagszimmer, so vollgesogen mit den kataraktischen Stilspielen Gaddas, glaubt sich Rom physisch nahe wie kaum zuvor, dicht eingesponnen in seine zirkulierenden Sprachen und Stimmgewitter, und er hält still, jetzt, gegen 14 Uhr, als könnte er schon mit einer leichten Bewegung alles verderben …

Er ist den Tag über allein mit dem Kind. Er sitzt nebenan, das Kind schläft, und wenn er durch die Zimmer geht, geht er langsamer als sonst, als würden seine Schritte dadurch unhörbar. Er horcht, nichts. Er setzt sich wieder und nimmt sich ein Buch, aber in Gedanken ist er bei dem Kind, in der Nähe seines empfindlichen Körpers und des warmen Dunstes, der diesen Körper wie ein Ring von Atmosphären umschließt. Er riecht diese Hautstoffe, er glaubt sie durch die einen Spalt geöffnete Tür zu riechen, und er legt das Buch beiseite, weil ihm die Worte zu schwer geworden sind und er nicht die richtige Lektüre zur Hand hat, eine, die ihn ablenken würde, geschickt inszenierte Unterhaltung.

Er trinkt ein Glas Wasser und setzt das Glas leise auf die Tischplatte, er steht wieder auf und schleicht durch den Raum wie eine Katze, nur daß er sich kaum traut, nach rechts oder links zu schauen, als könnte ein plötzlicher, falscher Blick das Kind wecken. Obwohl er, wie er zu Freunden sagt, reichlich Erfahrung mit dem Kind besitzt, träumt er doch manchmal von nicht zu bewältigenden Katastrophen und Unfällen, die vom Kindsraub bis zu einer schweren Krankheit reichen, die jeder, nur er nicht auf den ersten Blick erkennt.

Er setzt sich wieder und wartet. Innerlich ist er gespannt, nach außen macht er den Eindruck eines Menschen, den nichts aus der Ruhe bringt. Dabei beunruhigt ihn die Vorstellung des plötzlichen Kindstods, das ist es, was ihn in dieser eigentümlichen Spannung hält. Er stellt sich vor, der Tod finde Einlaß durch den schmalen Spalt, vor dem er nun wie ein Wächter und Hüter sitzt, er sieht diese Szene oft vor sich, sie erinnert an Stummfilmsequenzen mit Vampiren und Monstern, die feinen Düften folgen, exquisiten und frischen Gerüchen.

Wenn er das Kind aus dem Bett nimmt, küßt er es, sofort. Das Kind lächelt, nachsichtig, als wüßte es mehr.

Die römische Trägheit. Eine Stadt, die die Ausscheidungen ihrer schweren Vergangenheit bebrütet; etwas Elephantöses haftet dem an, inzestuöse Schwere, Urahnenschwere, mitsamt dem Moder der Urahnen; ein Gähnen angesichts der Gegenwart; ein warmer, spätzeitlicher Geruch, wie aus Hinterstuben, überhaupt: Kabinette,

Attrappen, Fluchtwege, Scheinwände, ein auf Verblüffung setzender Manierismus, dessen Zauber entbunden wurde und dadurch etwas Spukhaftes bekam. Trägheit also als Überdauern, in vor allem vegetativer Form, Schimmel ansetzen, grüne Flechten, die alten Augen verhangen hinter den langsam herunterfallenden Matten der Wimpern, kaum noch Gehör, nur die stark gebogene Nase zieht, in den Urschichten des Gesteins, den verderblichen Geruch der Gegenwart wie schwarzes Kokain tief in sich hinein.

Die Fassaden glühen, Leuchtzeichen und Signale überall. Die Galleria Colonna wird restauriert, du überquerst den Corso, weichst einer Demonstration aus und erreichst bald das Pantheon. Es liegt vor dir in der schweren Sonne wie ein gerade gebändigtes Tier, eine riesige, wuchtige Erscheinung, an den Flanken getroffen, wo der Marmor herausgebrochen ist, schwere Wunden auch an den Ziegelmauern, als habe der Feind von allen Seiten und mit allen nur denkbaren Waffen zugestoßen und zugestochen.

Du stehst in der Vorhalle, die gerade noch auszuhalten scheint, das Dachgerüst wie ein Provisorium, deshalb gehst du eilig hinein in das große Rund, und da siehst du den entscheidenden, letzten und tödlichen Treffer, das Wundmal des Todes oben im Dach, durch das die Sonne jetzt hineinschießt und die Kassettendecke abtastet, wie goldenes Blut langsam an den Kassetten hinabläuft, und unten gehen die Besucher herum wie Zeugen eines gewaltigen Dramas, mit diesem Treffer, denkt man, ging eine Epoche zu Ende.

Und dazu passen so gar nicht die harmlosen, ja lächerlich erscheinenden Gräber unten im Rund, auch Raffaels Grab eher nur wie ein Versteck, ein paar Knochen, die man in eine Nische gekehrt hat. Und das Flüstern der Besucher ist kaum zu hören, alle starren hinauf zu der Wunde und fliehen dann doch eilig wieder hinaus, als könnten sie noch zur Rechenschaft gezogen werden.

Nahe dem Pantheon eine Straße nur mit Artikeln für den sakralen Bedarf, Bischofsmitren im Fenster, Nonnengewänder, in Grau, Weiß und geradezu schon auffäligem Blau, eine Straße nur mit Korbgeschäften, eine andere mit Weinläden, und jedes Geschäft akzentuiert den Blick aufs Metier, als seien all diese Dinge äußerst rar, Pretiosen seit Jahrhunderten, und eben nur in diesem einen Laden zu erhalten.

Geschäfte, die an Werkstätten angegliedert sind, im hinteren Teil des Ladens, hinter dem diskret vorgeschobenen Vorhang, ist die heimlichtuerische Zone, wo geflüstert oder getrunken wird. In einem Weinladen höre ich Stimmengemurmel aus diesem Versteck, ich frage nach, und wahrhaftig, dort, im Halbdunkel eines kleinen, völlig schmucklosen Raumes sitzen sie, zehn, fünfzehn leicht betrunkene, alte Männer, etwas zu laut, aber nicht von der Lautstärke Betrunkene, wahrscheinlich glauben sie, daß sie sich ihre Sätze zuflüstern. Sie sitzen da an einfachen Tischen, keine Tischdecken, kein Schmuck, nichts, an den Wänden verblichene Plakate von Fußballmannschaften, die vordere Reihe kniend, in der Mitte der Torwart, dahinter die Stürmer, die Arme vor der Brust verschränkt.

Die Alten beachten mich nicht, erst als ich schon eine Weile dasitze, steht einer von ihnen auf, verschwindet hinter dem Vorhang und kommt mit einer Karaffe zurück, die er mir auf den Tisch stellt. Etwas Brot? Käse? Als ich abwinke, lächelt er, jetzt bin ich aufgenommen in ihren Klub, Trinker unter sich, die sich niemandem erklären.

Die kleinen Lebensmittelläden, allesamt Prinzenreiche für die Kinder und goldene Reviere für die Mütter, die mit abwägendem Blick an den Vitrinen entlanggehen, mit den Achseln zucken, als ginge sie all diese Pracht kaum etwas an, und dann sicher entscheiden: dieses Stück, genau das, davon eine Ecke, nein, die andere.

Der Stolz der Ladeninhaber, die ihre Waren besprechen, als seien es Waren aus dem Reich von Tausendundeinernacht, seltene Leckerbissen für Eingeweihte. Ausführliche Erläuterungen, etwa von Bestandteilen der erlesen wirkenden Pasten, die in kleinen Schalen von einer dünnen, im Kältezug der Vitrinen zitternden Zellophanhaube geschützt werden, als könnte schon ein falscher Hauch sie zusammenfallen lassen: richtig, das ist darin, auch davon, ein leichtes Lächeln, als habe man tausend Varianten erprobt und gerade diese sei nun die einzig richtige, himmlische. Dem Ladeninhaber wird von Helfern assistiert, die die Waren auf die Waage betten, sie in feines Papier einwickeln und in Reih und Glied nebeneinander legen, so daß der Chef am Ende der Bestellung, bei der er als Cicerone durch das Reich seiner Waren dient, die Heerschar seiner Treffer begutachten kann, eine stattliche Zahl, jetzt muß nur noch zusammengerechnet werden, und das darf nur der Chef, der einen mit dem Bon, auf dem alle Waren aufgelistet sind, an das Kassenmädchen verweist.

Das Kassenmädchen aber ist die Gegenfigur zum Besitzer des Ladens, das Mädchen (manchmal ist es auch eine ältere Frau, die Schwiegermutter, eine Tante, eine entfernte, zahnlose Verwandte) schweigt. Es ist die einzige Gestalt, die im fulminanten Einkaufsreigen zu völligem Schweigen erzogen, ja anscheinend seit Kindheit im Schweigen ausgebildet worden ist. Schweigend, mit einem unendlich müden Blick auf den Kassenbon, zeigt sie ihr Desinteresse. Ob man Waren für hundert oder für eine Million Lire bezahlt, es geht sie nichts an, es sind Zahlen, die im Innern ihres Hirns für eine Zehntelsekunde eine Leuchtziffer aufblinken lassen, bevor sie mechanisch zu den Geldnoten greift und einem herausgibt. Schweigend greift sie nach dem Kassenbon, schweigend gibt sie das Geld heraus, manchmal telefoniert sie während dieser Aktionen, denn mit einem fernen Partner darf sie reden, aber nicht mit den Kunden, denen sie zu beweisen hat, daß Geld nichts ist, gar nichts, ein lästiges Sammelsurium von Scheinen. Daher schweigt sie, sie löscht das Geld aus, sie breitet den Mantel des Schweigens über diesen Einkauf, sie gähnt kurz auf, Heerscharen ziehen an ihr vorüber, und noch niemand hat sie erlöst.

Noch ein Schritt ist zu tun für den Kunden, zurück zum Besitzer des Ladens, der inzwischen eigenhändig alle Waren in einer weißen, großen Plastiktüte verstaut hat, er reicht einem die Tüte über die Vitrine, oder er kommt eigens hinter der Vitrine hervor, mit einem Diener. Er strahlt, der Einkauf ist gelungen, es fehlt nicht viel, und er würde einen beglückwünschen für das, was man so klug ausgewählt hat.

Man verbeugt sich kurz voreinander, man verabschiedet sich und geht wie ein Sieger hinaus. Das Mädchen an der Kasse ist mit einem Zahnstocher beschäftigt. Sie hat nichts gesehen, nichts gehört, ihr ist, als stehe die Zeit still.

Via Bergamo 43. Das Haus der Erinnerung. Hier bin ich vor dreiundzwanzig Jahren eingezogen, oben im fünften Stock, in eine Pension, die von einer älteren Wienerin streng geleitet wurde. Hierher kam ich, kurz nach dem Abitur, mit einem kleinen Koffer und der hybriden Vorstellung, in Rom einen Roman schreiben zu müssen.

Den »Zauberberg« hatte ich dabei, ich wollte ihn ein zweites Mal lesen, ganz langsam, in kleinen Portionen, die genau für ein halbes Jahr reichen sollten, bis zu meiner Rückkehr nach Deutschland. Ich war ein Phantast, ein junges Mitglied einer aussterbenden Sekte, deren Glaube damals zu bröckeln begann und deren Oberhäupter längst gestorben waren oder kaum noch etwas galten, der Sekte der Literaten, und obwohl ich all meine Texte geheimgehalten und nur für mich geschrieben hatte, verstand ich mich, ohne zu zögern, als ihr Mitglied.

In einem winzigen Zimmer der Via Bergamo 43 schrieb ich Seite für Seite, und als das halbe Jahr vergangen war, setzte ich, um dem jugendlichen Pathos meiner Anstrengung besonderen Nachdruck zu verleihen, ein ›finis‹ unter die bildschön beschriebenen Bögen.

Sonntagmittag, Ferragosto, ein heiliger Familientag. Die meisten Lokale sind geschlossen, hier, in der Via Bergamo, ist das einzige geöffnete Ristorante weit und breit, entsprechend der Andrang, drinnen ist es voll, sehr begehrt sind die kleinen, wackligen Tische draußen auf dem Bürgersteig, man wartet in der Schlange, alte Leute darunter, denen es anscheinend nichts ausmacht, hier eine halbe Stunde zu stehen und den anderen beim Essen zuzuschauen.

In der Schlange wartet auch der Spaßmacher, eine schwatzhafte Gestalt mit blond gefärbten Haaren und einem bunt karierten Hemd, ausgelassen die Gelegenheit nutzend, sich in Szene zu setzen. Italien, sagt er, das ist der Blödsinn, die Idiotie, die Ferragostoidiotie. Alle wollen und müssen essen gehen, unbedingt, ohne Ausgehen geht es nicht, ohne Ausgehen kein Ferragosto. Aber gerade heute sind die meisten Lokale geschlossen. Italienidiotie. Warten, na gut, aber warum unterhält man sich nicht, warum schweigend dastehen, warten, daß einem das Wasser im Mund zusammenläuft …

Die Zuhörer sind amüsiert, der Bursche kann was, er ist eine rhetorische Begabung, und er ist weder dumm noch ordinär, also wird er anerkannt, sogar die glücklichen Esser an den Tischen merken nun auf und hören ihm zu. Ja, das ist ein lustiger Kerl.

Schließlich ist er dran, er ist nun der erste in der Schlange, er kann es kaum noch erwarten, Platz zu nehmen, ah, dort zahlt schon ein Herr, gut, man kann sich ja schon einmal an diesen Tisch setzen, der Herr wird ja sowieso bald gehen. Der zum Zahlen bereite Herr macht keinerlei Einwände, der Spaßmacher nimmt Platz.

Worauf sich die Kellner, die ihn die ganze Zeit schon mißtrauisch beobachtet haben (er stört ihre Auftritte empfindlich), seiner annehmen. Zurück muß er, ganz entschieden, zurück in die Schlange, er darf erst Platz nehmen, wenn der zahlende Herr sich erhoben und seinen Tisch verlassen hat. Italienidiotie, sagt der Spaßmacher, nirgends sind Kellner so schwachsinnig wie in Italien. Aber er steht auf und reiht sich wieder ein in die Schlange. Worauf die Kellner das Bezahlen des Tischbesitzers hinauszögern. Schließlich zieht der Herr ab, nun muß noch das Tischtuch gewechselt werden, der Tisch wird neu eingedeckt, jetzt erst, nach einer weiteren Viertelstunde, darf der Spaßmacher Platz nehmen. Es ist still, das Gefecht zwischen ihm und den Kellnern kann beginnen.

Wasser? Wein? fragen die Kellner, und der Spaßmacher sagt: einen Kaffee! Ein Kaffee ist der schlimmste Fauxpas, nur die unerträglichsten Touristen beginnen eine Mahlzeit mit einem Kaffee, aber der Spaßmacher sagt: Italienidiotie, warum Wasser und Wein, warum keinen Kaffee? Die Kellner weisen darauf hin, daß er sich in einem Ristorante befindet, Kaffee kann er in einer Bar trinken, dort, gleich um die Ecke. Der Spaßmacher: ist mir bekannt, die idiotischen Rituale dieses Landes sind mir bekannt. Ich werde essen, aber zunächst, bitte, einen Kaffee!

Die Kellner beugen sich der Forderung, nach einer Weile kommt der Kaffee. Früchte, sagt der Spaßmacher, bitte etwas Obst. Obst, antworten die Kellner, wird am Ende einer Mahlzeit serviert. Mag sein, antwortet der Spaßmacher, *ich* esse Obst zu Beginn einer Mahlzeit, ich bin's so gewohnt, ich bin Individualist, und angeblich sind die meisten Italiener ja stolz auf ihren Individualismus, ich bin's jedenfalls. Das Obst wird schweigend gebracht, nun hat sich die Szene zu einer Geschichte entwickelt.

An den Nachbartischen wird nicht mehr gegessen, der Spaßmacher beherrscht den kleinen Straßenausschnitt, es scheint sich um einen Sketch zu handeln, gar nicht schlecht. Bitte, sagt der Spaßmacher, jetzt etwas Fleisch und Gemüse, und von diesem Moment an dämmert es allen: er stellt die übliche, traditionelle Folge der Speisen auf den Kopf, er begann mit der Nachspeise, um sich langsam zur Vorspeise vorzuarbeiten.

Nun erscheint der Padrone. Mein Herr, sagt der Padrone, geht es Ihnen nicht gut? Sollen wir einen Arzt bestellen? Wie Sie wollen, sagt der Spaßmacher, wenn Sie den Service bezahlen. Warum sich nicht einmal untersuchen lassen? Aber heute ist Ferragosto, da ist kein Arzt zu bekommen, Sie scheinen die idiotischen Sitten dieses Landes noch nicht zu kennen, Padrone. Und bekomme ich nun meine Pasta?

Er bekommt sie, er bekommt alles, was er bestellt, schweigend servieren die Kellner die Speisen, und er kommentiert alles mit dem bittersten Zynismus. Alle warten, etwas muß doch geschehen. Und dann, im letzten Augenblick, als der Spaßmacher die Rechnung fordert, erscheint noch einmal der Padrone. Gehen Sie, mein Herr, sagt der Padrone, Sie waren Gast des Hauses!

Ich? Gast? fragt der Spaßmacher. Leute wie Sie essen bei uns umsonst, sagt der Padrone und lächelt, wendet sich ab und geht, der souveräne Sieger nach Stunden der Schmach, langsam zurück ins Lokal. Der Spaßmacher steht auf, grinst, verbeugt sich und verschwindet. Worauf zum letzten Mal der Padrone erscheint: mit einer weißen, großen Serviette fährt er über das Tischtuch, lupft es vom Tisch, fährt mit der Serviette über die Tischplatte, rückt jeden Stuhl einzeln zurecht und fordert die Wartenden auf, Platz zu nehmen. Und alle haben es bemerkt: sie waren Zeugen einer Teufelsaustreibung.

Villa Adriana in Tivoli, morgens, kurz nach der Öffnung um neun. Die Hitze hat sich noch nicht ausgebreitet, das Wasser in den beiden langgestreckten Becken scheint wirklich noch Wasser zu sein und nicht der algengrüne, ölige und beinahe unbewegliche Film, der in der Mittagsschwere zu pastoser Schwere erstarrt.

Die großen Ziegelmauern erscheinen in der offenen, weiten Landschaft wie Achsen, die auf ein fernes Ziel verweisen, das niemand kennt, überhaupt ist die Architektur schwer überschaubar, eine ruinöse Verklammerung seltsamster Gänge und Halbrunde, in denen der Besucher hoffnungslos fremd umhergeht, vorsichtig, als könnte er in jedem Augenblick von etwas Unvorhergesehenem überrascht werden.

Denn all diese Bauten entziehen sich. Sie foppen einen mit ein paar lächerlichen Andeutungen, hier einem marmornen Kapitell, dort einem kleinen Wasserrund, aber sie haben ihre Geschichte so tief in ihrem ewig gleichen dunkelroten Ziegelmaterial verborgen, daß kein Gesamtbild entsteht.

Um dem abzuhelfen, wartet gleich am Eingang ein rekonstruiertes Modell der Anlage, jeder Bau ganz vollständig in seiner ehemaligen Pracht, die Säulengänge, die kaiserlichen Paläste, ja, denkt man, so könnte es gewesen sein.

Wenige Minuten später jedoch, wieder draußen, kommt es einem so vor, als hätten hier Riesen gehaust. Die Gebäudefragmente stehen da wie hingeschmettert, die Wege dazwischen, die die Rumpelpfade späterer Besucher aus dem trockenen Boden gestampft haben, wie Spuren verirrter Blindgänger, die von den schweren, nach innen hin atmenden Bauten geblendet oder verschluckt worden sind. Selbst die wenigen Statuen, die entlang einem großen Wasserbecken so etwas wie eine friedliche Vorhut bilden, erscheinen in ihrer geradezu bestürzenden Häßlichkeit eher wie Drohgespenster.

So gewinnt die Vorstellung in diesem brachialen Gelände keinerlei Halt. Was einen anzieht, sind die wenigen Reste von Natur, die uralten Olivenbäume, die ihre letzten Äste aus den enthöhlten Körperstümpfen pressen, Spuren von verdorrtem, hohem Gras, zwischen dem sich warnend einige rote Feuerlöscher mit lächerlich kleinen Schläuchen verstecken. Nein, denkt man sofort, hier kann keiner löschen, hier verrichtet niemand mehr etwas, um das hier braucht sich kein Mensch mehr zu kümmern.

Und so scheint die gewaltige Anlage sich in der Mittagshitze selbst zu umarmen, die roten Bauten, zwischen denen sich der warme Dunst ausbreitet, der einen klaren Blick auf die nahen Berge von Tivoli unmöglich macht, reißen alles Lebendige in ihre Gemäuer, die Heerscharen der Großen sind abgezogen, und der klein und spurlos gewordene Mensch unserer Tage wendet sich ab.

In der Cafeteria nahe dem Eingang setzt sich der Kellner draußen auf einen Stuhl neben der Tür. Er beißt in ein Stück Brot und schaut dem davoneilenden Gast hinterher.

Katakomben der Priscilla an der alten Via Salaria. Ich steige hinab in das feuchte, etwas muffige Dunkel, das bald einer straffen Kühle weicht, während es über der Erde noch heiß und strahlend zugeht. Langsamer Gang mit einer älteren Nonne, die sich wegen der großen Temperaturunterschiede gut vermummt hat. Tuffgestein, lange, sehr schmale Gänge, die manchmal zu Grabkammern oder Kapellen fuhren, viele davon geschmückt, mit Stuckarbeiten oder Malereien, darunter die ersten Marienmotive, Maria noch in römischer Tracht, das nackte Kind auf dem Schoß. Szenen und Bilder des Alten Testaments, der vorsichtige, tastende Umgang mit den Bildern des Neuen, deren Gegenwärtigkeit noch zu stark war. Was für eine Zeit!

Heute aber noch immer: die Intimität dieser Räume, und die frische, morgenfrische Schönheit so mancher Bilder, von denen mir das des Sommers in der ›Cappella Greca‹ am besten gefällt. Ein hingetuschtes, in den Gesichtszügen kaum noch kenntliches Kopfbild, mit Ähren und Blumen, das von einem Kreis umgeben ist, der, durch rötliche Pfeile markiert, in Drehbewegung verstanden werden soll: der Sommer, der vergeht …

Die Bilder werden einige Minuten lang beleuchtet, sie glimmen in der tiefen Dunkelheit auf, wie herbeigezaubert aus einer weiten Ferne oder der unerforschbaren Tiefe der See. Auch die bemühtesten Erklärungen berühren sie eigentlich nicht, alle haben sie etwas Rätselhaftes, In-sich-Gekehrtes, wie Geheimschriften oder Mysteriensprachen, die gegen jedes Begreifen versiegelt sind. Der Kult, dem sie dienten, ist nicht mehr der unserer Tage, das sieht man mit jedem Blick, es ist eine herbe Frische in diesen Bildern, die Magie, die ihnen innewohnt, wirkt beschwörend und doch leicht, nicht bemüht, nicht klerikal.

Vom Treiben und Tun der ›frühen Christen‹ ist immer wieder die Rede, doch die Spuren sind längst getilgt, als hätten diese ersten Bekenner Reißaus genommen, um sich in noch tiefer gelegenen Zonen zu verbergen für immer.

Fregene, am Meer. Über kein Thema wird in diesen heißen Augusttagen in Rom häufiger gesprochen als über das Meer. ›Il mare‹ … das ist ein Reizwort, ein Wort der Klage darüber, daß man noch immer in Rom auszuhalten hat, ein Sehnsuchtswort, als finde man am Meer die vollständige Erlösung von allen Hitzequalen.

Am Meer, hier in Fregene, wohin die Römer in Scharen aufbrechen, sind die Temperaturen, trotz all der geschminkten Meldungen in den Tageszeitungen, die eine Linderung von fünf bis sechs Grad gegenüber Rom verheißen, jedoch ebenso hoch, vielleicht noch höher. Die mit der Maschine glatt gefahrenen Sandflächen an den kleinen, abgesperrten Strandparzellen, die man für jene Strandbesucher präpariert hat, die für alles zu zahlen bereit sind, für den Liegestuhl, den Sonnenschirm, die weiße Strandkabine mit eigener Dusche, sind jedenfalls kaum zu betreten, so heiß brennt der körnige Grund.

Kaum einer geht wirklich ins Meer, alle liegen, still und ergeben, unter den schattenspendenden Sonnenschirmen, lang gestreckt, Zeitung lesend oder einfach in sich versunken. Die Zeit der dröhnenden Kofferradios ist vorbei. Die älteren Strandbesucher verzichten ganz auf Musik, die jüngeren benutzen den Walkman, dezent, kaum ein Geräusch ist zu hören außer dem zurückhaltenden Meeresrauschen, einem sehr zurückhaltenden Ansprechen kleiner Wellen, die sich angesichts dieser ununterbrochenen Siesta-Stimmung nicht trauen.

Die pittoresken Bilder, von denen früher berichtet wurde, Bilder, auf denen Strandfamilien ihre ganze Habe mit ans Meer brachten, um sich hier, bis in jedes liebgewordene Detail zu versorgen, stimmen nicht mehr. Heute geht man am Mittag in den strohbedeckten weißen Hauptbau, um dort eine winzige Kleinigkeit zu essen, ein paar Muscheln oder sonst etwas Dekoratives, schließlich will man möglichst schnell wieder zurück an den Strand.

Aber was sucht man dort, in der Nähe der kleinen, wie domestiziert anrollenden Wellen? Nichts als die Stille, das Ausruhen, den Traum. Man liegt, schaut, schläft, selbst das Denken wäre hier eine Zumutung. Man sucht nicht die Kühle, nicht das Wasser, nicht das Land, man sucht nur die absolute Hingabe an die Hitze.

Sich auskleiden, den Körper der Hitze opfern, ihn der Hitze ausstellen, ihn lagern wie eine Hitzepackung, die für Stunden verdorrt und keine andere Regung mehr kennt, das ist es. Niemand sucht das Meer, ›il mare‹ ist eine Illusion, ein klingender Name für exquisite Langeweile, Langeweile pur, das Erlebnis der toten Welt, in der es wie aus einer Erinnerung heraus noch leise rauscht und in der, fern am Horizont, einige Schiffe in den Abend verschwinden.

Rechtzeitig bevor es dunkelt, verläßt man diesen Ort. Geduckt, ohne Aufhebens zu machen, ein Sonnendiener.

Diese Nachmittagshitze …, und du bist verrückt genug, den Campo Verano aufzusuchen. Du trittst ein durch eines der aufwendigen, hohen Tore, viel Polizei, sie fahren das riesige Friedhofsgelände ab, auf dem dir bei deinem Rundgang nicht einmal zwanzig Menschen begegnen.

In der Nachmittagssonne bilden die hell aufstrahlenden Marmortafeln eine blendende Phalanx, die älteren mit Schwarz-weiß-Fotografien der Toten, meist Männer und Frauen in bestem Alter, die einem gleich auf der Straße begegnen könnten. Manchmal ein Kind oder ein junger Mann, ›für unseren großen Lorenzo‹. Viel Lob überhaupt, oft auch der Hinweis auf heroischen Tatendrang, eine Witwe widmet ihrem Mann ein Denkmal, auf dem er mit Degen in voller Uniform posiert.

Dann die großen Familiengräber, kunstvolle Bauten und Grüfte, die meist verschlossen sind. Dazwischen ein Knochenfeld, kaum übersehbar, die Ungenannten sind hier begraben, und es ist dafür gesorgt, daß nach Münzeinwurf automatisch ein Karree von kleinen Lichtern anspringt, wie auf dem Jahrmarkt.

Es herrscht ein seltsames Entrate auf diesem Friedhof, überall wird man aufgefordert, zu den Toten hinabzusteigen, unter der Erde lange Fluchten von Grabplatten, mit einer elektrischen Lampe für jeden Abschnitt. An manchen Ecken große Müllcontainer, trockene Blumen, viele kleine Wasserstellen, und ein großes, lastendes Schweigen. Selbst die Bäume machen in der massiven Fülle der Grabplatten keine Figur, Getier ist so gut wie verschwunden.

Und so bleibt in den von der Nachmittagssonne geröteten Augen nur ein einziges Grauweiß, ein Marmorgrauweiß, vor dem sich all die Fotografien der Toten, die die Grabplatten schmücken, zu einem einzigen Film verdichten, zu einem Stummfilm mit aufmarschierenden Knochen, die sich langsam wieder in Menschen verwandeln ..., so daß du, als du es gerade noch geschafft hast, diese Stätte vor der offiziellen Schließungszeit (18 Uhr) zu verlassen, Szenen aus der Geschichte Italiens zu sehen glaubst, einen ungeheuren Reigen von Menschen, die Auferstehung des Fleisches.

Die Heimlichkeiten der großen Villengelände, die schmalen Kieswege, zu beiden Seiten niedrige Zäune, es gibt das satte, plumpe Grün des Nordens nicht, statt dessen gedämpftere Töne: das weiche Piniengrün oder die kräftige Dunkelheit der Zypressen, das changierende Grün der Zedern, olivgrün dazwischen, es sind Paletten, Nuancen.

Wer hierher kommt, bringt sein Kind zu einem der kleinen Spielplätze oder zu einem Karussell, oder er sucht etwas Entlegenes, Heckendichtes für die erotische Brunft.

Ich sah in ein abgesperrtes, tiefer gelegenes Terrain, eine Art Urwald, wo die Bäume, schräg gefallen, aneinander lehnten wie müde Unholde, und ganz in der dunklen Tiefe war ein Teich zu erkennen, so menschenfern und naturverzaubert, daß ich mir sofort wünschte, dort zu sein.

Dann sah ich, oberhalb der Wipfellinie des Horizonts, plötzlich einen Turm aufragen, wie die Andeutung eines Schlosses, ich war eingetreten in den alten, romantischen Raum, die Urstätte meiner frühesten Phantasien, die mich lange verfolgt hatten, und während ich weiterging, wußte ich, daß ich die Zauberei wiedergefunden hatte, nicht mehr wie früher als ihr Objekt, sondern als Täter, als zaubernder Magier.

Wenn er mit dem Kind unterwegs ist, er trägt es abwechselnd auf seinen Schultern, dem Rücken und auch am Bauch, bleiben manchmal Frauen neben ihm stehen, halten ihn an, streicheln das Kind, berühren seine Füße und Hände, bekreuzigen sich und wünschen ihm und sich selbst das Glück. Andere beginnen, als sie dieses durch die Stadt schwankenden Duos ansichtig werden, theatralisch in die Hände zu klatschen, weil sie den besonderen Einsatz des Vaters betonen und vor ihren eigenen Männern herausstreichen wollen. Wieder andere kommen, um mit dem Kind zu reden. Sie stellen sich ernst und gesetzt vor ihm auf und sprechen über die Stadt, ›Roma‹, als brauchte es lange und ausschweifende Erklärungen, um sich wohlzufuhlen.

Und so öffnet sich seinem Gehen durch Rom oft ein Spalier. Es ist, als machte er seine Besuche, als stünden überall Ehrenformationen bereit und als schüttete man um das Kind einen Schwall goldener Worte aus, in der

Hoffnung, daß zumindest einige ihre Wirkung nicht verfehlten.

Diese Fahrt an einem Nachmittag, etwa um drei, als der Wagen erst noch in den gewundenen Straßen hängenblieb, sich überall verkeilte, Platz zu schaffen suchte, dann beschleunigte und die großen Monumente in einem ganz überraschenden Tanz vorbeizogen, als sitze man in einem unbeweglichen Regiesessel und als böte die Stadt einen ihrer großen Fellini-Auftritte: die wankenden Heiligengestalten von San Giovanni, die weite Öffnung des Circo Massimo mit der Kuppel von San Pietro am Horizont, hingetuscht wie auf einem Bild von Hackert oder auf einem der ungelenken Goethe-Aquarelle, dann San Paolo, ein einziger Schrecken, ganz isoliert, wie das verlassene Zentrum einer untergegangenen Kolonie mit seltsamen, größenwahnsinnigen Riten, Via Ostiense, die Hallen der Großmärkte, zu beiden Seiten wächst die Verlassenheit, die Farben matter, die Terrains unsondiert, Parkplätze und Abstellplätze für Gipskitsch, von der Sonne hoffnungslos bebrütete Schrottlagerstätten, Möbelmärkte, dazwischen eine Trattoria, zehn Tische unter einige Holzstangen gesetzt, und dann verwandelt alles die Nähe der Küste, Felder, verstaubt, rötlich-gelb, wenige Bäume, die Landschaft ein flaches Mattengewirke aus bräunlichen Tönen mit ein paar verschilften Zonen, hin zum Meer, eine Vormeereswüste, man ahnt das Meer schon, die Stadt ganz fern, letzte Erinnerungen sind die wenigen Schriftzüge seitwärts, Plakate, Ermunterungen, es immer wieder mit Rom zu versuchen …

Ich begleitete einen Freund von der Höhe des Nomentano-Viertels hinab in die Stadt, und der nicht einmal anderthalbstündige Gang erschien mir wie ein Gang in frühere Jahrhunderte, als die städtischen Zonen noch streng und deutlich voneinander getrennt waren und der Spaziergänger an den bedeutenden Ausblicken und Wegkehren lange verweilte, hingerissen von einer Perspektive oder der Verwandlung seines Gesichtskreises.

Denn wir gerieten aus dem Wohn- und Einkaufsviertel Salario, das sich um die überdachte Markthalle an der Piazza Alessandria gruppiert, rasch in das weite Parkgelände der Villa Borghese mit seinen alten Bäumen und Brunnen, die Mittagshitze kündigte sich an, die wenigen Spaziergänger, die hier voneinander keine Notiz nehmen, flüchteten sich in die schattigeren Zonen, während wir das unmerklich abfallende Gelände zum Pincio hin durchquerten, wo wir in der prallen Sonne ankamen, als auch dort kaum Menschen anzutreffen waren.

Von der Höhe der Aussichtsterrasse überflog der Blick das dichte, wie Backwerk in der Sonne aufgehende Häusermeer, die daraus unvermutet aufsteigenden Kuppeln, aber auch in der Tiefe des Kessels war es ruhig, es war, als sei man von Schaubild zu Schaubild geführt worden und stehe nun wie eine der vor eine große Kulisse gerückten kleinen Wandergestalten Caspar David Friedrichs gerade vor einem weiten Panorama.

Da das Kind ihn auf den meisten Spaziergängen begleitet, hat er sich angewöhnt, trotz der großen Hitze sorgfältig und gut gekleidet zu erscheinen. Er hat das sonderbare Empfinden, als dürfte er sich dem Kind nur so präsentieren, eine ansehnliche, konzentrierte Erscheinung, die der erstbesten Hitze nicht nachgibt und sich nicht in den gängigen Sommerdress wirft.

Da er aber auch auf die Kleidung des Kindes Sorgfalt verwendet, es macht ihm geradezu Freude, es so zu italianisieren, werden sie meist für ein italienisches Paar gehalten, für den Vater aus gutem und betuchtem Hause, der die kleine Prinzessin ausführt und milde verwöhnt.

Den Gipfel dieses gemeinsamen Spiels bildet gewöhnlich ein Auftritt in einem Lokal, wo er sich allein an einen Tisch setzt, während das Kind, in seinem Wagen neben den Tisch gerückt, schlummert. Er hat viel Nachdenken und Geschick darauf verwendet, das Kind gerade für diese Stunde in den Schlummer zu versetzen, sowieso ahnt niemand etwas von seinen Anstrengungen, die er überspielt, weil er nichts mehr haßt als das billige Klagen. Jetzt aber, in diesen Minuten seiner Mahlzeit, hat die Doppelerscheinung von ruhigem, gleichmäßigem Essen und tiefem Schlaf auf manche Zuschauer eine geradezu euphorisierende Wirkung.

Sie schauen verzückt, sie müssen sich ihren Eindruck bestätigen, sie flüstern es sich einander zu, als beschrieben sie ein deutungsträchtiges Sinnbild. Essen und Schlafen – diese gestellt und hier doch mühelos erscheinende Verbindung strahlt etwas aus vom Reiz des Intimen, von der Übereinstimmung der beiden Beteiligten, als habe das Kind sich dem Schlaf hingegeben, um den Vater in Ruhe essen zu lassen, oder als beginne der Vater jetzt mit dem Essen, weil er das Kind versorgt weiß und zufrieden.

An einigen Nachmittagen hintereinander war sein Platz die Piazza Regina Margherita, nichts Besonderes, keine vornehme oder sonst auffällige Gegend, auch kein Platz aus dem römischen Bilderbuch mit Markt und Blumenständen, sondern ein verkehrsreicher, beinahe kreisrunder Platz mit hohen, ja sehr hohen Mietshäusern, höher noch als die üblichen, strengen, palazzoartigen fünfgeschossigen Gebäude in den umliegenden Straßen, Mietshäuser, die sich im eleganten Halbrund der Kreisgestalt des Platzes anschmiegen.

Am Morgen steht die eine Hälfte in einem zinnoberfarbenen, vom Sonnenlicht ausgebleichten Helldunkel, am späten Abend, wenn sich die dunkelgrünen Gitterläden vor den schmalhohen Fenstern öffnen und alte Damen in blauen Kleidern kurz den Kopf hinaushalten, bekommt dic andere die Abendsonne mit, die noch einmal schräg hineinschießt in die Vertiefung des Platzes, um schließlich oberhalb der pittoresken Zone der von einem Dämmergrün überwucherten Blumenkästen noch die ganze Phalanx der Fernsehantennen zu streifen und dann zu verlöschen.

Straßenbahnen durchqueren den Platz, dazu ein dichter, von den Bahnen immer wieder aufgehaltener Verkehr, häufig auch Polizeikontrollen, man pickt sich die Motorrad- und Vespafahrer heraus, zwei Büttel, die sich die Ausweise aushändigen lassen, während weit im Hintergrund der Vorgesetzte, die Hände auf dem Rükken, huldvoll auf und ab geht und sich als einziger einen Wortwechsel mit den Passanten erlaubt. Eine Bar gibt es, ebenfalls nichts Besonderes, ein paar Stühle und Tische draußen, an denen die älteren Damen Platz nehmen zu einem Eis und einem Glas Wasser, drinnen beherrscht ein mürrischer Mensch die Szene, bedient hinter der Theke, kassiert hinter der Kasse, was viel Arbeit bedeutet und auch ungewöhnlich ist, so daß er ordentlich hin und her gejagt wird von seinen spöttisch auftrumpfenden Kunden.

Zur Rechten eine Gelateria, Eis eigener Herstellung, zwanzig bis dreißig Sorten, in den Vitrinen die Eistorten, pyramidale und pantheonförmige Konstruktionen für die großen Feste, dann ein kleines Fotogeschäft, Expressentwicklung in einer halben Stunde, Sie warten auf Ihre Bilder, darauf das einzige Ristorante am Platz, nur abends geöffnet, der Lebensmittelladen, ein Feinkostgeschäft mit einer guten Weinabteilung und schweren, luftgetrockneten Schinken hinter der schmalen Theke, eine Apotheke, eine Änderungsschneiderei, ein Schuhladen, ein Zeitungsstand, eine Weinhandlung, wo die Weine nach den italienischen Regionen geordnet sind, Latium, Basilicata im Großangebot, schließlich eine Tavola calda für die eiligen Esser, die sich in die dunklen Hinterräume an die schmucklosen Tische verdrücken, mit einem Tablett voller Pasta und einem Glas Birra Peroni.

Vom späten Nachmittag an ist der Platz in Bewegung, unten kreisen die Einkäufer und Eckensteher um all diese Geschäfte, bleiben stehen, schauen den Polizisten zu, blättern in Zeitungen, führen den Hund aus, gehen, zwei Mädchen im schönsten Klatschalter, so um die fünfzehn, Arm in Arm mehrmals die Runde.

Es ist ein einfacher Platz, nichts Besonderes, und wenn man auf seiner Mitte steht, sieht man in der einen Ferne die hohen Berge und in der anderen die dunkel ansteigende Platanenallee der Viale Regina Margherita, aus der sich zwei Straßenbahnen der Linea 30 nähern, dicht hintereinander, schwach beleuchtet, wie sacht hin und her schaukelnde Boote, die zum nächtlichen Fang hinaustuckern aufs Meer.

Mit dem Kind auf der Höhe des Palatin, kein Mensch sonst ist zu sehen. Verstreut einige Pinien, ein leichter, fast unmerklicher Wind, der ihre Kronen nur streift. In der Ferne die Herrschaftskuppel, Sankt Peter. Der Verkehr nur ein schwaches, aber unermüdliches Summen, aus den Tiefen. Im Rücken das große Kolosseumsrund, in dieser stillen Mittagsstunde wie der auf den Rücken gedrehte Panzer einer gewaltigen Schildkröte, deren Fleisch Horden von Nagern bis auf die Knochen abgefressen haben.

Das Kind liegt neben ihm auf einer Decke. Sie schauen jetzt in den Himmel, und es ist, als verfolgte das Kind den Zug der wenigen Wolken, als tanzte dort oben ein himmlisches Mobile aus Weiß, Blau und Grau.

Und er fängt an, dem Kind zu erzählen, den Blick ebenfalls hinauf gerichtet, als beschriebe er, was dort oben geschieht. Er spricht jedoch von der Stadt Rom, was sie am Morgen gesehen, was sie später erwartet.

Und als er sich einmal unterbricht, um zur Seite zu schauen, sieht er den ihm zugewandten Kopf des Kindes, das ihn gespannt, mit offenem Mund und suchenden Augen, anschaut und, plötzlich erfreut, wie eine Verbündete, zu lachen beginnt, als es seinen fragenden Blick bemerkt.

Im römischen Alltag scheint, wie du dir einbildest, überall ein Ferment des Kindlichen enthalten, es ist ein Kinderblick, der all die herrlich auftrumpfenden, bunten Waren in den Feinkost- und Weinläden, den Gelaterien und Bars begehrt, eine Art kindlich naives Lokken scheint aber auch zu den Gegenständen zu gehören, eine narzißtische Anzüglichkeit, als blickten sie allesamt auf die gelungene Drapierung ihrer Gestalt. In deinen Träumen tauchen kleine, weit aufgerissene Mäuler, ähnlich denen von jungen noch nicht flüggen Vögeln auf, sie sitzen in den Relieffalten der Häusermauern und beschreien die Vorübergehenden: gib mir, gib mir, unendliches, immer heißer werdendes Verlangen ...

Lamm, frisches Lamm, die kleinen Koteletts, wie magere Fingerchen mit einem windigen Anhängsel aus Fleisch, und die großen Lappen, ganz dünn, mit den weißen Fettgerinnseln, die das dunkle Fleisch aufsprengen und zersetzen. Das alles auf den Rost, mit wenig Öl, nur Pfeffer und Salz, nach zwanzig Minuten haben die Fleischränder eine stechende Bräune, die Innenpartien noch heller, beinahe blaß. Lamm, frisches Lamm, man reißt das Fleisch von den Knochen, und die Gefährten des Odysseus beklatschen lachend die Gier ...

Es ist kurz nach zwanzig Uhr, das Sonnenlicht ist an den Fassaden erkaltet, in den Straßen wird der Verkehr matter, man steht vor den Haustoren und unterhält sich, die Lokale haben regen Zulauf, langsam beginnt das Flanieren, die schmalen Straßen um den Markt an der Via Alessandria beleben sich, eh, Paolo, einen Moment ist man zusammen, dann weiter, kleine ziehende Gruppen, die im warm und beinahe duftig die Straßen weitenden Dämmerlicht an den jetzt schließenden Geschäften entlangschlendern und kurz zur Seite schauen, eine müde gewordene Neugier, alles wie immer, ja, nur Giulio ist ans Meer gefahren.

Wenig später, das Dämmerlicht scheint sich zerstreut zu haben oder in die plötzlich sehr dunklen Hauseingänge versickert zu sein wie in winzige Kanäle, die sich unter der Erde zu einem Wärmespeicher verbinden, wenig später sind die wackligen Holzstühlchen vor den Lokalen alle besetzt, triumphal überfliegen die Esser ihren Tisch, kein Blick mehr zur Seite, auf die Straße, wo die zu spät Gekommenen sich kaum noch beherrschen können und närrisch zu werden scheinen vor Gier.

Alles ißt. Es ist die Zeit der Andacht des Essens, der hundertfachen Zelebration des Genießens, wo die Pasta den Tellerrand mit ihrem Tomatenrot überschwemmt und das gegrillte Fleisch mit den glasig gewordenen Fettkrusten am Rand mit einem kräftigen Schnitt des scharfen Messers geteilt wird wie ein blutender Leib.

Die großen Pizzerien haben sich noch etwas vom Status der Arme-Leute-Lokale erhalten. Pizza ist das Hauptgericht, ein hauchdünner Teigfladen, der in einer von überall einsehbaren Ecke des Lokals, gleich vor dem Ofen, auf die kühle Marmorbank geklatscht wird, bevor das kreisrund ausgewalkte Stück erneut in die Höhe fliegt, sekundenlang verwirbelt, erneut im Mehlhafen landet, zwei-, dreimal gewendet wird, seinen Belag erhält und im Ofen verschwindet.

Dazu ein Glas Bier, kühl, frisch gezapft, die Zapfsäulen pompös umbaut, ein Schaugerüst mitten im Lokal, als handelte es sich um einen überdachten Tabernakel, die Mitte eines Zentralbaus. Sich zu betrinken, geht gänzlich gegen das allgemeine Ritual, das die Mahlzeit als eine intime Zeremonie der Familie versteht und niemals als Treffen trinksüchtiger oder saufwütiger Kumpane, die mal einen draufmachen wollen.

Da die Pizza das traditionelle Bestellen einer Vorspeise oder einer Pasta erübrigt (der dünne Teigboden der Pizza erinnert an die Pasta, der Belag an die Vorspeise), behilft man sich zur Eröffnung der Mahlzeit mit einer Bruschetta, einem gerösteten, meist stark ölgetränkten Stück Brot, das mit klein geschnittenen Tomaten belegt oder mit einer Paste von Oliven oder Pilzen bestrichen wird. Die Bruschetta ist also eine Art angedeuteter Pizza, aber viel robuster, ein Zitat der einfachsten Küche überhaupt, die mit Brot und einer Zutat auskommen mußte, dazu Öl und Knoblauch, der als der wichtigste Geschmacksverstärker galt. In den Pizzerien ist es eine Spur lauter als in anderen Lokalen, die Gäste wechseln schneller, die Tische werden in rasantem Tempo geräumt. Der ›feine‹ Kunde zählt hier nichts, womit sollte er seinen erlesenen Geschmack auch beweisen? Es bleibt ihm nichts als die Zurschaustellung seiner Nostalgie: die zurückführt zu den einfachsten Dingen, dem gerösteten Brot, dem im Ofen erhitzten Teig sowie dem Getränk der Barbaren.

Bei ›Enrico e Bruno‹, draußen, an einem der winzigen Tische, die kleinen Klappstühle stehen auf einem holprigen Untergrund, so daß man sie mehrmals umstellen muß, um endlich einen sicheren Platz zu haben.

Das Ristorante öffnet am Abend gegen 19.30 Uhr, etwa eine halbe Stunde vorher werden die großen Flügeltüren geöffnet, die Tische vollständig eingedeckt und die Beistelltische herangerollt.

Es dunkelt rasch, gegen einundzwanzig Uhr ist es finster, und man sitzt in einer schmalen, kaum befahrenen Straße, die nun voll besetzten Tische in mattes Licht getaucht, ein heller Ausschnitt in einem sonst mattdunklen Fresko.

Am Abend allein im Studio. Ich fotografierte nach einiger Zeit, es war sehr still in den Räumen, auch früh dunkel geworden, den großen Studioraum, den ich nur schwach beleuchtete. Ich dachte, daß auf diesen Fotos die kühle Nachtvergessenheit der Gegenstände erscheinen könnte, auch etwas von der bitteren Abendmelancholie, die einen in diesen Verhältnissen manchmal überfällt. Man ist müde oder erschöpft, im Oberlicht des Studios erscheinen die dunklen, sich immer mehr ins Düstere versenkenden Andeutungen der Pinienkronen.

Irgendwann steht man auf, geht ein paar Schritte durch den Raum, holt sich ein Getränk, setzt sich wieder. Es bleibt weiter still, und diese Stille ist wie ein Warten darauf, daß gerade *du* dich bewegst.

Manchmal hast du das Gefühl, die Stille deckt dich ganz zu, dann suchst du dir schnell einen Pfad, beginnst mit einer Arbeit, hörst Musik, gerätst in ein völlig versunkenes Nachdenken, aus dem du später wie aus einem konzisen Traum erwachst. Diese Nachtstille hat etwas von einer Prüfung, als ginge es darum zu sehen, wie du allein mit dir auskommst.

Viele, die in der Villa für Wochen oder noch länger allein sind, gehen an dieser Nachtstille und ihrer bitteren Gewalt zugrunde. Irgendwann sieht man sie an einem Morgen die großen Studioräume verlassen und verwirrt von Stimmen und Zeichen reden. Nachtwandlerisch machen sie sich auf ihren Weg, man hilft ihnen, die Koffer zu packen, man bemüht sich um sie, man bringt sie auf dem schnellstem Wege zum Flughafen. Heim, nichts wie heim! ..., und wenn man sich von ihnen verabschiedet, weiß man, sie werden nie wiederkommen.

Das Kind, geheimnisvolle Nähe des Kindes, besonders in der tiefen Nacht, um Mitternacht und wenig später, wo es, anscheinend berückt schlafend, in seinem Bett liegt, hingewurstelt, eine Hand am Kopf, die andere weit von sich gestreckt, die dunklen Haare in dichten Spiralen, sich aber, wenn ich das Schlafzimmer betrete, kaum merklich bewegt, nur ein schwaches Zucken irgendeines Gliedes, ein Finger, der sich schneckenhaft langsam krümmt, oder ein etwas rascherer Atemzug.

Die Lampe auf dem Nachttisch brennt, daneben steht etwas Wasser für die übliche Nachttablette, nun stelle ich daneben die gefüllte Flasche, die weiße, zurechtgeschüttelte Flüssigkeit bildet auf der Oberfläche einen feinen Schaum.

Ich rede es an, sehr leise, unverständliches, nur uns beiden vertrautes, altes Reden, wie Ammenreden, denke ich, nun regt es sich wie ein Fisch, den man in der Tiefe irgendeines Gewässers, wo er stundenlang regungslos verharrte, berührt hat, eine Schwanzflosse zuckt, dann ein leises Stöhnen und Auftauchen.

Kaum aber habe ich damit begonnen, überhuscht das noch vom Schlaf verhangene Gesicht ein Lächeln, ganz im Hintergrund des Schlafs und der Träume wird mein Murmeln anscheinend empfangen, geheimes Verstehen, vor allen Worten und über sie hinaus.

Dann hebe ich das Kind aus seinem Bett und lege es auf mein eigenes, breites, den von Schlaftrunkenheit noch geröteten Kopf auf mein Kissen. Die Augen des Kindes öffnen sich, es schaut nach links, zum Nachttisch, wo es das milchige Weiß in der Flasche erkennt, es öffnet den Mund einen Spalt.

Während es trinkt, schließen und öffnen sich die Augen in einem undurchschaubaren Rhythmus, manchmal ist das Lächeln wieder da, aber jetzt ganz offen, ganz Reaktion. In einer Trinkpause erhält es seine Tablette, aufgelöst in etwas Wasser, dann leert es die Flasche.

All das dauert nicht einmal zehn Minuten, es ist, wie gesagt, nur ein Auftauchen aus der Tiefe, bevor ich es wieder zurücklege in sein Bett, wo es sich sofort zusammenkrümmt, die Beine anzieht und die Schlafstellung einnimmt.

Ich ziehe mich aus, ich lege mich in mein Bett und lösche das Licht. Im tiefen Dunkel horche ich auf das Atmen des Kindes, eine Weile geht das so, schließlich schlafe auch ich.

Am Mittag kommt der Herbst, die Wärme versinkt in den haarfeinen Rissen der trockenen Böden, plötzlich Wolkengerinnsel, dünne Gespinste, die vom Wind gehetzt werden, das Blau dahinter vom Blau manieristischer Maler, am Abend gerät alles ins Rot, eine Rotaura, die dann im Dunkel gravitätisch versackt.

Nun wird der Sommer verdaut, die warmen Parzellen geraten unters Joch der kühlenden Winde, Winde, die verspielt und streunend herumfegen und die wenigen, ersten gelbbraunen Blätter zerstreuen.

Und dann erstarken die Farben, als hätte ein Expressionismus begonnen, ein Farbenwerfen, und man geht, an einem einzigen Tag aus dem Sommer entlassen, freier, schneller, mit dem Mut eines Menschen, der jetzt viel anpacken wird. Schon deutet sich etwas vom Ende des Jahres an, von Wintermühen, und man wünscht sich heftig, sehr heftig, um Wochen zurück, in die Sommerdichte der ewiggleichen Tage, an denen nichts sich regte.

Schließlich die ersten Regentropfen, wenige nur, man könnte sie zählen, eine gewaltige Wolkenfaust hat die Küstenregion mitsamt der Stadt gepackt und hält sie noch still, nur die Baumwipfel rühren sich etwas stärker als sonst, dann geht ein kühler, feiner Wind hindurch, zieht Wärme ab, streicht kurz durchs Geäst. Alles wartet auf die Erlösung, den großen Guß, das Gewitter nach Wochen von Sonnenschein und brennender Intensität einer gleichbleibenden Hitze.

Plötzlich bemerkt man Vögel, Taubenschwärme, unter eine Pinie gestreut, aus kühlen Kellerlöchern fegt manchmal eine Böe, aber noch ist nichts aufeinander abgestimmt, die Elemente spielen, ganz für sich, mit einem Mal glaubt man daran, daß es jetzt anders werden könnte, man denkt an den Herbstschwall, Regen, Blätter und viele Organismen, aus langer Erstarrung wieder ins Leben geschwemmt.

Dann sind die Bürgersteige wieder unbegehbar und voll von geparkten Wagen, der Verkehr erreicht wieder die alte panische Spannung, und man spürt: jetzt gilt's wieder, der soziale Motor ist angeworfen, die Konkurrenzen wollen angeheizt werden, jetzt geht's gegeneinander, die Intrigen und Debatten flammen auf, dazu der Beginn der Fußballsaison, ein Ereignis, das den unbedingten Lebensernst markiert.

Die ›Chiusura estiva‹, die überall plakatierte sommerliche Schließung, die Rom im August zu einem in der Hitze hingestreckten Leichnam macht, ist aufgehoben. Und mit diesem Umschwung, dem Eintreffen der gut gebräunten Ferienmenschen, die ihre voll gepackten Wagen in die Hauseinfahrten stellen und laut mit dem Auspacken ihrer Badeutensilien beginnen, hat sich eine feine Kühle, wie ein linderndes Gel, in die Straßen geschlichen.

Es ist die Kühle, die das Ansteigen der inneren Thermometer vorbereitet, der Krisen- und Geschäftsthermometer, eine Kühle, die die innere Hitze des Herbstes ermöglicht, in dem die kleinen Kriege neu entstehen werden wie seit Jahrhunderten.

Das vertraute, blasse Gesicht der heiligen Agnes in San Agnese, ein bleiches, unendlich vornehmes Antlitz, so hell, daß es sich von dem changierenden Goldgrund abhebt wie eine Hostie, dieses getönte Weiß hat etwas Mondhaftes, etwas vom römischen Mond, wie er sich nach Mitternacht ins Geflecht der dünnen Pinienäste drückt und deren schwarze Graphik erhellt. Dazu die kreisrunden Rouge-Markierungen auf den Wangen und der dringlich wirkende Blick, der das Kircheninnere weitet, hin, bis zu den Grenzen des Traums …

Rückkehr

Abfahrt von Rom. Die Via Nomentana noch grau, in der Sonntagsfrühe kaum Verkehr. Rasch getankt, dann eilig weiter, ohne aufgehalten zu werden, die langgestreckte alte Ausfahrtstraße entlang, bald auf der Autobahn, zwei Stunden später ist man schon durch Latium und Umbrien hindurch, in der Nähe von Florenz.

Jetzt wird die Fahrt langsamer, achtzig, hundert km/h, viele Tunnels, Licht einschalten, eine Strecke mit vielen Kurven und Windungen, bis es dann, auf Bologna und Modena zu, im Flachland der Po-Ebene wieder rascher zugeht.

Der breite Fluß führt viel Wasser, das Wetter verändert sich, Regenschauer, im Autoradio auf allen Kanälen nur Kurzbeiträge, viel Werbung, Musik, Aufforderungen, diesen Sonntag zu nutzen zu einer Fahrt in ein nahegelegenes Einkaufszentrum.

Trient markiert schon den Übergang zum Norden, eine ganz andere Vegetation deutet sich an, Obstbäume in der Ebene, auch die Wolken dichter, wie düstere, schnellziehende Flaneure in den Nadelöhren der Talstraßen, an deren Seiten sich die großen heroisch erscheinenden Szenen auftun, Burgen, mausgrau, auf die Kegel der Hügelwürfe postiert.

Im Radio die ersten Stimmen aus Österreich, ein Klassikprogramm feiert seinen fünfundzwanzigsten Geburtstag, Einspielungen der Walküre, Toscanini-Proben, die neue Barenboim-Aufnahme, jetzt die Brenner-Autobahn, und die Grenze.

Von Trient bis Innsbruck, die Gebirgsregion, nach Innsbruck der lange Aufstieg, zahllose Schleifen auf Mittenwald zu, dann die Abfahrt hinunter nach Garmisch, wo die Spaziergänger mit Lodenhüten und Regenschirmen über die Bürgersteige wandern, als marschierten sie zu einem unhörbaren Defiliermarsch.

Der ist aus dem Radio dann mitzubekommen, Blasmusik, dazwischen Sportübertragungen und Ratgebersendungen, so zieht es einen Richtung München. Vorher aber noch die schöne Vorgebirgsregion, das weite, atemholende Gelände um Murnau, eine Landschaft wie ein einziges Staunen vor den nahen Bergen, die ihre Wolken und den Regen hinabspucken.

München ist überfüllt, mehrspurig, man folgt nur den blauen Autobahnschildern, ein Warten auf einen Startschuß, der nicht fallen will, auch nicht, als man die Autobahn nach Stuttgart längst erreicht hat.

Jetzt, auf dem letzten Teilstück, ist es dunkel geworden, man blickt, nach zwölf Stunden Fahrt, in das Flakkern der roten Heckleuchten, die sich wie das Staccato eines riesigen Computerbildes langsam fortbewegen. Im Radio viel abendliche Psychologie, was treibt mich, fragt gequält ein Zuhörer, morgens gegen Sechs aufzustehen, um Schnecken zu sammeln?

Versuch einer Fahrtunterbrechung auf einem Rasthof, aber im dunklen Speiseraum schlägt es einem entgegen, so stinksatt und aufgequollen, daß schon die Kellner die Köpfe hängenlassen. Also weiter, stundenlang zieht sich der bekannte Sonntagsstau bis zur Schwäbischen Alb, wo er in einem Albabgrasen vollends erstickt.

›Kirchheim/Teck‹ ist der dunkelste Fluchname, man schreit ihn noch, längst heftig geworden, längst eine einzige Sehnsucht nach Bettlaken und eiskalten Duschen, als man die Abfahrt ›Stuttgart‹ erreicht hat, idiotisch geworden, schreit man ›Zentrum, Zentrum‹ es ist eine Mischung aus Singen und Schrei, Walküre, Heimfahrerproben, und dann läuft das rasende Tier unter einem aus, biegt ein, der Paradiesweg, wird geschluckt von allen geliebten Dunkelheiten des Waldes, der Nähe, kommt an …

Stuttgart, Gartenhaus

Mitte des Jahres waren in einem der Nachbargärten ehemalige DDR-Flüchtlinge erschienen, ein Ehepaar mit einem Kind, jetzt, im Oktober, haben sie aufgegeben. Sie hatten ein steiles Grundstück gepachtet, eine Wiese, durchzogen von Trockenmauern, einige Obstbäume, ein wegloses, nur von einer langen Staffel begleitetes Terrain, auf dem ihre Anstrengungen von Anfang an etwas Hilfloses hatten.

Anders als die Kroaten, Polen oder Mazedonier, die alle paar Tage mit einem Schwarm von Familienangehörigen erscheinen, sich die Arbeit einteilen und längst jeden Quadratmeter nutzbar gemacht haben, blieb die kleine DDR-Truppe unter sich, ein am Hang herumfuchtelndes, ausbesserndes, richtendes und verzweifelt gegen die überbordende Natur ankämpfendes Paar, das vom grellen Schreien des einzigen Kindes verfolgt wurde.

Niemand wollte helfen, längst hatte die ganze Umgebung beschlossen, daß hier ein Exempel statuiert werden sollte: das Paar aus dem Osten, das es im Westen nicht packt.

Und so sprachen sich die Versuche der allein gelassenen Truppe rasch herum, oben, auf dem Paradiesweg, wurden die neusten Meldungen ausgetauscht und mit deftigem Hohn inszeniert: sie haben Entwässerungsrohre aus Plastik besorgt, sie haben eine Palette Ziegelsteine abgeworfen, sie bauen einen winzigen Unterstand mit einer blauen Plastikplane als Dach, sie haben eine Satellitenschüssel auf einem Vogelhaus postiert …

Als ich nach Rom aufbrach, hatte sich das schmale Terrain in eine merkwürdige Baustelle verwandelt. Schaute man vom Weg aus auf das Grundstück hinab, so lagen dort überall Materialien und Werkzeuge verstreut, so absichtslos und bunt, als ginge es um eine Performance. Überall hatte man Hand angelegt, und doch war noch nichts geraten. Die Steinpalette hatte sich aufgelöst, die Entwässerungsrohre ruhten da, zu seltsamen Schneckengestalten verkeilt.

G., den ich heute morgen treffe, erzählt mir jetzt, nach meiner Rückkehr, den Rest der Geschichte. Irgendwann, sagt er, wurde es der Natur halt zu bunt. Mit der

Natur spaßt man nicht, und Geduld hat sie auch nicht. Erst brach oben das Geländer zusammen, das hatten sie nicht erneuert, dann war der Unterstand dran. Die blaue Plastikplane wurde heruntergeweht, weit ins Tal, weg war sie, dann riß ein kleiner Sturm die Satellitenschüssel herab. Den Fernseher, der an einem Morgen als letztes noch dastand, im Regen, den hat man ihnen geklaut. Und dann wuchs das Gras meterhoch, die Brombeeren versperrten oben den Zugang, und die Entwässerungsrohre hat einer mitgenommen, der wenigstens noch etwas mit ihnen anfangen konnte.

Am Ende standen sie auf einem Trümmergrundstück, so kam's einem vor, da hatte ich, sagt G. schmunzelnd, Mitleid mit ihnen. Ich bin zu ihnen hin und hab ihnen gesagt, daß ich mich drum kümmern werde, daß sie es bald wieder los sind. Und was glauben Sie, sie haben sich bei mir bedankt! Jetzt, sagt G., wird wieder professionell gearbeitet …

Er hört die fremden, lauten Stimmen noch immer, Kroatisch und Polnisch, aber die Gärten sind wenigstens halbwegs gepflegt. Das ist für G. das Wichtigste, nachdem die Vertreibung der Dilettanten gelang, die hier oben nie mehr erschienen und angeblich noch Glück hatten, kein Bußgeld zahlen zu müssen.

So geht's, sagt G., wenn man nur mit den Augen arbeitet und nix versteht! Man zieht dir das Fell ab!

Fulda, Oktober 1993

Lesungen können sehr unangenehm sein. Wenn man an einem Mittwochnachmittag nach sechs Stunden Bahnfahrt in Bad Willig eintrifft und von einer überanstrengten Buchhändlerin am Bahnhof abgeholt wird, ahnt man schon Schlimmes. Gleich wird sie einem sagen, daß heute abend leider ein wichtiges Fußballspiel im Fernsehen stattfindet, was man aber nicht vorhersehen konnte, da die Lesung bereits vor acht Monaten vereinbart worden war. Auch die lesehungrigen Schülerinnen und Schüler des Ortes mitsamt ihren noch lesehungrigeren Lehrerinnen und Lehrern sind leider im Urlaub. Außerdem hat der Verlag zu wenig Titel geliefert, gerade mal drei, obwohl man doch alle Titel bestellt hatte, natürlich mit Rückgaberecht.

Auch das Hotel, in dem man sonst ein Zimmer für den Gast reserviert, mit Blick auf den historischen Marktplatz, hat ausgerechnet heute geschlossen. Daher muß der Autor diesmal mit einer kleinen Pension vorliebnehmen, schade, aber man ist nicht daran schuld, da das Hotel seine unvorhergesehene Schließung nicht rechtzeitig bekanntgegeben hat.

Am frühen Abend, die überanstrengte Buchhändlerin hat einen noch bis zur Pension begleitet und den kleinen Stadtplan nicht vergessen, damit man später zur Lesung findet, ißt man irgendwo eine lauwarme Suppe, trinkt ein Glas Wein und bittet den Herrn, einem diese, gerade diese Lesung zu ersparen.

Schau, Herr, sagt man, ich weiß, daß Lesungen eine

Strafe dafür sind, daß man etwas geschrieben hat, aber Hans Magnus Enzensberger liest auch nur, wann und wo er will. Wenn ich schon Deinen Zorn auf mich gezogen habe, lese ich nächstens freiwillig in Stuttgart, da kann ich nach der Lesung wenigstens nach Hause gehen und sofort alles vergessen. Hier aber, in Bad Willig, kann es niemanden geben, der meinetwegen zu einer Lesung kommt, ganz ausgeschlossen; und im Grunde braucht es solche armen Geschöpfe, die meinetwegen zu einer Lesung kommen, ja auch wirklich in Bad Willig nicht zu geben. Ich erlasse Bad Willig diesen Anspruch, Herr, dann sorge Du aber dafür, daß Bad Willig mich ziehen läßt, heute abend, in meine Pension, wo ich, statt selbst vorzulesen, in Ruhe etwas lesen werde!

Am Abend, gegen zwanzig Uhr, begegnet man der jetzt völlig überanstrengten Buchhändlerin, die angesichts der drohenden Leere noch rasch ihre besten Freundinnen und Freunde zusammengetrommelt hat, damit sie dieser Lesung lauschen. Fünfzehn Personen sitzen einem gegenüber, die meisten gereizt und bitter, weil man sie von wichtigeren Vorhaben, etwa einem Blick ins abendliche Fernsehprogramm, abgebracht hat.

Und so liest man in eine Sterbensstille hinein. Kein Lächeln, keine freundlichen, lobenden Worte, sondern ein matter, gedämpfter Applaus. Ohne noch zu verweilen, stürzen die Gepeinigten aus der Buchhandlung, hastig um sich grüßend; vielleicht gibt es ja noch eine Verlängerung, Fußballspiele nehmen manchmal einen merkwürdigen Verlauf.

Tja, sagt die erledigte Buchhändlerin noch zu einem, während sie, allein gelassen, seufzend die Scheine zählt, die sie einem gleich in die Hand drücken wird, jeden einzeln, jeden noch einmal abtastend, um zu zeigen, wie schwer es ihr fällt, sich von ihm zu trennen, tja, sagt sie, solche Abende gibt es. Da muß man durch!

Und man hat das Gefühl des schlimmen Versagens, wie ein Clown, bei dessen Programm die Kinder gegähnt haben vor Langeweile oder Verzweiflung. Trinken Sie noch einen mit? fragt einen die erschöpfte Buchhändlerin, und es klingt so, als wollte sie sich noch erbarmen. Ja, gern, antwortet man, obwohl man nichts lieber täte, als sofort zu verschwinden.

Man sitzt bis drei Minuten nach Mitternacht. Drei Gläser Wein, einige Käsewürfel und Salzstangen. Am Ende kennt man die Geschichte von Bad Willig, die Geschichte einer Buchhandlung und sehr intensive Ausschnitte aus der Lebensgeschichte einer Buchhändlerin.

Man hat gut zugehört, man bedankt sich, daß man zuhören durfte. Dann erlöst einen der Herr, und man hat wieder eine Novelle frei.

In Fulda aber, in Fulda ist alles ganz anders, denn in Fulda ist die Lesung ein Fest, und die Dichter werden noch so geehrt, wie sie es verdient haben.

Schon am Bahnhof wartet der Dienstwagen des Oberbürgermeisters mit dem Chauffeur, der einen sofort in eines der besten Hotels der Stadt bringt, gegenüber dem Dom, nahe der Michaeliskirche. An der Rezeption begrüßen einen herzliche Fuldaerinnen, ah, der Dichter O., wir haben Ihr neustes Werk gleich zweimal gelesen, die Santo-Domingo-Passage ist exzellent und der Verweis auf Dantes Inferno unnachahmlich!

Beglückt betritt man das große Hotelzimmer mit Panoramablick auf die Stadt. Auf dem gewaltigen Rundtisch neben dem Fenster, an dem eine achtköpfige Familie Platz nehmen könnte, liegen einige Begrüßungszeilen des Oberbürgermeisters, nebst einem kleinen, aufwendig drapierten Präsent.

Für den Nachmittag ist eine Stadtführung vorgesehen. Kaum hat man sich kurz erfrischt, wartet unten schon eine hinreißend aussehende Fuldaerin, die das gesamte Werk des Dichters O. in ihren freien Nachtstunden gelesen und schätzen gelernt hat. Sie studiert Archäologie, Ägyptologie und drei Fremdsprachen des islamischen Raums und zeigt einem alles, was man unbedingt sehen möchte, den Dom mit dem Grab des heiligen Bonifatius, die Michaeliskirche aus dem frühen neunten Jahrhundert sowie allerhand Diesunddas.

Eine Stunde Vorabendruhe wird gewährt, die Domglocken schweigen, den Hunden der Stadt wurde das Bellen untersagt. Zwei Stunden vor der im Stadtschloß stattfindenden Lesung erscheint der Oberbürgermeister mit seiner Gattin, die sich sofort als große Kennerin der Werke des Dichters O. vorstellt. Man ist ergriffen, das Abendessen im festlichen Diana-Saal des Hotels wird zu einem raffinierten Gespräch unter Kennern. Der Oberbürgermeister gesteht, daß er am liebsten nichts anderes tun würde als lesen, die Stadtgeschäfte beherrscht er im Traum.

Draußen, es dunkelt gerade, rufen Trompeter zur Lesung. Die Bürgerinnen und Bürger von Fulda machen sich auf den Weg, der Bezirk um das Stadtschloß ist chaotisch verstopft. Zur Lesung gehen Oberbürgermeister, Gattin und Dichter, angeregt miteinander plaudernd, durch ein Spalier von Wartenden, die noch wegen der letzten Karten anstehen.

Der Fürstensaal des Stadtschlosses ist überfüllt, in den ersten Reihen die Honoratioren, in den hinteren ausgewählte Schülerinnen und Schüler der Gymnasien, alle mit hervorragenden Deutsch-Noten. Als der Dichter O. den Saal betritt, erhebt sich das Volk der Leserinnen und Leser. Minutenlanger Applaus.

Der Oberbürgermeister beginnt seine viertelstündige, frei gehaltene Einführung in das Werk des Dichters O. mit dem Hinweis darauf, daß er und seine Gattin gerade die Ehre hatten, mit dem Dichter zu Abend zu speisen. Seit Jahren habe man keine so geistreiche Konversation erlebt.

Der Dichter dankt und liest zur Belohnung anderthalb Stunden. Die Glocken des Domes schweigen, die Hunde bellen sowieso längst nicht mehr, der Autolärm ist beinahe versiegt, durch die geöffneten Oberlichter des Fuldaer Stadtschlosses ziehen die Sätze des Dichters O. nach draußen, brechen sich an der Schallmauer der Domfront, werden zurückgeworfen und durchkreisen die Stadt.

Noch nie hat sie eine so poetische Nachtstunde erlebt. Die Dichterworte tun ihren Zauber, bringen stehengebliebene Uhren zum Klingen und machen eine geheime Musik. Auf den Plätzen und Straßen der Stadt versammeln sich die Bürgerinnen und Bürger, der Bischof erscheint und gelobt Besserung, es gibt doch noch Zeichen und Wunder, auch außerhalb seiner Kirche.

Nach der Lesung sprechen die Leserinnen und Leser von ihrer Ergriffenheit. Die Zustimmung ist hymnisch, die angeforderten dreihundert Bücher reichen nicht, jedes wird signiert.

Kurz vor Mitternacht versammelt der Oberbürgermeister die Stadt- und Landdichter der Region im nahen Schoppenkeller zum Gespräch mit dem Erwählten. Buchgeschenke werden ausgetauscht, der nächtliche Festschmaus samt improvisierten Lyrikeinlagen dauert bis zum Morgengrauen.

Der Dichter wird die Lesung in Fulda nicht vergessen, ganz gewiß nicht.

·

Am nächsten Morgen noch einmal im Dom. Der barocke Bau hatte einen großen Vorgänger aus dem frühen neunten Jahrhundert, in karolingischer Zeit wohl die größte Kirche nördlich der Alpen. Die Grabstätte des Bonifatius war eine berühmte Wallfahrtsstätte, aus der benachbarten Klosterschule kamen Einhart, der Biograph Karls des Großen, und Hrabanus Maurus.

Die alte Basilika, heißt es, sei an St. Peter in Rom orientiert gewesen, ein mächtiger Bau mit breitem Querschiff, großen Hallenkrypten und einem der Ost-Apsis vorgelagerten Paradies.

Er gäbe etwas darum, diese Basilika zu sehen. Er möchte sich die Proportionen vorstellen, die hier im Norden durch kein ihnen entsprechendes Stadtbild ergänzt wurden. Und so denkt er sich den Bau als eine überdimensionale Erscheinung, ein im Innern dunkles, vor den nahen Mittelgebirgen im Fuldatal wie ein fremder, gewaltiger Meteorit lagerndes Steinwesen.

All das erinnert ihn wieder an Aachen, an das noch heidnisch inspirierte Volk in der Tiefe des Doms und die lateinisch singenden Herren auf den Emporen. Und er hört dazu die dumpfen, geheimnishaften Fragen und Antworten des fränkischen Taufgelöbnisses, wie es in Fulda damals notiert wurde:

›Forsahhistu unholdun?
Ih fursahu.
Forsahhistu unholdun were indi willon?
Ih fursahu …
Gilaubistu einan got almahtigan in thrinisse inti in einisse?
Ih gilaubu.
Gilaubistu heilaga gotes chirichun?
Ih gilaubu.‹

›Sagst du dem Teufel ab?
Ich sage ab.
Sagst du ab des Teufels Werk und Willen?
Ich sage ab …
Glaubst du an einen einzigen allmächtigen Gott in Dreiheit und Einheit?
Ich glaube.
Glaubst du an die heilige Kirche Gottes?
Ich glaube.‹

Goslar, November 1993

Auf Goslar war er nicht vorbereitet, nicht auf den merkwürdigen Eindruck am Bahnhof, als er sich zurückversetzt fühlte in die dreißiger Jahre, nicht auf das mittelalterliche Stadtbild mit seinen Fachwerk- und Renaissancehäusern, nicht auf die gewundenen Straßen mit Toren und Wällen und erst recht nicht auf die Kaiserpfalz, die er sich geduckter und kleiner vorgestellt hatte. Die Nacht über hat es zudem noch zu schneien begonnen, so daß er sich heute, an einem Sonntagmorgen, in einem altdeutschen Märchen aufhält, einer irritierenden, fast schmerzend unwirklichen Kulisse. Durch das Schneetreiben ziehen Kinder mit ihren Schlitten, doch ihre Stimmen sind kaum zu hören, so gedämpft geht es zu. Der fein gewirkte Teppich des Schnees legt sich wie ein dünner Faltenmantel auf diese gestanzte Umgebung, so daß die Einzelheiten noch kurioser und legendenhafter hervortreten: der auf Löwenmasken stehende Reichsadler des romanischen Marktbrunnens, die Vorhalle des alten Doms mit der Giebelfigur eines Kaisers, der ein Dommodell trägt, oder das nackte Dukatenmännchen des früheren Gildehauses der Tuchhändler.

So ein Deutschland hat er lang nicht gesehen, ein Meistersinger-Szenarium, aber ohne Wagnersche Aufblähung, eher in sich gekauert, auch lauernd, zusammengezogen. Man wird mißtrauisch, sofort, man glaubt, seit den ersten Schultagen auf solche Atmosphären geeicht, einen gestrigen Mief hier zu riechen, die Knickerbockerausflüge in den dreißiger Jahren, ja, richtig, als die Damen und Herren aus der Kaiserstadt Goslar aufbrachen zum Skilauf im Harz.

Daran hatten ihn die Sütterlinschriften im Bahnhof erinnert, dieser Eindruck hatte sich fortgesetzt, Goslar, das alte Reichsausflugsziel, das noch immer mit seinen Schwarz-Weiß-Postkarten kokettiert, mit dem Bild seiner Türme und Schieferdächer, mit seinem gotisch verschnörkelten Reigen von Giebeln und Traufen.

Als er diesen Eindruck weiterverfolgt, beunruhigt ihn plötzlich die Szene. Überall kommen trügerisch kleine Figuren aus den Häusern, wie Wettermännchen, die sich im Schnee drehen, überall tickt und summt es vom Räderwerk schwerer Uhren, es liegt etwas von uralter Illusion in der Stadt, als kämen gleich Reiterscharen auf schnellen Pferden durch das nächstbeste Tor, um hoch hinauf in die Kaiserpfalz zu preschen, wo sie im Reichsaal dem Kaiser die Treue schwören: ›var du hin ze Rome, / geere du die crone‹, ›zieh hin nach Rom, tu der Krone die Ehre …‹

Und so zieht er sich gegen Mittag, verwirrt und auf alles gefaßt, in ein Restaurant zurück, wo der Kellner sofort eine monumentale Speisekarte vor ihm entfaltet und den Rotweinkelch ins jetzt seitlich einfallende Sonnenlicht rückt. Auf Nachfragen wird ihm erklärt, daß der große, holzgetäfelte, dunkel gebeizte Prunksaal, in dem er sich aufhält, noch aus den dreißiger Jahren stammt, sogar die Kleiderhaken sind aus der Zeit.

Gleich, denkt er, wird man Mammutkeule servieren oder Elchpastete, zur Keule wird es faustdicke Knödel geben, und im Kelch wird ein halber Liter vom Besten ruhen, schwer und triefäugig wie ein gebändigter Dämon.

Und er will sich hinausstehlen aus dieser Kulisse, weil ihm plötzlich zu eng wird. Schon hat er eine fade Entschuldigung auf den Lippen, als ungebeten die erste Leckerei auf der ihm sofort entgegenknarrenden Tischplatte steht, eine kleine Aufmerksamkeit des Hauses, ein Wildschweinschwänzchen in Thymiansauce oder eine Keilerlippe, anflambiert. Er wagt nicht mehr, sich nach hinten zu lehnen, so sehr geht das alte Holz auf jede seiner Bewegungen ein, knirscht, seufzt und entlädt seine Dämpfe, als litte es an Unterleibsschmerzen. Längst schwankt der Rotwein im Kelch, als die ungeheuren Kartoffelklöße anrollen, aus der Form gelaufene Rugbybälle mit verzerrten Gesichtern, die jetzt das Wildragout stürmen.

Es ist ein Landsknechtessen, das ihm zuteil wird, mittelalterlich, deftig, eine Leibszumutung von Stunden, in denen der halbe Harz seine Wildreviere öffnet. Donnernd schlägt der Kelch auf den Tisch, draußen ist das Rufen der Reiter zu hören, ›hallahoh, var du hin ze Rome ...‹, während vor seinen tränenden Augen alles weiter aus Schüsseln serviert wird, schade, der Herr ißt allein, in Begleitung hätte ihm vielleicht unser Goslarer Kaisermenu gut gemundet!

Danke, nein, wirklich, alles vorzüglich, auch die steinschweren Blaubeerkuchen müssen längst nicht mehr sein. Ein Cognac, vom edelsten? Ein Goslarer Kaisertrunk?

Er geht schleppend, ein alter, gebeugter Herrscher, nach Stunden schwerwiegendster Beratungen, zurück zu seinem Volke. Das Volk tanzt jetzt nichtsahnend im Schnee. Die Kinder singen ausgelassen einige frühneuhochdeutsche Lieder, reichlich fortgeschritten ist diese Bande, und die schönen, altdeutschen Frauen mit den Dürer-Zwanzigmarkschein-Porträts schlagen huldvoll die Augen nieder.

Es dunkelt, der Hof ist davongezogen, die Köche liegen entkräftet im Schlaf. Gleich hört man den Schlußakkord der »Meistersinger«, und dann erscheint noch das Böse, heimlich, aus den spitzen Kaminen der expressionistischen Stummfilmkulissen.

Monika Maron

Monika Maron liest im Stuttgarter Rathaus, ich habe sie lange nicht mehr gesehen. Als wir uns begrüßen, erscheint sie mir seltsam erschöpft, als kämpfte sie noch an vielen Fronten. Daß sie mit der Zeit in den Mittelpunkt der intellektuellen Debatten gerückt ist, hat ihr Mißtrauen eher noch verstärkt. Sie wittert die Gegner, und erst recht die, die bloß schlecht über sie reden. Der enorme Bedarf an Schärfe und Aburteilung, der in ihren Artikeln hervorsticht, hat aber gar kein Widerspiel in ihrem privaten Benehmen. Wer ihre Artikel nicht kennte, hielte sie für eine scheue, vorsichtige, zurückhaltende Frau, die es schätzt, richtig angesprochen und gut unterhalten zu werden. Manchmal denkt man, sie käme auch gut ohne ihre politisch auftrumpfenden Worte aus, viel besser könnte sie über Wohnungen in New York schreiben oder über Schirme in Tokio.

Hätte man ihr ausreichend Zeit und genügend Geld gegeben, hätte sie wunderbare Reportagen geschrieben, geprägt von der angelsächsischen Schule, worauf sie aber nicht stolz gewesen wäre, da ihr solche Komplimente wenig bedeutet hätten.

Nun aber hat auch sie wie viele andere deutsche Autoren, die auf ihre Talente pfeifen und lieber ihre eigenen Welten massakrieren, einen tiefernsten Roman schreiben müssen, dem das Angelsächsische völlig fremd ist.

Solche Romane sollen etwas beweisen, etwas darstellen, etwas in die Welt setzen, oft sind sie eine einzige Behauptung. Im Untergrund lechzt die Seele des Autors nach Tatbefriedigung, Opfer und Leichen müssen her, die Welt will durchfabelt sein.

»Beerenbaum wurde auf dem Pankower Friedhof beigesetzt, in jenem Teil, der Ehrenhain genannt wurde und in dessen Erde begraben zu werden der Asche so bedeutender Personen wie Beerenbaum vorbehalten war«, so beginnt ihr Roman »Stille Zeile Sechs«. Die Schwergewichte Pankow und Ehrenhain haben sich gleich anfangs als Bedeutungsanzeiger versammelt, jetzt kann es nur noch um alles gehen.

Und Monika Maron liest, als ginge es wahrhaftig noch immer um alles. Der Text lebt noch, ist nicht ruhig, er bedrängt sie. Sie liest ihn verhalten, schiebt ihn von sich weg, aber er zieht sie immer wieder heran, so daß das Lesen ein unwillig ausgetragener Streit wird, ein Zerren, ein gegenseitiges Werben.

Am Ende klappt sie das Buch zu, als habe sie es ausgelesen, fertig gemacht, zum Schweigen gebracht. Sie verläßt ihren Vorleseplatz rasch, stürzt hinunter vom Podium, sie will nichts mehr hören, wohl auch keinen Beifall, sondern sich zusammenziehen in sich, als könnte sie die Welt jetzt loswerden für immer.

Ein Glas Wein, daran nippt sie, am liebsten, denke ich, wäre ihr jetzt ein Gespräch über ein Glas Wein. Aber wer solche Artikel schreibt wie sie, muß noch lange Rede und Antwort stehen. Sie zögert, sich darauf einzulassen, im Grunde will sie es nicht. Sie braucht viel mehr Freiheit, als sie sich mit ihren Artikeln verschafft hat, eine angelsächsische Freiheit, dann aber müßte sie bald aufhören, solche Artikel zu schreiben.

Wohnungen in New York, denke ich, Schirme in Tokio, darüber sollte sie schreiben, langsam ist es Zeit, daß sie sich Zeit dafür nimmt.

Nun erzähl mal, sagt sie später, beim zweiten Glas Wein, wie geht es dir? Und ich spüre, daß sie sich erst jetzt wieder beruhigt, mit genau dieser Frage, mit der sie ihre Fetischthemen zurückläßt.

Hildesheim, November 1993

Seit wochen hat er sich auf die große Hildesheimer Ausstellung gefreut, die Bernward und das Zeitalter der Ottonen präsentiert. In den sonst tiefdunklen Museumsräumen sind spärlich erleuchtete Schaukästen postiert, in denen die meist kleinen Prunkstücke der frühen Zeiten schlummern. Er braucht einige Zeit, die Augen an die Dunkelheit zu gewöhnen, dann aber beginnen die rätselhaft fremd und vereinzelt erscheinenden Gegenstände zu leuchten, die so märchenhaft und unfaßbar die Kulturen verbinden, das südliche Rom mit den Kaisern des Nordens, die oströmischen Nichten mit den deutschen Thronfolgern.

Auf den über tausend Jahre alten Siegeln Kaiser Ottos I. erkennt er ein byzantinisch aussehendes Brustbild, der Kaiser mit Krone, in der einen Hand das Szepter, in der anderen den Globus. Die weit geöffneten Augen blikken starr in die Ferne, als suchten sie ein Ziel hinter den Horizonten, der Bart läuft spitz zu, als sollte er das sonst breite Gesicht schmaler machen. Darüber die umlaufende Inschrift: ›Otto Imperator Augustus‹.

Und er sieht, wie sich die späteren Siegel auf dieses Vorbild beziehen, auf den hohen, kaiserlichen Anspruch, und wie die späteren Abbildungen das Brustbild erweitern und den zunächst stehenden Kaiser zeigen, der sich in ganzer Größe auf einem kleinen Erdhügel postiert, und schließlich den sitzenden, eine monumentale, auf ihrem Thron endlich zur Ruhe gekommene Gestalt, die noch immer Stab und Globus hochhält und noch immer den spitz zulaufenden Bart zeigt.

Und er betrachtet die großen Kaiserurkunden aus Pergament, mit ihren unendlich feinen Schriftzeichen, wehende, fahnenschwingende, sich aufbäumende Buchstaben, beinahe abstandslos, eine reitende Schar orientalisch anmutender Gestalten, die von der Errichtung des Erzbistums Magdeburg durch Otto I. handeln.

Lange steht er dann vor der Heiratsurkunde Theophanus, auf der die regelmäßigen, schnörkellosen Buchstaben in Goldtinte vor einem purpurnen Grund leuchten, ein schmaler, langgestreckter Teppich von Zeichen, wobei die Texte mit Medaillons unterlegt sind, auf denen seltsame Tierkämpfe erscheinen. Die Buchstaben sprechen von der Verheiratung der Byzantinerin mit Otto II., von seinen Hochzeitsgaben und der christlichen Ehe.

In einem weiteren Abschnitt wechselt die Ausstellung nach Rom, in das frühe, christliche Rom. Plötzlich sieht er einen Petruskopf aus dem fünften Jahrhundert, ein Mosaik mit hellen Grün- und Blau-Tönen, das Gesicht sehr lebendig und nah, mit weißem Haar, ganz direkt und wirklich schimmert der Kopf da vor ihm, und die Augen schauen weit und aufmerksam, als richteten sie sich interessiert auf den Besucher.

Selten hat er ein so wach und nuanciert erscheinendes Porträt aus dieser Zeit gesehen, eng anliegende Ohren, eine starke, leicht gebogene Nase, einen breiten, schweigenden Mund und markante Backenknochen, die die Wangen scharf modellieren. Das Bild erinnert ihn stark an heutige, römische Physiognomien älterer Männer, an ihre von Lebensklugheit gebildete Strenge, ihren südlichen, ruhenden Blick, ihre wissende, ironisch gebrochene Gescheitheit.

Nicht weit davon entfernt trifft er dann auf einen Plan der Stadt Rom, einen der ältesten mittelalterlichen, den Plan eines gewissen Fra Paolino da Venezia, eine phantastisch wirkende Federzeichnung auf Pergament, mit bräunlichen Rottönen versetzt. Die Stadt ist in ein merkwürdiges Oval gepreßt, eine zinnenbewehrte Stadtmauer umgibt sie, viele Türme und Tore. Im Innern treten die Hügel deutlich hervor, einzelne Gebäude sind mit Namen versehen, das Pantheon, ein nicht wiederzuerkennender Tabernakel mit sogar kreisrunden Fenstern, oder die Engelsbrücke, ebenfalls eine vage Kinderphantasie aus wenigen, Präzision vortäuschenden Strichen, wie ein islamisches Heiligtum. Nur den Torre delle Milizie erkennt man auf den ersten Blick, ohne nach der Beschriftung zu schauen, während der Plan einem sonst vorgaukelt, das mittelalterliche Rom habe sich auf dem Circo Massimo versammelt, zu einem mehrtägigen Turnierspiel mit nachgestellten Gebäuden und daherpreschenden Reitern.

Wenig später befindet er sich schon in den großen Bischofsstädten der ottonischen Zeit, etwa in Mainz, das er aus seiner Schulzeit gut kennt. ›Maganga‹ heißt die Stadt in mittelalterlichen Quellen, und aus Maganga stammt das große Meßgewand des Mainzer Erzbischofs Willigis, das er als Schüler im Dommuseum der Stadt sah und das er immer wieder aufsuchte, weil ihn der Anblick nicht losließ.

Es ist ein Gewand aus gelber Seide, unüberschaubar weit, nicht für einen Menschen, sondern für einen unvorstellbar Entrückten, das sich von der Rückseite her präsentiert, mit einem Gewalle seitlicher Falten, als müßten in ihnen noch kleinere Seelen nisten, ein einziger strahlendgelber, glockenförmiger Wurf, beinahe wie ein Marienschutzmantel, nur männlicher, mit klareren, einfachen Akzenten.

Dieses Gewand verband sich in seinen frühesten Phantasien mit dem Adjektiv ›mittelalterlich‹, immer wenn er dieses Wort hörte, sah er das strenge, monochrome Seidengelb, das Entrückte, Menschenferne, wie ein Inbild des Sakralen. Und als begegnete er in dieser Ausstellung, die den frühesten Zeiten deutschen Kaisertums und Bernward, dem Urkundenschreiber Kaiser Ottos II. und der Kaiserin Theophanu, dem Erzieher König Ottos III., dem Rom-Reisenden und Hildesheimer Bischof gewidmet ist, laufend den eigenen biographischen Stätten, sieht er kurz darauf einen Stadtplan des alten Köln und die großen Steinskulpturen von St. Pantaleon, darunter ein Kopffragment mit wirr schauenden, von Panik gezeichneten Augen …

Beinahe fünf Stunden ist er unterwegs, vom frühen Morgen an, über Mittag, ohne Hunger zu spüren. Manchmal befällt ihn ein leichter Schwindel, der von der Überanstrengung des Sehens in den dunklen Räumen herrührt, vielleicht aber auch von seinen eilenden Phantasien, die das ferne Italien mit dem deutschen Norden verbinden. Die Klammern für diese Verbindung sind prunkende, hieroglyphische Fragmente, eine Elfenbeinschnitzerei, ein silberner Schlüssel, goldene Fibeln oder Stäbe aus Walroßzähnen.

Die Ausstellung mündet im Dom, wo er gegen fünfzehn Uhr vor Bernwards gewaltigen Bronzetüren steht, die den römischen Türen von Santa Sabina abgeschaut sein sollen: »Im Jahre des Herrn 1015 ließ Bischof Bernward – seligen Andenkens – diese gegossenen Türflügel an der Fassade des Engeltempels zu seinem Gedächtnis aufhängen.«

Später sitzt er noch eine Weile im stillen Kreuzgang, nahe der Annenkapelle. Die Sonne fällt schräg in den Innenhof, er hat sich gegen eines der Säulenpaare des

Kreuzgangs gelehnt. Niemand stört ihn, und wenn er die Augen schließt, sieht er seltsame Mischfarben, Ockertöne, Elfenbeinweiß, Rostrot und Messinggrün. All diese Nuancen durchschwirren einen weiten abgedunkelten Saal, wie irrlichternde Partikel eines abstrakten Aquarells, während im fernen Hintergrund die dauerhafteren Zeitzeugen stehen und kreisen, die wandernde Kasel des Erzbischofs Willigis, zwei Panikaugen aus Köln, der Kopf des heiligen Petrus aus Rom, worüber sich eine himmlische Karte spannt, ein weites, müßiggängerisch hingeworfenes Oval mit winzigen römischen Szenen.

In diese Bilder hinein aber flammen die Spuren der Schrift, die rumorenden, besiegelnden, einbrennenden Buchstaben, als langgezogene Wachsoldaten der Urkunden, als Prachtadressaten für eine oströmische Schönheit oder als Mauerfragmente eines Erinnerungshafens.

Der letzte Bildfetzen, den er noch mitnimmt, ist der gebeugte Oberkörper des Papstes Gregor, der mit der schweren Linken, den Daumen aufwärts gestreckt, einen Folianten hält, während die Rechte mit der Feder notiert. Unter ihm sitzen drei Schreiber, mit müden, schräg geneigten Köpfen, vielleicht ist die Schräglage aber auch Folge des Eifers, jedenfalls scheinen sie noch zu buchstabieren, unablässig, unablässig, ›omnibus fidelibus nostris …‹, ›oportunum nunc temporis ad hoc peragendum tempus …‹

Und er glaubt, das gelbseidene Gewand des Erzbischofs Willigis öffnete sich und breitete sich wie ein heller Untergrund unter das Geflecht dieses Murmelns. Aus dem Bild des Petrus springen die türkisfarbenen Mosaiksteine und gesellen sich zum Purpurrot der Hochzeitstexte Theophanus … Walroßzähne, goldene Fibeln, Elfenbein, und wozu taugte der silberne Schlüssel …, der silberne Schlüssel …, der silberne …?

Jetzt atmet er regelmäßig und ruhig, jetzt tritt er ein in den Traum. Traumschlaf, somnium Bernwardi.

Leipzig, Dezember 1993

Mein alter Freund H. ist die ewigen Gespräche über die psychischen Befindlichkeiten seiner Landsleute leid. Seine Buchhandlung ist schon seit Monaten eine Stätte ausdauernden Klagens. Wenn sie all die Bücher sehen, packt sie anscheinend das Grauen noch mehr als sonst, sagt er, dann haben sie keine Hemmungen mehr. Die Bücher machen sie einfach ratlos, vielleicht lösen sie auch besonderen Zorn aus, weil die meisten davon aus dem Westen kommen.

H. kontert das alles mit Ironie. Er entwirft Zukunftsprojektionen, in denen die Gegenwart nur noch als Andeutung vorkommt. Im Jahr 2010 zum Beispiel, sagt er, werden sich die neuen Bundesländer zu einer östlichen Föderation zusammengeschlossen haben, deren Städte und Gemeinden denen des Westens weit überlegen sind, weil sie über die neuste Technik verfügen. Es wird zu einem Andrang von Westmenschen in den Osten kommen, und die Arbeitserlaubnis hier wird sehr begehrt sein.

Eine neu eingerichtete Stelle für Arbeitssicherheit

wird die Anträge prüfen; das Personal wird sich aus langgedienten Stasi-Mitarbeitern mit besonders hoher Qualifikation zusammensetzen. Polen und die baltischen Staaten werden sich mit der östlichen Föderation zu einer Wirtschaftsunion zusammenschließen, die bald die ganze Ostsee beherrscht. Der Einfluß der nordischen Länder wird zurückgedrängt werden, Dänemark durch Handelsboykott zum Einlenken gezwungen.

Der alte Westen wird auf seinen Exportgütern sitzenbleiben, Massenentlassungen werden die Folge sein. Ein Großteil der Arbeiter wird in den Süden strömen, wo die neue italienische Republik ›Transromanum‹ in den Autozentren des Nordens futuristische Großprojekte verwirklicht. In Mantua und Ferrara wird es zu Demonstrationen kommen: ›Weg mit den Kartoffelschluckern!‹

Helmut Kohl wird versuchen, seine Landsleute zu beruhigen: ›Nichts wird so heiß gekocht, wie es gegessen werden sollte!‹ Er ist längst über achtzig, scheint aber noch immer zu regieren, jedenfalls werden seine in unregelmäßigen Abständen verbreiteten Verlautbarungen für Regieren gehalten. Die einzige Oppositionspartei, die Partei der grünroten Allianz, übt heftige Kritik an ihrem Vorsitzenden Joschka Fischer, der Kohls Satz nur geringfügig korrigiert hat: ›Nichts sollte so heiß gekocht werden, daß es nicht mehr gegessen werden kann!‹

Die östliche Föderation wird von einem Leitungsgremium von nachweislich im Osten geborenen und aufgewachsenen Frauen regiert werden, das alles daransetzt, die Region von dem Einfluß vom Westmenschen zu befreien. Produktnamen der ehemaligen DDR stehen hoch im Kurs, doch die meisten Bürger können sich an ihre

Herkunft nicht mehr erinnern. Schulkindern muß die Vergangenheit mühsam und vorsichtig erklärt werden, damit sie keinen Schock erleiden: die alte DDR war ein Land des Friedens und des guten Willens, schon damals wollten die Westmenschen alles von uns haben, deshalb haben unsere Großväter einen großen Zaun gebaut, den die Westmenschen nur mit Hundemarken und nur, wenn sie viele Geschenke mitbrachten, passieren durften.

Die Computerindustrie des Ostens boomt. Mini-Computer im Taschenuhrenformat mit dem klassischen Stempel ›Made in East‹ sind in der ganzen Welt begehrt. Im Westen dagegen werden Sperrzonen zur Erhaltung des westlichen Kulturguts ausgerufen. Die Rheinlande erklären sich zur ostfreien Provinz und suchen Anschluß an das südliche Belgien und den französischen Norden, der jetzt ›Grand-Mitterrand‹ heißt. Helmut Kohl wiegelt ab: ›Wer anderen beim Grubengraben hilft, dem fällt nichts ein.‹

In Berlin toben Straßenkämpfe, seit der Grunewald, der von einer Ostfirma aufgekauft wurde, abgeholzt worden ist. Der Wannsee ist besetzt von westlichen Widerstandsgruppen, die sich als ›Terrorgruppe Kleist‹ bezeichnen. Die türkische Enklave ›Groß-Kreuzberg‹ hat sich dem Osten angeschlossen und verweigert jede weitere Zusammenarbeit mit den westlichen Unbelehrbaren.

Einen letzten Versuch, die Verbindungen zwischen Ost und West aufrechtzuerhalten, macht die Stiftung ›Rita Süssmuth‹, die aus zehntausend Pastorinnen und Pastoren aus beiden Landesteilen besteht. Sie diskutieren seit Jahren einen Friedens- und Entwicklungsplan, der aber von der östlichen Frauenriege als blauäugig und naiv abgelehnt wird.

Literaten, die sich noch mit Deutschland beschäftigen, gibt es nicht mehr. Die kleine Gruppe von Schriftstellern, die noch vom Schreiben leben kann, entwirft Computer- und Videospiele. Ein verbotenes Programm mit Namen ›DDR‹, das auf Kinder einen sehr negativen Einfluß haben soll, wird im Untergrund angeboten.

H. liest weiter Montaigne. Wie der sich alles zurechtdenkt, das ist schon fein! Sich einfach hinsetzen und sich aus eigener Kraft alles zurechtdenken, das ist es! Ich kann das andere philosophische Zeug schon gar nicht mehr lesen. Wenn ich das aufschlage und gleich etwas Unbewiesenes, Hergeholtes dasteht, mach ich das Buch sofort wieder zu. Montaigne, das empfehl ich jetzt meinen Landsleuten. Die meisten halten es aber für Ratgeberliteratur. Stimmt genau, sage ich dann, Montaigne rät einem, wie man sich selbst berät.

Köln, Jahreswende 1993/94

Ich sah Bilder Stefan Lochners, darunter die berühmte »Muttergottes in der Rosenlaube«, und plötzlich waren die Erinnerungen an viele Aufenthalte in der westerwäldischen Heimat meiner Eltern da, an die dunklen Bauernstuben, wo eine Kopie des Bildes in einer hervorgehobenen Nische hing, flankiert von zwei Kerzenständern.

Die Kerzen zündete man bei Gewitter oder in anderen bedrohlichen Momenten an, man betete vor diesem Bild, wenn ein Kalb zur Welt kommen sollte oder auch an Festtagen, noch kurz vor dem Kirchgang.

Dabei konnte gerade diese Maria mit ihrem weichen, unkonturierten Gesicht, der kurzen Nase und den blonden, aus der hohen Stirn gekämmten Haaren den hart arbeitenden Menschen dieser Gegend, die sich nicht leicht auf Kunstfiguren und idealische Körper einließen, wenig gefallen. Die porzellanhafte Zerbrechlichkeit der Marienfigur mag sie sogar eher abgestoßen haben, ganz zu schweigen von der Darstellung des Christuskindes, das auf dem Schoß der Mutter sitzt wie eine Gabe aus Künstlerhand, die mit dem Hauptmotiv der Maria nichts zu tun haben will.

Vollends störend mögen jedoch die im Kreis um die sitzende Madonna postierten Engel gewirkt haben, allesamt kleine Vertreterinnen des Lochnerschen Schönheitsideals, mit hohen Stirnen und blonden Haaren, Orgel, Harfe und Laute spielend.

Und so hat man den Eindruck, es gehe auf diesem Bild um die unendliche Variation eines bestimmten weiblichen Ausdrucks, um die eine Meisterschaft der Kopie, die darin besteht, jedem Gesicht dieselben Züge zu verpassen und alles Irdische, Feste, Konkrete aufzulösen in einem Reigen von winzigen Mündern, kaum sichtbaren Nasen und hohen, breiten Stirnen, deren blanke Halbkugel kein Härchen bedeckt.

Die Verehrung galt jedoch auch nicht diesen Bildelementen, die man beinahe übersah, sondern dem Anspruch des Bildes, seinem spirituellen Gestus, seinem

Träumen in eine ewige Ferne, das in nichts mehr an die irdischen Gestalten und Schicksale erinnert. Wenn man die Kerzen anzündete, veränderte sich der dunkle Raum, das Bild der Madonna leuchtete in seinen Gold- und Rot-Farben wie ein transzendentes Ereignis, und es gab nichts mehr wiederzuerkennen, sondern nur noch zu ahnen: die jenseitige Welt, ein ruhiger Gesang hoher Stimmen und eine Maria, transparent wie formbares Wachs.

Hinzu kam aber noch, daß dieses Bild zur Region gehörte, zum großen, heiligen Köln, das der Wallfahrtsort vieler Fahrten im Jahr war. In Köln wurde eingekauft und daneben noch eine Kirche besucht, Köln war der geweihte Ort, an den man dachte, wenn man sich die elegante Welt vorstellte, Restaurants, Theater und Abendvergnügungen, die meist harmlos blieben und auf wenige Stunden begrenzt.

Der Inbegriff dieser Fernwehmut waren aber die Bilder Stefan Lochners, der große Altar der Kölner Stadtpatrone im Dom, die Muttergottes in der Rosenlaube. Zu diesen Bildern war man auch in früheren Jahrhunderten gepilgert, sie waren so etwas wie das ewige Hosianna auf diese Stadt, als hätte sie kein irdischer Maler geschaffen, sondern als seien sie aus den sanften, ölig gleitenden Wassern des Rheins aufgetaucht, himmlische Erscheinungen, nur für Köln bestimmte Visionen, die man als Visionen verehrte und nicht als Malerei.

1994

Im Wahljahr

MANCHMAL SCHEINT er für Wochen irgendwo zu verschwinden, jedenfalls sieht man ihn einige Zeit nicht regelmäßig im Fernsehen. Vielleicht, denkt man, macht er eine seiner Touren durchs Land, schwungvolle Klassenfahrten mit vielen Liedern und einem gemeinsamen Abschlußumtrunk. Vielleicht kungelt er aber auch mit seinen Anhängern herum, Jugendfreunden, mit denen er sich irgendwo in der Provinz trifft, zum Beispiel in Deidesheim, zu ein paar Gläsern Wein.

Dann ist er plötzlich wieder präsent, ununterbrochen, auf allen Kanälen. Es ist, als habe er sein Winterquartier verlassen, um in den großen Wäldern auf Jagd zu gehen nach frischer Beute. Er wirkt draufgängerisch und gut ausgeruht, das Jagdblut macht ihn sogar etwas kribbelig, und so knotet er laufend die Finger, streicht sich übers Knie und blickt, als seien alle Jagdfallen postiert, genau an den richtigen Stellen.

Wovon ist denn die Rede? Von Wahlen? Irgendwann im Oktober? Der Oktober, winkt er ab, ist noch nicht sein Ding, den packt er an, wenn er dran ist. Jetzt aber ist Februar, vom Frühling müßte man reden, von steigenden Thermometern und Konjunkturen, das paßt.

Für einen Moment spricht er wie einer vom Land. Es

ist, als ginge es darum, rechtzeitig zu säen, zu ernten und den Herrgott nicht zu vergessen. Schon beordert er alle hinter seinen mächtigen Rücken, auf, Leute, ich geh voran, und ihr, nichts wie hinterher! Die Waldluft! Die Vögel! Die Blumen!

Dann schlägt er die Wimpern nieder, als habe er sich wahrhaftig vergessen. Weg mit diesen Land-Metaphern, sagen die Wimpern, wir sind nicht mehr der Jüngste, wir wissen noch um mehr als Stadt und Land, wir wissen zum Beispiel von Anfang und Ende!

Schon scheint er in Sekunden gealtert. Die Stimme wird weicher, gedehnt, er gibt sich sinnierend, wie einer, der seine Lebenserfahrung befragt. Anfang und Ende, Geburt und Tod …– das sind diese Grenzen, um die kurz alles schwingt. Als ich noch ein junger Spund war, beginnt er, um einem dann diskret zu bedeuten, daß er sich jetzt als gereift betrachtet.

So wird die Alterswarte bestiegen, ein leichter, kurzer Aufstieg, er gerät nicht mal ins Schnaufen. Die Alterswarte ist das große Lager der Geschichte, da hält er sich gern länger auf, jetzt droht er weitschweifig zu werden, so daß die zitternden Gestalten, denen erlaubt wurde, mit ihm zu sprechen, hin und her rutschen auf ihren Fragestühlen.

Wissen Sie, ach, sagt er manchmal und wird süffig, als schlüge nun Deidesheim durch, ein herbstlicher Mittag mit den Jugendfreunden bei ein paar Gläsern Wein, wissen Sie, und sein Blick dreht sich fort von den armen Teufeln, die ihn befragen, wissen Sie, und er geht jetzt langsam neben Gorbatschow her, Kaukasus, die große Weite, und irgendwo rauscht ein Gebirgsbach …

Als die Hanseln es wagen, ihn aus dem Abdriften zu reißen, wirkt er gereizt, wie ein Kind, das man aus dem Schlaf geweckt hat, lassen Sie mich das aber noch sagen, zischt er, und man ahnt, den Hanseln wird es später nicht gutgehen, weil sie keinen Sinn haben für Stimmungen.

Und so wächst er, schrumpft er, überspringt er die Lebensalter, Kindheit, Reife, Jugend, alles gemischt, nirgendwo läßt er sich nieder.

Wahlen? Was? Im Oktober? Diese Wahlen, meine Herren, gewinn ich, lassen Sie sich das noch gesagt sein!

Stuttgart, Gartenhaus

Das kind spielt draußen, auf der Terrasse. Manchmal, in regelmäßigen Abständen, schaut er durch das Fenster hinaus. Er hat eine Lektüre zur Hand, aber er liest nicht, sondern überwandert mit den Augen die Zeilen. Ist das Kind in der Nähe, fallen die meisten Lektüren gleich ab, nicht weil sie ihn langweilen würden, sondern weil er sich nicht gleichzeitig in zwei Wesen versetzen kann. So liest er, um dem Kind, das ab und zu seinen Blick sucht, seine Abwesenheit zu erleichtern.

Es ist ein schöner Morgen, das Kind ist mit seinen Sammlungen beschäftigt, winzigen Stöcken, Ästen und Steinen, Schneckenhäusern und Kiefernzapfen, die es auf einer Bank gruppiert. Immer wieder räumt es die gerade geordneten Lagen ab, immer wieder abrupt, als sei es mit jeder durchgespielten Variante noch längst nicht zufrieden. Schon liegt wieder alles am Boden, weit verstreut, und schon beginnt es, das anscheinend unnötig Verstreute erneut zusammenzulesen.

Er hört sein Sprechen, ein oft gedehntes Erstaunen, ein Summieren, Überlegen und Hinhalten, einzelne Laute, die der Erscheinung jedes Gegenstandes gelten und die zusammengelesene Ordnung begleiten.

Plötzlich ist alles still. Er steht auf und schaut wieder hinaus. Das Kind zögert, es hat sich von der kleinen Bank abgewendet, auf der noch immer das Sammelsurium der kleinen Dinge liegt, es betrachtet die steile Treppe, die seitlich hinaufführt, unentwegt, als käme von dort ein Fremder oder als bewegte sich dort etwas Verborgenes.

Er kann aber nichts erkennen, er begreift nicht, was das Kind dort oben gewahr wird, er ist nur Zeuge, wie das Kind sich von der Bank abwendet, nach einiger Zeit, langsam, entschlossen, als machte es sich auf den Weg zu einer gefährlichen Reise. Und er sieht, wie das Kind, sehr vorsichtig, tastend, mit den Händen voran und schließlich freihändig, sich ausbalancierend, beginnt, die vielen Stufen hinaufzusteigen.

Dieser Versuch ist der erste, das weiß er genau, noch nie hat das Kind Lust verspürt, diesen Weg alleine zu gehen. Jetzt aber nimmt es Stufe für Stufe, weiter unendlich vorsichtig, jedoch so konzentriert, daß er manchmal denkt, es schwankte vor Konzentration.

Er geht nicht hinaus, er wartet ab und schaut zu, obwohl ihm heiß geworden ist bei der Vorstellung, das Kind könnte straucheln und all die steilen Stufen hinunterstürzen, die im Grunde zu hoch sind für seine Schritte, viel zu hoch, erheblich zu hoch, verdammt hoch, das muß er doch sagen. Er steht da, mit hochgezogenen Schultern, erstarrt, als könnte er nichts unternehmen, es ist, als stünde er unter Schock, während das Kind, das ihn längst vergessen zu haben scheint, weiter steigt, immer gefährlicher schwankend, rechter Fuß, linker Fuß, grad noch geschafft.

Etwa in der Mitte der Treppe stoppt dann die Bewegung, und er sieht, wie das Kind sich dreht, auf einer Stufe, langsam, noch immer sehr vorsichtig, halb um die eigene Achse. Dann setzt es sich und nimmt Platz.

Das Kind schaut hinab ins Tal, irgendwohin, es sitzt völlig still, die Füße nebeneinander, die Hände im Schoß. Und er ist von diesem ruhigen Bild so verblüfft, daß er spürt, wie seine Schultern herabsinken und der Körper sich wieder erwärmt.

Dann, nach diesen Augenblicken, unendlich lang, beinahe schon überspannt, blickt das Kind kurz noch zur Seite, wo es einen kleinen Ast aufliest, neben der Treppe. Und es nimmt den Ast in die Rechte und steigt die jetzt jäh abfallende Treppe wieder herunter, sorgfältig, endlich das Geländer benutzend.

Unten angekommen, fügt es den kleinen Ast in seine Sammlung, ›so!‹, ›so!‹, rückt alles noch einmal zurecht, geht einen Schritt zurück und klatscht kurz in die Hände. Das Werk ist fertig, das Gesuchte gefunden, die störende Lücke endlich geschlossen.

Später, als er hinausgeht, kommt es mit keiner Geste auf seinen Erfolg zurück. Es betrachtet die Sammlung nicht mehr, es ist längst mit etwas anderem beschäftigt. Und als er es an der Hand nimmt, um mit ihm einen erneuten Aufstieg zu wagen, jetzt zu zweit und ohne Gefahr, weigert es sich heftig, als käme dieser Weg nie in Frage, nicht allein und erst recht nicht zu zweit.

Bonn, Februar 1994

WAS IST mit der Politik? fragt die Friedrich-Ebert-Stiftung, wird die Literatur nach der Wiedervereinigung wieder politisch?

Er mag solche Themen nicht, es sind Allerweltsthemen, dic man alle paar Jahre auskramt. Vielleicht, lenkt er sich ab, ist er zu dieser Tagung auch nur gefahren, weil er wieder einmal nach Bonn wollte. Aus dem Westerwald kurz nach Bonn, das hat ihm schon immer gefallen, diese Fahrt von den weiten Hochebenen auf das Siebengebirge zu, eine meist langsame, stockende Fahrt mit vielen Windungen, wobei man im Schlußstück aber immer das ferne Gebirge im Auge behält, in dessen Nähe man den Rheinschnitt ahnt, eine gewaltige Wetterfurche.

Er hat diese schöne Fahrt hinter sich, jetzt sitzt er auf dem Podium, zusammen mit Dieter Wellershoff, Klaus Wagenbach und Freimut Duve. Er ahnt, daß jetzt einige rasche Fragen gestellt werden, wie man sie alle paar Tage in den Zeitungen findet: Hat die deutsche Literatur versagt? Wann kommt der große Roman zur Wiedervereinigung? Was ist mit der Politik?

Er weiß nicht, warum man gerade in Deutschland immer wieder zu solchen Themen zurückfindet. In Wahrheit interessieren sie hier keinen Menschen. Sie gehören zu einer Debattenkultur, die es in Deutschland nicht gibt. Eine Debattenkultur gründet auf guten literarischen Zeitschriften, die nicht vierteljährlich, sondern monatlich erscheinen. In ihnen werden solche Themen zu wirklichen Streitfragen, zu denen sich viele Autoren äußern, essayistisch, gescheit. In Deutschland gibt es aber solche Zeitschriften nicht, und erst recht gibt es keinen verbreiteten, gescheiten Essayismus. Daher wirken solche Themen hier wie vage Erinnerungen an die literarische Kultur anderer Länder, in denen die Autoren sich viel häufiger in der Öffentlichkeit äußern, wo sie in Zeitungen und Zeitschriften regelmäßig ihre Foren haben.

In Deutschland macht man aus so etwas eine Umfrage unter Autoren. Sie versandet irgendwo in einer kleinen literarischen Zeitschrift. Die großen Zeitungen berichten kurz darüber, spöttisch, genervt, eine gute Gelegenheit, die deutschen Literaten wieder einmal lächerlich zu machen. Stümper sind es, Winzlinge, verglichen mit den Heroen des Auslands!

Seit Ende der sechziger Jahre gibt es diesen Kultursport: die deutschen Literaten lächerlich machen. Während einer Tagung der Gruppe 47 fing eine kleine Schar nervöser Studenten damit an. Die Schriftsteller reagierten erschüttert: die Welt wandte sich gegen sie! Damit waren die Fronten bestimmt. Später wußte niemand mehr, wie dieses feindselige Klima entstanden war. Vielleicht hatte die Öffentlichkeit einfach die Lust an bestimmten Themen verloren, oder sie hatte überhaupt die Lust an Literatur verloren, auch dafür spricht vieles.

Jedenfalls wird den deutschen Autoren seit dieser Zeit vorgehalten, sie seien Versager, irgendwie impotent, Möchte-gern-Literaten, Betroffenheitsfanatiker. Ach, sagt man, wären sie doch nur wie die Italiener, wie die Franzosen, wie die Südamerikaner! Wären sie nur weltgewandt und hätten sie bloß eine Spur Ironie, sie wären wenigstens noch zu ertragen!

Der Haß auf die deutschen Autoren bedeutet nicht viel. Er ist Teil des deutschen Selbsthasses, eine verständliche Ausgeburt zweier Kriege und unvorstellbarer Verbrechen. Seit Ende der sechziger Jahre wurde die deutsche Literatur in diesen Selbsthaß einbezogen. Sie geriet in eine endlose Zwickmühle: Sie sollte das Land von seinen alten Themen befreien und geriet mit jeder Befreiungsaktion nur noch tiefer hinein in die Themen.

Spätestens in den achtziger Jahren galt sie als rückwärtsgewandt und überholt. Irgendwie hatte sie mit dem Entsorgungstempo des Landes nicht Schritt gehalten. Oder sie hatte keine Mittel gefunden, sich dem neuen Schick des Landes anzupassen, seinen flotten Menschen, seiner betonten Jugendlichkeit. So wurde die Literatur einfach vergessen. Romane, die noch gelesen wurden, mußten unterhaltend oder erlesen sein und in tiefer Vergangenheit spielen. Debatten waren verpönt, niemand wollte diese schlecht angezogenen Autoren sehen, die noch an die sechziger Jahre erinnerten, an ihren Krampf, an ihr Würgen am Unverdauten.

Erst die Wiedervereinigung machte die Debatte wieder öffentlichkeitsfähig. Eine gute Gelegenheit, den alten Volkssport der Verspottung deutscher Autoren erneut zu beleben! Jetzt galt der Hohn den Autoren des Ostens, die man jahrzehntelang wie bessere Gartenzwerge des sozialistischen Schrebergartenwesens gepflegt hatte. Später waren auch einige Westautoren dran, die wiederum Tempoverweigerung betrieben.

Der Ruf nach dem großen deutschen Roman zur Wiedervereinigung war charakteristisch für diese Periode. Es ist ähnlich wie mit den Debatten: Im Grunde will niemand diesen Roman, kein Mensch will so etwas lesen. In Italien käme keine Seele auf den Gedanken, den neuen Berlusconi-Roman zu fordern, so etwas wäre die Sache der Essayistik und nicht die des Romans. In Deutschland ist jedoch die Begriffsverwirrung so groß, daß man für jedes Thema den passenden Roman verlangt.

Dahinter verbirgt sich das alte Schema. Die deutschen Autoren sollen die Themen entsorgen. Indem sie vor dieser Aufgabe immer wieder versagen, können sie zu Reizfiguren des deutschen Selbsthasses werden: Wir, die wir unsere Themen so schlecht entsorgen, was soll nur aus uns werden?

Es gibt keinen satirischen oder ironischen Umgang mit der Wiedervereinigung, es gibt nur ernste oder verzweifelte oder gequälte Gesichter. Alles lastet, alles ist schwer, viele Betroffenheitsfalten, und wieder diese alte Gereiztheit. Wir sind wieder hinter die achtziger Jahre zurückgefallen, klagen die, die es flott haben wollen. Wir sind wieder in den sechziger Jahren angekommen, wir müssen uns neu politisieren, klagen die, die auf ein Revival hoffen.

Jetzt ist es beinahe schon zu spät. Fast fünf Jahre nach

dem Fall der Mauer wirkt diese Selbstbesinnung bereits überholt. Die Tempomaschine der achtziger Jahre gewinnt langsam wieder an Fahrt, wenn nicht viel dazwischenkommt, hat sie bald auch solche Themen wieder gefressen, mitsamt dem Osten. Der Osten ist der Störfaktor, die große Bremse. Niemand weiß, was daraus wird, und erst recht weiß man nicht, was aus seinen Autoren wird. Ost-Verlage wird es bald kaum noch geben, Ost-Autoren werden, wenn sie bei ihren Themen bleiben, vorübergehend ein PDS-Dasein führen.

Was ist mit der Politik, fragt die Friedrich-Ebert-Stiftung. Sie muß so etwas fragen, sie ist für so etwas geschaffen und hält diese Themen vorrätig. Im Saal unten sitzen viele Zuhörer, lauter Publizisten, eingeladene Autoren und Themenzubereiter. Sie müssen sich das jetzt anhören, Literatur und Politik, eine uralte Platte in Deutschland, belebt höchstens durch einige Ost-Reminiszenzen.

Er sitzt auf dem Podium. Klaus Wagenbach spricht von den sechziger Jahren, von Willy Brandt und Helmut Schmidt, und welchen Verdruß es einem Intellektuellen damals bereitete, Willy Brandt durch Helmut Schmidt abgelöst zu sehen. Dieter Wellershoff spricht vom Zweiten Weltkrieg und davon, wie er die Wiedervereinigung versteht. Freimut Duve spricht außenpolitisch, wie im Bundestag.

Er sitzt auf dem Podium. Er beginnt, lange zu begründen, warum die jungen Westautoren mit der Wiedervereinigung nichts anfangen können. Er redet lange über andere, nicht von sich selbst. Er ist kein junger Autor mehr, und wie er die Wiedervereinigung sieht, kann er hier nicht kurz, bündig unterbringen. Dafür braucht er Zeit.

Erst auf eine Frage aus dem Publikum hin wird er wach. Plötzlich sieht er die vergangenen Jahre an sich vorbeiziehen. Er sieht sich auf der Terrasse seines Gartenhauses sitzen, und um ihn herum kreisen die Bilder der vergangenen Jahre. Die Nachbarn wechseln, die Szenen ändern sich von Jahr zu Jahr. Es kommt ihm so vor, als hätten diese Szenen jetzt eine Geschichte.

Er sitzt auf dem Podium und sieht seinen Film dieser Jahre. Kurz, für einen Moment, beginnt er davon zu sprechen. Er entwirft eine Szene: er im Gartenhaus, immer wieder dorthin zurückkehrend, immer wieder aufbrechend, das Gartenhaus als seine Mitte, und darum herum seine Bewegungen in der Ferne, die Mitte berührend, sie schneidend, verschiebend.

Er hat gerade zu erzählen begonnen, da bricht er schon ab. Es ist keine kurze Erzählung, es ist eine lange Geschichte. Er müßte sie ausführlich erzählen.

Stuttgart, Gartenhaus

›RAUS!‹ DEUTET das Kind mit dem Finger, als es die Sonnenstrahlen sieht, ›raus!‹, und dabei trippelt es auf der Stelle, unermüdlich, zu hohen, aufsteigenden Tönen, in starker Erregung. Schnell den Anorak über, schnell die Schuhriemchen geschnürt, ›raus!‹, schnell, schon der erste Schritt über die Schwelle ist wie eine Befreiung.

Stehen, einen Moment, da ist die Sonne, da, die Sonne, dann weiter im Laufschritt, nicht aufzuhalten, den schmalen Weg entlang zum Gartentor, zu diesen hohen, jetzt kippenden Tönen, sich schüttelnd vor Lust.

Auf das Tor, auf, hinauf zum Paradiesweg, ganz auf die Höhe, ohne irgendwo zu verweilen, ein schwankendes, übereifriges Rennen, die Füße touchieren den Boden, man glaubt den Sturz schon zu sehen, nein, noch einmal vermieden, jetzt, nein, jetzt bleibt es stehen.

Schon im nächsten Moment macht es sich klein, geht in die Knie, bückt sich, kaum, daß es ausgeatmet (atmet es überhaupt aus?), bleibt es hängen an irgendwelchen Details. Eine Schnecke kriecht über den Weg, Katzenspuren im Gras, eine Blüte am Wegrand, eine winzige, kaum zu entdeckende Blüte. Das Kind schaut, alles Reden dringt nicht in es ein, es schaut, als suchte es in diesen kleinen Dingen den Tunnel, die dunkle Fahrt in die andere Welt hinter den Bergen. Wo ist der Eingang, wo die Spur?

Man spricht, lockt, geht ein paar Schritte voraus, nichts, das Kind ist längst noch nicht fertig mit dieser Introspektion, da, noch ein Stein, der wird noch gedreht. Der Ruck kommt völlig unerwartet und plötzlich, ein Sich-Aufbäumen, ein Abschütteln der Mikroskopie, und wieder der Blick hinüber zur Sonne über dem Tal, ein Sich-Vergewissern, worauf sofort die Beine davonschnellen, los, jetzt, los, den Paradiesweg entlang!

So erfindet es sich seine Rhythmen, teilt den Weg in Stationen, gräbt hier einen Stein aus, versteckt dort ein Blatt, schaut nach den Ziegen, die sich in der Hütte eines Nachbargrundstücks verstecken, lockt die Schafe hervor, zwei Stück, müde Tiere, die das Gras eines besonders steilen Hangstücks abfressen.

Die Spinnennetze in den Trockenmauern! Das frühe Grün in den Mauerritzen! Der Wachhund, der jedes Mal gegen den Zaun springt!

Das Kind scheint keine Notiz zu nehmen von seinem Begleiter. Es läuft den Weg wie im Traum, unbestechlich und sicher darin, jeweils das Neue zu sehen, die unmerkliche Veränderung, das kleinste, frische Detail. Es sammelt die Zeichen des Wegs, und jeder Gang hat eine andere Folge.

Längst hat das Kind sein eigenes Gehen verändert. Er geht nicht mehr zielstrebig, nicht ununterbrochen, er hat sich eingestellt auf die Rhythmen des Kindes. Oft steht er neben ihm, still, und sie betrachten dieselbe Winzigkeit, ein merkwürdiges Duo, das sich in Einzelheiten vernarrt.

Dann folgt er ihm langsam, während es schon sehr weit voraus ist, als wollte er es übertreffen in seiner Gründlichkeit und noch einen Moment bei den Einzelheiten verweilen. Schon kann er die Bäume unterscheiden durch einen kurzen Blick auf die unteren Stämme, in Augenhöhe des Kindes. Schon sieht er Moose, Flechten, Farne, die geringste Wurzelverzweigung. Sein Blick ist ein Stilleben-Blick, eine Schau, und immer häufiger spürt er die Genugtuung, die befördert wird von diesem ruhigen Sehen.

Mainz, April 1994

M., JETZT achtzigjährig, will noch einmal Mainz sehen und seine Umgebung, wo sie viele Jahre gelebt hat. Seit fast zwanzig Jahren war sie nicht mehr hier, so überrascht sie das Sandsteinrot des Domes, ein gefleckter Schuppenpanzer aus Stein. Auch die Innenmaße hatte sie wohl unterschätzt, jedenfalls verblüfft sie die Größe, Wandelhallen, Säulen wie schwere Gliedmaße, nur daß das ganze Gefüge noch immer etwas vom Tongefäß hat, von leicht knetbarem Ton, der gerade erstarrt ist, so rauh und warm fühlt sich das an.

Wir verlassen den Dom, der Rhein ist nicht weit, die wenigen Schritte sind schnell gemacht, und so stehen wir bald an den Stufen, die direkt hinabführen ins Wasser. Was ist mit diesen Stufen? Sie gehören nicht zu einer wirklichen Treppe, es sind Stufen, die sich im Wasser verlieren, ins Bodenlose verlaufende Stufen, auf denen jetzt die Spaziergänger sitzen, um die Schiffe vorbeifahren zu sehen.

Als Schüler saß ich alle paar Tage gerade hier mit den Freunden, auf diesen Stufen, ich erinnere mich gut. Die Stufen waren ein Faszinosum, wie Scheintreppen im Theater, sie gehörten zu einer kaum sichtbaren Bühne, einer Bühne aus Phantasien, in denen sie Jenseitsstufen waren, Todesstufen, seit ein Freund gerade diesen Weg genommen hatte, um sich das Leben zu nehmen. Allein mußte er diese Stufen gegangen sein, in irgendeiner Nacht, langsam, Stufe für Stufe, bis das Wasser ihn forttrug. Schon diese Vorstellung machte die Stufen für uns zum Ort einer Weihe, einer Art verdrehter Taufe, einem unheimlichen Kult.

Manchmal sprachen wir noch in Andeutungen von diesem Tod, dann hüteten wir uns, dabei lang zu verweilen, und doch zog uns immer etwas zu diesen Stufen zurück, wo wir die Nachmittage verbrachten, in endlosen Unterhaltungen, aufgeregt und reizbar, in einem Alter, wo man süchtig war auf dunkle, mysteriöse Erlebnisse. Jemand hatte gesagt, der Tod des Freundes habe etwas Stolzes, Antikes, schon wenn wir so etwas dachten, ›stolz und antik‹, verschob sich etwas in uns, es war, als würde unser Interesse zur Seite gelenkt, in eine abseitige Zone, hin zur Verfemung.

M. ahnt nichts von diesen Erinnerungen, sie hat diese Stufen gewiß nie betreten, sie würde sich hierhin nicht setzen, das wären Jungmädchenallüren. Und so sitzen wir auf der ihr gemäßen Bank, einer Bank direkt am Rhein, kaum einen Steinwurf entfernt, und plötzlich beginnt sie, ihre Erinnerungen zu horten, eine Situation, die ich fürchte, seit jeher.

Sofort will ich abwenden, was mich erwartet, schnell setze ich an, um ihr zuvorzukommen, eine dichte, knappe Erzählung muß her, etwas, an dem wir zu kauen haben und das gleichzeitig eine Verbindung haben muß zu dieser Umgebung. So rasch fällt mir aber nichts ein, während sie schon beginnt, schon ansetzt, gleich wird sie mich einspülen mit unseren Geschichten, ›unsere Tage in Mainz‹, ›Mutter und Sohn auf einer Rheinbank in Mainz‹ …, das sind so die Themen.

Rasch, denke ich noch, den letzten Rettungsgedanken ergreifend, jetzt her mit einer Geschichte, und ich beginne wahrhaftig, ihr Reden durchkreuzend, beinahe grob, von diesen Stufen zu sprechen. Auf diesen Stufen dort, sage ich, habe ich früher sehr oft gesessen, und schon geht es weiter, die Geschichte, sie lockt jetzt und drängt, ich muß sie zu Ende erzählen, da bemerke ich schon, daß es unmöglich ist, so etwas M. zu erzählen, ganz unmöglich, M. kommt man nicht mit einem Selbstmord, gerade M. nicht, und erst recht hat sie kein Verständnis für etwas ›Stolzes, Antikes‹.

Und so bleibe ich stecken, elend, abrupt, die Worte verkümmern in meinem Mund, ich spucke nur noch herum, von Stufen, Stuuufen, was für ein Unsinn, da, sage ich schließlich, da habe ich früher sehr oft gesessen.

Sofort ergreift M. nun das Wort, nachsichtig, als sei sie es gewohnt, die Regie zu übernehmen, und beginnt zu erzählen, und es kommt wie erwartet, unsere Tage in Mainz‹, ›Mutter und Sohn auf einer Rheinbank in Mainz‹.

Ich wehre mich nicht. Es ist das alte Gefühl, langsam zugrunde erzählt zu werden, langsam übersetzt in eine andere, falsche Erzählung, langsam zerschnitten, der ganze Körper ..., während die Trugabbildungen ebenso langsam die nahe Umgebung besetzen, das zerschnittene Gesicht die Rheingauhügel der Ferne, der Rumpf die Fluten des Rheins, die Glieder die Brücken. Und so erzählt M. mich wieder zum Kind, immer kleiner, wie schön waren unsere Tage in Mainz, unsere Sonntagsausflüge in den Rheingau, unsere Schiffsfahrten, die Fahrradtouren über die Brücken.

Am Ende greift sie noch nach meiner Hand, ach, ich lauf doch nicht weg, ich stehe nur auf, ich will jetzt davon, und so gehen wir gemeinsam zurück zum Wagen, ein schwieriger Weg, weil keiner mehr spricht.

Und ich setze M. dann in den Wagen, und anstatt sie zurückzubringen in ihr Quartier, fahre ich mit ihr über die Brücke, weit fahren wir, hinüber, das rechte Rheinufer entlang, in den Rheingau, und ich höre nicht mehr auf, zu ihr zu sprechen, ich erzähle den ganzen Weg, stundenlang, meine Version ihrer Geschichte, bis wir so erschöpft sind, daß wir aussteigen müssen, um uns an etwas Neutrales, Schönes zu klammern, an das Bild des sandsteinfarbenen Doms, den gefleckten Schuppenpanzer aus Stein und den Eindruck im Innern, das Ganze bestehe aus knetbarem Ton, gerade erstarrt, rauh und warm.

Deutschlandberichte

K., DER wieder einmal zu Besuch ist, leitet gegenwärtig einen Ausbildungskurs an einer Journalistenschule. Seine Studenten sind zwischen zwanzig und fünfundzwanzig, sie arbeiten an einem Projekt ›Deutschland seit 89‹, wobei es um Reportagen und Berichte darüber geht, wie Menschen die letzten fünf Jahre erlebt haben.

K. erzählt, daß die Studenten sich für dieses Thema nicht interessieren. Sie schrieben lieber über Gottweiß was, aber nicht über Deutschland. Schon wenn sie das Wort hören, verziehen sie das Gesicht, als hätte man ihnen zugemutet, einen Tag mit einem Schwerverbrecher in einer Zelle zu verbringen. Die meisten behaupten, diese ganze Euphoriegeschichte von 89 sei an ihnen vorbeigegangen, es sei eine Sache der Älteren gewesen, derer, die noch den Mauerbau erlebt hätten, die habe der Mauerfall wohl begeistert, die Eltern zum Beispiel, weswegen man schon aus Prinzip auf Distanz gegangen sei. Ein anderer habe beim Mauerfall zuerst daran gedacht, daß sich jetzt die halbe Ostjugend in den Westen aufmachen werde, um hier zu studieren; sofort habe ihn die Angst befallen, ob seine Numerus-clausus-Note noch reiche.

Einige waren im Herbst 89 auch im Ausland und mußten erleben, wie sich Spanier oder Franzosen mehr für den Mauerfall begeisterten als sie selbst; die, heißt es, seien eben so, bei jeder Gelegenheit enthusiastisch.

Für die meisten steht fest, daß die Jahre seitdem ein großer Betrug waren. Der Westen habe den Osten betrogen, Kohl habe die Ostmenschen belogen, so reden sie, mit dem bekannten, senilen Grass-Vokabular. Sie reden, sagt K., wie alte Leute, die sich nicht genau erinnern, nicht genau hingeschaut haben, nicht genau denken wollen, und statt dessen den üblichen Alterspessimismus absondern, die ganze Welt ein Betrug, man selbst schlecht weggekommen.

Vielleicht, meint K., haben sie einfach Angst, vielleicht hat die Wiedervereinigung, von der gerade ihr Leben geprägt wird, sie aus einem tiefen Schlummer gerissen. Seltsam auch, daß sie immerzu Opfer suchen, mit denen sie sich angeblich solidarisieren; jetzt sind es die Ostmenschen, dabei kennen sie keinen einzigen, waren nie drüben und wollen um keinen Preis hinfahren. Sie behandeln das Thema nur am Rande, wie einen bösen Traum, den man besser umgeht.

Was die Wiedervereinigung politisch bedeuten könnte, wollen sie erst gar nicht wissen, in diesem Sinn ist ›Politik‹ für sie nicht zu fassen. Wenn sie ›Politik‹ sagen, meinen sie schlecht kanalisierte Gefühle, etwas diffus Soziales, Hilfe für die Dritte Welt oder Erhaltung des Regenwaldes.

Sie hassen das Land, in dem sie leben, der Selbsthaß der Älteren hat auch sie noch erreicht, und obwohl es ihnen gutgeht, sehr gut sogar, reden sie, als habe ›die Gesellschaft‹ sie an den Rand gedrückt, abgeschoben auf ein unzugängliches Atoll. Sie benehmen sich furchtbar, sagt K., wie böse, intrigante Rentner, die sprühen können von Gift. Und ich weiß nicht, sagt K., woher sie das haben, diese eindeutige, gut gepflegte, ja geradezu gepäppelte Ablehnung. Wenn sie schreiben, beginnen sie gleich zu phantasieren, sie biegen die Welt brachial zurecht, auf den kleinen Kosmos ihres Beleidigtseins.

Ich habe sie eine Woche in den Osten geschickt, sagt K., da werden sie Berichte schreiben über ein Land der Wellblechhütten und des himmelschreienden Elends.

»Schindlers Liste«

Wir sitzen im Kino einer deutschen Stadt mittlerer Größe. Abendvorstellung. Die Reihen sind sehr gut besetzt, bis weit nach vorn, wo sonst niemand mehr sitzt.

Viele Jugendliche, gut versorgt mit Popcorn, Süßigkeiten und Bier. Gleich geht es los, das Nazi-Spektakel, soll okay sein, hat man so gehört.

Es ist ein Film in Schwarz-Weiß, muß man sich erst dran gewöhnen. Zuerst mal noch ein Bier, das zischt schön, und die Frauen haben schon mal ihren Spaß.

Dann geht es los, »Schindlers Liste«, ein Spielfilm von Steven Spielberg, ein klassischer Spielfilm, mit guten Charakteren, mit bösen und mit gemischten, mit einer übersichtlichen Handlung, ganz brav, mit einigen, sorgfältig vorbereiteten grausamen Szenen, mit einer Kamera, die hart dran bleibt an den Gesichtern ... Es ist ein harmloser Erzählfilm, der sich in Nebengeschichten verplappert, seine Kulisse ist Auschwitz, und das Ganze läuft so ab, als ginge es um die Kunst, vor einer ungewohnten Kulisse noch so etwas wie packende Geschichten zu erzählen.

Das junge Publikum weiß, es soll so etwas schätzen. Alle paar Jahre entscheidet man sich in Deutschland mal wieder für eine Nazibewältigungsprobe. Früher war es die »Holocaust-Serie«, dann kam Claude Lanzmanns »Shoah«, jetzt ist Spielberg dran. Die Feuilletonzirkel tun übergeschnappt, völlig begeistert, und man hört daraus die Erleichterung, daß das deutsche Thema endlich gepackt wurde, von einem Amerikaner, einem Hollywood-Strategen, zum Glück auch noch ein Jude. Die Erleichterung ist so groß, daß man ihm blendend gelaunt versichert, er habe einen europäischen Film gedreht. Das muß ein Traum gewesen sein: Auschwitz von einem Amerikaner verfilmt, als europäischer Film. All das ist Unfug. »Schindlers Liste« ist leer und banal, es ist ein durch und durch abstoßender Film. Wenn man so etwas sieht, während in den Reihen vor einem weiter die Bierdosen zischen und nach einer Erschießungsszene ein Provokateur passend rülpst, erinnert man sich sofort an die These, Auschwitz sei nicht zu verfilmen.

Auch eine solche These ist natürlich Unfug. Man kann über Auschwitz einen Film machen, das hat Claude Lanzmann gezeigt. Aber in »Shoah« wird Auschwitz nicht nachgebaut, und erst recht gibt es keine Schablonenhandlung, die uns freundlich und dramaturgisch ausgewogen durch Auschwitz fuhrt.

Denn Auschwitz ist nicht abbildbar, nicht als Kulissenspektakel, nicht als historische Geschichte. In Lanzmanns »Shoah« sprechen die Hinterbliebenen, sie erzählen vor den heutigen Kulissen, es sind Erzähler, die an der Vergegenwärtigung scheitern. Das mag ein Weg sein. Der Zuschauer sieht nichts als diese Erzähler, nur an ihr Sprechen gebunden.

Man kann von Auschwitz erzählen, man kann aber nicht Auschwitz erzählen, indem man es aufbereitet und zur Vorlage macht.

Das Zuschauen ist unerträglich. Es ist eine Abendvorstellung in einer deutschen Stadt mittlerer Größe. Ein Spielfilm von Steven Spielberg, von dem auch »Jurassic Park« stammt. Frank holt noch drei Bier, Juttas Popcorn ist alle, vorne haben drei aufgegeben und schlafen.

»Schindlers Liste« ist Bewältigungskitsch. Aus so etwas rennt man hinaus, wie einer, der in eine Falle geraten ist. Morgen früh stehen ganze Schulklassen an. Sie werden schnell wieder vergessen, »Schindlers Liste« vergißt man ganz rasch. Und hinterher noch ein Bier.

Römisches Frühjahr

ROM! ROM, mit den Augen des Kindes, zwischen den Marktständen, an den Artischockenblättern zupfend, gierig nach Farben, nach dem nassen Paprikarot, dem Zahnweiß der Zwiebeln, dem metallischen Rughettagrün …,

in den Gärten und Villengeländen, wo am frühen Nachmittag die Paraden antreten, die benommenen Mütter mit den triumphierenden Kindern, die sofort wie die Taubenschwärme ausschwirren, zu den Brunnen oder sonstwo ans Wasser, das sie gönnerhaft untereinander verteilen, während in der Nähe der Eingänge schon die Ballonverkäufer aufziehen oder die kleinen, schirmbeschatteten Wagen mit Nüssen, Pistazien und kleinem Gebäck …,

irgendwo aber ein Karussellkreisen beginnt, weit ausschwingende Ketten oder die geduckten, stumm bleibenden Tiere, Pferde und Elephanten, die ihre Bahn drehen zur Drehorgelmusik oder zu Walzern, auf dem Gianicolo meckert der Kasperl und daneben Eis, Wasser und aufgeschnittene Melonen, der wässrige Saft gerinnt zwischen den Zähnen und tropft zusammen wie Blut …, unten aber, im Botanischen Garten, zucken die Goldfische zwischen den Sonnengräsern, schwermütige Gestalten, nicht zu verjagen, während in den Platanen Trasteveres Vögelschwärme allen Kindern auflauern, sie begleiten die Kinder gut durch den Abend, sie singen sie heim und locken sie am Morgen aus ihren Betten, hui, schnell das Treppchen hinunter …, da ist der grüne, schmutzige Fluß, ein Tunichtgut, mit seinem treibenden Unrat, der sich staut vor der Insel, neben dem kleinen Tempel, der Säulen hat wie auf den Bildern, lange Röhren, kalt, kalt gewordene Nudelröhren, kann man nicht essen, in den Parks ist es heller, da wohnt die Sonne, verteilt auf die Kinder, die Kinder tragen die Sonne, die Sonne macht mit, die Kinder treiben die Sonne rundum durch den Park, und niemand darf dran an die Sonne, auch nicht die Großen, mit ihren gebogenen Hälsen, die immer rufen und suchen, wo bist du, zeig dich, hui, schnell jetzt auf die Wiese, die Schatten sind kühl, Blumen pflücken, die schönen, gelbweiß, die streift man scharf durch die Zähne, dann häuten sie sich, und dazu gibt es Wasser ...,

Rom, mit den Augen des Kindes, das große Wege macht auf den Plätzen, die fernsten Punkte miteinander verbindend, Strickmuster, Sternenlauf, und immer wieder in den Hauseingängen verschwindend, wohin führt die Treppe und da drinnen duftet's nach Zimt oder nach Leder, Piniennadeln marschieren, so mager, meist zu zweit ...,

und die Fenster stehen jetzt offen, draußen winken die Leute vorbei und schmeißen Worttaler hinein, später rappeln die Busse sich auf, von Station zu Station, und die Menschen schwanken darin wie betrunken, auf der Stelle, manchmal springt auch das Türchen entzwei, dann kollern sie eilig hinaus, hui ...,

jetzt zu den Katzen, die immer allein sind, jede für sich, und doch trifft man sie immer wieder zusammen, wie sie sich zwischen den tiefer gelegenen, unzugänglichen Attrappen der Altertümer verlieren, und die vielen, die vielen Treppchen, rechts, voran mit dem Fuß, den Weg nach unten mit den Fingern gestützt, links, viel schwerer, nachgezogen, zigmal, jeden Stein sacht erfühlt, der feine Staub an den Kuppen, der schmeckt nicht, Zeit, mal im Wagen zu fahren, Zeit, gefahren zu werden …,

in den Kirchen ist es so still, wo plötzlich das Flüstern einsetzt, leise, ganz leise, und die Mütter auf Zehenspitzen dahergehen, um sich zu den Marienbildern zu schleichen, gehäuftes, mattes Gold da von Kerzen, die Bilder schimmern dahinter im Raum wie auf wehenden Fahnen, Musik, auch, die hauchen die Männer aus Stein, Heilige, Fromme, erst in den Kreuzgängen weht wieder Luft, rechts herum, geradeaus, rechts herum, die Säulchen aus buntem Stein machen mit, Karussell, Karussell, wird ja schon dunkel. Rom, mit den Augen des langsam ermüdenden Kindes, das im Dunkel des Abends noch am Tisch sitzt, seinen Sitz spät erst verläßt, an den Tischen vorbeistreicht, den kleinen, ruhigen Platz immer wieder in enger werdenden Kreisen erkundet, zurückkommt, sich noch zwei-, dreimal entfernt, und schließlich zu tanzen beginnt, allein, im weichen, zerfließenden, den Tag verstreuenden Licht der Laternen, tanzend, tanzend, als wollte es alle Tischgesellschaften auffordern zu einem abschließenden Reigen, in dessen Mitte ein Unsichtbarer steht, ein guter Geist, eine schöne Gestalt, die das Kind festhält mit seinen Blicken, während es sich anschmiegt zur Nacht.

Magdeburg/Halberstadt, Juni 1994

MAGDEBURG SOLLTE das neue Rom Kaiser Ottos I. werden, das Zentrum für die Missionierung des Ostens. Seit dem Sieg in der Schlacht gegen die Ungarn (955) ließ er eine schon vorhandene Klosterkirche zu einer gewaltigen Kathedrale ausbauen, von der heute nur noch wenig erhalten ist. Die heutige Anlage stammt aus dem frühen 13. Jahrhundert ..., erzählt D. mir im Magdeburger Dom, während er hin- und hergerissen ist zwischen dieser alten Historie und einer neuen, die noch frisch im Gedächtnis ist, aus den Zeiten nämlich, als auf dem Domplatz die großen Demonstrationen stattfanden und man am anderen Morgen große Brikettladungen vor den Eingängen fand, Schikanen der Partei, die weitere Aufmärsche verhindern wollte. Die Briketts haben wir an einem Vormittag weggeräumt, alle zusammen, ruckzuck, sagt D., und schon die Erinnerung nimmt ihn so mit, daß er leicht rot wird im Gesicht.

Andererseits ist ihm aber auch Kaiser Otto I. nicht ganz fern, jedenfalls ist dieser Kaiser keine bloße Historiengestalt, sondern so etwas wie eine gütige, freundliche Legendenerscheinung, die man schon deshalb ehrt, weil sie an Magdeburg einen Narren gefressen hatte und gerade diese Stadt ihr so viel bedeutete.

D. zeigt mir das Grab des Kaisers im Chor des Domes, es ist eine sehr einfache Grabkiste aus Stuck, mit einer Marmorplatte bedeckt, im Chor wirkt sie verloren, als habe man sie versehentlich stehengelassen oder sie zu schmücken vergessen. Außer einigen schlichten Feldern, die sie aber eher noch unauffälliger machen, weist sie wahrhaftig keinerlei Schmuck auf, keine bildliche Darstellung, kein Schriftelement.

Daß dies der Sarkophag des großen Kaisers sein soll, will einem nicht in den Kopf. Das Rauhe, betont Einfache seiner Gestaltung, die offensichtliche Neigung zu einer durch nichts gemilderten Nacktheit, erinnert einen sehr an den Thron Kaiser Karls im Dom zu Aachen. Es ist dieselbe Zurückhaltung, eine schwache Anlehnung an eine höchstens angedeutete Antike, eine Unterwerfung unter die abstrakt erscheinende Grundidee eines Throns und eines Sarkophags, als sei man zurückgeschreckt vor der weiteren Ausführung und habe nicht in Konkurrenz treten wollen zu den römischen Vorbildern.

Auch Otto I. hat kostbare Säulen aus Italien nach Magdeburg bringen lassen, vielleicht stützten sie die Arkaden seiner Kirche, heute leuchten sie noch im Chor des Doms, Granit, Marmor, Porphyr, die sichtbarsten, schimmernden Zeugen der Nähe zum Süden, der Nähe zu Rom, Magdeburg, ›Roma nova‹, das bleibt eine kaum vorstellbare Erscheinung. Am ehesten erinnern auch diese Spolien an Aachen, an die bunte Verwegenheit des dortigen Rundbaus, an sein verwunschenes Schatzkästchendasein, sein Märchenleben, doch hier in Magdeburg bleibt das alles höchstens ein Traum, der heutige, frühgotische Dom ist eine steinerne, kühl bleibende Faltung, spröde, der karolingischen und ottonischen Welt längst entrückt.

Ganz in der Nähe des Doms, erzählt D., muß es aber den großen Palast Ottos des Großen gegeben haben, man hat auf dem Gelände des Domplatzes gegraben, vor vielen Jahren, und ein paar Fundamentstücke gefunden. D. wäre es recht, er könnte einem diesen Palast präsentieren, was wäre Magdeburg heute mit einem solchen Palast? Er träumt von einem Monumentalbau, etwa in der Art römischer Thermen, Caracalla-Thermen, große Halbapsiden, mit einem angeschlossenen Kaisersaal, langgestreckt, mit dem Kaiserthron an einer Seite.

Um sich diese Phantasien ausmalen und erhalten zu können, ist D. erst neulich nach Goslar gefahren, wo er sich die Kaiserpfalz anschaute, daran lehnt sich seine Palastvorstellung jetzt an, eine Kreuzung zwischen karolingischer Pfalz und mittelalterlicher Kirche hat er im Kopf, darunter aber verbirgt sich noch Rom, sagt er, etwas gewaltig Ruinenhaftes, etwas, das schon Rom-Ruine war, als man es baute.

D. ist eine wache, freundliche Erscheinung, seit vier Jahren führt er durch den Dom, einen halben Vormittag lang, und wenn die Fremden nicht passen, sogar vier Stunden. Er spricht von den Statuen des Doms, als hätte er mit ihnen getafelt, die klugen und die törichten Jungfrauen des großen Paradiesportals scheint er alle einzeln zu kennen, mit einer hat er sogar besondere Freundschaft geschlossen. In D.s Augen geht von diesen Figuren ein gegenwärtiges Leben aus, er kann sie nur so ganz begreifen, er gliedert sie ein in seine Geschichten. Und so ist der heilige Mauritius, eine der frühesten schwarzhäutigen Gestalten, eine Mahnung an die Magdeburger, den Fremden mit Respekt zu begegnen, statt sie, wie erst jüngst geschehen, zu jagen, und Barlachs Ehrenmal für die Gefallenen des Ersten Weltkriegs mit seinen

Windlichtern und Kerzen ist ein Ehrenmal für die, die im November 89 alles riskierten.

V., der Domführer in Halberstadt, ist eine ganz andere Gestalt, ein Sohlengänger, ein Leisetreter, mit scharfen Blicken zur Seite, ein, wie er sagt, früheres Mitglied des protestantischen Widerstands, einen Satz, den er vor sich her trägt wie eine Monstranz.

V. sind die Westmenschen suspekt, das merkt man gleich, sie kommen aus einem schnellebigen Land, viel zu bunt, wie sollten sie da etwas mitbekommen? Am besten also, man führt sie sehr rasch und beordert sie streng hinter sich her, wenn sie Fragen stellen, gibt es eine zweisilbige Antwort, das reicht. Sie sollen sich scheuern an dem struppigen Backenbärtchen, wundreiben sollen sich ihre unerlösten Seelen, während man selbst stolz und bescheiden die Weihe des protestantischen Widerstands zur Schau trägt.

Manchmal schickt er diese herumstreunenden Fremden auch schon früher hinaus; er öffnet irgendwo eine Tür, Seitenschiff, rechts, und sagt ihnen ›das war's, der Rest ist leider geschlossen‹. Dann schleicht er hinauf in sein Stübchen, das gleich angegliedert ist an den Dom, von dort sieht er sie ziehen, die schnellebigen Hanseln, über den Domplatz, Verirrte, Wohlstandsgeschädigte, denen man es gezeigt hat, den protestantischen Widerstand, im Sandalenformat.

In der Halberstädter Liebfrauenkirche sitzt unter dem grünroten Bogen einer romanischen Chorschranke eine germanisch blonde Maria, mit zwei sehr langen Kriemhildzöpfen, großen, sehr schönen Augen, Augenbrauen wie schwarze Sicheln, einem kaum merklichen Rot auf den Wangen und einem dunklen Wundrot der Lippen, daß man glaubt, eine Vermählung des Nordens mit dem Süden zu sehen, eine germanische Schönheit, die nach Italien geflohen, von wo sie einen Sohn mitgebracht hat. Den trägt sie jetzt auf dem Schoß, klein, in grünem Gewand, mit tiefen Falten, einen römischen Buben, der Lateinisches stammelt.

Roman Herzog

ZU RICHARD von Weizsäcker fiel einem am Ende rein gar nichts mehr ein. Er hatte einen in eine tiefe Trance versetzt. Regungslos verfolgte man seine letzten Amtsjahre, in denen die Reden knapper wurden und die Großgewichtswörter (›das Humanum‹ etc.) eine zeitlose Patina erhielten. Der Zenit, das ahnte man voller Melancholie, war überschritten, das verknappte und ausgedünnte Spätwerk erinnerte an das Spätwerk alter Meister, das, nach einem bekannten Wort von Adorno, stets etwas Skizzenhaftes und Unerledigtes bewahrt.

Nun ist die Zeit der Pianistenauftritte vor sorgfältig ausgewähltem Publikum, vor allem Berliner Couleur, vorbei. Unter Roman Herzog wird es statt dessen deftige Mahlzeiten geben. Auch der Ton wird sich ändern. Statt der reichen Gebärdensprache des früheren Präsidenten, der alle Meinungen in seine Reden einbezog, um versteckt und unauffällig irgendwo die Schere der eigenen Meinung zu öffnen, wird man deutlichere Formulierungen hören, weniger ausgewogen, dafür näher an den Ereignissen.

Herzog hat etwas Direktes, manchmal auch Derbes, und vielleicht kommt dieser Umschwung ja gerade recht. Weizsäckers Zeit jedenfalls waren die sich selbst bespiegelnden achtziger Jahre, als alles Geschichte wurde und der Westen langsam begann, Gefallen an sich selbst zu finden. Die kultivierte Selbstbespiegelung war das Metier dieses Präsidenten, das diskrete und das lange schon vorausbedachte Wort, die umstandslose Zelebration von Etikette und Stil. Dahinter lauerte aber auch etwas Fades und Abgestandenes, geistreich bemäntelter Wohlstand, ohne wirkliche Neugier und auch ohne Zukunft.

Eine gewisse Selbstzufriedenheit, eine gut polierte Glätte – dadurch fühlte sich der Westen vor dem Mauerfall noch repräsentiert. Hinzu kam das Wolkige der politischen Ansprüche, die stete Nähe zum Kirchentagsdeutsch, das in Deutschland in bestimmten Kreisen gut ankommt, weil es wenig bedeutet und die Aura des Politischen aufweicht.

Daher verschwand Weizsäcker in den neunziger Jahren. Er stand völlig am Rand, zuschauend, suchend, wie einer, der darauf wartet, daß die Ereignisse ihn endlich herbeiwinken, damit er sie segnet. Das Tempo der Wiedervereinigung, die raschen Veränderungen, die unerwarteten Umbrüche – all das war nicht seine Sache, er betrachtete es mit Abscheu, dieses Lauterwerden des Politischen, diese Rückkehr zum Grobianismus.

Mit weitschweifigen Reden war nichts mehr zu heilen. Man konnte nicht mehr zu den Lagern sprechen, sie freundlich begrüßend, hofierend, um ihre Zustimmung werbend, denn diese übersichtlichen Lager von früher waren verschwunden. Weizsäckers Reden wirkten daher am Ende wie erstickt, da sprach einer in einem schalldichten Raum, konnte kein Verhältnis mehr finden zur Zukunft.

Herzog hat seinen Reden, als wittere er zumindest schon, wohin es rhetorisch gehen müsse, ein Programm gegeben. Er will es, wie er sagt, mit Tucholsky halten: Hauptsätze, Hauptsätze, Hauptsätze. Wobei er, wie er fortfährt, natürlich weiß, daß man auch mit einem Nebensatz noch gut leben kann, aber nicht mit drei, vier Ebenen von Nebensätzen, und vor allem nicht mit Partizipialkonstruktionen!

Die Verwünschung der Partizipialkonstruktionen ist Herzogs verborgene, sich entschlossen gebende Abkehr vom Stil seines Vorgängers. Nichts kam Weizsäcker mehr entgegen als eine Partizipialkonstruktion. Sie hielt den Satz offen, in der Schwebe, sie verband künstlich die vagabundierenden Glieder.

Herzog dagegen tut so, als wolle er seine Reden der niederbayrischen Dramatik anpassen. Er gibt sich volkstümlich, aber auch kauzig und expressionistisch, er scheint zu ahnen, daß jetzt ein paar Fehltritte erlaubt, ja beinahe schon notwendig sind. Auch dort droben, im höchsten Staatsamt, wird es bald krachen, so ergeht jetzt die Botschaft. Eine Präsidentschaft ist keine Kür von guten und nichtssagenden Auftritten, sie muß auch etwas Unberechenbares haben, etwas von persönlichem Wagnis.

So ist die Wahl, geschichtsphilosophisch betrachtet, sehr klug. Das Land braucht einen Präsidenten, der auch Dreizeilenreden beherrscht und der aus dem Stegreif manchmal noch besser spricht als vom Blatt.

›Ich lege gelegentlich einen Brocken auf den Tisch des Hauses‹, hat Herzog gesagt. Das nehmen wir jetzt einmal ernst. Die Zeit, meint das, als man die Krümel noch alle einzeln aufkehrte und sie auf polierten Tabletts entsorgte, ist damit zu Ende.

Lektüre

Das schönste, Begeisterndste, was ich in den letzten Jahren gelesen habe, steht in Gerard Manley Hopkins' »Journal«, das Peter Waterhouse übersetzt hat. Der gerade zweiundzwanzigjährige Hopkins begann damit 1866, als er zum Katholizismus konvertierte. Er zwang sich, die eigene Gedichtproduktion aufzugeben, statt dessen führte er das Journal, in dem er seine Natureindrükke vermerkte, ein nach außen verschwiegen bleibender Gottesdienst, der nach innen um so kräftiger und lebhafter leuchtet.

Hopkins' genaues Sehen ist nicht nur ein Beobachten, es ist auch ein Eindringen, aber so, daß die sinnliche Erscheinung des Gegenstandes, sein Dasein im Raum, seine Bewegung, seine Anziehungskraft, in der Sprache noch einmal ersteht. Der Antrieb dieses erfassenden Schauens ist aber Bewunderung, die erste und am tiefsten sitzende Wurzel des ästhetischen Verhaltens überhaupt.

Das Überraschende nun ist, daß Hopkins sein immer Fragment bleibendes Besprechen und Umkreisen nicht zu einer Theorie veredelt, daß er seinen Beobachtungen keine Begriffe abzwingt, sondern so tut, als sei er das Kind, das, überwältigt und mit der Zeit immer euphorischer werdend, seine Eindrücke nur ausspricht, immerzu auf der Suche nach den passenden Worten.

Bei Hopkins gibt es nirgends die Faulheit der Sprache, ihr gängig gewordenes Sich-Bescheiden vor den Bildern, denn bei ihm sagt das Bild nur soviel, wie die Worte auch an ihm feststellen. Freilich müssen es nicht die erprobten, üblichen Worte sein, sondern solche, die sich zu ganz einzigartigen Wortfeldern verdichten, Worträume, die die Gegenstände am Leben erhalten.

Eine Szene im Mai, ein Spaziergang: »Links, die Braue eines nahen Hügels glitzerte aus sehr hellen neu gewendeten Soden und eine Schärpe lebhaften Grüns bog fort über den Horizont, dagegen die Wolken den geringsten Anflug von Rosa oder Purpur zeigten. Unterholz graurot oder graugelb – jene Minima die der Öffnung des vollen Blatts unmittelbar vorangehen. Lustbares Grün der Wiesen die die Seven-bridge Straße säumen. Ein paar Eichen haben schon kleine Blätter. Noch nicht die Eschen, die nur mit ihren Blütenfransen geschopft sind. Die Hecken sprießen reichlich. Ulmen voller kleiner Blätter, mit mehr oder weniger Undurchlässigkeit. Weißpappeln in der ganzen Pracht ihrer kleinen grauen gekräuselten sprühenden Blätter. Schlüsselblumen impulsiv färben die Wiesen in sahnigen Passagen. Hyazinthen, pur-

purnes Knabenkraut. Über dem Wasser des Flusses der vorüberfließt an den Armenvierteln der Stadt und unter seinen Brücken blitzten die Schwalben, blau und purpurn zuoberst und der Bernstein-Anflug auf den Brüsten zeigte sich gespiegelt im Wasser, ihr Fliegen unstet mit oszillierenden Flügeln und sie lehnten zuerst zur einen Seite dann zur andern …«

Solche Lektüre, sehr langsam, mehrmals, verändert sofort das eigene Wahrnehmen. Man wird vorsichtiger und auch genauer, man möchte nichts anderes mehr gelten lassen als diese emphatische, aber doch auch trockene, konkrete Sprache.

Der tiefste Reiz, der dem Ästhetischen zugrunde liegt, ist der Reiz der Feier, der Teilhabe. Es ist die unmittelbare Freude am Geschöpf, absichtslos, ohne Planung. Es ist die Hand, die an der Haut entlangstreicht, die Hand, die Konturen ertastet, es ist das Auge, das ruht, es ist der alte Weg der heißen Versenkung. Die Sprache aber dazu ist das ekstatische und doch verhaltene Benennen.

Italienischer Sommer

Die meeresliebe des Kindes, reine Verzauberung, wie es den Strand inspiziert, in der Hocke, mit den Füßen im streichelnden Wellensaum, während die Finger den Sand durchmustern und die Fundstücke fischen: Miesmuschelschalen, Austernbohrer, Steine mit winzigen Seepockengürteln, Strandschnecken, Meerdatteln …

Das alles wird ausgewaschen, mehrfach, und im Sieb zum Lager gebracht, unter die orange-blauen Sonnenschirme, zwischen den Liegestühlen, die in einer langen Reihe nebeneinander stehen, kaum zwanzig Meter vom Meer, wie Strandposten, von denen aus man sich ins träumende Blau gleiten läßt, zunächst nur in Gedanken, dann, wenn die wachsende Laune nicht länger zu zähmen ist, auch mit dem Körper, den nichts so beruhigt und nichts so befriedigt wie dieses Hineinschlüpfen ins Wasser.

Das Kind, das nicht vom Wasser fort will, nicht zu weit, immer in unmittelbarer Augennähe des Wassers, jetzt mit beiden Beinen knietief im Blau, vernarrt in die Spiegelungen der Sonne, das schräge, gewundene Flirren des Lichts, das Davontauchen der Steine, wenn man nach ihnen greift, erzählt von Seeigeln und Krebsen, von Garnelen und Algen, es mahlt diese Namen zusammen, das Neue, Fremde daran läßt es horchen, der Klang wird erprobt, Krebse krabsen Krabben.

Das Kind, das nach dem ersten Ansturm, dem rasanten, schnellen Lauf gerade aufs Meer zu, als wollte es das lagernde Blau sofort umarmen, oder als eilte es durch ein weit geöffnetes Tor direkt hinein in den Himmel, sich einstellt auf die Ruhe, am Strand Platz nimmt, die Füße ausstreckt und den Spaziergängern zuschaut, wie sie die Küste abschreiten, ohne einen Blick noch zur Seite, als liefen sie auf einem Seil, von dem man jederzeit abstürzen könnte.

Die Tollheit des Kindes am Meer, sein begeistertes

Jauchzen, wenn es beginnt, sich mit dem Wasser zu schlagen, wenn es eindrischt auf das schlafende, sonnenstumme, wenn es die Wellen hervorlocken will und den Fischen befehlen, den Sand aufzuwühlen. Als diese Kräfte verbraucht sind, reißt es sich los, mit einer heftigen Bewegung zur Seite, schaut den Strand lang, den endlosen, bis zu den fernen Bergen immergleichen, eine ewige Schnittlinie zwischen Glück und Erwartung, und macht sich sofort auf den Weg, den Strandläufern nach, als wollte es seine Heiterkeit ausrollen und sie unerreichbar versenken, irgendwo, in einer Bucht.

Noch einmal, ein letztes Mal öffnet er die Augenschlitze mit dieser Strandmüdigkeit, der schönen, immer intensiver werdenden Schwere des Körpers, wenn die Geräusche ringsum zurückzutreten beginnen hinter die Mauern, wenn das Meeresraunen sich verteilt auf die gesamte Umgebung, alles ein einziges schwankendes Blau, das langsam die übrigen Kontinente zumalt, noch ein letztes Bild fängt er ein, einen bunten, streifenden Blitz, jetzt, im Blau: worauf er das auf dem gestrafften Meerseil hüpfende Kind sieht, allein, vor der großen Weite des Horizonts, ein Meerwesen, das nicht zu ihm gehört, sondern zu den Lagern griechischer Fabelwesen und Götter, wie sie sich lachend der Menschen bedienen, und er spürt beinahe den Zeitschock, das Junge, Schöne des Kindes, außerhalb jedes fixierbaren Datums, es ist ein Modell, das er anschaut, etwas Plastisches, eine Figur, die ihm den Stoß versetzt hinab in den Traum, wo das Lachen der Götter langsam verhallt und schließlich kippt.

Nicht weit vom Meer und doch an der Schwelle zu den großen Gebirgen liegt Ascoli Piceno. Viele der kleinen Gassen hier werden nicht ›via‹, sondern ›rua‹ genannt, und dieser Klang, dunkel, rauh, mit einer beinahe morgenländischen Aura, deutet ihm den Charakter von Ascoli an. Es ist eine in sich geschlossene Stadt, halb schon wie eine Gebirgsinsel, entrückt, aber auch eine Stadt der von weither gekommenen Händler, die es vom Meer aus getrieben haben mag bis zu dieser letzten Lagerung vor den Höhen. So hat Ascoli etwas, das seine schöne Enge aufreißt und durchsetzt, etwas ganz Fremdes, als hätten Menschen anderer Kulturen an seiner Erscheinung mitgewirkt, während das Dunkle, Verschlossene das nahe Gebirge andeutet, etwas Schweigsames, das sich nirgends hin öffnen will.

Geht man nun aber durch seine Gassen, so erkennt man manchmal in der Ferne einen ansteigenden Hügel oder auch schon ein höheres Massiv, das läßt einen denken, man befinde sich auch in der Stadt schon in einiger Höhe, auf einem erweiterten ehemaligen Zeltplatz, der an den Rändern abrupt aufhören könnte. Gerade das aber verstärkt noch den Eindruck, die Stadt habe sich den aufdringlichen Gästen entzogen und sich eine fast trotzige Strenge bewahrt. Dann aber glaubt man auch, noch etwas vom Schimmern des Wassers zu ahnen, das macht der in der Stadt verwendete Travertin, der hier seltsam zu leuchten scheint, glatt, die Umgebung spiegelnd, ein merkwürdig getöntes Braun, mit einem Stich ins Silbrige.

Auf der großen, rechteckigen Piazza del popolo, die ringsum eingefaßt ist von langen Arkadengängen, entwerfen die am frühen Abend überall herumstehenden Gruppen daher ein Bild der Versunkenheit, schwach spiegeln ihre Linien und Farben sich hier im blanken Travertin, so daß man am Abend, wenn die gedämpften Lichter anspringen, eine fast irreale Szene erlebt, ein Flirren der ineinander übergehenden Flächen, ein Sich-Drehen um eine in der Tiefe verborgene Achse, als könnte der ganze, jetzt leuchtende Platz zum Windschiff werden und mit all den zusammengeströmten Menschen, die wahrhaftig auf den Abflug zu warten scheinen, langsam abheben ins Gebirge.

Und er kann sich gut vorstellen, wie es hier im Herbst wohl sein wird und wie im Winter, die Stadt selbst hat mit ihren gemaserten Brauntönen schon etwas Herbstliches, wie wird es aber sein, wenn die Nebel herunterstürzen von den nahen Massiven, wenn eine metallische Feuchtigkeit sich auf diese Travertinplatten legt, wenn die Gassenöffnungen sich zusammenziehen wie immer schmaler werdende Schlitze, die der Herbst zuzunähen beginnt?

In Ascoli, denkt er, könnte man gut arbeiten im Herbst, in dieser Entlegenheit, die aber nie etwas Trostloses, Provinzhaftes hat, denn die Stadt besitzt eine dichte Stimmung, eine Schwere, die einen festhält, irgend etwas erinnert hier sogar an Venedig, an das herbstliche, schattenhafte, dunstige Venedig, auch hier in Ascoli könnte man sich im Herbst wohl verlaufen, auch hier könnten seltsame Geschichten spielen wie man sie für Venedig erfand, Spukgeschichten, Geschichten aus Wunderbarem.

Ja, fällt ihm noch ein, diese Stadt ist etwas für den

einsamen, das Karge schätzenden Helden, für eine Figur von Camus, die sich hier über Monate versteckt, sprachlos, ohne Kontakte zu suchen, ein geduldig arbeitender Mensch, der sich in seine entlegenen Studien vertieft, Wortstudien vielleicht, Sprachstudien, so daß er in den Nächten dem Wispern der Bewohner nachgeht, diesen dunklen, rauhen Klängen, die sich im Travertin verschließen.

Und so überfällt ihn, wie in kaum einer anderen italienischen Stadt, eine unbändige Lust, hier zu übernachten. Es geht nicht an, daß er diese Stadt nur kurz durchstreift, einen Tag lang und etwas später erneut einen Tag. Man muß, denkt er, in ihr auch die Nächte verbringen, man muß sie am Morgen sehen, wie einer, der sie überraschen will in anderen Bezügen, ihr etwas entlokken, sie ungeschminkt betrachten.

Er träumt von einem kleinen Zimmer in der Nähe des großen Platzes, und sofort ist dieses Zimmer auch der Ort einer Erzählung. In Ascoli, weiß er jetzt, könnte er schreiben.

Von Ascoli aus gelangt man schnell in die Sibillinischen Berge, das erinnert zunächst noch an alpine Anblicke, Felsbrocken, Wiesen, doch plötzlich erreicht man eine Hochebene, das langgestreckte, verlassene Tal des ›Piano Grande‹, menschenleer, rings umgeben von nackten, schrundigen Kegeln. Die Sonne hat dieses Tal jetzt ausgebleicht, ein pastoses Braun, steppenhaft, nur einige wenige Äcker brechen tiefbraun, beinahe schwarz, daraus hervor. Kaum Wind, keine Stimme, die Farben vergangen, man wird von diesen monochromen Weiten so überrascht und von der plötzlichen Stille so überfallen, daß man nicht wagt, weiterzufahren.

Ungläubig, weil man den Augen nicht traut, steigt man aus, man geht auf der schmalen Straße eine Weile zu Fuß, ein merkwürdiger Anblick, als liefe da einer der Western-Abendsonne entgegen, irgendwo in den amerikanischen Wüsten, als schlenderte da ein Ausgesetzter, dem man die Lebenslizenz entzogen hat und der verschlagen wurde in diese sprachlos machende Landschaft, damit er sich auf seine Seele besinnt.

Nach einer Weile erkennt man jedoch in der Ferne, auf einem der grau-weißen Kegel, so etwas wie eine Ortschaft, zumindest einige Häuser könnten es sein, und sofort beginnen die Lebenssäfte, dorthin zu drängen, das Auge heftet sich richtiggehend an diesen Anblick, der – im Gegensatz zur verlassenen Weite des Tals – noch an Menschen erinnert.

Der Ort, Castelluccio, ist jedoch der Nähe der umsäumenden Landschaft nicht entkommen, es ist eine Ansammlung gerade noch möglicher Wände, Treppen und Häuser, ein rauhes Himmelsprovisorium, in dessen kleinen Lokalen stolz die Winterpostkarten vorgezeigt werden, auf denen der Schnee meterhoch liegt und man von der Außenwelt abgeschnitten bleibt, wochenlang.

Jetzt, im Spätsommer, ist es der Ort der Drachenflieger, man sieht gleich die gebräunten, athletischen Körper, bunt gekleidet, mit dem Gestus der Skiläufer, in lange Reparaturen und die branchenüblichen Tüftlergespräche vertieft.

Sonst ist der Ort auch zu dieser Jahreszeit schon verlassen. Die Lokale, in denen sich am Mittag die Arbeiter aus den Dörfern weit unten in der Ebene treffen, die hier ein Dach richten oder etwas Putz gegen eine Mauer werfen, kultivieren die Gebirgsatmosphäre, das Essen ist ausgezeichnet, Pilze, Trüffeln, hervorragende Linsengerichte, man möchte bleiben, sofort, den ganzen Winter.

Am meisten aber überraschen einen bei einem Spaziergang durch den stillen Ort dann große Mauern, die vollgeschrieben sind mit einer weißen, prunkenden Schrift, und zwar so, daß die Zeichen links oben beginnen und sich, wie auf einer mittelalterlichen Handschrift, absatzlos, ununterbrochen hinziehen bis nach rechts unten, zum Ende.

Es sind Gedichte, auch hymnische Prosa ist darunter, ein enthusiastisches Linsenlob, ein Gesang auf einen Käse, den ›Pecorino‹, ein Sonnengesang, ein Schneegedicht ...– das alles auf ruinöse Mauern gekritzelt, in kräftigen Buchstaben, sicher, als habe eine einzige Hand das entworfen, diese abgemagerten Schriftskelette unter der weit droben fackelnden Sonne.

Und er stellt sich die Drachenflieger vor, die aus noch größerer Höhe den Ort überfliegen, wie sich unter ihnen die Schriftmauern von Castelluccio zu drehen beginnen und die Schriften sich ineinanderfügen, wie sie beim nächsten Windstoß wieder zerreißen in kleine Fragmente und der Ort sich in ein einziges Schriftgestöber verwandelt, das er, einmal angenommen, er hätte sein Zimmer gefunden, Tag für Tag neu mischen würde.

Die Schrift von Castelluccio: ah, das wäre der Titel einer Novelle, und er säße da wie ein italienischer Meister, wie ein Boccaccio, auf einer der an die Häuser gepreßten, schräg zu den hoch gelegenen Türen geländerlos verlaufenden Treppen, und er erzählte, so daß schließlich die Linsenleserinnen aus den umgebenden Häusern hinaus träten und ihre Arbeit mitbrächten, Linsenlese, Schriftlese …, bis plötzlich die Einzige, Schönste, die lange Verborgene erschiene in ihrem Kreis, eine Fata des Piano Grande, eine Erscheinung, noch nie so gesehen, geboren und aufgewachsen in dieser Verlassenheit, gepriesen von wenigen kryptischen Mauerschriftandeutungen, auf denen die Schönste aber namenlos blieb, schwarzhaarig, groß, mit bronzenem, beinahe arabischem Teint …

Elias Canetti (14. August 1994)

Elias canettis Stimme habe ich zum ersten Mal 1972, bei der Verleihung des Büchner-Preises in Darmstadt, gehört. Von diesem Moment an habe ich diesen besonderen Klang nicht mehr vergessen. Es war eine Stimme, die einen sofort in den Bann schlug, leise, sehr rasch, die Worte vor sich hertreibend, mit einer Dringlichkeit, als stehe mit jedem Satz alles auf dem Spiel.

Canettis gesamte Erscheinung war in dieser melodiösen und sicheren Stimme konzentriert. Wie kein anderer lebender Schriftsteller *verkörperte* er das, was er schrieb. Es war, als habe sich das ungeheure Wissen, das dieser Schriftsteller Tag für Tag sammelte und mit der Wachsamkeit eines Beutefängers in seine Hirnkammern trieb, in diesem kleinen, gedrungenen und aufs äußerste gespannten Leib so geballt, daß die vibrierende Stimme kaum noch nachkam, um dieses Wissen der Außenwelt mitzuteilen.

Wort für Wort sprang aus diesem energischen Mund, eine einzige Kette von Eruptionen, und man sah, daß der Körper beherrscht werden mußte, gewaltsam, damit er nicht in diese Sprachschwingungen einstimmte.

Dieser starke Eindruck von Konzentration, von Dichte und Genauigkeit, hat mich in all den Jahren, in denen ich Canetti dann und wann begegnete, fasziniert. Ich kannte keinen lebendigeren, von Geschichten, Ideen und komödiantischen Einfällen sprühenderen Menschen. Wenn man in seiner Nähe saß, hatte man das Empfinden einer absoluten Gegenwärtigkeit. Canetti sprach und erzählte, und das bedeutete fast immer: nicht eine einzige, sondern mehrere Stimmen zugleich, ja ein ganzes Drama von Stimmen zu hören.

Auch wenn er von Alltäglichem handelte, konnte man denken, man habe das alles noch nie so gehört. Die Geschichten und Erinnerungen sprudelten aus ihm heraus, als müsse er seine Umgebung damit zudecken oder als müsse er die Trägheit der Welt durch die Funken seiner Rede in größte Spannung versetzen.

Dieser Magier der Sprache hatte dabei einen Blick, der immer wie auf einen Brennpunkt gerichtet war. Canetti hatte eine fast fanatische Vorstellung davon, daß hinter den Dingen und ihren Erscheinungen Geheimnisse verborgen seien, denen man durch intensive Anschauung auf den Grund kommen könne. Das verlieh seiner Erscheinung etwas Grüblerisches, das jedoch nichts vom Grübeln eines Melancholikers hatte.

Canetti zergrübelte die Dinge wie einer, der Körper seziert. Er zerlegte sie in ihre Bestandteile, drehte und wendete sie vor seinen wachen, zustechenden Augen, fuhr an ihnen mit seinen Fingern entlang und verlieh ihnen etwas von einer Bewunderung, die diese Dinge in ein helles, strahlendes Licht stellte. Alles, was er dachte, war von einem untergründigen, dichten Zusammenhang gleitender Begriffe bestimmt. Es waren Begriffe, die er selbst in seinem Hauptwerk »Masse und Macht« zu wendigster Schärfe geschliffen hatte.

Nur von diesem Werk aus sind all seine Arbeiten, die wie immer genauere Ableger wirkten, zu verstehen. Canetti hatte sich nach langer und ausschweifender Lektüre ein Denkfundament geschaffen, das ganz aus eigener Anschauung bestand. Souverän und ohne eigentliche Vorbilder beharrte er sein Leben lang auf dieser Eroberung, sie war der Schatz, den er der Mitwelt auszuteilen bereit war. Den größten Teil seines Wissens aber hielt er verborgen.

Zeit seines Lebens ist daher nur ein sehr schmaler Teil seines Werkes erschienen. Canetti verteilte Bruchstükke, und immer hatte es den Anschein, als lüfte er den Korb der Geschenke eben nur einen Spalt, um sich – heimlich, im stillen – an der überquellenden Fülle seines Schreibens zu berauschen.

Auf dieses Geschriebene bin ich gespannt, ich warte schon heute darauf wie einer, der in den Genuß kräftigster Wortspeisen kommen wird. Denn Canettis Denken und Schreiben war gewiß das unabhängigste und freieste von allen Autoren unserer Zeit. Keine Moden, keinerlei Anpassung an Trends! So haben wir es jetzt, nach seinem Tod, mit einem Werk zu tun, das durch kein einziges verschwatztes Wort entstellt ist.

Was werden seine Tagebücher berichten, die er, wie er einmal andeutete, in Geheimschrift verfaßt hat, um sie der neugierigen Mitwelt zu entziehen? Was werden die Notizen und Entwürfe zur Fortsetzung von »Masse und Macht« enthalten?

Canetti hatte sich ein gewaltiges Pensum gesetzt. Sein Lesehunger war berüchtigt, und die Vorstellung, die er von seiner Lektüre hatte, war die von einem angeregten und freundschaftlichen Dialog, den er gleichsam über die Zeiten hinweg mit den bedeutendsten Texten der Geschichte zu führen bereit war. Hörte man ihn davon sprechen, beeilte man sich jedesmal selbst, so schnell wie möglich an den Schreibtisch zurückzukehren.

Sein eigentliches Leben vollzog sich in den Bibliotheken, die sich sein Denken errichtet hatte. Um so schärfer aber sein Blick für Umgebungen! Nichts entging ihm, er war ein Spion des Sehens.

Wenn ich jetzt in seinen Büchern lese, höre ich noch immer seine Stimme, den Singsang des Wundererzählers …

Rückblicke

Jetzt ist die Zeit der Rückblicke, seit den Leipziger Demonstrationen und dem Fall der Mauer sind fünf Jahre vergangen. Die publizistische Öffentlichkeit versucht, etwas aus diesem Thema zu machen.

Im Fernsehen dokumentiert eine Sendung in über siebzig Folgen die sogenannte Wende; viele Protagonisten von damals werden gefragt, die meisten sehen – gegenüber den alten Bildern, auf denen sie noch etwas Irritiertes und Angestrengtes hatten – erholter und gelassener aus. Sie sprechen ruhig über die Ereignisse, wie Menschen, denen vieles klargeworden ist und die schon die Kraft haben, sich genau zu erinnern. Die Ereignisse haben nichts mehr von ihrem aufregenden und brennenden Charakter, sie scheinen bereits unendlich weit zurückzuliegen, in einer Vorzeit, die keiner so ganz mehr versteht.

Manchmal begibt man sich an Stätten von früher, ungläubig, als müßte man noch einmal einen Blick darauf werfen, um alles besser zu begreifen. Ein Ehepaar, das lange Zeit in der Prager Botschaft verbrachte und zu den ersten Flüchtlingen gehörte, geht noch einmal durch die Räume: da haben wir gelegen, genau da! Sie schauen wie Kinder, die ihre alten Spielplätze entdeckt haben, man sieht ihnen an, daß sie das Leben von damals längst abgelegt haben, nur ein schwaches Gefühl von Angst ist noch da, wenn man zurückdenkt, an die Zugfahrt in den Westen.

Auch Hans-Dietrich Genscher ist noch einmal nach Prag gefahren, wie zu einem Revival. Anscheinend hatte er Klaus Kinkel zur Seite, ein Fehlgriff, denn Kinkel hat mit alldem nicht das Geringste zu tun. Kinkel ist auch vorstellbar ohne die Wiedervereinigung, Genscher nicht. All diese Politiker, die vorstellbar sind ohne die Wiedervereinigung, haben es schwer jetzt; ihren Parteien schaden sie eher. Sie sehen aus, als warteten sie nur darauf, daß sich die Verhältnisse zurechtgebogen haben: ein einziges, großes Westland, mit einem wirtschaftlich noch leicht zurückgebliebenen Osten.

So wird in der Öffentlichkeit noch einmal über das Gestern debattiert. Publizistisch ist alles aufbereitet, aber unter dieser akkuraten Oberfläche sitzt weiter die Unruhe, die einen sofort befällt, wenn man sich in diese Monate des Jahres 1989 zurückversetzt. Von heute aus gesehen, bedeuten sie noch immer einen Schock. Niemand hat genau begriffen, was seither geschah, es ist wie eine überwältigende Zeitreise, aus einem abgelegten und belächelten Gestern in eine noch nicht vorhandene Zukunft.

Dieser plötzliche Sprung, der sich für jeden Beteiligten anders vollzog, prägt das Empfinden. Von außen betrachtet, hat die Wiedervereinigung etwas von einem direkten und sicheren Weg, eine gerade, folgerichtig ausgezogene Linie. Die Innenperspektive aber wird von den erlebten Geschichten geprägt. Sie läuft der Glätte des oberflächlichen Außenbildes entgegen.

So herrscht oft eine gewisse Ungeduld. Man spricht von der neuen Rolle des Landes, von seiner großen Verantwortung, von seinem veränderten Auftrag. All das wird Menschen abgefordert, die von ihren Geschichten her dazu noch längst nicht bereit sind. Im Ausland begreift man nicht, was mit den Deutschen los ist. Müßten sie sich nicht über die Einheit freuen und endlich darangehen, eine klarere Kontur ihres Bildes zu entwerfen?

Das ist die klassische Perspektive von Außen, es ist die Zuschauerperspektive, die auch viele im Westen des Landes gern pflegen, weil die Ereignisse eigentlich an ihnen vorbeigegangen sind. Die Beteiligten von damals aber laufen herum wie verstörte Kinder, noch unsicher, kaum zur Besinnung gekommen. Man sagt ihnen, sie sollten sprechen, aber sie bringen noch nichts heraus. Und so gibt der Zustand wenig Grund zu einem Jubiläum oder zu einer Feier. Der Zustand hat noch viel von Verstörung. Man weiß nicht, auf welchem Terrain man sich befindet, die Psychen sind noch überreizt, obwohl die wenigsten das wahrhaben wollen.

Daher ist es zu früh, so zu tun, als schriebe man bereits die Geschichte von damals. Das Damals hat noch keine Geschichte, es besteht noch aus lauter Einzelgeschichten, die sich noch nicht bündeln lassen.

Genscher auf dem Balkon der Botschaft in Prag, er schaut noch einmal in den Garten. Und von irgendwoher kommen die Schreie der Vielen.

Lektüre

Solche Bücher wie Sarah Kirschs »Das simple Leben«, die lese ich gern. Zunächst ist da mal die Englische Broschur; englisch broschierte Bücher liebe ich schon auf den ersten Blick, mehr als alle gebundenen, vielleicht, weil sie noch etwas haben vom Heftcharakter, ein paar Blätter mit fliegenden, herausstürzenden Kartons, gut gefaltet und hergerichtet, handwerklich.

Dann steht auf diesen Kartons kein Klappentext und nichts Biographisches. Der Leser darf die Kartons aufklappen, da gibt es ein paar Zeichnungen, sonst nichts. Alles andere darf er schön hoffen, so daß alles ihm sagt: Du bist ein Leser, der nur den Text will und keine dummen Worte drumrum.

Dann ist es ein Buch mit lauter Aufzeichnungen aus dem wirklichen Leben. Keine Fiktion, aber auch kein aufgeblähtes Tagebuch mit viel Wichtigtuerei und erlesenen Nachtgedanken. Sondern eben lauter Aufzeichnungen, die aber doch etwas Tagebuchhaftes durchzieht, so daß man schon mitbekommt, wie das Leben so seinen Lauf nimmt. Die kleinen Texte sind nicht datiert, die Daten muß man sich selbst zusammensuchen, sie haben auch keine Überschriften, sie fangen auch nicht jedesmal auf einer neuen Seite an, sie laufen durch, eine schöne Folge, ohne Zwischenkapitel, ohne sonstige Gliederungen, einfach fortlaufend, fast genau hundert Seiten.

Aufzeichnungen also aus dem wirklichen Leben, mit vielen Details, und gerade diese Details machen das Lesen so begehrlich. Wenn man zum Beispiel liest, daß Sarah Kirsch gerade Darius Milhauds »Der tanzende kleine Alligator« gehört hat, möchte man sofort Darius Milhauds »Der tanzende kleine Alligator« hören, obwohl man das Stück doch gar nicht kennt. Man kennt das Stück nicht und begreift doch sofort, daß Sarah Kirsch gerade eine besondere Freude an diesem Stück von Darius Milhaud hat. Und so freut man sich auch auf eine Entdeckung.

Gerade solche Kleinpassionen verbinden mich sehr mit dem Buch, wie einer, der scharf ist auf pornographische Stellen, stöbere ich es auf seine Kleinpassionen hin durch: welcher Tee wird getrunken und wird zur Sucht, welche Musik wird gehört, was wird gelesen …? Und meist spüre ich sofort das pornographische Verlangen, die immer heißer werdende Vorlust auf das Nachkosten dieser Vergnügen.

Dann kommt auch die Natur sehr ausführlich drin vor. Und zwar mit den ihr eigenen Namen. Ich weiß, daß viele Leser darüber mosern und zusammenzucken, wenn sie etwas hören von Ringelblumen oder Moosrosen. Sie wissen einfach nicht, wie das ist: das Jahr lang von diesen sehr nah wachsenden Pflanzen begleitet zu werden, ihr Lebewesendasein zu teilen und jedwede Veränderung mitzumachen, vom Regenschauer hin bis zum Frost.

Dann kommt auch noch die große Geschichte drin vor. Von der Wiedervereinigung, dem Golfkrieg, dem Putsch in Rußland, aber nicht, so wie üblich, geschliffen in Worte gefaßt, sondern eher direkt bei der Meldung genommen, um zu sehen, wie sie den Körper durcheilt und ihn besetzt.

Lyrik ist zum Glück wenig darin, ich gebe zu, daß ich Lyrik nur schwer ertrage. Dafür gibt es aber ein paar harte Ausfälle gegen die Dame Lupus, auch genannt Christa Wolf, da lacht es einem richtig ums Herz, nicht weil die Dame Lupus etwas hatte mit der Staatssicherheit, sondern weil's einem schon lange geschauert hat bei ihrem Aufwand an Mitleidseinsammlung.

Schließlich beruhigt, konzentriert und belebt es sehr, einen Menschen in seinem wirklichen Leben, über Wochen und Monate, zu verfolgen. Nicht voyeuristisch, dafür gibt es keine Gelegenheit, sondern kalenderblattartig, als streifte man Blatt für Blatt ab, und jeder Tag wäre gut gelebt. Schon eine Bemerkung wie »Gesprenkelte Dämmerung«, Punkt, ersetzt einen ganzen Abend und steht da, als säße man selbst genau mit darin, in der gesprenkelten Dämmerung. Als könnte einen nichts mehr verdrießen, als hätte man keine Feinde mehr, als wäre es einem gelungen, diesen Abend bei sich zu verbringen.

So ist das. Ich lese solche verborgenen Tagebücher für mein Leben gern. Ich lese sie langsam, anders kann man sie gar nicht lesen. Oder besser: ich lese meist nur ein paar Seiten darin. Und wenn ich wieder anfange, am nächsten Tag, lese ich vielleicht diese Seiten noch einmal. Oder jedenfalls einen Teil. Daher überschneiden sich die Lektüren, ich lese vor und zurück, ich wühle wie ein Passionenaufreißer mitten in diesem mir vorgemalten wirklichen Leben.

Ich weiß nicht, warum die Leser immerzu nach Fiktion gieren. Gut, Fiktion kann einen auch süchtig machen, obwohl ich selbst im Augenblick für Fiktion nicht zu haben bin. Im Grunde bin ich seit Jahren für Fiktion kaum zu haben. Was das nur bedeutet?

Jedenfalls liebe ich solche Bücher wie »Das simple Leben«. Man kann sie überall lesen, zu jeder Stunde, an jedem, jedem Ort, und jedesmal sitzt man da wie als Kind, wenn eine schöne Erwartung einen aufgeregt machte.

Und noch einen Wunsch. Herr, schenke auch meinem Geschriebenen einmal eine Englische Broschur. Und verschone mich mit jedwedem Klappentext und erst recht mit Biographischem. Wie im Buche also auch auf Erden.

Frankfurter Buchmesse, Oktober 1994

Da er vom Land kommt, aus einem Ort, der mit dem Zug schwer zu erreichen ist, hat er eine umständliche, lange Anfahrt. Er steigt mehrmals um, benutzt Nahverkehrszüge und Eilzüge, die auf den kleinen Bahnhöfen herumlungern, es ist eine Fahrt, während der man noch die Blumen am Wegrand pflücken könnte, nur daß ihn das alles nicht schert, im Gegenteil, er hat seine Freude an den alten, lautmalerischen Ortsnamen und am Treiben der Fahrgäste, die etwas Umständliches, Verqueres haben.

Endlich aber ist er doch froh, in Frankfurt zu sein, für drei, vier Stunden, er hat einen Fernsehtermin, einen ›Termin beim Sender‹, wie das genannt wird. Er nimmt ein Taxi, das geht jetzt sehr rasch, eben noch sah er jeden Kirchturm langsam vorüberziehen, jetzt werden die Hindernisse zur Seite gehupt, auch die hochstehende Sonne ist bald aus dem Weg geschafft, eine junge Frau empfängt ihn am Eingang, ungeduldig, sie schaut auf die Uhr.

Dann, man hat ihn rasch geschminkt, als wollte man ihm vorher noch eins verpassen, kommt er ins Studio, er erkennt nichts, das Studio verbreitet eine tiefkühle Schwärze, ein leichter Wind scheint sogar zu wehen, aber das bildet er sich natürlich nur ein, sein Kopf ist einfach noch nicht präsent, sein Kopf, der von einigen Sendungsmachern sofort erkannt wird, den, sagt einer, setzen wir ganz nach links, den nehmen wir ganz im Profil, sonst sprengt der den Rahmen.

Er wird gebeten, ganz links Platz zu nehmen, eine kleine Runde von Stühlen ist schon versammelt, eine Diskutantenrunde, halloh, halloh, da ist auch die Schriftstellerin, die er bei solchen Gelegenheiten jedesmal trifft, gleich wird sie von Rumänien sprechen und von der Diktatur, die nimmt also neben ihm Platz, die nehmen wir, sagen die Sendungsmacher, doch mehr von vorn.

Plötzlich, wie auf einen Pfiff, sind alle da, die anderen Diskutanten, der Moderator, dessen Lässigkeit trügt, gleich wird er sich kühl geben und konzentriert und mit offenem Mund vor sich hinstarren, um sich an seine Einführung zu erinnern.

Alles klar? Gut, es kann losgehen. Irgend etwas stimmt leider noch nicht, irgendein Lichtchen, ein Mikrophon, eine Spiegelung dort noch im Täßchen, auch die Unsichtbaren in der Regie wollen gefragt sein und sich profihaft zeigen. Dann aber los, jetzt klammert der Moderator seine Papiere schon fester, gleich wird er im Bild sein, in der bewährten Frontale, das heißt ganz von vorn, die Erscheinung, die alles anreißt, auf die kommt es an.

Er hört, wie der Moderator nun loslegt, in der bekannten, drängenden Manier, und sofort ist es ihm peinlich, daß er jetzt in diesem Studio sitzt, irgend etwas stimmt nicht, schon an dieser Einführung stimmt kaum etwas, diese Moderatorenworte zielen in eine ganz falsche Richtung. So jedenfalls kommt es ihm vor, während er versucht, sich zusammenzureißen, nein, er kann jetzt nicht hinaus, schließlich soll er sich äußern, zu seinem neusten Buch, einem vorzüglichen Buch, ohne Frage, einem Buch, das es verdiente, viel ausführlicher gewürdigt zu werden.

Immerhin, er wird ja gefragt, nach seinem Buch, jetzt neigt der Moderator sich sogar leicht lächelnd zu ihm hinüber, das leichte Lächeln soll ihn anspitzen, während die erste Frage jetzt in den Raum steigt, da ist sie, die erste Frage, was für eine Frage, warum gerade so eine Frage?

Nun aber beginnt das Mysterium, denn nun antwortet er, wie er es von mehreren solcher Auftritte gewohnt ist, er antwortet, ohne zu zögern, er legt sich die Sätze vor und stößt hinterher, wie ein Mittelfeldspieler, der den Ball irgendwohin treibt, so läßt er die Worte jetzt fliegen, Pässe, Steilpässe, kurze Kombinationen, es ist eine Freude. Er scheint auch wahrhaftig den Regeln entsprechend zu antworten, der Moderator nickt ihm zu, mit diesem süßsauren Lächeln, mit dem er andeutet, daß er auf solche Sätze gefaßt war, immerhin, das scheint diesen Mann ja zufriedenzustellen, erstaunlich.

Erstaunlich, denn er weiß nicht, was er redet. Er verfolgt die Blicke des Moderators wie einen Ausschlag, der die Qualität seiner Sätze bemißt, wahrscheinlich hört der Moderator aber ebenfalls nichts, gar nichts, wahrscheinlich bereitet er sich in Gedanken längst auf das nächste Gespräch vor, das Gespräch über Rumänien und die dortige Diktatur.

Wieso weiß er bloß nicht, was er redet? Warum saugen diese tiefkühlen, schwarzen Studios alles auf? Oder sind es die Kameras, die seine Gedanken und Worte einfach wegputzen? Jedes Mal ist es dasselbe. Sobald er das Studio verläßt, weiß er nicht mehr, was er gesagt hat. Kein einziges Wort. Irgend etwas in diesen Studios vernichtet sein Sprechen, löscht es aus, zappt seine gesamte Erscheinung ins Dunkel. Er redet, aber im Grunde ist es kein Reden, es ist ein Zitieren, ein Aufsagen, ein völlig geistesabwesendes Mundöffnen, mit dem er vielleicht auf die unerbittliche Aufforderung, sofort, ad hoc, etwas Gescheites sagen zu müssen, überanstrengt reagiert.

Die Schriftstellerin neben ihm spricht jetzt über Rumänien, und er glaubt zu bemerken, wie auch sie ihre Rede nicht spürt, jedenfalls hangelt sie sich geradezu haarsträubend weiter, von Satz zu Satz, irgend etwas stimmt nicht, das ist gar nicht die ihm bekannte Schriftstellerin, die in der Unterhaltung ganz anders spricht, auch sie hat offensichtlich diese fernsehtypische Redeabsenz.

Dann kommen die anderen noch dran, und er sitzt da, ausgepumpt, unfähig, sich irgend etwas vorzustellen, nur an die langsame Zugfahrt klammert er sich, an die Rückfahrt natürlich, gleich, in spätestens einer Stunde, da wird er in einem Nahverkehrszug sitzen, und alles wird ihm vorkommen wie eine sehr böse Phantasie.

Okay, hört er schließlich jemanden rufen, es ist die Stimme eines der Unsichtbaren aus der Regie, die geben jetzt Laut, die kommentieren jetzt schon die Aufzeichnung, war okay, das bekommt er jetzt zu hören und wacht langsam auf. Und dann ist es soweit, die Aufzeichnung läuft noch einmal kurz durch, kurz durch ..., und da, da sieht er sich sitzen, links außen, sein Kopf jetzt im Profil, ein ungünstiges, schlimmes Profil, dem sich der Moderator viel zu freundlich entgegenneigt, Lieber, jetzt kommt die Frage, und er sieht, wie eine draculahafte Gestalt den Mund öffnet, wie sie ihre Hauerchen zeigt und kleine Sätzchen spuckt, jetzt, merkwürdig verzerrt, das viel zu glatte Gesicht, diese flüssige, abstoßend flüssige Rede, und wieder kann er nicht zuhören, er hört jetzt nicht einmal, was er gesagt hat, er bekommt wieder nichts mit.

Statt dessen beobachtet er scharf seine Grimassen, das unnötige Zucken des Mundes, das überflüssige Zur-Seite-Wischen der Haare, und warum kratzt er sich zweimal am Ohr, den ganzen Tag kratzt er sich doch nicht am Ohr, und hier innerhalb von drei Minuten gleich zweimal! Er hätte auch etwas anderes anziehen sollen, diese offenen Hemden stehen ihm nicht, im Fernsehen trägt man halt meist doch Krawatten, den Sprung sollte er schaffen, Krawatten machen seinen Hals länger oder sein Kinn spitzer oder seine Mundpartie schmeichlerischer, irgend etwas war mit den Krawatten, er weiß es nicht mehr.

Er sitzt da, sehr verekelt, und muß fertigwerden mit seiner penetranten Fernseherscheinung, so etwas würde er sich freiwillig doch niemals anschauen, das muß ihm doch schaden, diese Erscheinung, und dazu dieses unbeholfene Reden, was hat er gesagt, was hat er bloß nur gesagt?

Drei, vier Minuten soll er gesprochen haben, in seinem Kopf waren es fünfzehn Sekunden, aber jetzt sind es drei, vier Minuten, da schneiden wir noch was raus, brüllt es aus der Regie, so klipp und klar gehen die hier mit ihm um.

Dann flammt plötzlich wieder das Licht auf, vorbei, okay, okay, habt Ihr gut gemacht, sagt eine Regiestimme höhnisch, und wieder ist die junge Frau da, die ihn zurückbegleitet zum Empfang, sie sagt nichts, kein Wort, jetzt weiß sie, wen sie da angeschleppt hat, einen Versager, einen Wortbrüchigen, freundlich, daß sie ihm noch die Hand reicht, um ihn in irgendein Taxi zu setzen, machen Sie's gut, sagt sie, und das meint: gute Besserung!

Dreißig Minuten später sitzt er in seinem Eilzug aufs Land. Er hat das Fenster geöffnet, er hat das ganze Abteil jetzt für sich. Ein schöner, sonniger Herbstabend, der Zug fährt so langsam, daß man Blumen pflücken könnte. Diese merkwürdigen Ortsnamen, die müßte er sich eigentlich notieren. Aber er ist seltsam kraftlos, ganz seltsam. Er liegt beinahe in diesen Polstern, als habe er sich unglaublich verausgabt.

Er will sich erinnern, das ist es. Irgend etwas war da, an diesem Nachmittag, irgend etwas Tiefkühles, irgendwas Schwarzes ...

Bundestagswahl

Er lässt sich Zeit. Dann erscheint er in einem unübersichtlichen Bündel von Menschen, sich langsam zu einem höher stehenden Mikrophon vorarbeitend. Er sieht erleichtert aus, aber auch schon wie einer, der über den Abend hinausdenkt. Gerade hat er vielleicht noch einige besonders gute Wahlergebnisse verdaut, zur Animation, mit einem Glas Sekt. Jetzt fühlt er sich wieder haushoch überlegen, und er muß aufpassen, daß er nicht ausgelassen wird und sich nicht allzu triumphierend äußert.

Dieser leichte Zwang zur Zügelung ist ihm anzumerken. Er spricht mit diesem Dankesblick, den Kopf seitlich verdreht, wie ein freundlicher Bub, der gerade gestreichelt worden ist. Dank, allen Dank, die geholfen haben!

Dann folgen einige ernste Worte, die nach Luftholen klingen und nach Genugtuung. Man hat es geschafft, und vor allem hat man es allen Unkenrufen zum Trotz noch geschafft. Blicken wir, stößt er in die journalistischen Wunden, blicken wir mal zum Anfang des Jahres zurück, da hat keiner mehr an unseren Wahlsieg geglaubt, kein Mensch, außer mir!

Wenn er so weitermachte, würde er sich alle Sympathien, die er sowieso nur sehr mühsam erringt, da man diese manchmal hochfliegende, Widrigkeiten zudeckende Art nicht mag, verscherzen. Er scheint das zu ahnen, jetzt, nach über einem Jahrzehnt Regieren scheint er zu ahnen, was sein darf, was nicht. Und so stemmt er den Wahlsieg nicht künstlich hinauf in die Höhen seiner Überlegenheit, die den meisten inzwischen sowieso klar ist.

Statt dessen pflegt er weiter den Eindruck, er wolle sofort zu den Tagesgeschäften übergehen. Eine gute Wahl, scheint er zu sagen, eine Wahl, mit der man gut arbeiten kann, um nach seiner kurzen Rede so zu tun, als eilte es jetzt, sich an den Kabinettstisch zu setzen.

Noch ein letztes Mal gibt er sich dankbar. Noch einige knappe weiche Akzente, eine Spur von Gerührtsein schimmert schwach durch, dann reißt er seinen schweren Körper fort von diesen Darstellungen. Nur die Erinnerung an seine Gestalt bleibt zurück, während die Mikrophone abgebaut werden.

Der Gegenkandidat dagegen kann seine Gestalt noch nirgends ins Spiel bringen. Er geht so unbeholfen, als müßte er den Altersstil Willy Brandts imitieren. Aber es ist eine beinahe lächerliche Darstellung von Schwere und Bürde, als zupfte dieser noch junge Mensch ununterbrochen am Bild seiner Bedeutung.

Auch seine Rede hat keinerlei Ausdruck, man vergißt jedes Wort, ja man nimmt es nicht einmal zur Kenntnis, so sehr unterdrücken seine gedehnten Vokale das phonetische Umfeld. Lauter Os, Is, kombiniert mit einigen dumpfen Diphthongen, er spricht, als mahlte er die Worte durch eine Sprachmühle, aus der nur noch unkenntlicher Sprachkram herausrollt.

Er ist noch ganz am Anfang, der Weg unendlich weit, beinahe nur eine Phantasie. Aus eigenen Kräften kann er nicht viel mehr dazutun, er ist eben so, unwandelbar, eine Erscheinung, der man gern einen Stoß versetzen würde, damit sie abließe von ihrem verkrampften Spiel. Doch irgendjemand hat ihm gesagt, er sei stur, so antwortet er auf Einwände immer wieder mit Sturheit, als sei sogar so etwas noch eine Tugend.

Er erwartet den Sieg in vier Jahren. Doch allein schon wenn er die Zahl ›Vier‹ nennt, zuckt man zusammen. Man sieht, wie er mit dieser Nennung die Jahre durchstreichen will, kurz und bündig, doch man ahnt längst, wie jeder Tag es ihm heimzahlen wird.

Stuttgart, Jahreswende 1994/95

Die schwarze Jacke mit den aufgescheuerten Ellenbogen, die er so mag? Die schwarze Jacke! Ein weißes, gut gebügeltes Hemd? Ein weißes Hemd!

Doch diesmal macht er sich nicht allein auf den Weg, denn das Kind begleitet ihn ja. Und so hört man sie ins Tal gehen, die vielen Treppchen, die schmalen Pfade hinab, und man hört schon von weitem ihr aufgeregtes Reden, ihr Besprechen des Neugeborenen, ihr Erfinden, Aufsagen und Vertauschen von Phantasienamen, ihr Necken und Hervorlocken.

Übermütig sind sie, wie zwei, die etwas ausgeheckt haben, sie stoßen sich in die Seite, ungeduldig läuft einer voraus, der andere atemlos hinterher, jetzt sind sie wieder auf gleicher Höhe, lachend und neugierig.

Und die Umstehenden, die irgendwo warten, auf die Bahn, den nächsten Anschluß, fangen etwas auf von dieser Laune, denn auch die Umstehenden beginnen zu lachen, als sie dieses Paar sehen und hören, wie es diesen Wortschwall hinter sich herzieht, ein Paar, das etwas Tolles, Ausgelassenes hat, als machte es sich auf zu einer weiten Reise, oder als käme es von einer Feier oder von einem Fest, das nicht enden will.

Manche Mütter liegen wie im Starrkrampf da und können sich nicht sattsehen. Sie wollen das Neugeborene ausgucken, sie blicken und schauen unentwegt, auf der Seite liegend, das schräg gestellte und aufgerichtete Bettchen neben sich. Sie vertiefen sich in die fernen Ikonen dieser kleinen Gesichter, sie versuchen, die neuen Welten darin zu enträtseln, und sie suchen nach den alten Erkennungszeichen, winzigen Elementen von Vertrautheit. Alles ist ganz nah, das Gesichtchen noch wie ein Ferment der eigenen Haut, das gerade abgesprungen ist und eigene Farben annimmt; und alles doch schon unerreichbar, die Gegenwart eines Eigenen.

Und die Väter: manche kommen, um sich kurz niederzuknien und gleich wieder zu verschwinden, lauter Josephe, die am liebsten im Hintergrund bleiben, im Dämmerlicht. Andere haben etwas Lautes und über der Geburt Großgewordenes, das tragen sie wie einen wild hüpfenden Kropf. Am rührendsten sind aber die ganz kleinen, die Däumlinge und Winzlinge, die zu ihren gewaltigen, in ihren Betten aufschnaubenden Frauen hinaufspringen, hinein in die Kissen, unter die Kathedralen der Decken, wo sie in den Falten der Frauen verschwinden.

In diesen Tagen ging die Sonne kurz nach acht Uhr auf. Polare Luft zog von Skandinavien nach Deutschland, im Süden regnete es, und im Bergland fiel sogar Schnee.

Kanzler Kohl war wieder untergetaucht, über Weihnachten, und auch die sonstigen politischen Riegen zeigten sich kaum. Nur die Bundesbank wartete mit ihrem Monatsbericht auf, der vom sich verstärkenden Aufschwung handelte und davon, daß die Exportbelebung sich inzwischen auf die Investitionsneigung übertragen habe. Gefordert wurden eine flexible Arbeitsmarkt- und eine angemessene Lohnpolitik; mit dem Rückgang der Arbeitslosenzahl wurde nicht gerechnet.

Die Russen waren in Tschetschenien einmarschiert und hatten mit ihren Panzern Grosny besetzt. Die Panzer wurden von Raketenwerfern, schweren Geschützen und Kampfhubschraubern begleitet. Präsident Jelzin hielt sich wegen einer Nasenoperation im Krankenhaus auf; dorthin wurde auch das Kabinett zu Krisensitzungen einberufen. Währenddessen erklärte eine russische Parlamentsdelegation, die sich nach Tschetschenien begeben hatte, die Moral der Truppe sei katastrophal, es gebe viele Deserteure und es werde zuviel getrunken.

Der frühere US-Präsident Jimmy Carter verhandelte mit der Führung der bosnischen Serben und meldete, die Serben seien zur Annahme eines viermonatigen Waffenstillstands bereit, während sich in Den Haag die Nato-Generalstabschefs darüber einig waren, daß etwas getan werden müsse, um den UN-Truppen zu helfen.

In Bulgarien hatte man wieder die früheren Kommunisten gewählt, sogar mit absoluter Mehrheit. Der Vorsitzende der alten siegreichen Garden, die sich jetzt Sozialisten nannten, hatte eine breite Koalition gefordert, während die Vertreter der unterlegenen Parteien dies strikt abgelehnt hatten.

Der Zuzug polarer Luft hatte angehalten und zu massiven Schneefällen geführt. In Deutschland war das Lottofieber ausgebrochen. Ein Unbekannter, der über zwanzig Millionen Mark gewonnen hatte, wurde verzweifelt gesucht. Ein Boulevardblatt schrieb, die richtigen Zahlen seien einfach blöde gewesen, niemand habe schließlich mit 35, 36, 37, 38 gerechnet. Der unbekannte Gewinner hatte einen Normalschein abgegeben und zwölf Kästchen angekreuzt. Überall wurden Ratschläge veröffentlicht, wie man das Geld vor dem Finanzamt geheimhalten könnte.

Harald Juhnke hatte sich in ein Hotelzimmer des »Bayrischen Hofs« zurückgezogen und jede Telefonverbindung untersagt. Ein Kamerateam des Fernsehens hatte ihn vom Flughafen abgeholt, wo er völlig betrunken einer Lufthansamaschine entstiegen war. Der zuständige Showchef des Fernsehens hatte daraufhin erklärt, Juhnkes gesundheitlicher Zustand habe den Entschluß nahegelegt, die Aufzeichnung am Flughafen zu kippen. Währenddessen rätselten Freunde über die Trunksucht des Stars; als Hauptursache wurde Liebeskummer angenommen.

In einem Qualifikationsspiel zur Europameisterschaft hatten die deutschen Fußballer Albanien geschlagen, mit 2:1, wußten jedoch angeblich immer noch nicht, wie sich die Zukunft gestalten ließ. Der Fußballer Lothar Matthäus hatte schon beim Warmlaufen Pfiffe gehört und diese Äußerungen sofort als nicht positiv gewertet. Außerdem hatte er darauf hingewiesen, daß man in Deutschland zu selten die Leistung des Gegners würdige. Ein 2:2, erklärte ein albanischer Spieler, wäre möglich, für die Deutschen aber eine Katastrophe gewesen.

Immer stärkerer Zuzug polarer Luftmassen aus Skandinavien hatte schließlich in ganz Deutschland zu weiteren, erheblichen Schneefällen geführt. Im Fernsehen hatte man die ersten Folgen einer neuen Serie von Jurek Becker gezeigt, »Wir sind auch nur ein Volk«, mit Manfred Krug als Ostmenschen und Dietrich Mattausch als Westmenschen. In einem Interview hatte Jurek Becker gesagt, das, was man mit den drei Buchstaben DDR assoziiere, werde es noch lange geben, zum Beispiel im Laden um die Ecke, in dem es noch immer nach HO rieche, so etwas sei etwas Sinnliches.

Wie immer zur Weihnachtszeit hatte man sich an Heinrich Böll erinnert. Im Rundfunk hatte man aus seinen Erzählungen gelesen, vor allem aus »Wanderer, kommst du nach Spa …«, der alten Geschichte mit dem allen Oberschülern vertrauten Anfang: »Als der Wagen hielt, brummte der Motor noch eine Weile; draußen wurde irgendwo ein großes Tor aufgerissen. Licht fiel durch das zertrümmerte Fenster in das Innere des Wagens, und ich sah jetzt, daß auch die Glühbirne oben an der Decke zerfetzt war; nur ihr Gewinde stak noch in der Schrauböffnung, ein paar flimmernde Drähtchen mit Glasresten. Dann hörte der Motor auf zu brummen, und draußen schrie eine Stimme: ›Die Toten hierhin, habt ihr Tote dabei?‹«

In Stuttgart hatte es in den Theatern »König Richard der Zweite« gegeben, aber auch »Barfuß im Park« sowie »Simon und das Kind in der Krippe«, im Kino »Die kleinen Superstrolche«, »Mario und der Zauberer«, »Der König der Löwen«. Auf dem Cannstatter Wasen hatte ein Weltweihnachtscircus gestanden, und im Planetarium hatte man den »Stern der Magier« gezeigt.

Als er mit dem Kind an diesem Abend zurückkam, lag auf dem Paradiesweg hoher Schnee. Den feinen Spuren zufolge waren die ersten Skiläufer schon in die Wälder aufgebrochen. Der ganze Weg aber wurde über Hunderte von Metern von kleinen Teelichtern erleuchtet, die irgendwer in die kleinen Nischen der buckligen Trokkenmauern gestellt hatte. Schon vom Tal aus hatte man dieses leuchtende Band in der Dunkelheit aufstrahlen sehen, jetzt gingen sie zu zweit daran entlang, noch immer in heller Aufregung. Sie riefen sich ihr Wortdada zu und den neuen, noch ganz frischen Namen. Sie sprachen ihn rückwärts, sie verwandelten seine Silben, sie machten aus ihm ein Winterlatein.

Unten im Haus tranken sie heißen Tee und Milch mit Honig. Sie saßen zu zweit, zündeten Kerzen an und schauten hinunter ins Tal, auf die weißen Dächer der Stadt, wo in den Häusern immer mehr Lichter angingen.

Das Kind begann zu singen. Irgendwer las im Radio eine Geschichte von Böll. Dann war es still.

1995

Stuttgart, Gartenhaus

Er hat den alten Schlitten aus dem Keller geholt und ist mit dem Kind zu der steilen Rodelstrecke gegangen, die hinab ins Tal führt. Sie sind drei-, viermal gefahren, zu zweit auf den kleinen Holzschlitten gepreßt, bis die zuvor noch rostigen Kufen blankgeputzt waren und schnell. Später stiegen sie durch das schöne Waldstück wieder hinauf, wo das Kind noch ein letztes Mal fahren wollte, und sie fuhren ein letztes Mal, kurz vor dem Dunkelwerden, auf dem kleinen Schlitten, eine kurvenreiche Gestik zwischen den Buchen, Kiefern und Eichen.

Am nächsten Tag wollte das Kind am Nachmittag gleich wieder hinaus, doch, nein, nicht zur Rodelstrekke, sondern hinüber ins Waldstück, wo der Schnee noch fest war und ihre Fußabdrücke leicht zu erkennen neben der doppelten Spur. Und sie begannen mit ihrer Fahrt irgendwo dort, auf einem Hügel, und fuhren langsam, aber ohne einmal zu unterbrechen, zwischen den zu Wachposten erstarrten Bäumen.

Nach einer Weile bemerkte er, daß das Kind es darauf anlegte, die Dämmerung hier zu erleben. Es verzögerte den Gang, ging schlendernd seinen Weg zurück, setzte sich immer wieder auf den Schlitten und schien darauf zu warten, daß die Dunkelheit des gestrigen Abends einbrach, wo die Fahrt durch den Wald rascher zu werden und das Gefühl der Zweisamkeit zu wachsen schien.

Erst als die Umgebung kaum noch zu erkennen war, drängte es dann ins Haus zurück, wo es sich sofort aufs Fensterbrett setzen ließ, um den Blick ins Tal zu genießen, das Flackern der Lichter, eine beinahe unwirkliche Ruhe, die Geborgenheit unter den Manteldecken aus Schnee.

Licht zu machen, war streng verboten, nur Kerzen waren erlaubt, zwei Kerzen, höchstens drei, kein Lichtmeer, sondern einzelne, gestrecke Lichtfinger, mit den schmalen, wankenden Schatten.

Auch an den nächsten Tagen war es an den Nachmittagen immer dasselbe gewesen: diese ruhigen Fahrten zu zweit durch den Wald, und später die Zauberstimmung der Stuben, mit ihrem Weihnachtsgebäck und dem Duft von gebratenen Äpfeln und Zimt.

Schließlich aber hatte es der alte Holzschlitten nicht mehr geschafft. Während einer Fahrt war er zusammengebrochen, ein Bündel Bretter nur noch, rostige Schrauben, aussichtslos, diesen Schaden zu beheben.

Und so waren sie zu zweit in die Stadt gegangen, um an einem Morgen einen neuen Schlitten zu kaufen. Dem Kind hatten die Angebote nicht behagt, es war von all den Neuheiten nicht zu überzeugen gewesen, da es sich den alten Schlitten zurückgewünscht hatte, einen alten Holzschlitten, genau den, auf dem sie gefahren waren.

Erst nach vielen Wegen hatte er einen solchen Schlitten gefunden, nur um weniges länger, einen Holzschlitten ähnlich dem alten. Das Kind hatte sich diesem Kauf wenigstens nicht widersetzt, es hatte ihn aber auch nicht lauthals begrüßt oder sonstwie freundlich besprochen.

Und so waren sie nach dem Kauf mit dem neuen Schlitten noch einmal ins Waldstück gegangen, um eine erste Fahrt zu machen. Das Kind hatte jedoch gezögert, es war nicht zu bewegen gewesen, den Schlitten sofort zu besteigen. Erst nach einer Weile hatte er den Grund dieses Zögerns verstanden. Da hatte das Kind ihm erklärt, dieser Schlitten sei länger, damit sie bald fahren könnten zu dritt.

Berlin, Februar 1995

Anna und Wilhelm waren im Westen gewesen, zu Besuch bei ihrer Tochter, das erste Mal, aber sie reden nicht gern über diesen Besuch. Doch, es hat ihnen sehr gefallen, und die Tochter hat sich viel Mühe gegeben, so daß sie in einer Woche viel gesehen haben vom Land. In Wahrheit sind sie aber nicht hingefahren, um endlich einmal wieder mit der Tochter zusammen zu sein oder einen Blick auf den Westen zu werfen, sondern um auszukundschaften, ob man im Westen leben könne.

Etwa ein Jahr lang geht das jetzt schon. Wilhelm wird immer unruhiger, und Anna telefoniert lange mit der Tochter. Schließlich haben sie sich eingestanden, daß sie fortwollen. Weit weg, am liebsten in den Westen, in die Nähe der Tochter, in eine kleine Zweizimmerwohnung, etwas Preiswertes, vielleicht sogar auf dem Land.

Die Unruhe, die Wilhelm gepackt hat, hat mit dem neuen Berlin zu tun. Er fühlt sich in dieser Stadt nicht mehr wohl. Noch nie ist er so vielen Fremden begegnet, Menschen, die in Berlin untergetaucht sind, Menschen, die für wenig Geld jeden Job annehmen. In der Nähe des S-Bahn-Geländes kommt es schon vormittags zu Überfällen. Angeblich werden die Täter immer wieder rasch gefaßt, russische Deserteure sollen darunter sein und Flüchtlinge aus Kuba.

Wilhelm glaubt aber nicht daran, daß all diese Verbrechen aufgedeckt werden. Überall registriert sein verstörter Blick jetzt einen Herd der Gefahr, jedes illegale Geschäft, das er gewahr wird, würde er am liebsten verbieten. An solchen Geschäften, sagt er, klebt immer das Verbrechen, sie ziehen es nach sich, am besten, man unterbindet so etwas sofort.

So redet Wilhelm, aber er denkt nicht daran, zur Polizei zu gehen, um die Hütchenspieler aus Polen anzuzeigen oder die vietnamesischen Zigarettenverkäufer. Tag für Tag sieht er sie an anderer Stelle, er kennt die Gesichter und weiß um die Touren, die sie machen, er hat sie mit beinahe beängstigender Genauigkeit in seinem Kopf gespeichert. Dann aber weiß er nicht, wohin mit diesen Daten. Er sammelt sie, sie machen ihm angst, doch er weiß nicht, wie er sie loswerden soll.

Manchmal fährt Wilhelm zum Brandenburger Tor, einfach so, als wollte er nachschauen, wohin die Mauer verschwunden ist. Er geht dort ein wenig spazieren, bis zum Reichstag und noch etwas weiter, in der Gegend, wo das neue Regierungsviertel entstehen soll. Auch dieses Bauen macht Wilhelm angst. Wenn er die Pläne der

Architekten sieht, all diese Perlenschnüre auftrumpfender Gebäude, reine Hirnprodukte, verliert er die Lust, zum Prenzlauer Berg zurückzufahren.

Er hat den Verdacht, man wolle solche Viertel verelenden lassen. Ein bißchen richtiges Elend, sagt Wilhelm, gehört zu jeder Stadt, die Weltstadt sein will. Da fahren die Touristen später in vollklimatisierten Bussen durch und machen fünf Fotos. So ein gut fotografierbares Mauseloch wird einmal der Prenzlauer Berg, viel Elend, ein paar bunte Straßen mit Namen, die bald jeder kennt, einige Künstler in typischen Berliner Hinterhöfen, vom Senat auch noch milde gesponsert.

Und um das alles herum, sagt Wilhelm, legen sie die Zangen der großen Achsen und der Weltstadtgebäude: das Regierungsviertel, die neuen Bauten am Pariser Platz, Hochhäuser am Alexanderplatz, und die Daimler- und Sony-Vertretungen am Potsdamer Platz. Und all diese Bauten sagen uns nur: verkriecht euch, laßt euch möglichst wenig blicken, ihr seid das DDR-Gewölle im Schnabel des Adlers!

DDR-Gewölle im Schnabel des Adlers ... – Wilhelm ist mit der Zeit schärfer und expressionistischer geworden. Er mag solche Dramatisierungen, die er irgendwo aufgeschnappt hat, ein bißchen Heiner Müller, ein bißchen Volksbühnenmilieu. So etwas, merkt man, trifft jetzt genau seine Stimmung. Große Bilder, stark abgedunkelt, mit viel Gewicht. Das beruhigt und hält gleichzeitig die innere Flamme am Kochen. Andererseits verbraucht sich so etwas auch und wird irgendwann nur noch zu einem flachen Genuß.

Da Wilhelm also möglichst bald weg will, hat Anna

Kontakt mit der Tochter aufgenommen. Es war sowieso falsch, daß man nicht mehr miteinander sprach, genauer will Anna nicht werden. Jedenfalls würde die Tochter sich schon um alles kümmern, eine Wohnung besorgen, behilflich sein bei den ersten Schritten.

Doch jetzt zögert Wilhelm. So richtig kann er sich mit dem Westen nicht anfreunden. Es ist, als wäre man im Urlaub, oder als lebte man im Reisekatalog. Alles so sauber, so bunt, man kämmt sich jeden Morgen die Haare, wie einer, der gleich fotografiert wird. Auch das Essen schmeckt anders, kompakter, saftiger, aber so, als sei alles übersprayt oder mit irgendeiner unsichtbaren Glasur überzogen, an die man nicht rankommt.

Im Westen, sagt Wilhelm, sitze ich doch nur wie auf Abruf. Nur da kommt man auf den Gedanken, den passenden Sarg schon zu Lebzeiten auszusuchen. Der Westen ist ein Vollversicherungsland, wo alles durchkalkuliert ist und jeder Schnupfen aufgefaßt wird wie eine Betriebsstörung.

Anna versteht ihn, aber sie würde sich auf einen Umzug einlassen, vor allem wegen der Tochter. Das lange Telefonieren ist sie nicht gewohnt, früher, sagt Anna, brauchten wir so einen Apparat überhaupt nicht. Anna meint sogar, sie würde im Westen steinalt. Viel Spazierengehen, keine Sorgen. Sie glaubt nicht, daß ihr etwas fehlen würde. Den Prenzlauer Berg hat sie längst abgeschrieben.

Anna und Wilhelm sind, wie sie sagen, ›entwurzelt‹. Ein kleiner Teil von ihnen lebt in der Gestalt der Tochter im Westen, während sie selbst den Osten nur noch wie Schatten durchstreifen. Also wohin?

Weißt du was, sagt Wilhelm, am liebsten lebte ich im Westen einmal auf Probe. In der Zeit kannst du hier leben, in unserer Wohnung. Du hältst die Stellung, und wenn wir es nicht packen, kommen wir einfach wieder hierher zurück.

Prag, März 1995

Die innenstadt sieht aus, als sei eine enorme Flutwelle durch alle Parterre-Stuben, Wohnungen und Geschäfte geschossen, habe den früheren Hausrat hinausgespült und an seiner Stelle den Tand irgendeines fernen, nur zu ahnenden Meeres hinterlassen. Es scheint ein sehr westliches, reiches Meer zu sein, aber die wenigen Dinge, die dieses Meer bisher hier an Land warf, sind von der langen Reise verbraucht und bis zur Unkenntlichkeit verblichen.

So ähneln die heutigen Geschäftsauslagen denen von Bazaren; neben den uralten, noch einmal entstaubten Dingen findet man jetzt auch das Angebot der westlichen Marken, man trifft auf den Westen von vor zehn, fünfzehn Jahren, daher glaubt man sich in ein historisches Zwitterreich versetzt, in dem das Alte noch längst nicht ausgestorben ist und das Neue überhaupt noch nicht angekommen.

Das Zwitterreich ist die Region der dubiosen und schnellen Geschäfte, der Betrüger, der Geldwechsler, der Immobilienverscherbler und Goldprüfer. Eine vage

Casino-Atmosphäre hat sich breitgemacht, Hunderte von Wechselstuben, dicht nebeneinander, durchziehen die Stadt wie Anpreisungen oder Vortäuschungen eines imaginären Reichtums, von dem niemand sagen könnte, woher er denn käme. Seine Vorboten sollen die Markennamen des Westens sein, das rotweiße ›Marlboro‹-Schild, oder, noch suggestiver, das kleine Schild ›American Express‹, an vielen Fenstern wie ein winziges himmelblaues Versprechen von Zukunft.

Doch über der Stadt liegt noch die dichte Smogschicht eines halben Jahrhunderts, die weichen Nebel klammern sich an die feuchten Rinnsteine, und in den Bierlokalen sitzen die Galerien der durstigen Männer, schon früh, gegen zwei oder drei, um auf das Dunkel zu warten, die eisenbittere Nacht, in der die bedrohlichen, fremden Farben verschwinden.

Das böhmische Bier, das einen, der an deutsche Marken gewöhnt ist, beim ersten Schmecken unglaublich verblüfft. Die Krone sitzt hier gerade noch auf, sie türmt sich nicht, ist höchstens ein Aufschäumen, nicht der steife Eierschneeschaum des bitteren deutschen Biers, sondern ein milder, sofort nachgebender Schaum, ein Schaumgefüge, wie die oberste Schicht einer aus luftigem Baiser bereiteten Torte, unter der ein zunächst kühler, heller, dann süßer, weich-kalter Trunk hervorbricht. Man trinkt das rasch, als hebe man Schicht für Schicht dieser Lagentorte ab, und selbst, wenn man eine Weile recht kräftig trinkt, stellt sich die klassische Biermüdigkeit nicht ein. Statt dessen erlebt man ein Pulsieren, als habe man eine merkwürdige Verbindung von

Bier und Champagner zu sich genommen, einen Trunk, der seine Wirkungen verteilt, bis in die Finger, bis ins Haar.

In den Wechselstuben, die meist stark bewacht sind, dennoch aber etwas merkwürdig Unseriöses haben, halten sie jeden DM-Schein zunächst gegen das Licht. Sie betrachten ihn, spüren mit den Fingerkuppen an ihm entlang, schnuppern ihn ab, lassen ihn sich auf der Zunge zergehen, kauen ihn, spucken ihn wieder aus, glätten ihn umständlich und halten ihn erneut gegen das Licht, um zu prüfen, ob er die Prager Kommunion auch bestand.

Plötzlich scheint es wieder so etwas zu geben wie ›tschechischen Kubismus‹, und auch Franz Kafka ist wieder da, sogar sehr massiv, als Figur des neuen, sich malerisch verstehenden Prag. Nahe der Aposteluhr gibt es das ›Café Milena‹ und in demselben Gebäude ist auch der Sitz der noch 1989 gegründeten Kafka-Gesellschaft, eine Gesellschaft, die wert auf den Hinweis legt, nichts mit der neuen Regierung zu tun haben und keinen Profit machen zu wollen. Besuchszeiten: Dienstag und Donnerstag, von 10 bis 14 Uhr. Wenn Sie uns einmal nicht antreffen, frequentieren Sie die Franz Kafka-Galerie oder den Franz Kafka-Buchladen oder lesen Sie unten im Foyer in einer Kurzbiographie.

In den Straßen nahe der Moldau gibt es jetzt viele Cafés, die sich der Mode entsprechend ›Bistro‹ oder, noch besser, ›Café-Bistro-Galerie‹ nennen. In den Fenstern hängen Drucke von Picasso- oder van Gogh-Bildern, die hier besonders harmlos und geradezu schreiend gestrig erscheinen. Es sieht so aus, als sollte der pittoreske Ton der fünfziger Jahre gepflegt werden, als man sich so sehr nach der Jugendfrische vor dem Krieg sehnte, einer avantgardistischen Unfehlbarkeit, die ihre eigentlichen Wurzeln noch vor dem Ersten Weltkrieg hatte. Anscheinend lebt auch im heutigen Prag, wo man bestimmte Pariser Boheme-Szenen kopiert, die in Paris längst ausgestorben sind, diese Sehnsucht nach einer naiven Avantgarde auf, nach einem Montpartnasse oder einem Arles, dick aufgetragen, stark melancholisch.

Die diesem Milieu angepaßten Gestalten sind jedenfalls an vielen Orten vertreten: Junge Männer mit mädchenhaft langen Haaren, in weiten Folklore-Hemden, als wollten sie gleich loslegen mit einigen traurigen »Rusalka«-Weisen, mit den typischen Anzeichen unbefriedigter Jünglingsaggression, grundlos heftig werdend und im nächsten Moment wieder lammfromm, geduldig. Auch die meisten jungen Frauen in diesen Lokalen sind sehr sichtbar auf der Suche nach einem Stil. Die Moden überkreuzen sich, und viele Frauen übertreiben das Farbliche, das zudem meist starke Vorlieben für Mischfarben verrät, die keiner gut stehen.

Vor mehr als fünf Jahren war ich hier, um Stoff zu sammeln für eine Erzählung, die im Prag des achtzehnten Jahrhunderts spielt. Noch immer habe ich diese Geschichte nicht geschrieben, es war, als fehlte mir der Atem dafür. Jetzt aber könnte es bald soweit sein.

In all den Jahren war diese Geschichte mein Traum

von Ferne, eine phantastische Zeichnung des Hintergrunds, mit bewegten Figuren und Schattenrissen. Nun ist sie ganz nahe gerückt, hier in Prag erkunde ich noch einmal das Material, die Klänge, die Atmosphären.

Für ein paar Tage verwandle ich mich noch einmal in den Archäologen und Spurensucher, der ich vor mehr als fünf Jahren war.

Ich habe die Bertramka wiedergesehen, das Heiligtum aller Mozart-Freunde, in dem Mozart einen Großteil des »Don Giovanni« geschrieben haben soll. Ich hatte das Haus die ganze Zeit gut im Gedächtnis, wie einen Ort, an dem man seine Schätze gelagert hat. Genau konnte ich mich an die Einzelheiten erinnern, den Boden, die Decke, die Möbel. Jetzt sehe ich diese kühlen Schönheiten wieder, unlebendige Traumgestalten, die jahrelang hier gewartet zu haben scheinen.

Ich bin noch einmal durch die Räume gegangen, wie einer, der einmal hier wohnte und nachschaut, ob man in seiner Abwesenheit nichts verändert hat. Das Cembalo, ja, die Rokokostühle ..., wahrhaftig, als sollte ich Platz nehmen.

Wieder ist außer mir kein Besucher da, nur vorne am Eingang sitzt eine junge Studentin. Als sie mich so allein durch die Zimmer streifen sieht, kommt ihr der Gedanke, die Szenerie zu beleben. Auf einen Knopfdruck hin ertönt nun leise Musik, natürlich Mozart, in sämtlichen Räumen.

Diese Musik ist das einzige, auf das ich nicht gefaßt bin. Käme Mozart zur Tür herein, ich würde ihn sofort begrüßen; diese Musik aber, digital, sauber, poliert wie ein Rokokotäßchen, macht einen sprachlos, als wollten die gehüteten Eindrücke sofort verschwinden.

Und so eile ich durch alle Zimmer hin zum Eingang, um die junge Studentin zu bitten, gerade auf diese Musik zu verzichten. Sie aber, mich überlegen betrachtend, scheint zu glauben, mir sei Mozarts Musik ganz zuwider; pikiert schaltet sie die Aufnahme ab, trotzig jetzt, als seien diese Klänge einfach zu gut für einen solchen Banausen.

Vor fünf Jahren war das alte Ständetheater, in dem 1787 die Uraufführung von Mozarts »Don Giovanni« stattfand, noch eine große Baustelle. Jetzt strahlt der schöne Bau in der Innenstadt in seinen alten Grün-Weiß-Tönen, freistehend zwischen langen Häuserfluchten, so daß man ihn rundum umgehen kann.

Ich hatte mir immer einmal gewünscht, dieses Theater besuchen zu dürfen, jetzt bietet sich die Gelegenheit. Und ich bin aufgeregt wie einer, der endlich erfahren wird, ob seine Träume in Erfüllung gehen, und der sich doch fürchtet, die Wirklichkeit könnte ganz anders sein, als er sie sich vorgestellt hat. Am Abend ins Innere gelangt, erinnert mich vieles an Szenerien in Wien, ja, das könnte eines der Wiener Theater sein, eine kleine Bühne, in den Außenbezirken der Stadt, für Liebhaberaufführungen. Es ist eine Oper im italienischen Stil, mit lauter separaten Logen ringsum. Die Bühne selbst ist wahrhaftig der Guckkasten von früher, kaum vorstellbar, wie dort ein größeres Ensemble Platz gefunden hat.

Seltsam, daß die eingehende Renovierung sich nicht aufdrängt. Man glaubt nicht, einen renovierten Bau zu sehen, sondern einen alten Bau in gutem Zustand. Ein Schimmern von Blau und Gold, es sind Schlafzimmertöne, die den großen Raum beherrschen, und wahrhaftig scheint dieses Theater noch von einem langanhaltenden Schlummer beherrscht, so still steht hier die Zeit.

Überall wurde Hand angelegt, man sieht den handwerklichen Fleiß, mit dem die Leuchter, Türen und Sitze wiederhergestellt wurden, und doch scheint auf allem noch eine Staubschicht zu liegen, als wollte die lange Vergangenheit eben doch nicht verschwinden.

In den Pausen stehen die Besucher eng zusammen, man begegnet sich laufend, der Platz ist sehr beengt, ja, man denkt, hier hätten früher kleine Menschen gehaust, viele sehr kleine, muntere Menschen mit raschen Bewegungen, die laut und lachend durch diese Gänge flanierten, Gänge mit vielen Türen zu den heimlichtuerischen Separées der Logen, wo man bedient wurde mit Champagner und einem kleinen Menü, während auf der Bühne die Sänger an der Aufführung werkelten, Arie für Arie, mit vielen Wiederholungen, alles in die Länge ziehend, in schleppendem, ländlichem Tempo, damit das Publikum Zeit genug hatte, sich zu vergnügen in den gut ausgestatteten Logen. Jetzt sitze ich im Parkett, nahe der Guckkastenbühne, so daß ich beinahe greifen könnte nach den Schauspielern, ich will sehen, wie sie sich in dieser Enge bewegen, und es ist gut, daß ich die Aufführung nicht verstehe, kein Wort, alles spielt anscheinend in einem großen Haus mit vielen Mietern, die sich laufend besuchen und sich laufend die Geschichte des Hauses erzählen, ein einziger, langanhaltender Tratsch, doch da so viel gesprochen wird und die Figuren kaum agieren, hat das Ganze sogar etwas von einer Oper, einer Sprechoper mit lauter auf der Stelle deklamierenden Gestalten.

Da das Haus gut besucht ist, bekomme ich auch das Lauernde, Nahe der umlaufenden Logen mit, sie stehen noch in engem Kontakt zur Bühne, sie bilden keinen eigenen, diesem Geschehen entzogenen Raum, sondern scheinen zur Bühne zu gehören, dicht an sie geschmiegt. Selbst die fernste ist nicht unendlich weit von diesem Guckkastenraum entfernt, Bühne und Publikum scheinen in einem beinahe leiblichen Kontakt zu stehen, als berührten sich diese beiden Szenen flüchtig, oder als setzte sich auf der Bühne fort, was man in den Logen dort flüstert …

Oktober 1787, das ist es, das ist es … Zeitig strömen die Besucher herbei, früh am Abend, das Wetter ist leider nicht allzu gut. Das Haus ist ausverkauft, oben auf den billigen Galerieplätzen wird schon getrunken, da haben sich viele Dienstleute und Musikanten eingefunden, und manchmal beginnt einer, etwas von Mozart zu summen, ein Stück aus dem »Figaro«, und sofort summt das ganze, jetzt überquellende Haus mit, im Parkett wiegen sich die jungen Edelmänner mit ihren Damen, nur in den Logen macht keiner mit, weil man dort eifrig beschäftigt ist mit dem Herbeischaffen der Getränke und Speisen.

Am Eingang werden Handzettel verteilt, mit den neusten Angaben der Besetzung, den Namen der Sängerinnen und Sänger, das Orchester trifft langsam ein, die Bläser stimmen schon seit einiger Zeit die Instrumente, während der Paukist mit dem rechten Ohr die Trommel abhorcht, als hätte sie irgendwo noch verborgene Schmerzen.

Alles wartet, der Lärm wird immer größer, eine starke Erregung hat diese Massen erfaßt, eine Spannung, in die hinein das Orchester noch immer seine Stimmstimmen malt, unerträglich lange, bis einer den Kammerton angibt, und die ganze Erwartung, heiß, dicht, kaum zu stillen, zu diesem hingehaltenen, schmelzenden A zusammenrinnt ...

Von wo kommt er? Hat er zuvor getafelt? Wer durfte ihn zum Theater begleiten? Mit wem sprach er bei seinem Eintreffen? Hatte er wirklich Bündel von frischen Noten dabei, die gerade erst fertiggestellten Stimmen der Ouvertüre? Hat er überhaupt viel gesprochen? Wo hat er sich aufgehalten, während das Orchester Platz nahm? Schaute er durch den Vorhang, seitlich, um einen Blick aufs Publikum zu werfen? Hörte er die Stimmen, das Lachen, das Singen? Schmeichelte ihm das Summen der »Figaro«-Arien? Warum wartete er so lange, bis er im Orchester erschien? Wie war er gekleidet? Wer hatte sein Haar gepudert? Wo saß Konstanze, als er sich hinter dem Vorhang zurechtzupfte und den Sängerinnen noch einmal die Hand drückte? Ging er rasch? Hörte er die Ovationen, die sofort losbrachen, als man ihn erkannte? Wie lang stand er vor diesem jubilierenden Haus, wo man sich auf allen Plätzen erhoben hatte, um den Einzigen zu feiern, diese kleine, schon geduckte Erscheinung, die sich jetzt aufrichtete vor dem Orchester, mit den Augen die Ränge überfliegend, hastig und scheu, als bedeutete dies alles noch nichts, während der Paukist für einen Moment zu frieren begann, unerklärlich zu frieren, und auch den Waldhornisten ein Schauer überflog, als wehte es durch die gerade geschlossenen Türen noch immer herein? Drehte er sich dann entschlossen um? Hob er die Hand? Brach das Stimmengewirr sofort zusammen? Wuchs die Kälte, diese allen unerklärliche, plötzliche Kälte, als werde das Theater von Hitzefiebern geschüttelt?

Dann plötzlich der Schlag, d-Moll, wie ein Streich, wie ein in die Erde fahrender Blitz, der die Toten weckt und langsam wieder hinaufschleicht ans Licht, ein Schlag, der die Erregung in allen Rängen sofort beendet, so daß einige vergessen zu atmen und sich gleich vier Herren auf der hohen Galerie rot verfärben vor Anstrengung, den Hustenreiz zu unterdrücken.

Jetzt ist es ganz still, irgendwo öffnet sich noch einmal eine Tür, um einen zu spät Gekommenen hineinschleichen zu lassen. Und so hört man im nun ansteigenden Kreisen der Violinen, dieser heftigen Herzunruhe, für einen Moment die Antwort des weich summenden Regens, die verebbenden Stimmen der Maronenverkäufer, die ihre Ware noch loswerden wollen, die davonrollenden Kutschen, Rufe von umhereilenden Kindern, Stimmen, die sich langsam zerstreuen im Piano und vertrieben werden von diesem wieder einsetzenden Schlagen, d-Moll, dem Weckruf der Toten.

Und ich sehe den alten Mann in einer der mittleren Logen, eine im Sitz jetzt zurückgesunkene Erscheinung, stark gepudert, mit unruhigen Fingern, die nach dem silbernen Knauf eines Stocks greifen, ich sehe sein leicht verzerrtes Gesicht, das den Rausch der Klänge aber jetzt mitmacht, sich entspannt, sich einstellt auf das Bühnengeschehen wie auf einen Spiegel, in dem es sich selbst immer besser erkennt.

Und ich sehe den Zu-Spät-Gekommenen, der sich bei den ersten Takten der Ouvertüre hineinschlich, keinen Platz hat er gefunden, er lehnt sich in seinem schwarzen Umhang gegen die Tür, beide Hände geballt, als wollte er die Erregung mildern, während die Blicke jetzt die Gestalt Don Giovannis ausmachen, angezogen wie von einem Täter, den es zu entlarven gilt.

Und ich sehe, wie der alte Mann mit den unruhigen Fingern während der Oper in Gedanken zu schreiben beginnt, nur deshalb also bewegen sich seine Finger, sie halten den Kiel, sie antworten auf diesen Gesang mit immer schneller davonlaufenden Zeilen, als wollte er gegen diese Musik das Laufwerk der Schriftzeichen setzen, die unendliche Bö, das sich allmählich befreiende Murmeln …

Hat er sich mit dem Alten später getroffen, tief in der Nacht? Waren ein oder sogar zwei Sängerinnen dabei? Wann war Konstanze schlafen gegangen? Sprach der Alte von seiner Schrift, zitierte er daraus, sprachen sie lange von der Musik? Und wohin war die Gestalt mit dem schwarzen Umhang verschwunden?

Eilt sie dort durch die Nacht? Hinauf zum Hradschin etwa? Hat sie den Täter erkannt? Was hat sie vor? Warum eilt sie sich so?

Da sitzen die beiden, in einem Weinkeller nahe der Moldau. Zwei Sängerinnen sind dabei, ja, zwei. Ich sehe die

Gruppe jetzt, ich sehe die Gruppe, zu viert, in einem Weinkeller nahe der Moldau, in einer Oktobernacht des Jahres 1787...

Stuttgart, Gartenhaus

Er kommt spät nach Haus, tief in der Nacht. Ein Taxi hat ihn hinaufgefahren, jetzt steigt er aus und geht das letzte Stück zu Fuß. Das Dunkel des Paradiesweges öffnet sich langsam, die Wärme der Stadtatmosphären weicht vorübergehend, kurz, einer atmenden, stehenden Kühle. Allmählich gewöhnen die Augen sich an das Wegstück. Die Trockenmauer zur Rechten, die Gärten mit den bald wieder in Blüte stehenden Obstbäumen links. Die kleinen Törchen, mit den manchmal im Wind schlagenden Ketten. Äste streifen ihn, der Weg verläuft beinahe schnurgerade, in halber Höhe, über der Stadt, deren Lichter nun unten im Tal überall aufflackern, eine glimmende Wabe.

Er trägt seine schwere Tasche in der Rechten, wie meist, wenn er von einer kurzen Reise zurückkehrt. Schon beim Eintritt in den Paradiesweg, wenn das Dunkel sich auftut und die Kühle sich wie ein dichtes Netz nach ihm auswirft, hat er die letzten Tage vergessen. Er riecht die in den Gärten gerade umgegrabene Erde, dann, nach wenigen hundert Metern, wird die Kühle allmählich matter, und der Dunst aus den höher gelegenen Landschaften rückt näher. Zypressen, Eiben und

Thujen, schwere, hoch aufragende Gewächse aus reinem Nachtschwarz.

Er ist jetzt von niemandem mehr zu erkennen. Das Dunkel seiner Kleidung hat sich verloren im Dunkel des Weges. Er geht langsamer, als wollte er die Minuten bis zu seiner Ankunft noch etwas strecken. Dieses nächtliche Gehen macht ihn jedesmal vollkommen ruhig. Es ist, als übernähmen die Atmosphären für eine Weile die Führung. Von überall drängt sich das auf, der rasche Wechsel der Temperaturen, der plötzliche Einbruch von steinerner Kälte, das weiche Atmen von Pflanzen, der Duft von Erde und Gras.

Manchmal ist er verführt, lange still zu stehen, jetzt. Er könnte auf einer der kleinen Bänke Platz nehmen, auf denen tagsüber die Spaziergänger sitzen. Aber diese Bänke sind nichts für ihn, auch das Stehenbleiben kommt nicht in Frage. Er ist einer, der den Paradiesweg nun durchreist, in einem Stück, zügig, wie einen Tunnel, an dessen Ende sich das erwartete Ziel endlich auftut.

Daher unterbricht er sein Gehen nicht einmal. Er wechselt die schwere Tasche sogar ohne innezuhalten. Jetzt, die letzten Meter, trägt er sie in der Linken. Die Rechte rudert im Dunkel, auf und ab, die Rechte hat etwas Übermütiges, als schlüge sie den Takt zu einem unhörbaren Gesang.

Dann kommt er an. Das kleine Tor, und unten das Haus mit den erleuchteten Fenstern. Er muß hinschauen, und wieder ist da die Verführung, dieses Bild zu betrachten. Er gibt sich einen Ruck, um vor diesem Bild nicht zu erstarren. Er öffnet das Tor, setzt die Tasche einen Moment ab, schließt das Tor und geht die vielen Stufen hinunter.

Er geht den Hang in kleinen Serpentinen hinab, erst das Schlußstück ist eine lange Gerade. Die zurückgeschnittenen Robinien. Die lange Eibenreihe. Der Lorbeer, schon beinahe mannshoch.

Jetzt steht er ganz unten, neben der einzelnen, hochaufragenden Fichte, die man vom Tal aus wie einen Wegweiser sieht. Er streicht kurz um die Mauern, wie eine Katze, die das Terrain prüft. Er schaut einen Moment durch ein Fenster.

Dann schließt er die Tür auf und tritt ein. Er ist jetzt zu Haus, er ist angekommen zu Haus.

Inhalt